KB129020

아동건강교육

3판

최민수 · 정영희 공저

Childhood Health Education

학지사

● 머리말 ●

　유아교육법 제정과 영유아보육법 개정으로 인하여 영유아가 어린이집과 유치원에 머무는 시간이 점점 더 늘어나게 되었고, 영유아를 건강하고 안전하게 보호해야 하는 보육교사와 유치원 교사의 책무도 크게 증가되고 있다. 아무리 좋은 보육·교육 프로그램이라 하더라도 영유아의 건강과 안전을 보장할 수 없는 경우에는 모든 교육적 노력이 허사로 돌아갈 수 있다. 즉, 건강과 안전을 위한 정책과 프로그램이 모든 교육에서 우선적으로 마련되어야만 비로소 성공적인 보육·교육 프로그램이 될 수 있다. 왜냐하면 어린이집과 유치원에서 이루어지는 모든 보육·교육 활동은 영유아들의 건강과 안전이 전제된 이후에야 가능하기 때문이다.

　이 책은 대학에서 보육학, 가족복지학, 영유아보육학, 유아교육학, 아동학, 아동복지학, 사회복지학 관련 분야를 전공하고 있는 학생들을 위한 교재로 사용할 수 있도록 만들어졌다. 또한 보육시설, 유치원, 아동복지 시설 등의 현장에서 아동을 지도하고 있는 교직원이 건강, 위생, 영양, 질병, 안전, 시설평가, 스트레스, 아동학대 등의 주제를 다룰 때 유용하게 활용할 수 있는 보육 및 교육 활동의 구체적이고 다양한 사례를 제시하였다.

　아동건강교육 3판은 모두 9장으로 구성하였다. 1장에서는 건강교육의 기초적인 내용과 3~5세 누리과정 및 0~2세 표준보육과정 중 건강교육 관련 내용을 수록하였다. 2장에서는 태내기에서부터 유아기까지의 성장과 발달에 따른 건강과 안전의 내용을 수록하였고, 3장에서는 건강하고 안전한 환경을 조성하기 위해 필요한 정책과 프로그램의 운영 방안을 다루었다. 그리고 4장에서는 아동과 교직원의 건강과 예방관리에 관한 내용을 수록하였고, 5장에서는 영유아기에 필요한 영양과 건강하고 안전한 식품에 대한 내용을 다루었다.

6장에서는 유아기에 걸리기 쉬운 질병에 대한 이해와 기초적인 간호에 대한 내용을 다루었고, 7장에서는 만병의 근원으로 알려져 있는 스트레스에 대한 기본적인 근거를 다루면서 영유아가 일상생활에서 겪는 스트레스를 감소시킬 수 있는 다양한 방법을 제시하였다. 특히 영유아 교사가 현장에서 쉽게 활용할 수 있는 구체적인 명상활동, 전래놀이노래 활동, 요가활동의 예를 정선하여 제시하였다. 그리고 8장에서는 아동학대에 대한 이해와 치료 및 예방 방안을 수록하였다. 마지막으로 9장에서는 영유아 안전교육과 응급처치 내용과 방법을 다루었다.

아동건강교육 3판이 한 단계 더 좋은 책으로 출판될 수 있도록 깊은 배려를 아끼지 않으신 학지사 김진환 사장님과 전문성 높은 편집과 뛰어난 교정 능력을 발휘해 준 학지사 편집부 관계자 여러분에게 감사를 드린다.

2014년 3월
저자 최민수 · 정영희

5

● 차 례 ●

제 1 장

건강의 개념과
교육과정

아 동 건 강 교 육

1. 건강교육의 의의

1) 건강의 개념

건강이란 인간의 생명과 가치의 근본 요소로서, 이에 기초하여 모든 인간 활동이 이루어진다. 철학자 로크(J. Locke)는 "건전한 정신은 건강한 신체에서 비롯된다."라고 하면서 어릴 때부터 신체를 단련하여 건강을 유지하는 것이 유아교육의 주요 목표가 되어야 한다고 하였다. 이러한 관점은 바람직한 사회적 관계와 최적의 복지수준 유지를 유아교육의 주요 목표로 간주하고 있는 현대 유아교육의 관점에 반영되어 발전되어 왔다.

그동안 사람들은 건강이라고 하면 주로 신체적인 면만을 고려하여 단순히 병이 없거나 허약하지 않은 상태라고 생각해 왔다. 그러나 1948년 세계보건기구(World Health Organization, WHO)에서는 "건강이란 단지 질병이 없고 허약하지 않을 뿐만 아니라 신체적, 정신적, 사회적으로 완전히 행복한 상태다(Health is a complete state of physical mental and social well-being and not merely the absence of disease or infirmity)."라고 정의하고 있다.

최근에는 건강을 유지하기 위해서 신체적, 정신적, 사회적 상태뿐만 아니라 성에 대한 이해, 약품의 올바른 사용과 관리, 마약 취급, 건강에 대한 지식 등 도덕적 · 지적인 요소까지 생각하게 되었다. 따라서 건강이란 질병이 없고 허약하지 않은 상태가 기본 요건이지만, 삶을 즐겁게 영위해 나가는 데 필요한 신체적, 정신적, 사회적인 균형을 유지한 상태라고 말할 수 있다.

2) 건강교육의 필요성 및 목적

유아는 유아기에 자신의 전 생애 동안 유지되는 습관과 태도를 형성하므로 유아기의 건강교육(health education)은 이러한 바람직한 식생활 습관, 규칙적인 운동, 건전한 몸가짐 등과 같이 한 인간의 평생 삶에 영향을 미치는 생활습관의 기초를 형성하는 데 도움이 된다. 따라서 유아기의 건강교육은 모든 교육에 앞서 우선적으로 이루어져야 하며, 모든 교육활동의 기초가 되어야 한다.

유아기에 안전하고 건강한 환경을 유지하는 것은 필수적이다. 아무리 좋은 교육프로그램이나 교사-유아의 상호작용도 그것이 유아나 교사에게 유해한 것이라면 반드시 보완되어야 한다. 훌륭하고 질 높은 유아교육 프로그램은 각종 질병과 사고를 예방할 수 있도록 계획되어야 하고, 언제 일어날지 모르는 위험에 대처할 수 있도록 준비되어야 하며, 유아가 늘 자신의 건강과 안전에 관심을 갖고 돌볼 수 있도록 가르칠 수 있어야 한다.

유아건강교육의 목적은 유아의 건강을 유지, 보호, 증진시키기 위한 것이다. 유아교육 기관에서의 건강교육은 시설의 교육환경, 건강 서비스, 건강 교수-학습의 세 측면으로 구분할 수 있다. 즉, 첫째 측면은 유아교육 기관의 시설·설비, 급식과 급수, 채광, 온도, 습도, 소음, 위치, 운동과 휴식 공간, 일과계획과 운영, 또래와 어울릴 수 있는 공간, 유아가 학교생활에서 접하게 되는 교육환경을 어떻게 잘 유지하고 구성해 나갈 것인가에 대한 것이고, 둘째 측면은 유아교육 기관에서 실시해야 할 건강진단, 신체검사, 영양관리, 질병 등에 대한 결함 여부를 파악하여 이를 교정하고 치료하는 건강 서비스를 의미하며, 셋째 측면은 유아가 건강을 유지해 나가는 데 필요한 건강에 대한 지식과 원리를 이해시키고 건강생활을 스스로 영위해 나갈 수 있도록 돕는 교수-학습 측면으로 볼 수 있다.

2. 영유아의 건강에 영향을 미치는 요인

태어날 때부터 튼튼한 몸을 가졌다 하더라도 환경이 나쁘거나 불규칙하고 무리한 생활을 계속할 경우 건강을 유지하기가 어렵다. 이와 같이 건강을 유지하는 데에는 육체와 정신, 환경, 행동 요인이 크게 작용한다.

영유아의 건강에 영향을 미치는 요인은 다양하다. 태아의 건강은 정자와 난자가 수정되는 순간 부모의 건강상태와 유전인자의 영향을 받고, 어머니 자궁에 머무는 동안 태내 환경의 영향을 받는다. 그리고 세상에 태어나 성장·발달해 가면서 수많은 환경 요인의 영향을 받는다. 이와 같이 영유아의 건강은 유전적인 요인에 의해서도 영향을 받지만, 그 이상으로 환경 요인에 의해서도 크게 영향을 받는다. 여기에서는 영유아의 건강에 영향을 미치는 요인인 유전, 환경, 휴식과 수면, 건강습관, 예방적 보호, 영양, 질병, 운동, 안전, 환경오염, 특별한 건강 문제를 중심으로 살펴보고자 한다.

1) 유전

영유아의 건강이 유전에 영향을 미치는 요인을 알아보기 위해서는 염색체, 유전인자, 다인자성 유전, 유전적 결함 등을 살펴볼 수 있다. 한 인간의 염색체(chromosomes)는 남자의 정자로부터 받은 23개의 염색체와 여자의 난자로부터 받은 23개의 염색체가 결합하여 46개로 이루어진다. 이 중 23번째 쌍인 성염색체(sex chromosomes)가 결합하여 수정되는 순간 남아와 여아가 결정된다. 즉, 수정될 때 난자가 X염색체와 결합하면 여아가 되고(XX), Y염색체와 결합하면 남아가 된다(XY). 이와 같은 염색체 결합과정에서 염색체 수가 46개를 넘거나 그보다 적을 경우 태아는 건강한 신체를 가지지 못하게 된다.

터너증후군(Turner's syndrome)은 45개 염색체를 지닌 경우에 발생되는 장애로 보통 35세 이상 임부의 아기에게서 나타나며 대부분 정신지체 현상을 보인다. 다운증후군(Down's syndrome)은 47개 염색체인 경우에 나타나는 장애로 짧은 손가락과 가는 머리카락, 커다란 혀, 특이한 눈 모양 등 외관상 정상아동과 구별되는 특징을 가진다.

유전인자(gene)는 염색체 안에 들어 있으며, 1개의 염색체 안에 들어 있는 유전인자 수는 약 2만 개 정도다. 유전인자는 DNA(deoxyribonucleic acid)라고 불리는 복잡한 분자로 구성되며 나선형을 이룬다. 이러한 유전인자는 수많은 단백질이 만들어지는 시간과 장소를 결정한다. 유전인자가 어떻게 배열되느냐에 따라 각 개인의 특이한 형질이 형성된다. 이 과정에서 건강한 유전인자 혹은 결함이 있는 유전인자의 결합 여부에 따라 태아의 건강에 영향을 끼친다.

선천적으로 유전적 결함이 있는 경우에는 장애를 지닌 아이로 태어날 수 있다. 대부분 정상적인 회복이 불가능하며 일부는 유전되는 경향이 있다. 유전적 결함으로 나타나는 장애는 다음과 같다(김광웅, 방은령, 1993).

(1) 열성인자에 의한 장애

어머니와 아버지 모두가 유전적 결함이 있는 열성인자를 지녔을 경우 이것이 자녀에게 장애로 나타날 확률은 25% 정도이며, 부모 간에 근친인 아동의 경우 그 가능성이 훨씬 더 높게 나타난다. 이러한 장애 증상으로는 피부, 머리카락, 눈동자에 정상적인 색소가 부족하여 희뿌연 색의 머리카락이나 흐린 눈동자를 지니는 피부색소 결핍증(albinoism) 등이 있다.

(2) 우성인자에 의한 장애

우성인자에 결함이 있는 유전인자를 받은 경우에는 인자가 유전된 모든 사람에게서 장애가 나타난다. 부모 한쪽이 이러한 결함을 지닌 경우에 자녀가 장애를 가질 확률은 50%이며, 양쪽 모두가 결함을 가진 경우에는 정상적인 자녀가 나올 확률이 25%에 불과하다.

우성인자에 의해 나타나는 장애 증상으로는 손가락이나 발가락이 정상인보다 한 마디 정도 짧은 단지증(brachydactyly)과 머리와 몸은 정상 크기이더라도 팔다리가 매우 짧은 신체 특징을 지니는 성장장애(maturation achondroplasia) 등이 있다.

(3) 성과 관련된 장애

성염색체는 유전적 결함을 가진 유전인자가 X염색체에만 존재하며, 따라서 여자는 부모 모두의 염색체에 결함이 있어야 유전적인 장애가 나타나고, 남자는 부모 중 어느 한쪽에서만 유전되어도 장애가 나타난다.

성과 관련된 장애에는 혈우병과 색맹이 있다. 혈우병(hemophilia)은 작은 상처로 인한 출혈의 경우에도 지혈이 어렵기 때문에 결국 대부분 사망하게 된다. 혈우병은 어머니의 X염색체에 숨어 있기 때문에 유전인자가 아들에게 유전되어 나타나며, 어머니가 혈우병 인자를 지녔을 경우에는 아들에게 나타날 확률이 약 25%다. 여자가 혈우병을 일으키는 경우는 거의 없다. 색맹(color blind)은

색의 구별이 거의 불가능하거나 불완전한 경우를 말하며 주로 빨간색과 초록색을 구별하지 못하는 경우가 많다.

2) 환경

유전이 영유아의 건강과 선천적인 장애를 결정하는 기초적인 요인을 제공하지만 환경 역시 영유아의 건강에 매우 중요한 영향을 미친다. 특히 영유아의 건강에 긍정적인 영향을 미치는 물리적 환경 요인으로는 넓고 청결하고 쾌적한 실내 공간, 마음껏 뛰어놀 수 있는 충분한 실외 공간, 오염되지 않은 신선하고 맑은 공기를 유지할 수 있는 통풍시설, 밝고 따뜻한 햇볕, 적당하고 쾌적한 실내 온도, 언제나 편리하게 손을 씻을 수 있는 수도시설, 활동 도중에 쉽게 접근할 수 있는 화장실 시설, 오염되지 않은 모래놀이 시설과 물놀이 시설, 안전하게 고안되고 관리되는 놀이터 시설과 설비, 유해색소와 안전이 고려되어 만들어진 교구·교재, 청결하게 조리되고 보관되는 음식, 오염되지 않고 청결한 식수 등이 있다. 그러나 이러한 물리적 요인이 적절하지 못하거나 안전하지 못하다면 영유아의 좋은 건강은 유지하기가 어렵다.

다양한 활동을 통하여 건강을 배려하는 부모와 교직원의 심리적 환경 역시 영유아 건강에 중요한 영향을 미친다. 부모와 교사가 영유아의 건강상태를 세밀하게 관찰, 기록, 평가하면서 상황에 따라 적절한 행동을 취하고 때로는 전문가와 상담하여 도움을 요청하는 등의 상호적인 노력은 영유아에 대한 건강인식을 높이는 동시에 긍정적인 영향을 미치는 요인으로 작용할 수 있다. 그러나 부모와 교직원의 심리적 환경이 영유아의 건강에 부정적인 영향을 미칠 수도 있다. 예를 들어, 영유아의 양육과정에서 겪게 되는 끊임없는 가정불화와 이혼 등은 영유아의 정신 건강에 돌이킬 수 없는 치명적 상처를 남길 수도 있다.

3) 휴식과 수면

인간이 살아가면서 하루의 피로를 회복하고 에너지를 재충전하기 위해서는 반드시 휴식과 수면이 필요하다. 유아는 재미있는 일에 몰두하다 보면 피곤함을 잊고 놀이에 빠지는 경우가 많다. 따라서 교사와 부모는 유아가 몸이 피곤하거나 놀이 후에는 휴식을 취하도록 도와주어야 한다.

또한 유아기에 충분한 수면을 유지하는 것은 건강에 필수적이다. 하루 동안 영아는 12시간 이상의 수면이 필요하고, 유아는 10시간 이상의 수면이 필요하다. 유아가 열심히 놀다 보면 피로가 쌓이기 때문에 활기찬 오후 활동을 위해 낮잠을 자는 것이 좋다. 5~6세의 유아는 1~2시간 낮잠을 자는 것이 바람직하지만, 잠자기 싫어하는 유아를 강제로 재울 필요는 없다. 다만 다른 유아에게 방해가 되지 않도록 조용히 책을 읽거나 쉬도록 지도한다.

4) 건강습관

"세 살 버릇 여든까지 간다."라는 말은 건강습관에도 적용된다. 아주 어린 시기부터 자신의 몸을 청결하게 유지하고, 손을 잘 씻고, 대소변 훈련을 적절하게 수행하고, 식사습관이 바람직하고, 이를 잘 닦고, 적당한 휴식과 운동을 할 줄 알고, 숙면을 취하는 등의 건전한 건강습관을 몸에 익힌 영유아는 성인이 되어서도 같은 습관을 계속 유지하고 향상시킬 수 있다.

좋은 상태의 심신으로 알맞은 환경에서 생활하더라도 개인의 건강습관에 잘못된 점이 있다면 건강한 생활을 할 수 없다. 규칙적인 일상생활, 적당한 운동, 알맞은 영양섭취, 밝고 건강한 심신을 유지하려는 태도 등은 건강을 유지하고 증진하는 데 매우 중요한데, 이러한 건강습관은 어렸을 때 잘 들이지 않으면 어른이 되어서도 가지기 어렵다.

5) 예방적 보호

"1톤의 치료보다 1온스의 예방이 더 낫다."라는 말이 있다. 이는 많은 질병과 사고는 발생한 후에 대처하는 것보다 일어나지 않도록 사전에 예방하는 것이 무엇보다 중요하다는 점을 강조하는 것이다. 따라서 영유아를 보호하는 부모와 교직원은 예방적 차원에서 질병과 사고의 잠재적 위험을 사전에 충분히 교육하고, 시설·설비와 놀잇감 등에 대한 위험요인을 세심하게 관찰하여 사전에 대처해야 하며, 또 각종 질병을 예방할 수 있는 방법을 자연스러운 놀이 활동을 통하여 연습해 볼 수 있도록 해야 한다. 부모나 교사가 적절한 시기에 필요한 예방접종을 하는 것도 영유아의 예방적 보호에 필수적인 과정이라 할 수 있다.

6) 영양

영유아기의 영양 상태는 평생의 건강을 좌우한다. 특히 영유아기에는 신진대사와 육체적인 활동이 왕성하고 급격한 성장과 발달이 이루어지기 때문에 에너지 요구량이 크게 증가한다. 따라서 이 시기에는 필요한 영양분을 충분히 공급해 주어야 한다.

영유아기의 좋은 영양 상태는 면역성과 질병에 대한 저항력을 높여 주어 건강하게 성장할 수 있도록 도와주지만, 반대로 영양 상태가 나쁜 경우에는 성장 발육이 저해될 뿐만 아니라 면역성을 감퇴시켜 질병에 걸릴 확률이 높아진다. 따라서 부모와 교직원은 인체에 필요한 영양소인 단백질, 지방질, 탄수화물, 무기질, 비타민, 수분이 풍부하게 들어 있는 음식물을 골고루 공급해 주어야 한다. 우리나라 전통식사문화에서는 오방색을 의미하는 흰색, 검은색, 녹색, 붉은색, 노란색 음식이 골고루 갖추어진 식단을 가장 바람직한 것으로 권한다.

7) 질병

영유아가 질병에 걸리지 않는 것은 건강유지에 가장 기본적인 조건이다. 대부분의 질병은 갑자기 발생하는 것이 아니라 사전에 일정한 변화를 보이기 때문에 영유아를 돌보는 부모나 교사는 항상 세심한 주의를 기울여 관찰해야 한다.

여러 가지 변화 중에서 가장 먼저 나타나는 것은 행동의 변화다. 평소 활발하고 쾌활하던 영유아가 갑자기 조용하고 불안해하거나, 괴로워하고 칭얼대며 모든 일에 흥미를 잃는다거나, 또 입맛을 잃어 잘 먹지도 마시지도 않고 얼굴이 핼쑥해지고 눈동자가 풀어져 있다면 정상이 아니라는 것을 알리는 신호로 받아들여야 한다. 이러한 질병의 일반적인 신호에는 고열, 불쾌감, 흥미상실, 식욕감퇴, 두통, 복통, 근육통, 구토, 설사 등이 있다.

영유아에게 나타나기 쉬운 질병 중에서 감염이 되는 병으로는 호흡기 전염병으로 홍역, 백일해, 디프테리아, 볼거리, 풍진, 수두, 소아결핵 등이 있으며, 소화기 전염병으로는 장티푸스, 이질, 간염 등을 들 수 있고, 곤충매개 전염병으로는 일본뇌염, 발진열, 발진티푸스, 유행성 출혈열 등이 있다. 전염병은 대체로 박테리아와 바이러스에 의해 감염되는 경우가 많다. 따라서 영유아를 질병에서 보호하여 건강한 삶을 유지하게 하기 위해서는 식사, 대소변, 옷 입기, 충분한 휴식과 수면, 좋은 영양 상태를 유지하는 균형 잡힌 식사 등의 좋은 습관을 유지하도록 하여 사전에 질병을 예방하는 습관을 기르게 도와주어야 할 것이다.

8) 운동

영유아의 신체활동은 모든 학습의 기초를 이루며 평생의 건강에도 중요한 영향을 미친다. 즉, 영유아기의 신체활동은 기본적인 감각ㆍ운동 기능과 신체 조절 능력을 길러 주고 건강한 생활습관을 가지게 하며, 안전생활에 필요한 기초 지식과 방법을 익히게 한다. 또한 영유아가 원활한 신체활동을 통하여 얻은 자신감은 사회적 적응과정으로 발전하며, 그 밖에 자아실현, 정서발달, 지적발달 등에도 중요한 영향을 미치므로 신체활동이 활발하게 이루어질 수 있도록 도와야 한다.

우리의 몸은 알맞게 사용하면 발달하고 사용하지 않으면 퇴화하며, 또 지나치게 사용하면 병에 걸리기 쉽다. 적당한 운동은 체력의 향상과 함께 신체기능을 활발하게 하고, 식욕도 왕성하게 하여 건강을 유지하고 증진시킨다. 그러나 운동부족은 신체기관의 발달과 신체기능을 저하시키고 체력을 떨어뜨려 질병에 대한 저항력을 감소시킨다. 따라서 건강한 생활을 위해서는 반드시 자신에게 알맞은 운동을 매일 규칙적으로 해야 한다.

9) 안전

안전은 영유아의 건강과 행복에 직접적인 영향을 미치므로 매우 중요하다.

영유아는 위험 자체를 정확히 인식하거나 위험에서 자신을 보호하기 어렵다. 그러므로 영유아 때부터 체계적인 교육과 훈련을 통하여 각종 위험에서 스스로를 안전하게 지킬 수 있는 능력을 습득하도록 도와야 한다. 유아는 어른의 행위를 자연스럽게 모방하는 특성이 있기 때문에 유아와 함께 지내는 부모와 교사는 일관성 있는 행동으로 모범을 보여야 하고, 말보다는 실제적인 행동을 통하여 직접 경험하도록 하는 실천교육이 바람직하다. 안전한 생활이 보장될 때 영유아는 비로소 자신의 잠재력을 최대한 발휘하면서 건강하고 바르게 성장할 수 있다.

유아기의 사고를 예방하기 위해서는 사고유형에 따라 그 원인을 살펴보고 그에 대한 예방책을 세워야 한다. 유아기에 접하기 쉬운 사고에는 가정에서의 사고, 유아교육 기관에서의 사고, 야외활동에서의 사고, 교통사고 등이 있다. 이러한 사고는 사람의 행동, 복장, 심신 상태, 자연환경, 생활 주변의 여건 등이 복합적으로 작용하여 일어나게 된다.

10) 환경오염

본래 인간과 자연은 서로 상호 작용하면서 생태계의 순환을 유지하도록 되어 있다. 그러나 최근에는 인간이 만들어 낸 문명의 이기가 자연환경의 질서와 균형을 깨뜨리고 있다. 이것이 바로 환경오염이다. 이러한 환경오염으로 인한 생태계의 파괴는 결국 인간의 건강에 큰 영향을 미치고 있다.

따라서 환경오염에 노출되어 있는 유아에게 자신의 몸을 보호할 수 있는 대처능력을 길러 주는 것이 필요하다. 가정과 교육기관에서는 자연스러운 과정을 통하여 유아가 환경오염이 왜 문제가 되는지, 그 원인은 무엇인지, 그리고 사람들에게 어떤 영향을 끼치는지를 알게 해야 한다. 그런 지식에 기초해 환경오염을 방지하기 위해 유아가 지켜야 할 것과 삼가야 할 것을 알게 하고 그것을 몸에 익히도록 하는 기본 생활습관 지도를 해야 한다.

11) 특별한 건강 문제

주변에는 특별한 도움이 필요한 건강 문제를 가진 영유아가 많다. 선천적인 결함에 의하여 건강이 열악한 경우도 있고, 크고 작은 문제가 있어 행동수정을 요하는 경우도 있으며, 신체적인 학대, 정서적인 학대, 성적인 학대, 방임에 의하여 건강한 삶을 영위하지 못하는 영유아도 있다. 또한 납중독 등의 유해물질에 의하여 심각한 건강 문제를 갖고 있는 경우도 있고, 그 밖에 알레르기, 천식, 심장질환, 간질, 빈혈, 당뇨병 등의 만성적인 질환으로 건강한 삶에 제한을 받고 있는 경우도 있다. 부모와 교사는 영유아가 겪고 있는 특별한 도움이 필요한 건강 문제를 잘 파악하여 함께 대처해 나갈 수 있도록 해야 한다.

3. 표준보육과정 및 누리과정과 건강교육

1) 0~2세 표준보육과정의 기본생활과 신체운동

표준보육과정의 구체적 보육내용은 영유아의 전인적인 성장을 도모하기 위해 건강 · 안전 · 바른 생활태도를 기르는 기본생활, 긍정적으로 신체를 인식하고 기본 운동능력을 기르는 신체운동, 긍정적인 자아개념을 형성하고 더불어 살아가는 능력을 기르는 사회관계, 언어생활의 기초가 되는 듣기 · 말하기 · 읽기 · 쓰기 능력을 기르는 의사소통, 탐색 및 문제해결 능력을 기르는 자연탐구, 그리고 예술적 요소를 경험하고 즐기는 예술경험 등 여섯 가지 영역으로 이루어진다. 여기서는 건강교육과 관련이 있는 기본생활과 신체운동 영역을 중심으로 살펴보고자 한다.

(1) 기본생활

건강하게 생활하기, 안전하게 생활하기 내용범주로 구분된다. 건강하게 생활하기에서는 건강 · 영양 · 위생적인 생활을 강조하며, 영아가 신체의 청결과 영양, 수면과 휴식, 건강한 일상생활을 위한 올바른 습관의 기초를 경험하도록 한다. 또한 안전하게 생활하기에서는 안전한 생활을 강조하며, 영아가 안전하게 놀이하고 교통안전과 위험한 상황을 알고 반응하는 등 안전한 생활의 기초를 경험하도록 한다.

3. 표준보육과정 및 누리과정과 건강교육

① 기본생활 영역의 연령별 목표와 내용

0~1세 보육과정 목표	2세 보육과정 목표
건강하고 안전한 일상생활을 경험한다.	건강하고 안전한 생활습관의 기초를 마련한다.
1. 건강하고 편안한 일상생활을 경험한다.	1. 건강한 생활습관의 기초를 경험한다.
2. 안전한 생활을 경험한다.	2. 안전한 생활습관의 기초를 경험한다.

내용범주	0~1세 보육과정 내용	2세 보육과정 내용
건강하게 생활하기	• 몸을 깨끗이 하기 • 즐겁게 먹기 • 건강한 일상생활하기	• 몸을 깨끗이 하기 • 바르게 먹기 • 건강한 일상생활하기 • 질병에 대해 알기
안전하게 생활하기	• 안전하게 지내기 • 위험한 상황에 반응하기	• 안전하게 놀이하기 • 교통안전 알기 • 위험한 상황 알기

② 기본생활 영역의 세부내용

내용범주	0~1세 보육과정					2세 보육과정		
	내용	1수준	2수준	3수준	4수준	내용	1수준	2수준
건강하게 생활하기	몸을 깨끗이 하기	몸이 깨끗해졌을 때 기분이 좋음을 안다.				몸을 깨끗이 하기	스스로 손과 몸 씻기를 시도한다.	
		도움을 받아 손을 씻는다.						
		도움을 받아 이를 닦는다.					스스로 이 닦기를 시도한다.	
	즐겁게 먹기	편안하게 안겨서 우유 (모유)를 먹는다.	이유식에 적응 한다.	고형 식에 적응 한다.	다양한 음식을 먹어 본다.	바르게 먹기	음식을 골고루 먹는다.	
				도구로 음식을 먹어 본다.			도구를 사용하여 스스로 먹는다.	
		즐겁게 먹는다.					정해진 자리에서 먹는다.	

내용범주	0~1세 보육과정					2세 보육과정		
	내용	1수준	2수준	3수준	4수준	내용	1수준	2수준
건강하게 생활하기	건강한 일상 생활 하기	수면을 충분히 취한다.				건강한 일상 생활 하기	일과에 따라 규칙적으로 잠을 잔다.	
		편안하게 쉰다.					정해진 시간에 알맞게 휴식한다.	
		하루 일과에 편안하게 참여한다.					하루 일과에 즐겁게 참여한다.	
		도움을 받아 이를 닦는다.					스스로 이 닦기를 시도한다.	
				배변 의사를 표현한다.			정해진 곳에서 배변한다.	화장실에서 배변한다.
						질병에 대해 알기	질병의 위험을 안다.	
안전하게 생활하기	안전 하게 지내기	안전한 상황에서 놀이한다.			놀잇감을 안전하게 사용한다.	안전하게 놀이하기	놀이기구나 놀잇감을 안전하게 사용한다.	
		안전한 장소에서 놀이한다.					안전한 장소에서 놀이한다.	
		차량 승하차 시 안전 장구를 착용한다.				교통안전 알기	교통수단의 위험을 안다.	교통수단의 위험을 알고 조심한다.
	위험한 상황에 반응 하기		위험하다 는 말에 반응을 보인다.	위험하다고 알려주면 주의한다.		위험한 상황알기	위험한 상황과 위험한 것을 안다.	위험한 상황과 위험한 것을 알고 조심한다.
							위험한 상황 시 어른의 지시에 따른다.	

0~2세 영아이 기본생활 영역 발달특징

-안전한 상황에서 놀이한다.

-안전한 장소에서 놀이한다.

-차량 승하차 시 안전 장구를 착용한다.

-위험하다는 말에 반응을 보인다.

-몸이 깨끗해졌을 때 기분이 좋음을 안다.

-도움을 받아 손을 씻는다.

-즐겁게 먹는다.

-편안하게 쉰다.

-하루 일과에 편안하게 참여한다.

(2) 신체운동

신체운동은 감각과 신체 인식하기, 신체조절과 기본운영하기, 신체활동에 참여하기 내용범주로 구분된다. 감각과 신체 인식하기에서는 영아가 감각능력을 기르고 감각기관을 활용하며 자신의 신체를 긍정적으로 인식하도록 한다. 신체조절과 기본운영하기에서는 영아가 협응력과 신체조절 능력을 기르고 신체균형감을 익히며 이동운동, 제자리 운동 등의 기본운동 능력을 습득하여, 자신의 신체를 조절하고 활발하게 움직일 수 있도록 한다. 신체활동에 참여하기에서는 영아가 신체활동에 자발적으로 참여하고 다양한 기구를 활용한 신체활동 경험을 통해 기초체력을 기르며 매일 규칙적으로 실외 활동에 참여할 수 있도록 한다.

① 신체운동 영역의 연령별 목표와 내용

0~1세 보육과정 목표	2세 보육과정 목표
감각 및 기본 신체운동 능력을 기른다.	감각, 신체조절 및 기본운동 능력을 기른다.
1. 감각기능을 발달시키고 자신의 신체를 탐색한다.	1. 감각능력을 기르고 자신의 신체 움직임을 탐색한다.
2. 대소근육을 조절하고 걷기 등의 능력을 기른다.	2. 안정된 자세로 대소근육을 조절하고 기본운동 능력을 기른다.
3. 규칙적으로 신체활동에 참여한다.	3. 규칙적으로 신체활동에 참여한다.

내용범주	0~1세 보육과정 내용	2세 보육과정 내용
감각과 신체 인식하기	• 감각적 자극에 반응하기 • 감각기능으로 탐색하기 • 신체 탐색하기	• 감각능력 기르기 • 감각기관 활용하기 • 신체를 인식하고 움직이기
신체조절과 기본 운동하기	• 신체 균형잡기 • 대근육 조절하기 • 소근육 조절하기 • 기본운동하기	• 신체 균형잡기 • 대근육 조절하기 • 소근육 조절하기 • 기본운동하기
신체활동에 참여하기	• 몸 움직임 즐기기 • 바깥에서 신체 움직이기 • 기구를 이용하여 신체활동 시도하기	• 신체활동에 참여하기 • 바깥에서 신체활동하기 • 기구를 이용하여 신체활동하기

② 신체운동 영역의 세부내용

내용범주	0~1세 보육과정					2세 보육과정		
	내용	1수준	2수준	3수준	4수준	내용	1수준	2수준
감각과 신체 인식 하기	감각과 자극에 반응하기	시각, 청각, 촉각, 후각, 미각으로 자극을 느낀다.				감각능력 기르기	다양한 감각적 차이에 반응한다.	
		시각, 청각, 촉각, 후각, 미각으로 자극에 반응한다.						
	감각기관 으로 탐색하기	감각기관으로 주변 환경을 탐색한다.				감각기관 활용하기	감각기관으로 주변 환경을 탐색한다	
	신체 탐색하기	손과 발 등을 바라보며 탐색한다.	주요 신체 부분의 움직임을 탐색한다.			신체를 인식하고 움직이기	신체 각 부분 명칭을 안다.	
							신체 각 부분의 움직임을 탐색한다.	
신체 조절과 기본 운동하기	신체균형 잡기	몸의 균형을 잡기 위한 자세를 시도한다.	붙잡고 서 있기 등의 자세를 취한다.	안정되게 서 있기 등의 자세를 시도한다.		신체균형 잡기	안정된 자세를 취하려고 시도한다.	
	대근육 조절하기	뒤집기 등 몸을 조절하여 위치를 바꾼다.	누웠다 앉기 등 몸의 움직임을 조절한다.			대근육 조절하기	팔, 다리, 목, 허리 등 움직임을 조절한다.	
	소근육 조절하기	보이는 물체에 손을 뻗는다.	눈과 손을 협응하여 소근육을 활용해 본다.			소근육 조절하기	눈과 손을 협응하여 소근육을 조절해 본다.	
	기본 운동하기	배밀이 등 이동 운동을 시도한다.	기기, 걷기 등 이동 운동을 시도한다.	걷기 등 이동운동을 시도한다.		기본 운동하기	걷기, 계단 오르기 등 이동운동을 한다.	
		팔다리 뻗기, 흔들기 등 제자리 운동을 시도한다.		서 있기, 앉기 등 제자리 운동을 시도한다.			제자리에서 몸을 움직여 본다.	

내용범주	0~1세 보육과정					2세 보육과정		
	내용	1수준	2수준	3수준	4수준	내용	1수준	2수준
신체 활동에 참여하기	몸 움직임 즐기기	몸을 활발히 움직인다.		몸의 움직임을 다양하게 시도한다.		신체 활동에 참여하기	신체활동에 참여해 본다.	
	바깥에서 신체 움직이기	규칙적으로 바깥 환경을 경험한다.		규칙적으로 바깥에서 신체활동을 한다.		바깥에서 신체활동 하기	규칙적으로 바깥에서 신체활동을 한다.	
	기구를 이용하여 신체활동 시도하기		간단한 기구를 이용하여 신체활동을 시도한다.			기구를 이용하여 신체활동 하기	간단한 기구를 이용하여 신체활동을 한다.	

0~2세 영아의 신체운동 영역 발달특징

-시각, 청각, 촉각, 후각, 미각으로 자극을 느낀다.

-시각, 청각, 촉각, 후각, 미각으로 자극에 반응한다.

-감각기관으로 주변 환경을 탐색한다.

-주요 신체 부분의 움직임을 탐색한다.

-붙잡고 서 있기 등의 자세를 취한다.

-누웠다 앉기 등 몸의 움직임을 조절한다.

-눈과 손을 협응하여 소근육을 활용해 본다.

-기기, 걷기 등 이동운동을 시도한다.

-팔다리 뻗기, 흔들기 등 제자리 운동을 시도한다.

-몸을 활발히 움직인다.

-규칙적으로 바깥환경을 경험한다.

-간단한 기구를 이용하여 신체활동을 시도한다.

2) 3~5세 누리과정의 신체운동 · 건강 영역

(1) 신체운동 · 건강 영역의 성격

신체운동 · 건강 영역은 유아가 자신의 신체를 긍정적으로 인식하고 신체활동에 즐겁게 참여함으로써 유아기에 필요한 기본 운동 능력과 기초 체력을 기르고, 건강하고 안전한 생활을 실천하는 능력과 태도를 기르기 위한 영역이다.

유아가 신체운동 능력을 가지고 건강한 신체 및 정신을 유지하는 것은 자신에 대한 긍정적인 인식을 형성하는 것은 물론 대인관계에서도 자신감을 가질 수 있게 한다. 유아들이 긍정적인 신체 인식 능력을 형성하기 위해서는 발달 수준이나 흥미에 적절한 신체운동 활동을 제공해주는 것이 중요하다. 유아기 기초 체력은 신체 조절 능력과 이동운동, 비이동운동을 통해 형성하는 근력, 근지구력, 민첩성, 유연성, 협응성 등을 포함하는 개념으로 이후 아동기나 청소년기 체력과 운동 능력에 영향을 미친다.

최근 생활 형태의 변화로 유아들의 신체운동 기회가 점차 줄어들어 기초체력이 저하되고, 식습관의 변화로 비만 등의 문제가 발생하고 있으므로 유아기에 바른 식습관을 형성하는 것도 중요하다. 또한 생활 속에서 자연재해나 안전사고의 발생 위험 또한 증가하고 있으므로, 유아들이 다양한 신체운동 활동에 적극적이고 지속적으로 참여함으로써 기본운동 능력을 형성하고 건강하고 안전한 생활 습관을 기르도록 지원하는 것이 중요하다.

(2) 신체운동·건강 영역의 목표

신체운동·건강 영역의 목표는 일상생활에서 자신의 신체를 긍정적으로 인식하고 즐겁게 신체 활동에 참여함으로써 기초 체력과 기본 운동 능력을 기르고 건강하고 안전한 생활 습관을 기르는 것이다. 구체적인 목표는 내용범주 수준으로 진술되고 있다.

–감각 능력을 기르고, 자신의 신체를 긍정적으로 인식한다.
–신체를 조절하고 기본 운동 능력을 기른다.
–신체 활동에 즐겁게 참여한다.
–건강한 생활 습관을 기른다.
–안전한 생활습관을 기른다.

(3) 내용(내용범주, 내용, 세부내용)

신체운동·건강 영역은 '신체 인식하기, 신체 조절과 기본 운동하기, 신체

활동에 참여하기, 건강하게 생활하기, 안전하게 생활하기'의 다섯 가지 내용범주로 구성되어 있다. 내용범주에 따른 (내용) 수준을 살펴보면 신체 인식하기(감각 능력 기르기, 감각기관 활용하기), 신체조절과 기본운동하기(신체 조절하기, 이동하며 운동하기, 제자리에서 운동하기), 신체활동에 참여하기(자발적으로 신체활동에 참여하기, 바깥에서 신체 활동하기, 기구를 이용하여 신체활동하기), 건강하게 생활하기(몸과 주변을 깨끗이 하기, 바른 식생활하기, 건강한 일상생활하기, 질병 예방하기), 안전하게 생활하기(안전하게 놀이하기, 교통안전 규칙 지키기, 비상시 적절하게 대처하기)로 구분하고 있다.

내용범주 1: 신체 인식하기

'신체 인식하기' 범주에 따른 내용 및 세부내용

내용 범주	내용	3~5세 연령별 누리과정 세부내용		
		3세	4세	5세
신체 인식 하기	감각능력 기르고 활용하기	감각적 차이를 경험한다.	감각적 차이를 구분한다.	감각으로 대상이나 사물의 특성과 차이를 구분한다.
		감각기관을 인식하고 활용해 본다.	여러 감각기관을 협응하여 활용한다.	
	신체를 인식하고 움직이기	신체 각 부분의 명칭을 알고, 움직임에 관심을 갖는다.	신체 각 부분의 특성을 이해하고 활용하여 움직인다.	
		자신의 신체를 긍정적으로 인식하고 움직인다.		

내용 1: 감각능력 기르고 활용하기

'감각능력 기르고 활용하기' 내용은 유아가 여러 가지 감각적 차이를 경험하고 감각기관을 활용하거나 협응하여 사물과 주변 환경을 인식하는 능력을 키울 수 있는 내용으로 구성되어 있다. 유아는 감각기관을 통해 경험하는 여러 가지 자극의 차이를 느껴보고 이를 활용하기 시작하며, 점차 감각기관을 서로 협응하여 감각적 차이를 보다 예민하게 구분하게 된다.

① 세부내용

'감각적 차이를 경험한다'는 유아가 시각, 촉각, 청각, 미각, 후각 등 오감각의 여러 가지 감각적인 차이를 경험해 보도록 함으로써 감각 능력의 발달을 돕는 내용이다. 만 3세 유아가 주변의 대상이나 사물, 환경에서 나타나는 감각적 차이를 경험하고 그 차이를 인식해 봄으로써 자신의 감각 능력을 기를 수 있는 기초를 마련할 수 있도록 한다.

'감각적 차이를 구분한다'는 유아가 여러 가지 감각적 차이를 구분해 보도록 함으로써 감각 능력의 활성화를 돕는 내용이다. 만 4세 유아에게 다양한 자극을 제공해 주고 이러한 자극의 차이를 느끼고 변별해 보도록 한다. 유아는 이러한 감각 정보를 통해 자신이 경험하는 주변의 대상이나 사물, 환경적 특성의 차이를 구분할 수 있는 능력을 기르게 된다.

'감각으로 대상이나 사물의 특성과 차이를 구분한다'는 유아가 감각 기능을 토대로 대상이나 사물의 고유한 성질이나 서로 다른 점을 인식해 보도록 함으로써 감각 능력을 발전시키도록 돕는 내용이다. 만 5세 유아가 여러 가지 감각 정보와 경험을 기초로 대상이나 사물의 속성을 파악하고 그 차이를 구분해 봄으로써 사물에 대한 관찰력과 추론 능력을 기를 수 있도록 한다.

② 지도원리

- 교사는 유아가 미세한 감각적 차이를 구분할 수 있는 기회를 갖도록 한다.
  ○ 큰 소리와 작은 소리, 단맛과 약간 덜 단맛, 따뜻함과 차가움, 무거움과 가벼움 등의 감각적 경험을 해 본다.
- 교사는 유아가 두 가지 이상의 감각을 협응할 수 있도록 한다.
  ○ 그림자 카드의 지시 모양과 형태를 몸으로 표현해 본다.
  ○ 뱀처럼 기어서 친구 발 잡아 보기와 같은 활동에서 촉각과 운동능력을 협응하는 경험을 해 본다.
  ○ 박수소리에 따라 걸어보기와 같은 활동에서 청각과 운동능력을 협응하는 경험을 해 본다.
- 교사는 유아가 감각을 통해 사물의 특성을 인식하고 차이를 구별해 보도록 한다.

　○과일의 모양, 촉감, 맛 등을 탐색해 본다.

　○눈을 가리고 물건을 만지거나 친구의 목소리를 듣고 알아맞히는 활동을
　　해 본다.

③ 유의점

－교사는 유아가 흥미를 갖고 참여할 수 있는 다양한 감각적인 활동을 계획
　하고, 적절한 환경과 자료를 준비한다.

－촉각뿐 아니라 청각, 시각, 후각, 미각 등을 복합적으로 협응할 수 있는 다
　양한 감각활동을 제공한다.

－신체활동으로 연결할 때에는 활동실 등 넓은 공간에서 활동하고 안전에 유
　의한다.

내용 2: 신체를 인식하고 움직이기

　'신체를 인식하고 움직이기'는 신체 각 부분의 특성을 이해하고 이를 활용하
여 움직이는 신체활동을 통해 자신의 신체를 긍정적으로 인식하는 태도를 기르
는 내용이다. 신체를 움직이는 동작과정은 유아가 자신의 신체를 긍정적으로
인식할 수 있는 자아개념을 발달시키는 기본적인 토대가 된다.

① 세부내용

　'신체 각 부분의 특성을 이해하고 활용하여 움직인다'는 유아가 자신의 신체
에 대한 관심과 탐색을 보다 적극적으로 실행하고, 자신의 신체와 운동능력을
구체적으로 인식할 수 있도록 하는 내용이다. 교사는 유아에게 신체의 구조, 신
체 부위의 명칭, 신체 각 부위의 역할 등에 대하여 지도함으로써 유아가 자기
신체에 대해 이해하도록 도와야 한다.

　'자신의 신체를 긍정적으로 인식하고 움직인다'는 유아가 신체 각 부분의 움
직임과 특징을 잘 인식하고 안정되고 자신감 있게 움직일 수 있도록 다양한 신
체활동의 기회를 제공함으로써 자신의 신체를 보다 긍정적으로 인식하도록 하
는 내용이다. 유아가 자기 신체에 대해 긍정적으로 인식하기 위해서는 움직임
에 대한 성공적인 경험이 중요하기 때문에 유아의 신체능력에 적절할 신체활동

을 제공하는 것이 중요하다. 이를 위해 교사는 놀이기구의 크기, 신체활동 난이도, 개인차 등의 요소를 고려하여 환경을 준비하도록 한다.

② 지도원리
　-교사는 유아가 신체 각 부분의 명칭과 기능을 이해하고 움직여 보도록 한다.
　　。신체 일부분을 구부리고 펴는 동작 등 신체 각 부분의 움직임의 범위를 인식하는 활동을 해 본다.
　　。공을 찰 때나 던질 때 다리와 발, 팔과 손이 어떤 역할을 하는지 살펴보고 신체의 기능에 대하여 관심을 갖는다.
　-교사는 유아가 다양한 신체활동과 놀이를 통해 유아 스스로 신체에 대해 긍정적으로 인식할 수 있도록 한다.
　　。움직임이 표현된 이야기나 그림카드를 본 후, 똑같이 표현하는 활동을 해 본다.

③ 유의점
　-유아가 자신의 움직임을 관찰하면서 신체의 명칭뿐 아니라 신체의 구조와 기능에 대하여 스스로 느껴 보도록 기회를 준다.
　-유아가 자신의 신체적 특징이나 다른 사람과의 차이를 긍정적으로 인식할 수 있도록 한다.

내용범주 2: 신체 조절과 기본 운동하기

'신체 조절과 기본 운동하기' 범주의 내용 및 세부내용

내용 범주	내용	3~5세 연령별 누리과정 세부내용		
		3세	4세	5세
신체 조절과 기본 운동 하기	신체 조절 하기	신체균형을 유지해 본다.	다양한 자세와 움직임에서 신체균형을 유 지한다.	
		공간, 힘, 시간 등의 움직임 요소를 경험 한다.	공간, 힘, 시간 등의 움직임 요소를 활용 하여 움직인다.	

내용 범주	내용	3~5세 연령별 누리과정 세부내용		
		3세	4세	5세
신체 조절과 기본 운동 하기	신체 조절 하기	신체 각 부분의 움직임을 조절해 본다.	신체 각 부분을 협응하여 움직임을 조절한다.	
		눈과 손을 협응하여 소근육을 조절해 본다.		
				도구를 활용하여 여러 가지 조작운동을 한다.
	기본 운동 하기	걷기, 달리기 등 이동운동을 한다.	걷기, 달리기, 뛰기 등 다양한 이동운동을 한다.	
		제자리에서 몸을 움직여 본다.	제자리에서 몸을 다양하게 움직인다.	

내용 1: 신체 조절하기

'신체 조절하기'는 정지 또는 이동 시 무게, 움직이는 속도, 힘, 연속성 등을 고려한 몸의 조정 및 균형 유지 능력을 키우는 것으로 이를 통해 유아는 바른 자세, 여러 가지 운동 기능 발달에 필요한 지식과 기능, 태도를 기르기 위한 내용이다.

① 세부내용

'신체균형을 유지해 본다'는 유아가 자신의 신체 균형을 잡고, 이를 유지하는 능력의 발달을 돕는 내용이다. 만 3세 유아가 몸을 정지해 있거나 움직일 때, 신체의 균형을 맞추어 이를 적절하게 유지하고자 하는 균형감을 경험해 볼 수 있도록 한다. 신체 균형감은 유아가 이후 여러 가지 운동 기능을 발달시키는 데 기초가 된다.

'다양한 자세와 움직임에서 신체균형을 유지한다'는 유아가 원하는 동작을 원활하고 안전하게 실행하기 위해 다양한 자세에서 몸의 균형을 유지하고 몸을 조정하는 능력을 키워주기 위한 내용이다. 평형판 위에서 앞뒤, 좌우로 기울이면서 넘어지지 않고 균형을 잡는 활동, 콩 주머니와 같은 물체를 머리 위나 신체 부위에 올려놓고 걸어 다니는 활동 등을 통해 만 4, 5세 유아가 신체 균형 능력을 지속적으로 발달시켜 갈 수 있다.

'공간, 힘, 시간 등의 움직임 요소를 경험한다'는 유아가 신체 각 부분을 움직일 때 공간의 활용, 힘의 강약, 시간의 길고 짧음, 속도의 빠름과 느림 등 움직임과 관련된 요소를 경험할 수 있도록 돕기 위한 내용이다. 만 3세 유아가 신체를 움직이고 조절하는 과정에서 나타나는 시간의 빠르기와 지속성, 공간의 높고 낮음, 좁고 넓음, 신체나 도구의 움직임 조절에서 나타나는 강약, 세기, 움직임의 속도 등의 요소를 인식함으로써 자신의 신체 조절력을 키워갈 수 있도록 한다.

'공간, 힘, 시간 등의 움직임 요소를 활용하여 움직인다'는 유아가 공간, 힘, 시간 등의 움직임 요소를 이해하고 이를 활용하여 신체를 움직이는 능력을 기르는 내용이다. 유아는 점차 공간, 힘, 시간 등의 움직임 요소를 고려하여 자신의 행위를 조절하고 움직일 수 있게 된다. 만 4, 5세 유아가 동물이나 기구, 혹은 다른 사람의 움직임을 관찰하고 두드러지는 움직임의 특징적 요소를 파악한 후 이를 자신의 신체로 표현해 보도록 할 수 있다.

'신체 각 부분의 움직임을 조절해 본다'는 유아가 몸 전체나 팔, 다리 등 신체 각 부분의 움직임에 대한 조절력을 키우도록 돕는 내용이다. 만 3세 유아는 신체의 움직임 속도를 적절히 조절하지 못하므로, 빨리 달려 가속이 붙게 되면 멈추고자 하는 시점에서 적절하게 멈추기가 어렵다. 걷기 활동을 변형하여 점점 빨리 걷기, 점점 천천히 걷기, 신호나 상황에 따라 멈추기 등의 신체 움직임의 조절과 관련된 활동을 다양하게 경험함으로써 유아가 자신의 신체 각 부분의 움직임을 조절하는 능력을 키울 수 있도록 한다.

'신체 각 부분을 협응하여 움직임을 조절한다'는 유아가 자신의 신체 부분을 서로 협응하여 신체 움직임을 조절할 수 있는 능력을 기르는 내용이다. 만 4, 5세 유아가 상황에 맞추어 신체 움직임을 조절하기 위해서는 신체기관의 두 부분 이상을 협응하여 움직여야 할 경우가 많으므로, 유아가 자신의 신체 부분을 협응하여 동작을 조절하는 능력을 기르는 데 중점을 둔다.

'눈과 손을 협응하여 소근육을 조절해 본다'는 유아가 소근육의 힘과 조절력, 시각능력의 발달을 기초로 눈과 손을 협응하여 움직일 수 있는 능력을 기르기 위한 내용이다. 만 3, 4, 5세 유아는 눈으로 보면서 손으로 사물을 조작하는 동작을 통해 소근육의 힘과 조절력을 키우게 된다. 유아가 자신의 신체나 주변의 대상이나 사물의 특징을 시각능력을 이용하여 적절하게 인식하고 의도한 대로 소근육을 조절하여 목표 행동을 수행할 수 있도록 돕는다.

'도구를 활용하여 여러 가지 조작운동을 한다'는 유아가 플라스틱 볼트와 너트, 나사못 등 각종 도구를 사용하는 움직임으로 소근육과 조작 기술의 발달을 돕는 내용이다. 만 5세 유아가 소근육이나 눈과 손의 협응력의 발달을 기초로 이전보다 더욱 정교한 조작 활동을 경험해 볼 수 있게 한다. 도구를 활용한 조작운동은 반드시 도구의 안전하고 바른 사용과 함께 이루어지도록 한다.

② 지도원리

-교사는 유아가 신체 균형을 유지하며 다양한 자세를 취할 수 있도록 한다.
  ○한 발 들고 오래 서 있거나 평균대 위에서 균형을 유지하면서 앞으로 걸어 보기 또는 뒤로 돌기 등의 활동을 해 본다.
  ○콩 주머니 같은 물체를 머리, 어깨, 발 등의 신체 위에 올려놓고 떨어뜨리지 않으며 걸어 본다.
-교사는 유아가 시간, 공간, 흐름, 힘 등 동작의 요소를 활용하여 다양한 움직임을 만들어 보도록 한다.
  ○언덕길을 오르거나 내리막길을 내려오는 자전거처럼 몸을 움직여 본다.
  ○빠르게 또는 느리게, 자유롭게 움직이다가 일정한 신호에 맞추어 동작을 멈추거나 속도를 바꾸어 본다.

③ 유의점

-빠르고 느리게, 높고 낮게, 크고 작게, 강하고 부드럽게 등과 같은 다양한 조건을 제시하면서 유아들이 여러 움직임을 경험할 수 있게 한다.

| 내용 2: 기본 운동하기 |

'기본 운동하기'는 이동하며 운동하기와 제자리에서 운동하기로 구분해 볼 수 있다. 이동하며 운동하기는 유아가 몸을 한 곳에서 다른 곳으로 이동하면서 움직이는 동작의 내용이다. 이동운동하기에는 걷기, 달리기, 뛰어넘기, 점프하기, 호핑하기, 미끄러지기, 말뛰기, 스키핑 등의 다양한 동작이 포함된다. 제자리에서 운동하기는 몸을 축으로 하여 장소를 옮기지 않고 움직이는 동작의 내

용이다. 제자리에서 운동하기에는 뻗기, 구부리기, 꼬기, 제자리에서 돌기, 흔들기, 구르기, 떨기, 앉기 등의 동작이 있다.

① 세부내용

'걷기, 달리기, 뛰기 등 다양한 이동운동을 한다'는 공간을 변화시켜 움직이면서 기초체력, 리듬감, 표현능력, 균형감 등을 창의적인 동작의 기본형태로 활용할 수 있도록 하는 내용이다. 움직임의 다양성과 숙달에 중점을 두어 걷기, 달리기, 뛰기의 기본동작을 이용하여 발뒤꿈치로 걷기, 방향 바꾸어 뛰기, 10번 깡충 뛰기, 달려와 멀리 뛰기 등 다양한 동작을 하게 한다. 또한 속도나 방향, 힘 등의 기초개념과 운동요소를 적용하여 보다 역동적이고 다양한 활동을 경험하게 한다. 유아의 이동운동은 놀이나 신체활동뿐 아니라 일상생활에서도 언제나 발생하며, 실내에서 보다 실외에서 더욱 활발해지고 다양해진다.

'제자리에서 다양한 운동을 한다'는 앉거나 제자리에 서서 몸을 다양하게 움직이면서 신체 부분 간의 관계를 탐색하고, 신체균형감을 경험하며, 특정 동작을 모방하는 지각 운동능력을 기르고 창의적 표현력을 증진하는 내용이다. 제자리에서의 운동은 교사의 다양한 제시 조건(언어나 그림 등)에 따라 기지개 펴기, 팔다리를 길게 또는 높게 뻗기, 서서 앞·뒤·옆으로 몸을 구부렸다 펴기, 다양한 신호에 맞추어 앉기 등 다양하게 시도될 수 있다. 이러한 활동을 통하여 신체의 유연성, 평형성, 신체 및 공간지각 등을 경험하며 신체 부분의 특성과 기능에 대하여 자연스럽게 학습할 수 있다. 이러한 과정에서 교사는 유아가 충분히 자신의 신체를 탐색하고 움직여 볼 수 있도록 격려하고 지지한다.

② 지도원리

-교사는 유아가 걷기, 달리기, 뛰기 등의 이동운동에서 움직임의 개념과 운동요소를 적용해 보도록 한다.
  ○움직일 때 속도와 방향에 변화를 주어 보다 빠르게, 보다 느리게 걸어 본다.
  ○앞과 뒤로 걷기, 옆으로 걷기, 방향 바꾸어 뛰기, 연속적으로 깡충 뛰기, 달려와 멀리뛰기 등 다양한 동작을 해 본다.
  ○북, 탬버린, 캐스터네츠 등을 이용하여 신호에 따라 움직이기, 움직이다

가 멈추기 등의 활동을 해 본다.

　○동물들의 움직임을 상상하며 창의적인 표현활동으로 확장해 본다.

－교사는 유아가 언어적 지시나 그림, 신체표현 등 다양한 제시 조건에 따라 동작을 따라하거나 모방해 보도록 한다.

－간단한 악기소리에 맞춰 발뒤꿈치를 땅에 대지 않고 발끝으로 서기(뒤, 오른쪽, 왼쪽으로 돌기 등), 한 발로 서기 등의 활동을 해 본다.

③ 유의점

－이동하며 운동하기에 적합한 방해물이 없고 넓은 장소에서 활동하도록 한다.

－다양한 움직임을 시도해 보도록 적절하게 반응하고 격려한다.

－적절히 상호작용하며 스스로 안전하고 도전적인 활동을 탐색해 볼 수 있도록 격려한다.

－자신의 신체를 충분히 탐색하고 움직여 보도록 격려한다.

－언어적 지시나 그림, 신체표현 등의 지시와 적절한 음악을 함께 사용하고, 생활주제와 연계하여 관련 동작 내용을 제시한다.

내용범주 3: 신체활동에 참여하기

'신체활동에 참여하기' 범주에 따른 내용과 세부내용

내용 범주	내용	3~5세 연령별 누리과정 세부내용		
		3세	4세	5세
신체 활동에 참여 하기	자발적으로 신체활동에 참여하기	신체활동에 자발적으로 참여한다.	신체활동에 자발적이고 지속적으로 참여한다.	
		다른 사람과 함께 하는 신체활동에 참여한다.		
			자신과 다른 사람의 운동능력의 차이에 관심을 갖는다.	자신과 다른 사람의 운동능력의 차이를 이해한다.
	바깥에서 신체활동하기	규칙적으로 바깥에서 신체활동을 한다.		
	기구를 이용하여 신체활동하기	여러 가지 기구를 이용하여 신체활동을 한다.		

> 내용 1: 자발적으로 신체활동에 참여하기

'자발적으로 신체활동에 참여하기'는 유아가 개인 또는 집단으로 하는 다양한 신체활동에 참여하면서 신체운동을 생활 속에서 즐기는 습관과 태도를 길러 주는 내용이다. 유아가 신체활동에 자발적으로 참여하여 즐김으로써 기쁨과 만족감을 느끼고 자신의 신체운동 능력에 자신감을 느끼도록 하는 데 중점을 둔다. 유아의 신체운동 능력은 연령별, 개인별 차이가 있을 뿐만 아니라 유아 스스로도 운동의 종류에 따라서도 흥미나 능력에 차이를 보이므로 개인차에 적합한 신체활동을 경험하도록 지원한다.

① 세부내용

'신체활동에 자발적으로 참여한다'는 유아가 신체활동에 자발적으로 참여해 보게 하는 내용이다. 유아는 신체활동에 자발적으로 참여함으로써 자유롭게 뛰어놀고, 소리치며 즐길 수 있는 기회를 갖는다. 신체활동을 즐기는 습관은 기초체력을 기르는데 도움이 될 뿐만 아니라 긍정적인 생활 태도를 형성하는 토대가 된다. 만 3세 유아가 자신의 신체기량과 발달적 특성에 맞는 신체활동을 다양하게 경험해 봄으로써 신체활동의 즐거움을 만끽하고 기초체력을 기를 수 있게 한다.

'신체활동에 자발적이고 지속적으로 참여한다'는 유아가 신체활동을 지속적으로 즐기면서 기초체력뿐만 아니라 신체활동에 대한 자신감을 키우고 자발적으로 신체활동에 참여하는 태도를 기르는 내용이다. 만 4, 5세 유아가 자신이 좋아하는 신체활동에 자발적으로 참여하면서 기쁨을 느끼고 이를 지속하여 숙달시킴으로써 성취감과 자신감을 키우도록 한다.

'다른 사람과 함께 하는 신체활동에 참여한다'는 유아가 개인뿐만 아니라 집단으로 하는 신체활동에 참여하게 함으로써 집단 활동의 규칙과 다른 사람과의 협력을 자연스럽게 익히도록 하는 내용이다. 만 3, 4, 5세 유아가 다른 사람과 함께 신체활동을 하는 과정에서 서로의 특성을 존중하는 태도를 기를 수 있도록 한다. 또한 간단한 규칙이 있거나 팀을 나누어 진행하는 신체활동에 참여하도록 하여 만 3, 4, 5세 유아가 신체활동에서 규칙을 지키고 팀원 간에 협동하는 경험을 갖도록 한다.

'자신과 다른 사람의 운동 능력의 차이에 관심을 갖는다'는 유아가 신체활동에 참여하면서 자신의 운동 능력과 다른 사람의 운동 능력이 다를 수 있다는 것을 경험해 보도록 하는 내용이다. 여러 가지 신체활동에 참여하면서 유아는 자신이 좋아하는 운동과 잘하는 신체 동작이 있다는 것을 알고 익숙하지 않거나 선호하지 않는 운동이 있다는 것을 알게 된다. 또한 유아는 다른 사람의 운동 능력을 자신과 비교하면서 서로의 차이에 관심을 갖게 된다.

'자신과 다른 사람의 운동 능력의 차이를 이해한다'는 유아가 자신과 친구들의 신체운동 능력 차이를 인정하고 이러한 차이를 존중해 줄 수 있는 능력과 태도를 길러 주는 내용이다. 만 5세 유아가 또래 간 신체운동 능력의 차이를 인정하고 존중해 주는 태도를 가질 수 있도록 한다. 이러한 태도는 유아가 다른 친구와 협동하며 놀이하는 데 기초가 되며 다른 사람을 존중하는 바탕이 된다. 신체운동을 할 때에는 유아들 간의 비교를 삼가고 누구나 잘하는 부분과 덜 잘하는 부분이 있다는 것을 서로 인정할 수 있도록 한다.

② 지도원리

- 유아 주변에서 흔히 볼 수 있는 것이나 관심 있는 사물의 움직임을 관찰하고, 관찰한 것을 자발적으로 표현해 볼 수 있도록 한다. "농구공을 튕겨 보자. 공이 어떻게 움직이니? 우리 공처럼 움직여 볼까?" "개구리나 토끼는 어떻게 뛸까? 우리 개구리나 토끼처럼 뛰어 볼까?"
- 유아들이 자신의 특성에 맞는 신체운동에 참여함으로써 성공적인 경험을 할 수 있도록 하고 서로의 차이를 자연스럽게 인정할 수 있도록 한다.

② 유의점

- 특히 자신감이 없는 유아나 소극적인 유아에게는 특정한 행동을 완수하도록 강요하지 않고 충분한 시간적 여유를 줌으로써 스스로 탐색하고 다양한 시도를 해 볼 수 있도록 한다.
- 교사는 다른 유아와 비교하지 않으며, 유아가 자발적이고 적극적으로 활동에 참여한 점을 구체적으로 칭찬하고 격려한다.

내용 2: 바깥에서 신체활동하기

'바깥에서 신체활동하기'는 실외놀이터, 숲 등의 자연에서 활동하는 내용이다. 유아에게 실외환경은 햇빛과 하늘과 바람, 돌과 흙, 새와 곤충 등의 동식물을 접할 수 있는 곳이자 마음껏 걷고, 달리고, 숨고 찾는 놀이를 만끽할 수 있는 공간이다. 유아는 바깥에서 신체활동을 함으로써 충실한 신체운동 발달과 자연환경에 대한 적응력을 기르며, 실내활동으로 인한 경직된 신체와 스트레스를 해소할 수 있다. 이러한 바깥놀이를 통해 유아는 친구와의 협력, 배려, 존중 등의 기본적인 사회적 역량도 함께 발달시킬 수 있다.

① 세부내용

'규칙적으로 바깥에서 신체활동을 한다'는 특별한 경우를 제외하고 가능한 날씨에 기온 변화에 크게 구애받지 않고 매일매일 규칙적으로 바깥놀이 활동을 실시하도록 하는 내용이다. 규칙적인 바깥놀이 활동은 혈액순환, 호흡 및 배설작용 등 신체기능의 원활한 회복과 발달을 돕는다. 바깥놀이를 통해 유아는 자연스럽게 대근육 활동에 참여하게 되고, 자연의 신선한 공기를 마시고 햇빛을 받으면서 환경변화에 적응하고 대비할 수 있는 능력을 기를 수 있다. 또한 면역력이 증가되고 기초체력이 향상되고, 건강에 필수적인 영양소가 만들어진다. 따라서 교사는 계절 및 기온의 변화를 고려하여 바깥놀이 시간을 조정하는 등의 주위를 기울여야 한다.

② 지도원리

－교사는 유아가 규칙적으로 바깥에서 놀이하기, 나들이, 산책하기 등 자연스럽게 대근육 활동을 하도록 한다.

③ 유의점

－1일 1시간(60분) 이상의 바깥놀이 시간을 확보하여 바깥에서 신체활동을 실시하는 것이 바람직하다.

－계절을 고려하여 놀이시간을 조정하며, 적합한 복장을 갖추어 활동하도록 한다.

내용 3: 기구를 이용하여 신체활동하기

'기구를 이용하여 신체활동하기'는 유아가 다양한 기구를 활용함으로써 대근육 운동능력을 기르고, 기구를 이용하는 방법을 습득하게 하는 내용이다. 기구로는 작은 공, 풍선, 후프, 스카프, 줄 등의 도구와 미끄럼틀, 그네, 평균대 뜀틀, 매트 등의 다양한 놀이기구 모두가 포함된다.

① 세부내용

'여러 가지 기구를 이용하여 신체활동을 한다'는 다양한 기구를 활용하는 과정에서 대근육 발달은 물론, 신체적 유연성이나 근력, 근지구력 등 기초체력을 기르고 운동능력이 균형있게 발달할 수 있도록 하는 내용이다. 유아가 선호하는 활동공간을 제공함으로써 즐겁고 신나는 신체활동이 가능하다. 평균대, 뜀틀, 매트 등의 운동기구를 이용하여 건너고, 구멍을 통과하고 뛰어내리는 등의 활동은 유아가 즐겨하는 활동이다. 교사는 유아가 다양한 놀이 기구를 직접 체험하면서 사용하는 방법을 자연스럽게 익힐 수 있도록 지도하며, 유아의 개인차나 발달적 특성, 발달 수준을 고려한다.

② 지도원리

- 교사는 유아가 평균대, 그네, 시소, 미끄럼틀 등의 기구로 구성된 실내 · 외 신체 영역에서 오르기, 미끄러지기 등의 대근육 활동을 경험하게 한다.
  ○ 그네 타기, 시소 타기, 정글짐 오르기, 줄넘기, 훌라후프 하기 등의 활동을 해 본다.

③ 유의점

- 놀이기구는 안전사고 발생 위험이 높으므로 유아들이 놀이기구나 시설을 이용할 때 교사의 철저한 감독은 물론, 안전 규칙에 대한 지도도 함께 이루어져야 한다.
- 놀이기구 바닥에는 모래나 쿠션이 있는 재료를 깔아 부드럽고 탄력이 있게 하여 넘어지거나 떨어졌을 경우에도 큰 상처를 입지 않도록 안전을 고려한다.

-모서리에 부드러운 재질을 붙이고, 유아가 물건에 걸려 넘어지지 않도록 안전에 방해가 되는 것은 가능한 제거한다.

내용범주 4: 건강하게 생활하기

'건강하게 생활하기' 범주에 따른 내용 및 세부내용

내용범주	내용	3~5세 연령별 누리과정 세부내용		
		3세	4세	5세
건강하게 생활하기	몸과 주변을 깨끗이 하기	손과 이를 깨끗이 하는 방법을 알고 실천한다.		스스로 몸을 깨끗이 하는 습관을 기른다.
		주변을 깨끗이 한다.	주변을 깨끗이 하는 습관을 기른다.	
건강하게 생활하기	바른 식생활 하기	음식을 골고루 먹는다.		적당량 음식을 골고루 먹는다.
		몸에 좋은 음식에 관심을 갖는다.	몸에 좋은 음식을 알아본다.	몸에 좋은 음식을 선택할 수 있다.
		바른 태도로 식사한다.	음식을 소중히 여기고 식사예절을 지킨다.	
	건강한 일상생활 하기	규칙적으로 잠을 자고, 적당한 휴식을 취한다.		
		하루 일과에 즐겁게 참여한다.		
		스스로 화장실에서 배변한다.	바른 배변습관을 가진다.	규칙적인 배변습관을 가진다.
	질병 예방 하기	질병의 위험을 알고 주의한다.	질병을 예방하는 방법을 알고 실천한다.	
		날씨에 맞는 옷을 입는다.	날씨와 상황에 알맞은 옷을 입는다.	

내용 1: 몸과 주변을 깨끗이 하기

'몸과 주변을 깨끗이 하기'는 유아가 건강한 신체를 유지하기 위한 기초로 청결한 생활습관을 갖도록 하는 내용이다. 청결한 생활습관은 자신의 신체를 항상 청결하게 유지하는 것에서부터 시작한다. 이러한 생활습관을 통해 유아가 항상 자신이 사용한 물건은 물론 자신이 활동하는 공간이나 주변을 깨끗이 유지할 수 있도록 하는 습관을 기르는 내용이다.

① 세부내용

'손과 이를 깨끗이 하는 방법을 알고 실천한다'는 유아가 손과 이를 항상 청결하게 유지하는 습관을 갖게 하는 내용이다. 만 3, 4세 유아의 청결한 생활습관은 자신의 신체를 항상 청결하게 유지하는 것에서부터 시작한다. 손과 치아의 청결은 건강 유지의 기본이 되므로 유아가 생활 속에서 항상 손과 몸, 이를 청결히 유지하도록 지도한다. 만 4세가 되면 이를 닦는다는 행위 자체보다 올바르게 닦는 방법을 알고 실천할 수 있도록 지도한다.

'스스로 몸을 깨끗이 하는 습관을 기른다'는 생활 속에서 자발적으로 손과 이를 닦는 습관을 기르기 위한 내용이다. 만 5세 유아는 간식과 급식 전·후는 물론이고, 화장실 이용 후, 미술 활동 이후와 바깥놀이 활동이나 산책을 다녀온 후, 항상 손을 깨끗이 씻는 것이 습관화되도록 지도한다.

'주변을 깨끗이 한다'에서 주변이란 좁게는 유아의 개인장을 비롯한 활동실을 말하며, 넓게는 유아교육 및 보육 기관을 비롯하여 유아가 이용하는 공공시설이나 공간 등을 모두 일컫는다. 만 3세 유아가 주로 자신의 소지품과 생활공간을 깨끗이 유지하도록 지도한다.

'주변을 깨끗이 하는 습관을 기른다'는 생활 속에서 정리 정돈의 경험을 반복 실천하게 함으로써 청결 습관을 갖도록 하기 위한 내용이다. 만 4, 5세 유아는 자신이 사용한 물건을 스스로 정리 정돈하고 청결하게 유지하는 습관을 형성할 수 있다. 교구나 책걸상 정리, 놀잇감 정리 정돈 등을 통해 교실을 깨끗이 정돈하고 쓰레기 분리배출 등도 실천할 수 있는 기회를 주도록 한다.

② 지도원리

-교사는 유아가 스스로 손과 몸, 이 닦기를 실천할 수 있도록 한다.
　○올바른 이 닦기에 대해 알아보고 실천한다.
　○손이 더러워졌을 때 스스로 올바른 방법으로 손을 씻는다.
-교사는 유아 스스로 자기 주변을 깨끗이 정리할 수 있도록 한다.
　○자신의 물건이나 사용한 놀잇감을 스스로 정리하는 습관을 가진다.

③ 유의점

－기본생활 습관이 정착되도록 일상생활 속에서 꾸준히 지도한다.

－지나치게 청결을 강조하면 거부감을 느낄 수 있으므로 주의한다.

내용 2: 바른 식생활 하기

'바른 식생활 하기'는 유아가 몸의 건강을 유지하기 위해 영양의 중요성을 알고 실천하며, 기본적인 영양지식과 올바른 식습관을 형성하도록 하는 내용이다. 바른 식생활을 위해 유아는 몸에 좋은 음식을 골고루 적당량을 먹을 수 있어야 하며, 식품의 생산과 공급, 조리과정에 참여하는 많은 사람들의 노력을 이해함으로써 음식의 소중함을 알고 감사하는 태도를 길러야 한다.

① 세부내용

'적당량의 음식을 골고루 먹는다'는 유아가 편식하지 않고 다양한 영양분을 골고루 섭취할 수 있도록 지도하는 내용이다. 유아가 건강과 영양과의 관계를 알고 적당량의 음식을 골고루 먹음으로써 균형된 영양섭취를 할 수 있도록 격려한다.

'몸에 좋은 음식을 선택할 수 있다'는 유아가 우리 몸의 건강과 영양 간의 관계를 알고 몸에 좋은 음식을 섭취하게 하고, 좋은 식습관을 길러주기 위한 내용이다. 소아비만이나 아토피 피부염 등은 잘못된 식습관과 관련이 있으므로 유아들이 건강한 식품을 구별하여 섭취할 수 있도록 지도해야 한다.

'감사하는 마음으로 음식을 소중히 여긴다'는 유아들이 하나의 음식이 만들어지기까지의 과정에서 수고한 사람들의 노력을 알고 음식의 소중함을 느끼도록 지도하는 것이다. 이를 위해 유아들이 남긴 음식의 처리나 그로 인한 경제적인 손실을 이해하게 하고, 자신이 먹을 수 있는 만큼의 음식을 가져와서 남기지 않고 먹는 습관을 갖도록 한다.

'식사예절을 지킨다'는 올바른 수저 사용법은 물론 식사 도중에 함부로 돌아다니지 않기, 음식을 입에 넣은 상태로 말하지 않기 등 식사 시 지켜야 하는 기본적인 예절을 형성하도록 하는 것이다. 바른 식습관 형성은 건강 유지를 위한 기본 요소이며, 또래와 함께 식사하는 경험은 자연스럽게 식사예절을 익히는 기회를 제공한다. 새참이나 급식시간에 다른 친구들과 자연스럽게 교류할 수 있도록 지도한다.

② 지도원리
－교사는 유아가 성장발달에 필요한 적당량의 음식을 골고루 먹는 식습관을 가지도록 한다.
  ○균형 있는 영양섭취의 필요성과 중요성을 알 수 있는 활동을 해 본다.
  ○하루 세 번의 식사와 새참을 적당한 양으로 규칙적으로 먹는 습관을 기른다.
  ○편식하지 않고 음식을 골고루 먹는 습관을 기른다.
－교사는 유아가 몸에 좋은 음식과 몸에 좋지 않은 음식이 무엇인지 알고, 몸에 좋은 음식을 선택할 수 있도록 한다.
－교사는 유아가 음식을 소중히 여기는 태도를 기를 수 있도록 한다.
  ○음식으로 장난하지 않고, 먹을 만큼만 덜어 먹어 음식을 남기지 않는 습관을 기른다.
－교사는 유아가 식사예절을 알고 지킬 수 있도록 한다.
  ○새참이나 급식 시간에는 제자리에 앉아 바른 자세로 음식을 먹는다.
  ○올바른 수저 사용법을 익힌다.
  ○음식을 입에 넣은 상태로 말하지 않는다.
  ○식사 후 식기는 스스로 정리하는 습관을 가진다.

③ 유의점
－편식하는 유아에게는 지속적인 관심과 지도가 요구되므로 주의한다.
－식사시간에는 유아의 잘못을 지적하거나 꾸짖는 일을 삼가며, 꼭 타일러야 할 일은 식사시간 이후에 하도록 한다.

| 내용 3: 건강한 일상생활 하기 |

'건강한 일상생활 하기'는 유아가 건강을 유지하기 위해 필요한 기초적인 생활습관과 태도를 기르기 위한 내용이다. 유아가 건강한 생활습관을 기르기 위

해서는 규칙적인 수면 습관을 갖고 필요할 때 휴식을 취할 수 있는 능력이 필요하다. 바른 배변 습관은 개인 위생과 건강 습관을 위한 기본이 되므로 유의하도록 한다. 또한 하루 일과를 통해 일상생활에 즐겁게 참여함으로써 정신 건강을 유지할 수 있도록 돕는다.

① 세부내용

'규칙적으로 잠을 자고, 적당한 휴식을 취한다'는 유아가 정해진 시간에 잠을 자고 활발한 활동을 하고 난 후 조용히 휴식을 취함으로써 생리적인 피곤을 회복하여 건강을 유지할 수 있도록 하는 것이다. 유아는 잠자는 동안 낮에 경험했던 사건을 재구성하고 성장호르몬 생성도 최고조에 이르므로 수면이 중요하다. 만 3~5세 유아의 권장 수면 시간을 낮잠을 포함하여 10~12시간 정도이며 유아는 본인의 생리적 특성이나 활동량, 밤잠 시간 등에 따라 피곤을 느끼는 정도가 다르므로 유아의 개별적인 요구를 고려하도록 한다.

'하루 일과에 즐겁게 참여 한다'는 유아의 신체적 건강뿐만 아니라 정신 건강을 유지할 수 있게 하는 것이다. 만 5세가 되더라도 자신의 생각이나 느낌을 말로 표현하는 것이 서툴러 과격하게 행동할 수 있다. 소극적으로 참여하는 유아를 위해서는 다양한 활동을 제공해 줌으로써 적극적으로 하루 일과에 참여할 수 있도록 격려하고 지원해 준다.

'바른 배변 습관을 가진다'는 유아가 화장실 사용의 올바른 절차와 방법을 알고 배설 후 뒤처리하는 방법을 익히도록 하는 것이다. 유아가 놀이에 몰두하여 배설하기를 미루면 실수를 하는 경우가 생기므로 배설의 욕구를 느꼈을 때 빠른 시간 내에 화장실에 가서 배설하고 놀이에 계속 참여하도록 지도한다. 특히 소집단 활동 시간에는 유아가 배설을 조절할 수 있도록 규칙적으로 안내하고 배설 후 스스로 뒤처리를 깨끗이 할 수 있도록 지도한다.

② 지도원리

-교사는 유아가 규칙적으로 잠을 자고, 필요할 때 적당한 휴식을 취할 수 있도록 한다.

　○피로하다고 느낄 때 어른에게 알리거나 스스로 적절한 장소를 찾아 휴식

을 취한다.

−교사는 유아가 하루 일과에 즐겁게 참여하도록 돕는다.

  ○활동과정에서 느끼는 다양한 감정과 느낌을 알고 적절한 방법으로 표현
    해 본다.

−교사는 유아가 배변하는 습관을 기르고, 올바른 화장실 사용방법을 익히도
  록 한다.

  ○배변 후 물 내리기, 휴지 사용법, 뒤처리 방법, 손 씻기 등을 익힌다.

③ 유의점

−교사는 유아의 얼굴빛이나 표정, 행동 등을 관찰하여 유아의 피로 정도를
  파악하고 지나치게 피로한 상태가 되지 않도록 유의한다.

내용 4: 질병 예방하기

 '질병 예방하기'는 건강유지를 위해 건강의 의미와 중요성을 알고 생활 속에
서 실천하며 질병을 예방할 수 있는 태도를 기르는 것이다. 규칙적인 생활습관
을 형성하고 날씨에 맞는 옷차림을 하고 전염병에 걸리지 않도록 예방주사를
맞거나 모기에 물리지 않도록 몸을 청결히 하는 등의 내용이다.

① 세부내용

 '건강의 중요성을 알고 실천한다'는 건강이란 단순히 '아프지 않은 상태'가
아니라 '자신의 잠재력을 최대한 발휘할 수 있는 상태임'을 이해하는 것으로
이를 위해 유아가 규칙적이고 적절하게 운동하고 휴식하며 바른 자세와 식습관
을 가지며 주변을 청결히 하고 위생적인 생활습관을 갖도록 한다.

 '질병을 예방하는 방법을 알고 실천 한다'는 일상생활에서 일어나는 여러 상
황 속에서 질병을 예방하는 방법을 알고 지키게 하는 것으로 감기 예방을 위해
날씨에 맞는 옷차림을 하고 몸을 청결히 하며 정기적으로 건강검진과 예방접종
을 하는 등 건강 상태에 관심을 가질 수 있도록 지도한다. 부모 교육이나 가정
통신문 등을 통해 유아를 위한 예방접종 시기와 종류를 안내하는 것도 매우 중
요하다.

'날씨와 상황에 알맞게 옷을 입는다'는 건강을 유지하기 위해 날씨와 계절, 상황에 맞게 옷을 입을 수 있도록 하는 내용이다. 사계절의 기후 변화가 뚜렷한 우리나라는 특히 환절기 기온변화가 심하여 감기에 걸리기 쉬우므로 적절한 옷차림을 할 수 있도록 지도한다. 또한 태양열이 강한 여름철에는 직사광선을 피하기 위해 모자를 반드시 쓰도록 하고 땀을 흘린 뒤에는 몸을 깨끗이 닦고 젖은 옷은 즉시 갈아입도록 지도한다.

② 지도원리
- 교사는 유아가 올바른 식생활, 규칙적인 운동, 건전한 몸가짐 등이 건강에 중요한 기초가 됨을 인식하고, 건강한 생활습관을 형성할 수 있도록 한다.
  ◦ 가정에서도 규칙적인 생활을 할 수 있도록 가정과 연계하여 실천한다.
- 교사는 유아가 일상생활 중에 일어나는 여러 상황 속에서 질병을 예방하는 방법을 알고 지킬 수 있게 한다.
  ◦ 질병예방 및 예방접종의 필요성과 중요성을 알아보는 활동을 한다.
- 교사는 유아가 날씨와 상황에 알맞게 옷을 입을 수 있게 한다.
  ◦ 실내와 온도나 상황에 알맞게 적절한 옷을 입는다.
  ◦ 더러운 옷은 건강에 나쁜 영향을 준다는 것을 알고, 스스로 옷을 갈아입는 깨끗한 옷 입기 습관을 가진다.

③ 유의점
- 교사는 유아가 질병을 예방할 수 있는 생활태도를 갖도록 일상생활에서 지속적으로 지도한다.
- 유아기 전염성 질환에 대한 정보를 수시로 학부모에게 전달한다.

내용범주 5: 안전하게 생활하기

'안전하게 생활하기' 범주에 따른 내용 및 세부내용

내용 범주	내용	3~5세 연령별 누리과정 세부내용		
		3세	4세	5세
안전 하게 생활 하기	안전하게 놀이하기	놀이기구나 놀잇감, 도구를 안전하게 사용한다.		놀이기구나 놀잇감, 도구의 바른 사용법을 알고 안전하게 사용한다.
		안전한 놀이장소를 안다.	안전한 장소를 알고 안전하게 놀이한다.	
		TV, 인터넷, 통신기기 등을 바르게 사용한다.	TV, 인터넷, 통신기기 등의 위해성을 알고, 바르게 사용한다.	
	교통안전 규칙 지키기	교통안전 규칙을 안다.	교통안전 규칙을 알고 지킨다.	
		교통수단을 안전하게 이용한다.		
	비상 시 적절히 대처하기	학대, 성폭력, 실종, 유괴상황을 알고 도움을 요청한다.	학대, 성폭력, 실종, 유괴상황 시 도움을 요청하는 방법을 알고 행동한다.	
		재난 및 사고 등 비상 시 적절하게 대처하는 방법을 안다.	재난 및 사고 등 비상 시 적절하게 대처하는 방법을 알고 행동한다.	

내용 1: 안전하게 놀이하기

'안전하게 놀이하기'는 유아들이 실내·외에서 접할 수 있는 여러 가지 놀이기구나 놀잇감, 도구를 안전하게 사용하고, 안전한 장소에서 놀이하며, 전자 미디어를 안전하게 사용하는 데 필요한 지식, 기능, 태도, 가치를 형성하도록 하는 내용이다.

① 세부내용

'놀이기구나 놀잇감, 도구를 안전하게 사용한다'는 유아에게 실내·외 놀이기구나 놀잇감, 도구의 안전한 사용법 및 규칙 등을 알려 주어 안전하게 놀이할 수 있도록 하는 내용이다. 실외 놀이터에서 놀 경우 모자나 끈이 달린 옷을 입지 않거나 신발을 바로 신는 등 안전을 위해 갖추어야 할 복장도 포함한다. 교사는 만 3, 4세 유아에게 놀잇감이나 도구를 사용하기 전에 안전에 필요한 사항을 미리 알려 주고, 안전하게 사용할 수 있게 지도한다.

'놀이기구나 놀잇감, 도구의 바른 사용법을 알고 안전하게 사용한다'는 유아에게 놀이기구나 놀잇감, 도구의 안전한 사용법을 알려 주는 것뿐만 아니라 생활 속에서 실천할 수 있게 하는 것이다. 만 5세 유아가 실내·외 놀이기구나 놀잇감, 도구를 어떻게 사용해야 안전한지, 왜 그렇게 사용해야 하는지 등을 알고 실천할 수 있게 한다.

'안전한 놀이장소를 안다'는 유아가 실내·외 놀이 장소에서 안전하게 놀이할 수 있도록 안전한 놀이 장소를 알고 안전하지 못한 곳과 구분할 수 있게 하는 내용이다. 만 3세 유아가 안전하게 놀이하도록 하기 위해서는 안전사고 위험요인들이 미리 제거된 안전한 놀이 공간과 시설을 제공하는 것이 중요하다. 또한 유아에게 찻길이나 도로변과 같은 위험한 장소를 알려 주어 일상생활에서 위험에 노출되지 않도록 지도한다.

'안전한 장소를 알고 안전하게 놀이한다'는 유아에게 안전한 놀이 장소를 알려 주고 놀이하도록 하는 것에서 발전하여, 유아와 함께 실·내외에서 안전하고, 위험한 장소를 알고 구분하며, 질서를 지키는 등 안전하게 놀이할 수 있게 지도하는 내용이다. 만 4, 5세 유아에게 위험한 장소 및 그 이유에 대해 알아보고, 안전하게 놀이할 수 있는 규칙을 정하고 스스로 지키면서 놀이하도록 한다.

'TV, 인터넷, 통신기기 등을 바르게 사용한다'는 유아에게 올바른 전자 미디어의 사용법을 알려주고 사용하도록 하는 내용이다. 만 3세 유아에게는 정해진 시간에만 바른 자세로 앉아 사용하는 등 전자 미디어의 바른 사용법을 알고 생활 속에서 지킬 수 있도록 한다. 이 때 교사는 적정 시간을 지켜 전자 미디어를 사용할 수 있도록 지도한다.

'TV, 인터넷, 통신기기 등의 위해성을 알고 바르게 사용한다'는 전자 미디어의 순기능 뿐 아니라 역기능에 대해 인식하고 이를 바탕으로 자기조절 능력을 가지고 올바르게 전자 미디어를 사용하도록 하는 내용이다. 만 4, 5세는 생활 속에서 전자 미디어와 관련된 다양한 문제 상황 및 문제해결 방법에 대해 알아보고 이를 실천하고자 노력할 수 있다. 전자 미디어 안전교육은 반드시 가정과 연계되어 이루어질 수 있도록 한다.

② 지도원리

－교사는 유아가 놀이기구나 놀잇감을 안전하게 사용할 수 있도록 한다.
  ◦실내ㆍ외에서 놀이기구나 놀잇감 사용 시 지켜야 할 규칙이 무엇이 있는
   지 친구들과 의논하고 약속을 정하여 실천한다.
  ◦놀이기구의 안전한 사용법에 대하여 이야기 나누기를 한 후 실천한다.

③ 유의점

－교사는 활동공간에 따른 적절한 인원수, 기구의 견고성, 공간 바닥 등에 대
  해 정기적으로 안전점검을 실시하여 안전한 놀이 환경을 유지한다.
－일상생활에서의 지속적인 놀이 안전 교육을 통하여 유아 스스로 자신의 안
  전을 지킬 수 있는 능력과 태도를 갖도록 한다.

내용 2: 교통안전 규칙 지키기

'교통안전 규칙 지키기'는 만 5세 유아가 교통안전 규칙의 중요성과 자동차
사고의 위험을 이해하고 사고의 위험으로부터 자신을 보호하기 위해 필요한 지
식, 기능, 태도를 기르기 위한 것으로 교통기관은 우리에게 편리함을 주는 대신
교통사고와 교통 혼잡, 대기 오염 등의 문제를 일으킨다. 특히 교통사고는 귀중
한 생명과 재산피해를 가져오므로 우리 생활에 심각한 문제를 초래하고 있다.
이에 유아가 안전한 생활태도를 가질 수 있도록 교통안전 규칙과 교통수단의
안전한 이용 방법을 익힐 수 있도록 한다.

① 세부내용

'교통 규칙을 지켜서 안전하게 다닌다'는 안전한 보행이나 도로 횡단 등의
각종 교통안전 규칙을 숙지할 수 있도록 하여 안전하게 다닐 수 있는 능력을 기
는 것으로 교통 신호와 도로 교통의 여러 상황에 대한 이해, 안전한 보행 등 생
활 속에서 교통안전 규칙을 경험할 수 있는 기회를 제공하여 교통안전의식을
교양한다. 유아가 교통신호와 교통 규칙을 잘 이해하여 위험한 행동을 하지 않
도록 가정과 연계된 실생활에서의 지도가 중요하다.
'교통수단을 안전하게 이용 한다'는 승용차나 지하철, 버스 등 교통기관의

안전한 이용방법을 알고, 교통신호와 교통안전 표지를 인식하고 교통수단을 안전하게 이용하는 것으로 교통 공원 또는 유치원과 어린이집의 실내외 놀이시간을 이용하거나 대중교통 및 각종 교통수단에 대한 실제적 경험을 제공함으로써 교통안전 교육을 실시할 수 있다. 특히 자동차를 타고 갈 때 안전한 위쪽에 앉으며 자동차 문을 함부로 열지 않고 자동차 속에 있는 여러 물건들을 마음대로 만지지 않도록 지도하며 안전띠를 매고 운전에 방해가 되지 않도록 조용히 하도록 지도한다. 또한 버스에서 손잡이 잡기, 어른과 함께 버스타기, 택시에 오르기, 기차 타기 등 교통수단을 올바르고 안전하게 이용할 수 있도록 지도하고 실제로 경험할 수 있는 기회를 제공해야 한다.

② 지도원리
−교사는 유아가 교통규칙을 지켜 안전하게 다닐 수 있도록 안전교육을 실시한다.
　◦횡단보도 보행 시, 골목길 보행 시 주의할 점을 알아보고 실천한다.
　◦기본적인 교통 표지판의 의미를 알아보는 활동을 한다.
−교사는 유아가 교통수단의 올바르고 안전한 이용에 대해 알아보고 실천하게 한다.
　◦안전벨트의 중요성에 대해 알아보고 안전벨트를 착용하는 습관을 가진다.
　◦대중교통 이용 시 지켜야 할 규칙에 대하여 알아본다.

③ 유의점
−교통안전 교육은 정기적으로 실시하며, 이야기 나누기, 역할극, 교통공원 방문 등 다양한 방법으로 실시한다.
−산책 시, 등·하원 차량 운행 시, 현장학습 보행 및 차량 이용 시 등 생활 속에서 교통안전 실천이 지속적으로 이루어질 수 있도록 지도한다.

내용 3: 비상시 적절히 대처하기

'비상시 적절히 대처하기'는 재난 및 사고 등 비상시 적절하게 대처하는 방법을 알고, 유괴나 미아 사고 및 성폭력의 가능성을 알며, 만약의 경우 이러한 상황이 발생 했을때의 대처 방법을 알게 하는 것이다. 특히 유아가 높은 곳, 미끄러운 곳, 기타 위험한 장소나 생활 주변에서 흔히 접할 수 있는 유독성 물질이나 이물질 등의 위험을 인식하고 그러한 장소나 물질로부터 안전하게 대처하는 방법을 알고 실천하도록 해야 한다.

① 세부내용

'재난 및 사고 등 비상시 적절하게 대처하는 방법을 안다'는 홍수와 지진, 태풍, 집중호우, 화재 등과 같은 다양한 종류의 재해에 대비하는 방법을 알아보고 비상시를 대비하여 기관에서 필요한 대피 훈련을 정기적으로 실시하는 내용이다. 대피훈련을 할 때에는 반드시 사전에 교사 회의를 통해 훈련일정과 방법을 논의하고 가정통신문을 통해 가정에 소방대피훈련이 있음을 알리도록 한다. 즉 유아에게 놀이시설이나 베란다 등 높은 곳에서 추락하거나 약물이나 상한 음식물 섭취에 따른 사고나 피해, 질식 사고를 유발할 수 있는 물질, 전기나 전기 시설물 등에 의한 사고뿐 아니라 유아가 좋아하는 동물 다루는 법, 곤충에 대한 안전교육 등도 실시한다. 위험한 상황에서 자신을 보호하기 위해서는 적절한 대처방법을 알아야 할 뿐만 아니라 대피를 위한 신체운동능력의 발달도 선행되어야 한다.

'학대, 성폭력, 유괴 상황을 알고 도움을 요청하는 방법을 안다'는 유괴나 미아 사고 및 성폭력 가능성을 알려 주고 만약의 경우 이를 대처하는 방법을 알게 하는 내용이다. 유아는 위험에 처했을 때 적절히 대처하는 방법을 알지 못한다. 따라서 유아가 혼자 문제를 해결하게 하기보다는 교사나 주변의 믿을 만한 성인을 찾아 도움을 요청하는 방법을 알려 주며 비상 전화번호를 알고 사용하는 등 위험한 상황에서 자신을 보호하는 행동을 실천할 수 있도록 지도한다. 안전교육을 실시할 때 자칫 잘못하면 유아에게 불필요한 두려움이나 경계심을 조장할 수 있으므로 유아들이 주변 환경이나 사람들에 대해 지나치게 불신감을 갖게 하거나 위축된 행동을 보이게 할 수 있으므로 각별히 주의해야 한다.

② 지도원리

-교사는 유아가 재난 및 사고 등 비상시 적절하게 대처하는 방법을 알고 실천할 수 있도록 한다.

ㅇ비상구 표시와 대피장소를 알아보는 활동을 한 후, 화재 상황을 연출하여 대피하는 경험을 해 본다.

ㅇ길을 잃었을 때를 대비하여 집과 가족의 전화번호를 외운다.

-교사는 유아가 학대, 성폭력, 유괴 상황을 알고, 이에 대처하는 방법을 익힐 수 있도록 안전교육을 실시한다.

③ 유의점

-재난 대피, 학대, 성폭력, 유괴 관련 교육은 정기적으로 실시하며, 유아가 안전에 대한 지식, 기능, 태도, 가치를 기르도록 지도한다.

3) 건강생활 영역의 평가

발달에 적합한 실제의 원리에 따른 유아건강교육의 평가에서는 연령적 적합성, 개인적 적합성, 사회·문화적 적합성이 고려되어야 한다. 따라서 유아교육기관에서는 건강하고 안전한 교육환경을 유지하고, 건강과 안전을 유지하기 위한 건강 서비스를 제공하고, 건강하고 안전한 생활에 필요한 지식과 기술, 태도를 기를 수 있는지를 파악하는 것이 중요하다. 유아건강교육의 평가에서는 상술한 세 가지 측면의 맥락을 고려하여 다음과 같은 사항이 잘 이루어지고 있는지를 살펴보아야 한다(최민수, 2002).

(1) 건강교육 프로그램 평가
① 건강교육 프로그램의 정책

건강교육 프로그램의 정책은 시설의 건강에 대한 하나의 청사진이다. 따라서 유아교육 기관에서는 유아, 교직원, 학부모, 건강 상담원 등을 포함한 인적 측면과 관련된 건강정책은 물론이고 건강하고 안전한 시설·설비, 차량, 식수, 놀이터, 놀잇감 등의 물적인 측면과 관련된 구체적이고 체계적인 정책은 준비되어 있는가를 살펴보아야 한다. 예를 들어, 건강과 안전을 위한 정책에서 담당자의 역할을 분명히 정하고 건강과 안전에 대한 정보를 기록 및 보관하며, 건강교육 프로그램을 매년 평가하여 새롭게 유지할 수 있도록 한다.

② 실내·외 환경의 안전점검

유아교육 기관의 실내·외 환경에 대한 안전은 건강과 안전 프로그램에 대한 필수적인 요소다. 실내·외 환경의 안전을 위해서는 매일, 주별, 월별로 계획적인 안전점검이 이루어져야 한다. 안전점검은 교실, 장난감, 복도와 계단, 음식물, 부엌, 목욕탕, 수영장, 차량, 운동장, 문, 전기배선, 화재예방 계획 등은 물론이고 환기, 온도, 통풍, 햇볕, 식수 등에 대해서도 이루어져야 한다. 체계적인 안전점검을 통하여 밝혀진 잠재적인 위험 요소는 모두 제거되어야 한다.

③ 건강교육 프로그램의 내용

건강교육 프로그램에 포함될 내용은 유아가 등원에서부터 교육활동에 참여하고 야외활동을 포함하여 귀가 지도 시의 교통안전에 이르기까지 모든 요소가 고려되어야 한다.

등원할 때 유아에 대한 건강점검에서부터 손 씻기, 기저귀 갈기, 화장실 사용하기, 새참, 점심, 영양교육, 식사예절, 신체활동, 야외여행, 수송안전 규칙, 유아용 안전장치, 응급상황 대비, 이 닦기, 모유 먹이기, 각종 질병 예방과 관리, 통합교육, 유아학대 등의 광범위한 내용이 포함되어야 한다. 즉, 프로그램의 내용은 유아가 건강하고 안전하게 생활해 나가는 데 필요한 지식과 기술, 태도를 기르기 위한 내용은 물론이고 교육활동의 다양한 경우에 교직원이 대비해야 하는 건강과 안전을 위한 모든 노력이 고려되어야 한다.

④ 건강교육 프로그램에서의 교사역할

유아건강교육을 위한 프로그램에서 교사의 역할은 중요하다. 유아에 대한 발달적 특성을 이해할 수 있는 이론을 확립해야 하고, 건강과 안전을 위한 학습환경을 구성하고, 교육과정을 계획하고 운영해야 하며, 유아의 건강과 안전에 대한 행동을 관찰하고 평가해야 한다. 또한 학부모와 긴밀한 접촉을 유지하고,

유아의 건강과 안전에 관련된 분야의 지식과 기술, 태도를 연마해야 한다. 즉, 교사는 유아의 건강과 안전에 대한 연령적 적합성, 개인적 적합성, 사회·문화적 적합성을 유지하는 데 중심적인 역할을 수행해야 한다.

⑤ 건강교육에 대한 가정, 기관, 지역사회 협력

유아건강교육은 가정, 기관, 지역사회의 상호적인 협력이 이루어져야 한다. 따라서 건강에 관한 정책과 프로그램은 가정과 지역사회의 사회·문화적인 맥락을 고려하여 시행되어야 한다. 예를 들어, 질병 발생이나 사고 발생 시에 기관과 가정이 어떤 체계를 통하여 문제를 해결하는지, 지역사회의 보건소나 병원과는 어떠한 협력 체계를 유지하는지에 대하여 평가할 수 있다. 또한 교사가 학대나 방임을 받고 있는 유아를 발견하였을 때 어떤 조치를 취하는지에 대하여 파악해야 한다.

(2) 유아건강교육 서비스에 대한 평가

① 건강에 대한 위생관리

건강한 환경과 위생을 위해서 가장 중요한 기본적인 것은 손 씻기, 기저귀 갈기, 기저귀 가는 곳의 청결 유지, 화장실 사용, 음식물 다루기, 깨끗한 식수, 물의 온도, 휴지통 관리, 장난감 씻기, 청소하기, 환기, 알맞은 온도 유지, 모래장 소독, 자기 수건 사용하기, 칫솔 보관, 뚜껑 달린 새참그릇, 소독된 컵과 그릇 사용 등으로 유아의 건강과 안전을 위한 위생관리를 중요시해야 한다.

② 예방적 건강보호

예방적 건강보호는 아플 때 치료하는 것보다 더 가치가 있다. 이를 위해서는 지역사회에서 협조가 가능한 의사, 간호사, 아동 심리학자 등의 다양한 보건 상담원을 구성하는 것이 바람직하다. 또한 유아가 기관에 입학할 때 발달과 건강이력서를 부모가 직접 작성하도록 하여 사인을 받아 놓으면 유아에 대한 발달과 건강을 위한 유익한 자료로 활용할 수 있다. 또한 예방적 건강보호에서 중요한 것은 치아건강에 관한 것이다. 음식을 먹은 후 이 닦기, 우유병을 물린 채 재우지 않기 등의 건강한 치아를 위한 방법이 적당한지를 파악할 수 있다.

③ 질병의 예방과 관리

주의 깊은 예방관리는 질병으로 인한 손상을 최소화할 수 있다. 교직원이 유아기에 흔히 발생할 수 있는 질병에 대한 기본적인 지식과 대처방법을 알면 많은 도움을 줄 수 있다. 즉, 유아교육 기관에 근무하는 교직원은 설사와 같이 소화기를 통하여 확산되는 질병, 감기와 수두 같이 호흡기관을 통하여 확산되는 질병, 옴이나 이, 기생충과 같이 신체 접촉을 통하여 확산되는 질병 등을 구분할 수 있어야 하고, 질병이 발생하였을 때 증상을 파악하여 기본적으로 대처할 수 있는 방법을 알아야 한다.

④ 응급처치와 대비

교직원은 기본적인 응급상황에 대한 대비를 하고 있어야 한다. 응급상자 준비, 응급상황 시 필요한 전화번호 작성, 부모의 응급처치 동의서, 교직원의 구조호흡 및 심폐소생술 교육과 자격 취득, 응급상황 시 탈출계획서, 화재대피훈련 실시, 소화기 사용법 등을 어떻게 준비하고 교육하고 있는지를 파악한다. 유아교육 기관에 근무하는 모든 교직원은 응급 상황이 발생하였을 때 필요한 곳에 연락을 취하고 동시에 질식, 발작, 중독, 출혈, 발열, 골절, 화상, 오염 등에 대한 기본적인 응급처치를 할 수 있는 지식과 기술을 알아야 한다.

⑤ 특별한 건강 문제

장애가 있는 유아, 가정곤란을 겪는 유아, 학대를 당하거나 방임되는 유아, 신체 손상이 있는 유아, 납중독 위험이나 알레르기 또는 천식 등의 만성 질병으로 어려움을 겪고 있는 유아의 특별한 건강 문제를 파악하여, 이에 대처하기 위한 노력을 기울이고 있는지를 살펴보아야 한다. 예를 들어, 교사가 유아에 대한 학대와 방임에 대한 행동 특징을 파악하여 1391(아동학대 예방센터)에 보고하는지, 또 납중독 위험이 있는 오염된 토양, 벗겨진 페인트, 황사 등에 적절한 대처를 하는지, 깡통을 연 채로 가열하지 않기, 뜨거운 식수로 요리하거나 이를 음료로 사용하지 않기, 바닥에 떨어진 음식 먹지 않기, 문 밖에서 신발 먼지 털기 등의 납중독을 방지하기 위한 방법을 고려하고 있는지 등을 파악한다.

(3) 유아의 건강교육 교수–학습에 대한 평가

① 건강교육을 위한 교육과정은 전인발달에 적합하게 이루어졌는가?

발달에 적합한 유아건강교육에 대한 평가는 유아의 전인적인 성장과 발달에 도움이 되었는지를 전체적으로 파악하는 것이 중요하다. 따라서 건강과 안전에 관한 활동 내용을 독립적으로 다루기보다는 유아의 자연스러운 일상생활을 통하여 다른 영역과 직간접적으로 통합될 수 있어야 한다. 이를 위하여 발달에 적합한 건강과 안전을 위한 목표는 적절하게 수립되었는지, 유아·기관·가정·지역사회와 연계한 건강과 안전의 내용이 계획되었는지, 건강과 안전에 관한 내용이 교사나 유아의 교수–학습과정에 적합한지, 평가는 모든 분야를 포함하고 타당하고 신뢰할 만한지, 평가결과를 목표나 과정계획에 반영시킬 수 있는지 등을 파악한다.

② 건강교육에 관한 내용을 다양한 방법으로 평가하고 있는가?

유아건강교육 평가는 관찰법, 면접법, 표준화 검사법, 포트폴리오 평가 등의 다양한 방법을 사용한다. 관찰법은 유아의 건강과 안전에 대한 일기기록, 시간표집, 사건표집, 평정척도법 등을 사용하고, 면접법은 건강과 안전에 대한 내용을 구조화, 반구조화, 비구조화하여 면접하는 방법이며, 표준화 검사법은 건강과 안전에 대한 평가에 신뢰도와 타당도가 있는 가장 객관화된 대표적인 양적 측정 방법이다. 또한 포트폴리오 평가는 질적 평가의 대표적인 방법으로 유아의 성장과 발달, 능력, 성취, 노력 등의 과정에서 수집된 자료의 총칭이며, 유아의 작업샘플, 편지, 스케치, 긁적거린 것, 그림, 개인이나 공동 프로젝트, 비디오 및 오디오 녹화자료, 체크리스트, 각종 검사지, 일기, 컴퓨터 출력물 등을 말한다.

③ 건강과 안전에 대한 평가결과는 어떻게 활용되는가?

유아건강교육에 대한 평가결과는 유아의 전인적인 성장을 위하여, 효율적인 건강과 안전을 위한 교육과정 개선을 위하여, 건강과 안전을 위한 교수방법을 개선하기 위하여, 건강과 안전에 대한 정보를 부모에게 알리기 위하여, 건강과 안전에 대한 지역사회의 협조를 얻어 내기 위하여, 심각한 건강과 안전을 위한 추가 진단과 중재 프로그램의 필요 여부를 발견하기 위하여, 그리고 건강과 안전에 대한 생활기록부를 작성하기 위하여 활용될 수 있다.

제 2 장

아동발달과 건강

아동건강교육

1. 태내기의 성장과 발달

태내기는 수정, 태내기의 발달단계, 태내 환경, 태교로 구분하여 살펴본다. 수정에서는 정자와 난자가 만나는 과정을 다루고, 태내기의 발달단계에서는 발아기, 배아기, 태아기로 구분하여 각 단계별 특징을 알아보고, 태내 환경에서는 태아에게 영향을 미치는 요인으로 임신부의 영양 상태, 임신부의 약물복용, 임신부의 질병, 어머니−태아 혈액형 상반, 아버지의 유전적 결함, 성교를 다룬다. 그리고 태교에서는 임신 전 태교, 호르몬을 통한 연결, 임신 중 식사, 태교 음악, 태아의 발달단계에 따른 태교, 시각과 청각의 발달, 두뇌의 발달, 감정의 발달, 태아의 꿈으로 구분하여 살펴보기로 한다.

1) 수정

성숙한 여성은 약 28일마다 한 번씩 난자를 만들어 내며, 나팔관을 통하여 자궁에 머물다가 정자를 만나 수정될 기회를 갖지 못하면 바깥으로 배출된다. 이러한 현상을 월경이라 부르며 월경이 시작된 날부터 약 14일이 되면 수정이 가능하다. 수정(fertilization)이란 남자의 몸에서 나온 한 개의 정자(sperm)가 여자의 몸에서 나온 한 개의 난자(egg)와 결합하여 한 개의 세포를 형성할 때 일어난다.

성숙한 여성에게서 배출되는 난자는 난포(follicle)라고 불리는 작은 주머니에 좌우 한 개씩 두 개가 들어 있으며 매달 번갈아 생성되어 배출된다. 정자는 성숙한 남자의 고환(testis)에서 하루에 수억 개씩 만들어져 성적 절정 때 배출된다. 정자는 한 번에 약 50억 개 정도를 배출하며 적어도 한 번에 2억 개 정도의 정자세포가 여성의 몸속으로 들어가야 수정이 이루어질 수 있다.

정자세포는 여성의 자궁을 통하여 나팔관을 헤엄쳐 가며 극히 일부분만이 나팔관까지 성공적으로 헤엄쳐 나갈 수 있는데, 그중 단 한 개의 정자세포만이 난자와 결합하여 수정을 이루고 새로운 인간을 창조해 낸다. 수정이 되지 못한 정자세포는 여성의 몸속에서 일부는 백혈구에게 잡아먹히며, 수정되지 못한 난자는 질을 통하여 배출된다.

2) 태내기의 발달단계

(1) 발아기(germinal stage: 수정부터 2주 사이)

수정된 난자는 계속적으로 세포분열을 하면서 나팔관 아래쪽으로 내려가고 약 3~4일 후에 자궁에 도착하면 액체로 가득 찬 공 모양의 미분화 배아세포(blastocyst)의 형태로 1~2일 정도 자궁 안에서 떠돌아다닌다. 그러다가 자궁벽 융모의 도움을 받아 영양을 공급받으면서 정착될 때까지 열심히 파고들어 가 착상한 후 8개월 동안 성장하게 된다. 미분화 배아세포는 착상이 준비될 때까지 150개 정도의 세포를 갖게 되며 자궁 내에 완전히 착상된 상태를 배아라 부른다. 즉, 배아(胚芽)란 정자와 난자가 만나 수정란이 형성된 후 14일 이내에 구체적 장기를 형성하기 이전의 세포 덩어리를 의미한다. 미분화 배아세포는 위층의 외배엽, 중간층의 중배엽, 아래층의 내배엽으로 분화되며, 다른 부분은 태아를 보호하는 태반, 탯줄, 양수막으로 발달한다.

외배엽(embryonic)은 태아의 외피(피부바깥층), 손톱, 머리카락, 치아, 감각기관, 뇌와 척수를 포함한 신경 계통으로 발전하고, 중배엽(mesoderm)은 진피(피부내층), 근육, 골격, 배설기, 순환기 계통으로 발전하며, 내배엽(endoderm)은 소화기 계통, 간장, 췌장, 타액선, 호흡기 계통으로 발전한다.

태반(placenta)은 탯줄(umbilical cord)에 의해 태아와 연결되어 있으며, 탯줄을 통하여 모체로부터 태아에게 산소와 영양을 공급해 주고 태아의 노폐물을 흡수한다. 또한 내부 감염을 막고, 질병에 대한 면역을 제공하며, 호르몬을 생성하고, 유방을 수유할 수 있도록 준비시키고, 태아가 모체에서 분리될 때 자궁수축을 촉진시킨다. 그리고 양수막(양막낭, 羊膜囊, amniotic sac)은 태아를 감싸서 보호하고 태아에게 움직일 수 있는 공간을 제공해 주는 액체의 얇은 막이다.

(2) 배아기(embryonic stage: 2주에서 8주 사이)

배아기 동안에 태아는 호흡기, 소화기, 신경계 등 신체기관이 빠른 속도로 발달하기 때문에 이때 태내 환경의 영향을 가장 많이 받는다. 언청이, 기형아, 맹아, 농아 등 모든 출생결함은 임신기간 중 결정적 시기라 할 수 있는 첫 3개월 동안에 일어나며, 이때 자연유산이 가장 많이 일어난다.

(3) 태아기(fetal stage: 임신 8주부터 3개월까지)

임신 8주부터 뼈세포가 나타나기 시작하면서 배아(embryo)는 태아(fetal)가 된다. 3개월부터는 시각발달, 청각발달, 두뇌발달, 감정발달이 급격히 이루어진다.

생명 복제에 대하여

1997년 2월 영국의 로슬린 연구소는 체세포 핵을 이식한 미수정란을 어미 양의 자궁에 이식시켜 복제양 돌리를 탄생시켰고, 1997년 8월에는 미국 생명공학회사인 ABS 글로벌사에서 복제 송아지 진을 탄생시켰다. 1998년 5월에는 일본의 이시가와 현의 축산연구센터와 긴키대 연구팀이 체세포에서 핵을 추출한 후 미수정란에 이식하는 방법으로 복제소를 탄생시켰으며, 1998년 7월에는 미국의 하와이대 류즈오야나기미치 생물학 교수연구팀이 쥐의 체세포를 이용하여 복제하는 데 성공하였다.

1999년 2월 한국의 서울대 수의과대 황우석 교수 연구팀은 체세포 복제 방법을 이용하여 슈퍼젖소의 유전자를 이어받은 복제 암송아지 영롱이를 탄생시켰다. 이 방법은 영국 돌리 복제양과 똑같은 방법이며 1만 5,000회의 실패를 거듭한 후에 성공하였다고 한다. 2000년 3월 14일 영국의 생명공학회사인 PPL 세러튜틱스사 연구팀은 인간에게 이식할 수 있는 장기를 공급할 목적으로 돌리 복제양 방식을 이용하여 인간 장기와 유사한 복제 암퇘지 5마리를 탄생시켰다. 돼지의 장기에서 체세포를 떼내어 면역 관련 유전자를 조작하여 인간장기의 세포핵을 이식시키고 유전자가 변형된 돼지를 복제하여 사육한 후 심장, 간, 췌장, 폐 등의 장기를 인간에게 이식함으로써 현재의 불치병을 치료할 수 있다는 것이다. 2006년 당시 이러한 가능성의 최종 단계를 의미하는 실험실 쥐를 통한 테라토마 성공이 발표되었으나 아직 논란 중에 있다.

동물복제 연구의 긍정적 측면

동물을 복제할 수 있는 생명공학 기술의 발달은 의학적 측면에서 많은 장점이 있다. 특히 위암이나 간암 등의 암 치료, 동맥경화증, 당뇨병, 만성신부전증, 유전병, 장기이식용 장기의 생산, 에이즈 치료, 골수이식수술, 항암제 투여 등의 질병을 치료할 수 있는 가능성을 높여 주었다. 또한 심장이식용 복제돼지 연구에서는 인간의 심장, 간, 콩팥 등 장기이식에 필요한 장기를 생산할 수 있는 길이 트이게 되었다. 지금까지 각종 질병으로 손상된 인간의 장기는 다시 회복할 수 없어 수많은 사람이 생명을 잃었으나, 이러한 장기이식으로 인하여 수많은 사람이 생명을 건질 수 있는 길이 열렸다.

동물복제 연구의 부정적 측면

생명과학 기술의 발달로 인하여 생길 수 있는 단점으로는 인간복제의 윤리적 문제, 종교적 문제, 생명의 상업화 등이 있다. 복제 기술이 발달되어 인간복제가 이루어진다면 똑같이 생긴 인간이 함께 살아가는 일이 생길 수 있고, 세상은 혼란에 빠질 것이다. 특히 인간 복제가 악용될 경우 엄청난 재앙이 될 것이며, 종교적인 측면에서도 생명의 신비에 대한 엄청난 도전이 될 것이다. 인간의 정신세계는 혼란에 빠지고 생명의 존엄성을 무시한 채 돈으로 사고파는 일이 생겨날 수도 있을 것이다.

동물복제의 윤리적 문제에 대한 대비

인간복제의 가능성에 대한 우려가 커지면서 1997년 11월 10일에는 유엔교육과학문화기구인 유네스코에서 인간의 유전인자 게놈(Genome)을 비윤리적인 목적으로 이용하는 것을 막기 위한 국제 선언이 마련되었다. 「인간 게놈과 인권보호에 관한 국제선언」에서는 인간 유전인자를 모든 인류의 유산으로 규정하고 금전적인 목적으로 이용할 수 없으며, 특히 인간의 존엄성을 해치는 인간복제 행위는 허용할 수 없다고 규정하고 있다. 이러한 게놈선언은 생명복제 과학이 인류에 미칠 수 있는 부정적인 영향을 우려하여 사전에 방지하기 위한 규정이라 할 수 있다.

3) 태내 환경

(1) 임신부의 영양 상태

임신부의 영양 상태는 태아에게 영향을 끼친다. 스타인과 슈서(Stein & Susser, 1976)는 총 임신 중 1/3 시점에 해당하는 기간인 3개월 동안에 충동을 조절하는 신경세포인 뉴런(neuron)이 수적으로 증가하므로 태아의 발달에 이 시기가 매우 결정적이라고 주장한다. 즉, 두뇌기능 통합의 기초가 되는 이 세포들은 다른 것으로는 대체가 불가능한 것이기에 이 시기에 신경세포에 문제가 생길 경우 어떤 방법으로도 돌이킬 수 없다는 것이다.

　임신부의 영양 상태가 태아의 신체적, 지적 발달에 영향을 미칠 가능성이 있는 한 국가와 사회 차원에서 부족한 영양 공급으로 인하여 태아에게 부정적인 영향을 끼칠 환경에 처해 있는 저소득층 임신부에게 균형 잡힌 영양을 제공하는 방안을 마련해야 할 것이다. 영양결핍증의 위험이 높은 임신부는 다음과 같다.

- 청소년, 특히 미혼모
- 임신 전 체중이 저체중인 여성
- 임신기간 동안 체중 증가가 부족한 여성
- 소득 수준이 낮거나 식품 구입이 경제적으로 어려운 여성
- 임신 경험이 잦은 여성
- 체중 미달아를 출산한 적이 있는 여성
- 당뇨, 결핵, 빈혈, 중독, 우울증 등 영양 상태에 영향을 미치는 질병을 가진 여성
- 식도락가 또는 인스턴트식품을 지나치게 좋아하는 여성

　대부분의 임신부는 생리적으로 식욕이 증진되므로 임신기간에는 자연스럽게 체중이 증가한다. 임신부는 균형 잡힌 식사를 하고 열량 섭취를 증가시킴으로써 아이에게 영양을 공급하고, 또 분만 후에 모유를 먹이는 데 필요한 힘을 가질 수 있을 만큼 체중이 증가한다. 아기의 성장을 위한 열량은 어떤 형태로든 섭취가 가능하나 임신부 자신의 건강을 위해서는 매일 단백질을 충분히 섭취할 것을 권장하고 있다.

(2) 임신부의 약물복용
1 호르몬제
임신 직전이나 임신이 된 후에 자신도 모르는 사이에 피임약을 복용하면 태

아에게 해를 끼칠 수 있다. 한 연구에서는 피임약 복용을 중단한 지 6개월 이내에 자연 유산된 태아와 피임약을 전혀 복용하지 않은 상태에서 자연 유산된 태아를 조사하였다. 그 결과를 살펴보면 피임약 복용 후 임신된 태아 가운데 자연 유산된 34명의 태아 중 16명(48%)이 염색체 이상으로 나타났고, 피임약을 복용하지 않은 상태에서 자연 유산된 227명의 태아 중 50명(22%)에게서 염색체 이상이 발견되었다.

② 카페인

커피, 콜라, 초콜릿 등의 일상적인 음식과 음료 속에 들어 있는 카페인이 임신부와 태아에게 어떤 영향을 미칠까? 한 연구에서는 임신한 쥐에게 하루 동안 강한 커피 20잔 정도에 함유된 다량의 카페인을 강제로 먹였을 때 새끼의 사지와 골격에 기형이 나타났다. 인간에게 미치는 카페인의 영향에 대해 아직 정확한 연구결과는 보고되지 않았지만 적어도 임신부에게는 카페인이 든 음식이나 약품을 피하거나 조금씩 섭취하도록 경고해야 한다.

③ 흡연

흡연하는 여성에게서 자연유산과 사산이 많고, 출생 직후 아기가 사망하는 경우도 많다. 흡연 관련 연구결과 중에서 가장 분명하게 밝혀진 것은 흡연하는 임신부가 저체중의 아기를 낳는 경향이 있다는 점이다. 한 연구에서는 흡연하는 여성은 언청이를 낳을 가능성이 있다고 보고하였고, 임신부가 흡연한 후 90분 동안 태아의 심장박동이 빨라지고 호흡이 늦어졌다고 보고한 연구도 있다.

④ 음주

임신 중 과도하게 음주한 임신부의 아기는 출생 시 몸무게가 가볍고 키가 작으며, 이후에도 정상적으로 성장하지 못하는 알코올 증후군에 걸릴 가능성이 높다고 한다. 아직 임신부의 알코올 중독이 어떻게 출생결함을 일으키는지는 정확히 밝혀지지 않았지만, 한 가지 가능성은 임신부가 마신 에틸알코올이 태아에게 도달하여 해독을 끼칠 수 있다는 것이다. 최근 연구에 따르면 적당량만 마시는 사교적인 음주조차도 태아에게는 해로운 영향을 끼친다고 한다. 임신부는 하루에 술 두 잔 이상은 초과하지 말 것을 권장하는 단체도 있고 완전 금주를 주장하는 단체도 있는데, 이는 높은 혈액 알코올 농도가 임신 첫 3개월 동안에 기형을 초래하고, 그다음 3~6개월에는 발달지체의 원인이 되기 때문이다.

⑤ 약물중독

약물에 중독된 임산부는 출산 시 체중미달아, 사산아, 출생 직후에 사망하는 아기를 낳을 가능성이 크다. 아기는 임신부의 자궁 속에서 약물에 중독되므로 태어나면 불안정, 신경불안, 불면증, 하품, 재채기, 경기, 열, 구토 등 금단증후군을 보인다.

(3) 임신부의 질병

임신 첫 4개월 이내에 풍진에 걸린 임신부에게서 태어난 아이는 시각과 청각의 결함, 정신지체, 중추신경계 손상, 심장결함, 성장지체와 같은 장애를 보일 확률이 보통 아이에 비하여 3배 정도 더 높다. 따라서 모든 여아는 사춘기 이전에 풍진 예방주사를 접종해야 한다.

매독과 임질은 임신부의 비뇨기관에 의해 감염되는 질병으로 출생결함을 가진 아이를 낳을 가능성이 높다. 매독의 경우 세균이 배아에 들어가서 유산의 원인이 되거나, 선천성 매독에 의한 결함을 갖고 태어날 수 있다. 또한 임질에 걸린 임신부에 의해 태어난 아이는 출생 직후 아질산염을 눈에 떨어뜨려 주지 않으면 시력을 잃게 된다.

수두, 유행성 이하선염, 홍역, 마마, 성홍열 등은 모두 임신부에게서 태아로 전해질 수 있는 질병이어서, 아기가 자궁 안에서 감염되는 경우에는 치명적인 결과를 초래하게 된다.

당뇨병을 앓고 있는 임신부에게서 태어난 아이는 보통 다른 아이들이 38주 이후에 출산하는 것에 비하여 36주 만에 태어나는 경향이 있고, 몸무게가 더 무겁고 키가 더 큰 경향이 있으며 호흡기 질병으로 사망하는 확률이 가장 높다. 따라서 당뇨병인 임신부는 태아의 건강을 위하여 특별한 보호를 받아야 한다.

(4) 어머니-태아 혈액형 상반

태아의 혈액 속에는 Rh 단백질 물질이 함유된 Rh+ 혈액형이고, 임신부의 혈액 속에는 Rh 단백질 물질이 없는 Rh- 혈액형인 경우에 모-태 혈액형 상반이 일어난다. 즉, 임신부의 혈액 속에 있는 항체가 태아를 공격하여 자연유산, 사산, 황달, 빈혈증, 심장결함, 정신지체 등을 가져오게 한다. 그러나 최근에는 Rh 왁진을 사용하여 이 질병을 예방할 수 있게 되었다. 백인의 경우에는 83~86% 정도가 Rh+인자를 갖고 있고, 한국인의 경우에는 대부분 Rh+ 인자를 갖고 있으며, Rh-인자를 갖고 있는 사람은 0.4%에 불과하다.

(5) 아버지의 유전적 결함

남성이 납, 마리화나, 담배연기, 다량의 알코올, 방사선, 특정 살충제 등에 노출되었을 때 비정상적인 정자가 만들어질 수 있다. 정자의 수, 형태, 운동성이 비정상적이어서 정액의 생산에 이상을 일으킬 수 있고, 또 정액 세포에 유전적 결함을 일으킬 수 있다.

돌연변이는 남자의 나이가 들어갈수록 더 빈번하게 일어날 수 있다. 아버지의 나이가 많은 경우 연골발육 부전증, 마르팡 증후군(거미 손가락증) 등의 희귀한 병이 발생할 수 있으며, 특히 다운증후군 중 1/4 정도는 아버지의 연령이 주요 요인으로 알려져 있다.

(6) 성교

두 번 이상의 습관성 유산경험이 있는 임신부에게는 임신기간에 설대로 성교를 하지 말기를 권고하고 있다. 최근에는 임신 4개월에서 임신 말까지의 성교는 경우에 따라서는 감염, 미숙아 출산, 결핵, 패혈증, 심지어 아기의 사망까지 가져올 수 있다는 보고가 나오고 있다. 대부분의 감염은 임신부의 몸속으로 들어가는 남성의 정액 속에 포함되어 있는 세균이 원인이 되기 때문에 콘돔을 사용하거나 성교 바로 전에 성기 부위를 청결하게 씻어야 양수감염을 피할 수 있다.

4) 태교

태교와 육아에 관한 기록으로 가장 오래된 책은 중국 한나라의 유향(劉向)이 쓴 『열녀전(列女傳)』으로 알려져 있다. 이 책에서는 똑똑한 아기를 낳기 위한 임신부의 자세를 다음과 같이 쓰고 있다.

> "아이를 가졌을 때는 …… 바르지 않은 자리에 앉지 말며, 눈으로는 옳지 않은 빛을 보지 말며, 귀로는 바르지 못한 소리를 듣지 말며, 밤이면 눈먼 이로 하여금 좋은 시를 외우게 하여 이를 듣고 항상 바른 말을 하여라. 이리하면 얼굴과 모양이 단정하고 재주가 뛰어난 아이를 낳을 수 있다."

사주당 완산 이씨의 『태교신기(胎敎新記)』에서는 "임신부가 화를 내면 태아의 피가 병들고, 두려워하면 태아의 정신이 병들고, 근심하면 태아의 기운이 병들고……."라는 대목이 있다. 재주가 뛰어나거나 정신이 병든다거나 하는 대목은 태어난 후 아기의 지능발달이나 정신건강과 밀접한 관련이 있다.

허준의 『동의보감(東醫寶鑑)』에서는 수태되는 순간이 중요하기 때문에 출산 날짜를 미리 계산하여 수태시기를 잡는 것이 좋다고 하였다. 예를 들어, 보름에 태어난 사람은 성격이 거칠기 때문에 수태시기를 잘 조절해야 하며, 너무 컴컴하거나 음침한 장소, 시장바닥같이 아주 시끄러운 곳, 좁은 방 등은 좋지 않다고 하였다. 또한 노새고기, 개고기, 토끼고기, 게, 오리고기, 자라, 생강, 마늘 등은 태아에게 나쁜 영향을 끼치기 때문에 임신부는 이런 음식은 절대 금해야 한다고 기록하고 있다.

빙허각 이씨의 『규합총서(閨閤叢書)』에서는 약물을 특히 조심하라고 기록되어 있다. 부자, 사향, 율무, 칡, 계피 등은 일반인에게는 좋은 약이지만, 임신부가 복용했을 때는 잘못하면 약물중독 현상을 일으킬 수 있으므로 아주 주의해야 한다고 밝히고 있다.

송시열의 『계녀서(戒女書)』에서는 어머니의 품행이 단정해야 한다고 하였다. 역사를 보아도 왕비가 문란한 생활을 한다거나 성격이 포악하면 악한 군주를 낳았고, 착한 성품에 태교를 잘한 왕비는 성군을 낳았다고 하였다. 특히 성종의 왕비는 아주 질투심이 강하여 연산군 같은 폭군을 낳게 되었다고 기록되어 있다. 이는 태교가 한 인간의 인성은 물론 온 나라에 크게 영향을 미칠 수 있음을 보여 주는 단적인 예다.

서양의 의약계에서도 오래전부터 산모의 정신적, 신체적 건강이 태아의 지능 형성에 어떠한 영향을 미치는지를 여러 측면에서 연구해 오고 있다. 임신부의 영양 중에서 단백질, 철분, 비타민이 부족한 산모에게서 태어난 아이는 지능지수가 아주 낮다는 사실도 밝혀졌으며, 특히 비타민 결핍 산모에게서 태어난 아이는 정상적인 아이보다 평균 지능지수가 3.7점 정도가 낮다는 연구보고도 있다. 또한 최근 미국의 한 보고서에서는 임신부의 태내 환경이 특히 중요하다고 밝히고 있다. 임신부의 충분한 영양공급, 편안한 마음, 유해물질 차단 등은 건강한 태아로 자라나게 하는 데 결정적인 영향을 미친다는 주장은 동양의 전통적인 태교와 유사한 측면이 많다(중앙일보, 1997. 8. 2.).

여기에서는 임신 전 태교, 호르몬을 통한 연결, 임신 중 식사, 태교음악, 태아의 발달단계에 따른 태교, 시각과 청각의 발달, 두뇌의 발달, 감정의 발달, 태아의 꿈을 중심으로 알아보고자 한다(윤호창 역, 2005).

(1) 임신 전 태교

태교는 임신 전부터 시작되어야 한다. 건강한 정자와 건강한 난자가 결합해 수정란이 만들어진다. 보통 난자는 배란된 후 8시간이 지나면 노화된다. 노화된 난자는 건강하지 못한 아기를 만들 확률이 높기 때문에 전통 태교에서는 부부의 교합시간과 장소를 중요하게 생각하였다. 또한 '잉태 시의 태교'는 아빠가 건강하고 마음이 편안할 때 가진 아기가 튼튼하고 머리가 좋다는 것인데, 이러한 '잉태 시의 태교'는 엄마의 배 속 태교보다 훨씬 중요하다 할 수 있다. 이는 『소학』에서 주장하는 "스승의 10년 교육보다 10개월의 태중교육이 더 중요하고, 태중교육 10개월보다 더 중요한 것은 잉태할 때 부친의 몸과 마음가짐이다."라는 관점과 맥락을 같이하고 있다.

(2) 호르몬을 통한 연결

임신부가 정서적으로 불안하거나 화를 내면 체내에 아드레날린이 많이 발생하여 태아에게 영향을 끼친다. 임신부의 감정과 신체의 변화는 여러 호르몬의 작용으로 태아에게 전달되며, 태아 역시 호르몬을 통하여 엄마에게 자신의 의사를 전달하는 것으로 밝혀졌다. 뇌의 회로가 완성되지 않은 임신 12주 정도에도 엄마의 감정이 아기에게 영향을 주는데, 이는 호르몬이 전달 역할을 하기 때문이다.

　임신부가 놀라거나 화를 내면 심장박동에 영향을 주어 태아가 흥분하고 따라서 신체균형이 깨지게 된다. 이러한 흥분 상태가 반복되면 태아의 성격 형성에 나쁜 영향을 미친다. 임신 중에 폭력물이나 공포물 등의 영화를 보는 것 역시 태아에게 나쁜 영향을 줄 수 있으므로 삼가는 것이 좋다. 따라서 임신부와 태아가 편안한 정서 상태를 유지하기 위해서는 부드러운 음악을 많이 듣고, 부담이 없는 가벼운 산책이나 운동을 하여 산소를 원활하게 공급하고 혈액순환을 도울 수 있도록 하며, 외부의 소음이 아닌 자연의 소리를 느낄 수 있도록 하는 것이 좋다.

(3) 임신 중 식사

　태아의 발육이나 임신부의 건강을 위해서는 균형 잡힌 식사가 중요하다. 균형 잡힌 영양의 식사를 위해서는 단백질, 지방, 탄수화물, 무기질, 칼슘, 철, 비타민 A, 비타민 B 등이 많이 함유되어 있는 고기류, 야채류, 곡물류 등을 골고루 섭취해야 한다.

　고기류인 쇠고기, 돼지고기, 간, 달걀, 우유, 치즈, 생선, 콩에 함유된 양질의 단백질은 평소보다 20~30%를 늘리고, 야채류인 야채, 과일, 해조, 고구마, 감자, 버섯 등의 식물성 섬유류를 섭취하여 비타민 A, 비타민 C 등을 섭취하고, 곡물류인 곡류, 설탕, 유지 등을 섭취하여 필요한 열량을 충분히 공급해 주어야 한다.

　임신부의 영양 상태는 태아의 발육과 밀접한 관계가 있다. 임신기에 단백질 섭취가 부족하면 임신 말기에 임신중독증을 일으키기 쉽고, 태아를 구성하는 영양성분이 부족하게 되므로 필수 아미노산을 충분히 섭취해야 한다. 또한 지방이 부족하면 에너지원 부족, 태아의 신체구성 성분 부족, 지용성 비타민 부족, 임신중독증 등의 문제가 생겨 태아에게 좋지 않다.

특히 중요한 것은 칼슘과 철분이다. 모체가 섭취한 칼슘은 모체에 축적된 다음 태아의 요구에 따라 이행되고 축적되므로, 칼슘은 임신 초기부터 충분히 섭취해야 한다. 만약 모체의 칼슘 섭취나 저장량이 부족하면 모체의 구성성분인 칼슘이 동원되고 더 이상 공급이 되지 않으면 신생아기에 치아 발육에 장애가 생긴다. 임신 중에는 철이 많이 필요한데, 철이 부족하면 임신 빈혈이 생길 수

임신 중에 좋은 음식

우리 선조는 임신 중 먹어야 할 음식과 먹지 말아야 할 음식을 엄격하게 구분하여 지켜 왔다. 동아시아 식생활학회에서 한복진 교수는 한국의 전통 태교 음식 중 현대 임신부가 먹기 좋은 음식을 소개하였으며, 전통 태교음식이 과학적으로도 영양소가 풍부함이 입증되었다고 하였다(중앙일보, 1997. 4. 16.).

가물치는 식성이 좋고 튼튼해 보혈식품으로 매우 좋다. 소화도 잘 되고 태아의 두뇌 발육에 도움이 된다. 잉어 역시 질 좋은 단백질과 불포화 지방산 공급원으로 매우 좋다. 흑염소는 칼슘과 철분이 많고 몸을 따뜻하게 해 주는 임신부의 대표적인 보약으로 알려져 있다. 다만 젊은 엄마들이 익숙하지 않은 노린내를 제거하기 위해서는 생강, 마늘, 후추, 술 등을 넉넉하게 넣어 요리한다.

참깨는 불포화 지방산이 들어 있어 동맥경화증의 예방과 치료에 효과가 있으며, 비타민 E가 콩보다 5배나 많이 들어 있어 장기 복용하면 몸에 좋다. 호두의 비타민과 무기질은 태아의 두뇌 발달에 좋다. 호두죽을 만들어 먹으면 소화가 잘 된다. 대추는 임신부의 불안증을 해소하는 데 도움이 된다. 날로 씹어 먹거나 말려서 차로 끓여 마시면 좋다.

미역은 혈액순환을 도와주고 김은 임신부의 악성빈혈을 예방하는 데 효과적이다. 임신부가 스트레스로 인하여 설사를 자주 하거나 냉대하증이 생겼을 때에는 홍합을 3개월 이상 꾸준히 먹으면 잘 낫는다. 또한 대구는 산모의 젖이 잘 나오게 하는 데 효과가 있다.

시금치는 임신부에게 필요한 비타민과 철분을 제공한다. 도라지는 임신부가 심장, 위장, 신장 계통에 질병이 있을 경우 부작용이 없는 약으로 권장된다. 쑥은 감기의 예방과 치료에 도움이 되고 임신 중에 아랫배 통증 등을 예방할 수 있으며, 몸을 덥게 하고 혈액순환도 도와준다.

있다. 철은 모체로부터 태아에게 매우 빨리 이동하기 때문에 태아의 철 농도가 모체보다 높다. 태아는 모체로부터 충분히 철을 흡수할 수 있으므로 철 섭취가 부족하면 모체와 유아가 빈혈을 일으킨다.

임신 초기에는 급속히 성장하는 태아의 뇌 성장을 돕고 몸을 튼튼히 구성하는 데 필요한 양질의 단백질과 칼슘을 충분히 섭취한다. 초기에는 입덧이 가장 큰 문제이기 때문에 소화가 잘 되고 입맛이 당기는 음식으로 입덧을 관리한다. 임신 중기에는 입덧이 지나고 식욕이 왕성해져 절제 없이 먹게 되면 비만이 되어 임신중독증으로 이어질 수 있으므로 균형 잡힌 식사로 비만을 예방하도록 한다. 고단백 식품과 철분 공급을 충분히 하고, 섬유질이 많이 함유된 양상추, 우엉, 연근, 고구마, 감자, 해초류, 표고버섯 등을 많이 먹고 매일 아침 우유를 마시면 장의 운동이 촉진되어 변비가 잘 생기지 않는다. 임신 후기에는 태아의 뇌 발달에 필요한 아미노산과 임신중독증 예방에 효과가 있는 지방산이 풍부한 콩, 깨, 견과류를 많이 먹는다. 단백질과 비타민을 충분히 섭취하고, 수분과 염분을 지나치게 많이 섭취하지 않으며, 섬유질이 많은 신선한 채소나 과일, 고구마, 감자, 요구르트, 우유 등을 많이 먹는다. 임신 후기의 식사는 조금씩 자주 하는 것이 좋다.

(4) 태교음악

태아는 너무 빠르거나 불규칙한 음악보다는 잔잔하고 부드러운 음악을 좋아한다. 특히 임신부의 심장박동과 유사한 음악을 들을 때 더욱 좋아한다. 클래식 음악은 대부분 사람의 마음을 편안하게 해 주는 음조를 가지고 있다. 음악을 들으면 사람의 뇌파에서 알파파장이 나와 배 속의 아기에게 기분 좋은 자극을 주어 아기의 신체발달에 긍정적으로 작용하게 된다. 음악이 유기체에 미치는 영향에 관한 농촌진흥청의 연구결과(중앙일보, 2002. 5. 9.)에서는 음악을 듣고 자라는 배추의 진딧물은 다른 배추의 진딧물에 비하여 몸이 빨갛게 변하고 수명이 줄어들었다고 밝히고 있다.

임신 초기에는 모차르트, 헨델, 슈만, 포레, 바흐, 마스카니, 비발디 등과 같은 임신부의 마음이 평온해지는 음악을 듣고, 임신 중기에는 생상스, 드뷔시, 브람스, 헨델, 라벨, 바흐 등과 같은 즐겁고 아름다운 음악을 들으며, 임신 후기

표 2-1 태아에게 들려주면 좋은 클래식 음악

곡 명	작곡가	곡 명	작곡가	곡 명	작곡가
가보트	바흐	알프스의 저녁노을	외스텐	가보트	소세
간주곡	슈베르트	앨비라 마디간	모차르트	왈츠	브람스
월광	베토벤	갈색머리의 소녀	드뷔시	강아지왈츠	쇼팽
월광	드뷔시	소녀의 기도	바다르체스카	위모레스크	드보르작
녹턴	쇼팽	즉흥환상곡의 테마	쇼팽	비창	베토벤
미뉴에트	브케리니	지그문트 사랑의 노래	바그너	사랑의 기쁨	마르키미
미뉴에트	베토벤	크시코스의 우편마차	네케	낙숫물 전주곡	쇼팽
마주르카	쇼팽	피아노협주곡테마	쇼팽	어린 방랑자	랑케
작은왈츠	보르스키	하이든의 세레나데	하이든	꽃노래	랑케
즉흥곡	슈베르트	솔베이지의 세레나데	그리그	왈츠	쇼팽
트로이메라이	슈만	슈베르트의 세레나데	슈베르트	자장가	브람스
폴카	차이코프스키	스케이팅 왈츠	발트토이펠	G선상의 아리아	바흐
프롬나드	무소르그스키	안단테칸타빌레	차이코프스키	백조	생상스

에는 차이코프스키, 드보르작, 크라이슬러, 생상스, 모차르트, 요한스트라우스
2세, 비발디, 캐럴 키드 등의 진동이 강한 음악을 듣는 것이 좋다. 무엇보다 엄
마와 태아가 함께 즐길 수 있는 음악을 폭넓게 듣는 것이 도움이 된다. 그러나
임신부가 별로 좋아하지도 않는데 태교를 위하여 억지로 음악을 듣는다거나 클
래식 음악이 좋다고 해서 지루해도 억지로 참고 듣는 것은 좋지 않다. 아기에게
들려주면 좋은 클래식 음악의 예는 〈표 2-1〉과 같다.

영국의 옥스퍼드대 출판부에서 출판한 『음악의 시작: 음악적 능력의 기원과
발달』에서는 연구 결과를 토대로 하여 '태교음악의 다섯 가지 진실'을 밝히고
있다(중앙일보, 1998. 10. 15.).

① 태아는 임신 28주가 지나서야 귀가 제 모습을 갖추지만 3개월부터 소리를
  들을 수 있다. 자궁 속에서 태아가 듣는 소리는 임신부의 소화계, 순환계
  의 흐름에서 오는 소리, 엄마의 목소리, 바깥의 소리다. 28~30주가 지난
  태아는 외부의 소리를 들으면 심장박동이 빨라지거나 느려지는 등의 반응
  을 보인다.
② 태아에게 적당한 크기의 소리는 청각기관의 기능발달에 도움을 준다. 특

정한 소리를 반복하여 들려주면 감수성이 형성되어 출산 후에도 그 소리를 특히 좋아한다. 아무런 소리도 들려주지 않으면 분만 후에도 청각기관의 발달이 늦어질 우려가 있다.

③ 태아가 특히 좋아하는 소리는 엄마의 목소리다. 엄마의 목소리는 공기 진동뿐만 아니라 산모의 골격이나 진동을 통하여 자궁에 전달되기 때문에 그 어떤 소리보다 강하게 들린다. 태아는 소리의 여러 가지 특성 중 특히 음높이, 음색, 강약을 잘 기억한다. 태아는 음색이 뚜렷하고 음높이가 높은 오보에나 플루트, 트럼펫 선율을 좋아한다.

④ 신생아가 듣고 울음을 그칠 정도로 좋아하는 소리는 엄마 목소리뿐만 아니라 분만 3개월 전부터 엄마가 들려준 노래나 시, 이야기, 그리고 배 속에서 들었던 음악이다. 임신부의 심장박동 소리와 유사한 분당 72비트 정도의 리듬을 들려주면 울음을 그치고 잠도 잘 자고 몸무게도 빨리 늘어난다.

⑤ 산모가 좋아하는 음악을 들려주면 태아가 더 민감하게 반응한다. 산모가 좋아하지 않는 음악을 들려주면 태아의 반응이 전혀 나타나지 않을 수도 있다. 따라서 의무감 때문에 하루 종일 워크맨을 차고 클래식 음악을 들려주어도 소용이 없다. 차라리 자신이 좋아하는 팝 음악을 듣는 것이 낫다. 태교음악에 왕도가 있는 것은 아니다. 예비 임신부는 훌륭한 음악을 들을 줄 아는 귀와 감수성을 개발하는 것이 급선무다.

(5) 태아의 발달단계에 따른 태교

다음에서는 태아의 발달단계에 따라 나타나는 특징을 살펴보고 각각의 시기에 적합한 태교의 내용을 살펴보기로 한다(곽노의 외, 1999; 이영, 조연순, 1997).

① 0~2개월

1개월 동안 새 생명은 일생 중 어느 때보다 더 빨리 성장해서 1만 배 크기가 된다. 난소에서 배출된 난자가 정자를 만나 수정되면 1주일 정도 세포분열을 한 후에 자궁 내막에 착상하는데, 이때부터 임신의 시작이다. 수정 후 23일 정도 지나면 장차 심장이 될 혈관의 수축으로 박동이 시작된다. 태아의 몸길이는

0.6~1.3cm가량 된다. 혈액이 미세한 정맥과 동맥을 통해 흐르고 있으며, 심장 박동률은 1분에 65회 정도다. 이미 뇌, 콩팥, 간장, 소화기관의 초기 형태를 갖추고 있으며, 모체와의 생명선인 탯줄이 작동하고 있다.

2개월이 되면서 배아는 균형 잡힌 축소된 아기처럼 보인다. 길이는 2.5cm 이하, 무게는 2.2g 정도이고 머리가 전체 몸길이의 절반을 차지한다. 팔에는 손, 손가락이 생기고, 다리에는 무릎, 발목, 발가락이 생긴다. 태아의 뇌 충동이 뇌 기관 계통의 기능을 조정한다. 성(sex) 기관이 발달하고 심장고동은 일정하다. 위에서 소화액이 생기고 간에서 혈액세포가 만들어진다.

임신 후 1~2개월은 절대적인 안정이 필요하다. 태반이 불안정해서 유산의 위험성이 가장 높기 때문이다. 태아의 세포분열이 진행되고 있는 시기이므로 영양을 골고루 섭취하고, 마음의 안정을 취해야 한다. 1개월에는 미약하던 입덧이 2개월이 되면 본격적으로 나타난다. 입덧이 심해질 때에는 탄수화물이 많은 현미, 토스트, 국수류를 먹으면 아미노산의 성분이 뇌에 흡수되어 긴장완화에 도움이 된다. 그 밖에 두부, 달걀 등을 먹고, 음식을 차게 하여 먹거나 신맛을 이용한다. 한꺼번에 많이 먹으면 입덧이 더 심해져서 구토를 일으키기 쉬우므로 음식을 조금씩 나누어 먹도록 한다.

② 3~4개월

3개월 된 태아의 몸무게는 28.4g, 키는 약 7.6cm 정도다. 손톱, 입술, 코가 생기고, 머리는 몸 전체의 1/3을 차지하고 아직 정확한 성별은 알기 힘들다. 태아는 숨을 쉬고, 폐 안팎으로 양수를 받아들이고 내뱉으며 가끔씩 소변을 본다. 태아는 다리를 움직이고 발, 입, 엄지손가락을 움직이며, 입은 열고 다물 수 있고 마실 수도 있다. 태반과 양수가 생기기 때문에 탯줄을 통하여 엄마로부터 영양을 공급받게 된다.

4개월 된 태아의 몸무게는 170g이고 키는 20.3~25.4cm 정도다. 어머니는 태동으로 알려져 있는 발로 차는 동작을 느낄 수 있다. 뇌의 발달도 급속도로 진행되어 머리가 탁구공만큼 커진다. 얼굴 모습도 거의 갖추어져 입이 생기고 치아와 잇몸까지 만들어지며 외음부는 남녀의 성감별이 가능할 정도로 성숙해진다. 태아의 성장이 급속도로 진행되는 시기이므로 임신부는 빈혈이 생기기 쉽고, 자궁이 커지면서 자궁의 인대가 늘어나 사타구니와 허리가 자주 아프다.

3~4개월에는 태반이 형성되고 뇌가 급격하게 발달한다. 태아는 임신부의 감정 상태를 느끼기 때문에 태교음악을 듣기 시작하는 것이 좋다. 입덧이 한참인 임신부는 몸과 마음의 안정을 찾는 것이 중요하다. 태아의 척추, 간, 뇌, 중추신경계가 발달하는 중요한 시기이므로 특히 비타민 B가 많이 들어 있는 콩, 간, 등푸른 생선 등을 섭취하도록 한다. 태아의 뼈와 이가 만들어지는 시기이므로 칼슘 섭취에도 신경을 써야 한다. 태아는 소리를 제대로 듣지 못하지만 진동으로 느낄 수 있다. 따라서 음악 태교를 시작하는 적절한 시기다. 모차르트, 비발디, 바흐 등의 음악은 사람이 편안하게 쉬고 있을 때의 심장 박동 수에 가깝기 때문에 태아가 편안함을 느낄 수 있으며 태아의 뇌를 자극하기도 한다.

③ 5~6개월

5개월 된 태아의 몸무게는 340~453g 정도이고 신장은 약 30.5cm 정도며 개인적인 성격을 보이기 시작한다. 잠자고 깨어 있는 습관이 형성되고 좋아하는 자세가 있다. 태아의 움직임이 점차 활발해져 손발을 구부렸다 폈다 하며, 가끔씩 엄마를 차거나 뻗기도 하고 꿈틀거리며 딸꾹질까지 한다. 눈썹과 속눈썹이 자라고 머리에는 가는 머리카락이 자라며, 복슬복슬한 솜털이 온몸을 덮고 있다. 이때는 산모의 배가 부른 것이 눈에 띄기 시작하고, 유선의 발달로 유방이 커지면서 몸의 균형을 잡기가 어려워져 허리에 요통이 생기기 쉽다.

6개월 된 태아의 몸무게는 567g 정도이고 신장은 35.6cm다. 피부 아래 지방질이 쌓이기 시작하고, 눈은 감고 뜨고 모든 방향으로 쳐다볼 수 있을 만큼 완전하다. 하루 24시간 동안 규칙적인 호흡을 유지할 수 있으며, 울기도 하고 강하게 손바닥을 쥘 수도 있다. 자궁이 커지면서 혈관을 압박하고 하반신의 혈액순환을 방해하여 발이나 다리에 정맥류가 나타나기도 하고 치질이 생기기도 한다. 태아가 지금 태어난다면 아직 호흡기관이 매우 미성숙하기 때문에 생존할 가능성이 희박하지만 자궁 밖에서 생존한 예는 있다.

5~6개월에는 태동이 시작되고 청각기관이 왕성하게 발달하는 시기이기 때문에 태담을 많이 나누고 노래도 많이 불러 준다. 태아의 활동성이 크게 증가하므로 가능하면 태아를 많이 자극한다. 배를 쓰다듬어 보고 태아의 반응도 직접

느껴 보면서 아기와 유대감을 쌓는다. 부드러운 음악에 맞추어 가볍게 춤을 추는 것도 아기에게 좋다. 이 시기에는 뇌가 많이 발달하여 다섯 가지 감각이나 기억력이 발달하므로 아기와 함께 나누는 태담은 두뇌발달에 도움이 된다.

뇌세포의 성장에 도움이 되는 DHA가 많이 함유된 등푸른 생선을 많이 먹는다. DHA의 손실을 줄이기 위해서는 생선포로 먹거나 구워 먹고 국물이 있는 찌개의 경우에는 국물까지 모두 먹는 것이 좋다. 튀김이나 전은 재료가 직접 기름에 닿게 되어 DHA의 손실이 가장 크기 때문에 되도록이면 피한다. 임신 중에 감기에 걸리지 않도록 하기 위해서는 외출 후에는 꼭 양치를 하고 사람이 많은 곳은 피한다. 또한 신선한 공기와 습도를 적절하게 유지하고 에어컨 바람은 피하며, 무즙이나 생강차를 자주 마시는 것이 좋다.

④ 7~8개월

7개월 된 태아의 몸무게는 1.4~2.3kg 정도이고 신장은 40.6cm다. 태아는 울거나 숨을 내쉬고 들이마시거나 엄지손가락을 빨 수도 있으며, 머리카락이 계속 자란다. 임신부의 유방, 젖꼭지, 외음부, 장딴지, 하복부 등에 붉은 기가 도는 보라색 임신선이 나타나기도 한다. 자궁이 커져서 혈관을 압박하여 하반신의 혈액순환이 나빠지고, 몸의 무게 중심이 앞으로 쏠리게 되어 허리에 요통이 생길 수 있다. 몸무게가 1.6kg 정도 되는 신생아는 특수한 의학적인 보호를 받는다면 생존할 가능성이 상당히 높다. 예컨대, 몸무게가 2.3kg 정도 될 때까지는 인큐베이터(조산아 보육기) 안에 있어야 한다.

8개월 된 태아의 몸무게는 2.3~3.2kg 정도이고, 신장은 45.7~50.8cm다. 자궁 안이 비좁기 때문에 태아의 동작이 줄어든다. 배가 점점 불러 오면 심장이 눌려서 숨이 차거나 가슴이 두근거리고, 위가 답답하고 쓰린 불쾌감이 늘어난다. 저녁때는 발과 다리가 붓고 임신선, 정맥류, 요통, 치질 등의 증상이 더욱 심해진다. 이 시기와 다음 한 달 동안은 지방층이 태아 몸 전체에 발달하여 자궁 밖의 변화하는 온도에 적응할 수 있게 된다.

7~8개월에는 청각기관의 발달이 완성되는데, 이때는 특히 임신중독증을 조심해야 한다. 이 시기에는 청각기관이 거의 완전하게 발달하고 엄마의 자궁벽도 얇아지기 때문에 소리를 좀 더 정확하게 들을 수 있게 되고, 소리에 대한 선

호도도 생긴다. 엄마가 배 속의 아기에게 노래를 불러 주고, 아빠가 그림책을 천천히 조금 큰 소리로 읽어 주면 아기는 엄마와 아빠의 목소리나 감정을 느낄 수 있다. 부부싸움을 할 때 내는 고함소리는 엄마의 감정이 흥분된 상태에서 나는 소리이기 때문에 태아는 매우 싫어한다.

　이 시기는 임신중독증의 위험이 가장 높기 때문에 이를 예방하기 위하여 염분과 수분의 섭취를 줄이고 고단백–저열량 식사를 한다. 그리고 칼슘을 충분히 섭취하고 잠을 충분히 자며, 알코올이나 흡연을 삼간다. 출산 후에 필요한 아기용품은 임신부의 활동이 비교적 자유로운 7~8개월 정도에 준비하는 것이 적당하다. 임신부의 몸이 더 무거워지기 전에 외출하기 좋은 날을 잡아 예비 아빠와 함께 구입하도록 하고, 구입하기 전에 꼭 필요한 것을 미리 점검하여 효율적인 구매를 하도록 한다.

⑤ 9~10개월

　9개월이나 10개월 초가 된 태아의 몸무게는 3.2kg 정도이고 신장은 약 50.8cm가 된다. 보통 남아가 여아보다 더 크고 무겁다. 지방층의 형성은 계속되고 기관계통이 더 효율적으로 작동하며, 심장의 속도가 빨라지고 노폐물이 더 많이 배출되며 피부의 붉은색이 점차 흐려진다. 그리고 위에 부담을 주어 식욕이 없어지고 소화도 잘 되지 않으며, 태아의 머리가 방광을 압박하므로 소변을 자주 보게 된다. 임신 기간은 임신부의 마지막 월경에서부터 계산되므로 대개 280일로 추정되지만, 실제로 출생일까지 태아는 약 266일 동안 자궁 안에 있는 셈이다.

　태아는 출산과정을 견딜 수 있을 정도로 머리뼈가 굳고 뇌기능과 내장기능이 한층 성숙해지며 호흡기능도 완성되어 머리가 아래로 향하게 된다. 이 시기에는 기쁜 마음으로 출산을 준비하는 생활을 해야 한다. 따라서 순산을 위한 임신부 체조나 호흡법을 꾸준히 연습하고, 휴식과 수면을 충분히 취하면서 출산에 대한 공포감을 줄이도록 한다. 주변 사람과 대화를 나누거나 아기의 사진을 보는 등 불안한 마음을 털고 안정을 유지하는 것이 좋다. 남편은 좀 더 자신감을 갖고 아기의 양육에 대한 현실적인 계획을 세우는 등 아내와 자주 대화를 나눠 신뢰감을 쌓는 것이 중요하다.

수유를 원활하게 하기 위해 콩류를 많이 먹고 유방은 잘 손질해 둔다. 태어날 아기의 저항력을 높이기 위하여 비타민 B군을 많이 함유하고 있는 간이나 돼지고기 등을 적절하게 섭취하며, 식사는 조금씩 여러 번으로 나누어 먹는 것이 좋다. 또한 시냇물이 졸졸 흐르는 소리, 새가 지저귀는 평온하고 자연스러운 리듬, 모차르트나 비발디와 같은 진동이 강한 음악을 많이 들으면 임신부가 심리적으로 안정되고 태아의 뇌에 자극을 주어 뇌 발달에 도움이 된다.

(6) 시각과 청각의 발달

태아의 시각은 분명하게 사물을 구별하는 것은 아니고 모체의 호르몬 분비량을 통하여 빛의 명암을 느낀다. 따라서 정서적으로 편안한 상태에서 포근한 음악을 즐겨 듣거나 명화와 아름다운 그림책을 보며 키운 태아는 풍부한 감정과 정서를 갖고 태어나게 된다.

태아의 청각은 무엇을 이야기하고 있는지 정확히 알지는 못하지만 소리의 강함과 약함을 통하여 임신부의 기분을 민감하게 느낄 수 있다. 아직 완전한 기능을 갖추지 못한 태아에게 외부의 소리는 아주 작고 낮게 전달된다. 임신부의 이야기 소리나 심장 박동 소리는 아기에게 익숙하고도 정겨운 소리로 기억된다.

태아는 리듬감 있는 소리를 좋아한다. 임신부가 태아에게 책을 읽어 주는 태교는 일정한 리듬감을 느끼게 하기 때문에 태아를 차분하고 기분 좋게 만든다. 쉽고 재미있는 그림책을 읽어 주면 태아에게는 물론 임신부에게도 좋다. 책을 읽으면서 아기에 대한 기대감으로 마음이 포근해지고 아기는 엄마의 목소리를 듣고 좋아한다. 특히 책에 있는 내용은 머릿속에 집중시켜 뇌를 통하여 전달하고, 입으로는 소리를 내어 엄마 목소리를 들려주는 것이 좋다.

(7) 두뇌의 발달

수정란은 한 개의 세포에서 분열을 반복하면서 점점 인간다운 모습을 갖추게 되는데, 그중 가장 빨리 발달하는 것이 뇌다. 뇌의 발달은 임신 2주째부터 시작되어 10주째에는 대뇌피질의 뉴런이라 부르는 신경세포가 생기기 시작한다. 대뇌피질은 인간을 다른 동물보다 뛰어난 존재로 만들어 주며 인간의 대뇌피질에는 실제로 140~150억 개의 뉴런이라는 신경세포가 있다. 이 뉴런의 수는 임신 20주면 거의 완성되고, 30주가 되면 신경세포인 뉴런에서 수많은 시냅스 (synapses)라는 돌기가 뻗어 나온다. 이 무렵에 아직 미숙하지만 뇌가 거의 완성된다. 아기의 뇌는 임신부의 배 속에서 아주 빠른 속도록 발달하기 때문에 엄마의 몸 상태, 감정, 외부의 소리나 빛 등 다양한 요소가 아기에게 자극이 되고 아기의 뇌에도 많은 영향을 준다.

(8) 감정의 발달

임신부의 감정적인 경험은 태아의 성격에 영향을 미친다. 임신 중에 임신부의 생활이 행복하다면 태어난 아기도 성격이 쾌활하고 밝다. 반대로 임신부가 불안에 사로잡혀 있거나 비탄에 잠겨 있다면 아기는 어둡고 비관적인 성격을 지닐 수 있다. 이와 같이 임신부의 감정 상태가 태아에게 영향을 끼치는 것은 임신부의 몸속에 있는 호르몬으로 인한 혈액의 변화와 임신부의 음성에 기인한다.

(9) 태아의 꿈

임신부의 배 속에 있는 태아는 대부분의 시간을 활동수면 상태로 보낸다. 즉, 계속 잠을 자며 꿈을 꾸기 때문에 외부에서 주어지는 미약한 정보에도 힘차게 움직이거나 흥분한다. 임신 중의 충분한 수면은 모체의 정신과 신경을 안정시키고, 체력을 회복시켜 주며, 태아의 성장에도 중요하게 작용한다.

2. 출생 및 신생아의 성장과 발달

앞서 태아기에 대해 살펴본 내용에 따르면 인생에서 중요한 부분은 이미 태아기에 형성됨을 알 수 있다. 거기에 한 생명체의 발달은 수정되는 순간부터 단 한순간도 단절되지 않고 계속적으로 발달된다는 사실을 알면 다음에 다루게 될 출생 및 신생아기에서 나타나는 특정의 의미를 더욱 잘 이해할 수 있을 것이다. 여기에서는 신생아기를 출생에서부터 1개월까지로 규정하고, 출산과정, 출산과정에서 발생하는 문제, 신생아가 나타내는 감각능력을 중심으로 살펴보고자 한다.

1) 출산과정

출산과정은 크게 세 단계로 구분해 볼 수 있다. 첫째는 분만을 알리는 통증을 느끼는 단계다. 임신부가 느끼는 진통은 초산일 경우 평균 12~24시간 동안 계속된다. 이 단계에서 자궁수축은 자궁의 입구라 할 수 있는 자궁경부(cervix)로 아기의 머리가 통과할 수 있을 만큼 넓혀 주게 된다. 초기에는 자궁수축이 비교적 미약하기 때문에 통증이 약하지만, 말기에 이를수록 자궁수축이 강해져 통증도 심해진다.

둘째는 아기의 몸이 임신부의 질을 통하여 나오는 단계다. 아기의 머리가 자궁경부와 질의 통로를 거쳐 임신부의 몸에서 완전히 나오는 시간은 보통 1시간 반 정도가 걸린다. 이 과정에서 분만 준비가 되어 있는 임신부는 복근에 힘을 주어 아기가 스스로 몸 밖으로 잘 나올 수 있도록 도울 수 있다.

셋째는 탯줄과 태반이 나오는 단계다. 아기가 몸 밖으로 나와도 태반과 탯줄은 임신부의 몸속에 남아 있다. 태반은 탯줄을 통하여 모체로부터 태아에게 산소와 영양을 전달해 주고 태아의 노폐물을 흡수하며, 태아가 임신부에게서 분리될 때 자궁수축을 촉진시킨다. 이러한 탯줄과 태반이 임신부의 몸 밖으로 모두 나오고 소독된 가위로 아기의 배꼽과 분리시키면 분만이 완전히 끝난다.

2) 출산과정에서 발생하는 문제

(1) 제왕절개 분만

임신부가 산고를 느끼면서 자연분만을 하는 것이 가장 이상적이지만, 어떤 상황에서는 제왕절개가 적절할 때도 있다. 가장 흔한 경우는 지나치게 천천히 진통이 진행될 때, 머리보다 다리나 엉덩이가 먼저 나올 위험이 있을 때, 아기의 머리가 너무 커서 산모의 골반을 통과할 수 없을 때, 임신부가 병이 있을 때, 고령의 초산으로 산도가 단단할 때, 아기에게 특별한 문제가 생겼을 때, 산모의 질에서 출혈이 심할 때에는 제왕절개 분만을 하는 것이 바람직하다. 제왕절개는 중대 수술이기 때문에 산모의 회복이 정상 분만보다 훨씬 오래 걸리고, 어떤 식으로든 마취를 해야 하기 때문에 산모나 아기에게 더 큰 위험부담이 따른다.

(2) 체중 미달아

미숙아라고 불리는 아기는 보통 산모의 마지막 생리 기간의 첫날부터 계산하여 37주가 되기 전에 태어난 아기를 말한다. 또 다른 경우는 37주 이후에 태어났어도 체중이 2.0kg에 미달되는 아기를 말한다. 이 두 경우에 해당되는 아기는 저항력이 약하여 감염되기 쉽고, 체온을 유지하기 어렵고, 호흡기가 약한 편이며, 뇌출혈 등으로 사망할 확률이 매우 높다.

이러한 체중 미달아가 안전하고 건강하게 자라나게 하기 위해서는 세균이 없고 온도가 잘 조절되는 인큐베이터 속에서 보호해야 한다. 한 연구에서는 인큐베이터 안의 정면에 모빌을 매달아 주고, 또 밝은 색깔의 물체를 보여 주며, 식사시간 사이에 5분간 달래 주고 만져 준 아기가 6개월 후의 발달검사에서 그렇지 않은 아기보다 훨씬 더 우수한 발달을 보인 것으로 나타났다.

(3) 분만 시 치명상

일부 극소수의 아기는 출산도의 통과가 일생에서 가장 힘든 여정으로서 뇌손상이라는 큰 상처를 남길 수도 있다. 출산과정에서의 무산소증, 기계로 인한 손상, 신생아 질병, 감염으로 고생하는 아기는 정신적 지체나 행동상의 문제를 보이기도 하고, 경우에 따라서는 영구적인 뇌손상을 입기도 한다. 신생아 사망 원인 중에서 가장 높은 것은 영아의 폐 확장 실패이고, 두 번째로 높은 것은 출산으로 인한 손상으로 알려져 있다.

(4) 산후 몸조리

임신부가 아기를 낳고 4~6주 동안 산후조리를 하는 것을 산욕기라 한다. 이기간 동안 산모는 원래 몸 상태로 회복되어야 한다. 그러기 위해서는 산후조리를 잘 해야 하는데 옛날부터 어머니들이 해 왔던 민간요법도 있고, 병원에서 권하는 방법도 있다. 산후조리를 위한 장소도 최근에는 산모 전문 관리기관을 이용하거나 친정에서 하는 경우, 시댁에서 하는 경우 등 다양해지고 있다. 산모는 어떤 방법으로든 산후조리를 잘 해야 후에도 건강을 지킬 수 있다. 예로부터 전해 내려오는 우리나라 전통 산후조리법에서 특히 강조되고 있는 사항은 다음과 같다.

- 관절 부분을 드러내거나 바람을 쐬지 않는다.
- 노폐물을 몸 바깥으로 내보내기 위해 이불을 덮고 땀을 뺀다.
- 적어도 하루에 한 번씩 깊은 낮잠을 잔다.
- 국이나 미지근한 보리차를 많이 마신다.
- 무릎을 세우고 베개를 높게 베면 어혈을 푸는 데 도움이 된다.
- 가급적이면 신경질을 내지 않는다.
- 최소한 삼칠일(21일)에서 1개월 정도는 목욕을 하지 않는다.
- 약해진 이를 보호하기 위하여 딱딱한 음식은 먹지 않는다.

3) 신생아의 감각능력

(1) 보기

신생아는 약 15~19cm의 거리에서 가장 잘 본다. 출생 시 주변시각은 매우 좁지만 2~3주 사이에 2배 이상으로 증가한다. 아기의 시력은 6개월부터 1년 사이에 성인의 범위까지 발달하는 것으로 알려져 있다. 영아는 4개월이 되면 빨강, 초록, 파랑, 노랑을 구분할 수 있고, 밝은색을 선호한다. 따라서 신생아에게 제공되는 모빌은 다양한 색상, 움직임, 거리조절 기능을 갖추어야 발달에 적합한 장난감이 될 수 있다.

신생아의 깊이에 대한 지각은 선천적인 것이거나 혹은 생후 2개월 동안 학습된 것이다. 워크와 깁슨(Walk & Gibson, 1961)은 평평한 유리를 덮은 판의 한 면에 바둑판 모양으로 길이를 착각하도록 만든 '시각적 절벽(visual cliff)'을 고안하였다. 6개월 된 아기는 바닥을 자유롭게 기어 다니다가 깊게 보이는 곳에서는 더 이상 기어가지 않았고 심지어는 어머니가 불러도 가지 않으려 하였다.

신생아에게도 선호도가 있다는 것이 발견되었다. 팬츠(Fantz, 1965)에 따르면 이틀도 안 된 영아가 직선보다는 곡선을, 흑백보다는 색깔이 있는 것을, 단순한 패턴보다는 복잡한 패턴을, 이차원 사물보다는 삼차원 사물을, 사진보다는 실제 얼굴을, 익숙한 장면보다는 새로운 장면을 더 좋아한다고 한다.

(2) 듣기

출생 후 몇 시간 이내에 영아는 소리에 반응할 수 있다. 다양한 강도의 소리를 제시하고, 소리의 강도에 따라 신생아의 심장박동과 몸동작을 조사한 연구 결과 소리의 강도가 클수록 아기의 심장박동률이 증가하고 동작이 더 빨라졌다 (Lipton, Steinschneider, & Richmond, 1963).

생후 20일 된 아기는 어머니의 목소리와 낯선 사람의 목소리를 구별할 수 있다. 실험에서 영아는 다른 여자의 목소리가 녹음된 것을 틀어 줄 때보다 어머니의 목소리가 녹음된 것을 틀어 줄 때 고무젖꼭지를 더 열심히 빨았다고 한다 (Mills & Melhuish, 1974). 아기는 어머니의 목소리를 분명히 알고 있고 더 흥미 있어 하며, 이러한 어머니 목소리에 대한 선호는 어머니와 아기의 연대감을 형성하는 데 중요한 기제가 된다.

(3) 냄새 맡기

신생아는 냄새의 차이를 구별할 수 있다. 양파 냄새가 나는 아위(asafetida)의 지독한 냄새와 감초 냄새가 나는 아니스(anise) 기름의 냄새를 구분하였다. 또한 출생 후 16시간에서 5일 정도 된 아기는 암모니아 염화물을 제시하였을 때 냄새를 외면하였다(Lipsitt, Engen, & Kaye, 1963).

(4) 맛보기

영아는 아직 미각이 둔하긴 하지만 여러 가지 강한 맛의 액체는 구별할 수 있다. 신생아는 맹물과 단맛이 나는 포도당액을 구별할 수 있다. 아기의 혀에 맹물이나 포도당을 놓았을 때 포도당 쪽으로 혀를 옮겼으며, 포도당의 농도가 짙을수록 이 반응이 더 커진다는 것을 발견하였다(Pratt, Nelson, & Sun, 1930; Weiffinbach & Thach, 1975).

(5) 온도 지각

미숙아는 체온조절 능력이 부족하기 때문에 방의 기온이 떨어졌을 때 사망하기 쉽지만, 건강하게 태어난 신생아는 생존에 필요한 신체조절 능력을 갖고 있기 때문에 방의 기온이 조금 떨어졌을 때 자신의 신체 활동을 증가시켜 체온을 유지할 수 있다(Mestyan & Varga, 1960; Pratt, Nelson, & Sun, 1930).

(6) 통감

영아가 언제부터 고통을 느끼기 시작하는지를 알아보는 실험은 윤리적으로 문제가 있다. 따라서 실생활에서 자연스럽게 아이의 통감(痛感, feeling pain)을 알아보는 방법으로 포경수술 등을 활용한다. 포경수술은 보통 초등학교 고학년이나 중학교 정도의 연령에 하는 것이 관례이지만, 최근에는 고통을 덜 느끼는 영아기 때 시술하는 부모가 늘어나고 있다.

3. 영유아기의 성장과 발달

보통 출생 후 1~12개월까지를 영아기, 12~24개월까지를 걸음마기로 구분하지만, 학자에 따라서는 출생 후 1~24개월까지를 영아기로 규정하기도 한다. 여기에서는 걸음마기를 별도로 구분하지 않고 영아기(infant period)에 포함시켜 살펴보고자 한다.

영아기는 그동안 과소평가되어 왔으나, 실제로는 이 시기에 인간의 삶이 가장 극적으로 변화된다. 성인에게 의존하기만 하던 영아가 드디어 스스로 기고 앉고 서고 걸을 수 있는 신체적 발달능력을 나타내고, 울음, 미소, 몸짓, 언어를 이용하여 다른 사람과 의사소통할 수 있는 지적능력을 보인다. 그리고 애착, 자율성, 신뢰감 등 사회·정서적인 발달 능력을 나타내기 시작하여 우리를 감동시킨다. 여기서는 영유아기의 성장과 발달을 신체발달, 지적발달, 사회·정서발달로 구분하여 주요 특성을 살펴보기로 한다(곽노의 외, 1999; 서봉연, 이순형, 1983; 이영, 조연순, 1997; 홍창의, 1994; Crain, 1980).

1) 영아기의 성장과 발달

(1) 영아기의 성장

① 신체발달의 원칙

신체성장과 운동발달은 두미원칙(頭尾原則)과 근말원칙(近末原則)에 따른다. 두미원칙(head to tail principle)은 발달이 머리에서부터 신체 하부로 진행된다는 것이다. 따라서 태아 및 영아의 머리는 신체 하부보다 먼저 발달하고 다른 부분에 비하여 크다. 근말원칙(near to far principle)은 발달은 신체의 중심 부분에서부터 말초 부분으로 진행된다는 것이다. 따라서 태아 및 영아의 머리와 몸체는 팔다리보다 먼저 발달하며, 팔다리는 손가락, 발가락보다 먼저 발달한다. 또한 대근육 발달이 이루어진 후에 소근육 발달이 이루어진다.

② 신장과 체중

출생 후 3년 동안 영아의 몸은 빠른 속도로 성장하며 신체부분의 비율도 현저하게 변화된다. 대한소아과학회에서 조사한 한국 영아의 발육 표준치를 재구성하여 제시한 내용은 〈표 2-2〉와 같다.

표 2-2 출생에서 3세까지의 신장과 체중

연령	신장(cm)		체중(kg)	
	남아	여아	남아	여아
출생 시	51.4	50.5	3.40	3.24
1 (1~2)개월	57.0	56.2	5.17	4.87
2 (2~3)개월	60.3	59.2	6.22	5.82
3 (3~4)개월	63.4	62.2	7.04	6.66
4 (4~5)개월	65.1	64.0	7.62	7.15
5 (5~6)개월	67.4	65.9	8.07	7.58
6 (6~7)개월	69.0	67.4	8.45	7.88
7 (7~8)개월	79.6	69.1	8.72	8.19
8 (8~9)개월	72.1	70.3	9.05	8.48
9 (9~10)개월	73.2	71.9	9.24	8.77
10 (10~11)개월	74.5	73.5	9.63	9.16
11 (11~12)개월	75.9	74.8	9.85	9.52

연령	신장(cm)		체중(kg)	
	남아	여아	남아	여아
12 (12~15)개월	77.8	76.2	10.26	9.49
15 (15~18)개월	80.3	78.9	10.76	10.19
18 (18~21)개월	82.7	81.6	11.34	10.74
21 (21~24)개월	85.0	83.6	11.80	11.21
24 (24~30)개월	87.9	86.9	12.56	12.01

출처: 홍창의(1994).

③ 영아기의 뇌 발달

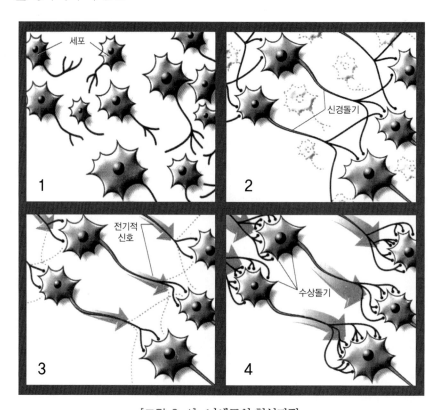

[그림 2-1] 뇌세포의 형성과정

주: 1. 배(embryo, 胚)의 뇌는 수많은 세포 혹은 신경세포를 생산하고, 필요 이상의 초과 부분은 제거한다.
2. 생존한 세포는 신경조직의 송신선인 신경돌기를 뻗친다. 돌기치기가 끝나면, 신경돌기는 수많은 목표물을 순식간에 연결할 수 있는 여러 개의 가지를 친다.
3. 전기적 활동의 자발적인 폭발은 이러한 연결 중 몇 개는 강화시키고, 반면 활동에 의해 강화되지 못한 연결은 쇠약해진다.
4. 출생 후 뇌는 신호를 보내는 돌기와 신호를 받는 수상돌기가 새로운 연결로 폭발되는 두 번째 성장분출을 경험한다. 감각적 경험의 홍수에 의해 유발되는 전기적 활동은 연결 중 어느 것을 유지하고 제거할지를 결정하는 뇌의 전자·전기회로를 정교하게 전환한다.

영아의 뇌 발달은 생후 1년 동안에 최종 크기의 약 70%에 도달하며, 2세 말 경에 이르면 80%에 도달한다. 인간의 뇌는 출생 시에 140억 개 이상의 세포를 갖고 태어난다. 출생 직후 뉴런이라 부르는 신경세포의 하나인 뇌세포에는 2,500개의 시냅스가 연결되어 있다. 시냅스란 뇌세포의 끝 부분에 돋아 있는 돌 기로 이웃의 다른 뇌세포와 연결되는 부분을 말한다. 생후 6개월이 되면 이 시 냅스는 1만 8,000개가 될 정도로 성장이 빠르게 진행되는데, 시냅스와 뇌세포 가 연결되는 과정이 가장 빠르게 일어나는 시기인 만 2세 전후의 감각적 경험 이 중요하고 만 11세까지 그 상태가 그대로 유지된다고 한다. 뉴런이라는 뇌세 포가 시냅스라 부르는 돌기에 의해 서로 연결되는 과정은 [그림 2-1]과 같다(이 원영, 1998; Time, 1997. 2. 24, p. 31에서 재인용).

(2) 영아기의 음식
① 모유 먹이기

아기에게 가장 좋은 음식은 모유다. 모유를 먹는 영아는 설사, 호흡기 염증, 알레르기, 감기, 기관지염, 폐렴, 풍진, 성홍열, 소아마비에 대하여 면역을 갖는 다. 모유로 자란 아이는 건강한 치아를 가질 가능성이 더 높고, 비만이나 동맥 경화증을 앓을 가능성은 더 희박하다(Baum, 1971; Cunningham, 1977; Jelliffe & Jelliffe, 1977; Tank, 1965).

모유가 아기에게 좋은 것은 사실이지만, 어머니의 건강상태가 나쁘거나 어 머니가 내복약, 담배, 술, 약물을 복용하는 경우에는 모유를 먹이지 않아야 한 다. 왜냐하면 대부분의 약품은 모유를 통하여 아기에게 전달되기 때문이다. 또 한 모유를 먹이는 어머니는 오염해역에서 잡힌 변형한 형태의 생선을 먹어서는 안 되고, 유해화학물질이 있는 곳에서 일하는 것은 금하며, 몸의 지방층에 축적 되어 있던 화학물질이 작용할 우려가 있으므로 갑자기 체중을 많이 줄여서도 안 된다.

여성이 일이나 건강 문제 등으로 모유를 먹일 수 없을 때, 강제적으로 아기에 게 모유를 먹이도록 강요해서는 안 된다. 그리고 모유를 먹이지 않겠다고 결정 한 여성이라고 해서 죄책감을 가질 필요는 없다. 성공적인 모유 먹이기는 어머 니나 아이에게 아름답고 행복한 경험임이 틀림없지만, 의무감 때문에 억지로 모유를 먹이는 여성은 원망과 불쾌한 감정이 아기에게 전달되기 때문에 편안한 마음으로 인공유를 먹이는 어머니보다 아기에게 더 나쁜 영향을 줄 수 있다. 아기에게 모유를 먹이는 것도 중요하지만 그것보다는 어머니와 아기 관계의 질이 더 중요하다.

② 인공유 먹이기

우유나 콩 단백으로 만든 인공유는 모유에 없는 비타민과 미네랄을 보충하는 것을 제외하고는 거의 모유에 가깝게 만들어진다. 모유와 마찬가지로 인공유도 대부분의 아기가 생후 5~6개월 동안 먹는 유일한 음식이다.

흔한 습관 중 하나는 젖, 주스, 단 음료 등을 젖병에 넣어 입에 물린 채 아기를 재우는 것이다. 이런 습관은 유아 충치의 주요 원인이니 주의해야 한다. 치과의사는 새참으로만 젖을 먹거나 잠자는 동안에 젖을 빠는 아기에게는 젖병 속에 물만 넣어 먹이도록 권장하고 있다. 충치예방을 위한 또 다른 방법으로 아기에게 첫돌 이전에 컵으로 물을 마시는 방법을 가르치고, 항상 컵에다 주스를 주는 습관을 들이도록 하고 있다.

③ 이유식 먹이기

아기는 생후 6개월까지는 모유나 유아용 조제유를 함께 먹어야 한다. 대부분의 부모는 자녀가 더 잘 자라기를 바라는 마음에서 생후 2개월부터 곡물이나 걸러 낸 과일 같은 이유식을 먹이고 있다. 그러나 이런 현상에 대하여 소아영양학자는 영아가 자신의 감정을 표현할 수 있을 때까지 젖이나 조제식이 아닌 다른 음식을 먹이는 것은 강제급식(forced feeding)의 한 형태라고 개탄하면서, 영아가 그런 음식을 먹으려는 욕구를 보일 때까지 기다리는 것이 바람직하다고 주장한다.

(3) 영아기 운동기능의 발달
① 반사행동

인간은 여러 가지 선천적인 반사행동을 갖고 태어난다. 불필요하여 생후 1년 이내에 사라지는 반사행동도 있고, 영구적으로 남아 인간의 생존에 도움을 주는 반사행동도 있다. 이러한 선천적인 반사행동이 정상적으로 나타나는지에 대한 주의 깊은 관찰은 아기의 정상적인 발달에 중요한 척도가 될 수 있다.

호흡에 관련된 재채기, 하품, 기침, 시각과 관련된 밝은 불빛에서 눈감기, 눈깜박이기, 수유와 관련된 빨기, 삼키기, 구역질, 통증과 관련된 울기반사, 움츠리기 등의 자기 보호적 반사행동은 사라지지 않고 계속 남아 있으면서 인간의 생존에 도움을 준다.

불필요하여 사라지는 반사행동으로는 바빈스키반사, 모로반사, 목경직반사, 다윈반사, 걷기반사 등이 있다. 바빈스키반사(Babinski reflex)는 아기의 발바닥을 간질이면 발가락을 부챗살처럼 펴고 발을 안으로 비트는 반응을 보이는 것이다. 모로반사(Moro reflex)는 큰 소리를 내거나 갑자기 아기의 등을 받쳐 들면 깜짝 놀란 모습으로 양쪽 팔을 쫙 벌리다가 가슴으로 가져가는 반응을 보이는 것이다. 목경직반사(tonic neck reflex)는 아기를 눕혀 놓았을 때 머리를 한쪽으로 돌리고 팔다리는 한쪽으로 뻗고 반대쪽 팔다리는 구부리는 반응을 보이는 것이다. 다윈반사(Darwinian reflex)는 손바닥을 건드리면 선 자세로 일어날 수 있을 정도로 세게 주먹을 쥐는 쥐기반사(파악반사)를 말한다. 걷기반사(walking reflex)는 아기의 팔 밑을 붙잡아 안고 맨발이 평평한 면에 닿게 했을 때 걷는 동작과 같이 반응을 하는 것이다(김광웅, 방은령, 1993; 이영, 조연순, 1997).

② 치아의 발달
인간은 영아기에 20개의 유치(temporary teeth)가 나며, 유아기 및 아동기에 접어들면서 32개의 영구치로 바뀐다. 유치의 발달은 태아기 초부터 시작되지만 보통 출생 후 6~8개월부터 첫 번째 유치가 나기 시작한다. 1세쯤 되면 6개의 유치가 나며, 2.5세쯤 되면 20개의 유치가 모두 난다. 그러나 유치가 나는 시기는 개인차가 커서, 돌이 될 때까지 유치가 전혀 나지 않는 아이도 있다.

③ 운동기능 발달
영아는 사물과 사람을 관찰하려 애쓰며, 가까이 가려고 주위환경을 탐색한다. 이런 과정을 통하여 영아의 중추신경계, 근육, 골격이 성숙된다. 적절한 자세로 움직일 수 있게 되면서부터 영아는 머리를 쳐들고, 앉고, 뒤집고, 기고, 서고, 걷는 등의 순서를 거치면서 운동기능을 발달시켜 나간다(서봉연, 이순형, 1983; 이영, 조연순, 1997).

④ 배변훈련

영아는 스스로 대소변을 조절하기 이전에 많은 것을 배워야 한다. 사회적으로 자신에게 기대하는 것이 무엇이고, 배설을 위한 적절한 기간과 장소가 있다는 것을 알아야 한다. 또한 배설해야 할 욕구를 알려 주는 느낌에 점차 익숙해지고, 배설을 위해서는 방출을 위한 괄약근을 수축하고 이완시키는 방법을 알아야 한다.

배변훈련은 성숙에 따른 준비도에 크게 좌우되는 것이기 때문에 서두르지 말고 적당한 시기를 기다려야 한다. 일반적으로 영아의 배변훈련이 늦게 시작될수록 배변통제는 더 빨리 배운다고 한다. 즉, 출생 후 약 5개월경에 배변훈련을 시작하면 성공하기까지 10개월이 걸리고, 11개월에 시작하면 7개월이 걸리며, 20개월에 시작하면 5개월 이내에 완성된다는 것이다. 20개월 이후에 대소변 훈련을 시작한 영아가 가장 침착하게 훈련을 받아들였고, 꾸중을 많이 한 부모가 편안하고 덜 엄격한 부모보다 영아의 배변훈련을 더 빨리 마치기보다는 오히려 자녀에게 정서적 혼란을 일으키는 모습을 보였다. 여아가 남아보다 통제가 빨랐고, 출생 시 체중 미달아가 정상아동보다 더 많은 어려움을 겪었다. 출생 시 체중은 이렇게 성장과정 중 많은 측면에 영향을 미친다(Sears, Maccoby & Levin, 1957; Oppel, Harper, & Rider, 1968).

2) 유아기의 성장과 발달

유아기(early childhood period)는 3~6세로 규정한다. 유아기는 영아기에 비하여 운동기능이나 신체발달의 속도는 느리지만 경험과 연습을 통하여 점진적이고 분화적인 발달이 이루어진다. 그러나 유아기는 정신적으로 많은 변화가 일어나는 시기로, 이때는 학습, 지각, 추론, 기억, 언어 등이 상당히 발달되어 자신과 타인을 구별하고, 사회화 과정을 통하여 사회적으로 통용되는 기본 행동양식 또는 가치체계를 내면화한다. 또한 유아기에는 자아개념이 더욱 발전하

고, 자신에 대한 성을 인식하면서부터 동성 부모에 대한 동일시를 하며, 옳고
그름에 대한 감각을 발달시켜 양심의 소리에 영향을 받기도 한다. 여기에서는
유아기를 신체발달과 관련된 몇 가지 특징만 살펴보기로 한다(곽노의 외, 1999;
서봉연, 이순형, 1983; 이영, 조연순, 1997; 홍창의, 1994; Crain, 1980).

(1) 신장과 체중

대한소아과학회에서 조사한 한국 유아의 발육 표준치를 재구성하여 제시한
내용은 〈표 2-3〉과 같다.

표 2-3 3세에서 6세까지의 신장과 체중

연령	신장(cm)		체중(kg)	
	남아	여아	남아	여아
3~3.5	94.6	92.9	14.37	13.63
3.5~4	98.4	97.5	15.08	14.74
4~4.5	101.8	100.9	16.04	15.68
4.5~5	105.0	104.1	16.95	16.43
5~5.5	108.4	108.1	18.00	17.32
5.5~6	111.1	110.4	18.82	18.37
6~6.5	113.9	113.4	19.70	19.05
6.5~7	116.3	115.4	20.54	19.63

출처: 홍창의(1994).

(2) 치아 문제

유아기의 건강 문제 중의 하나는 충치다. 한 연구에서는 3세 된 유아 중 40%
가 충치를 갖고 있다고 보고한다. 그러나 모든 충치는 유아의 유치를 잘 닦아
주고, 칫솔질을 하기 어려운 경우에는 깨끗한 거즈로 잇몸을 닦아 줌으로써 예
방할 수 있다. 새참으로 사탕이나 단 과자 종류를 주지 않는 것은 치아를 건강
하게 유지하는 한 방법이다.

손가락을 빠는 습관은 치아에 나쁜 영향을 줄 수 있다. 5세 이전까지는 손가
락을 빠는 것이 치아에 크게 영향을 미치지 않지만, 계속되면 유아의 치아에 나
쁜 영향을 줄 수 있기 때문에 고무젖꼭지를 물려 주어 빠는 욕구를 충족시켜 주

도록 권고하기도 한다. 또한 유아의 치아에 치과교정 장치를 해 줌으로써 빠는 습관을 없앨 수도 있는데, 이 방법은 유아가 손가락 빠는 습관을 버리는 데 매우 성공률이 높은 것으로 보고되고 있다.

(3) 운동기능 발달

3세가 되면 발끝으로 걸을 수 있고, 눈과 손을 협응할 수 있는 소근육 운동이 발달하여 자리에 앉아서 크레용으로 신문지 위에 원을 그릴 수 있다. 또한 흘리긴 하지만 혼자서 식사를 하거나 스스로 옷을 입고 벗을 수 있다. 4세가 되면 한쪽 발을 들고 깡충깡충 뛰거나 아빠가 던진 공을 잡을 수 있고, 표시된 선을 따라 가위로 자르거나 사람을 그리거나 여러 가지 모양을 만들 수 있으며, 구슬을 실에 꿰거나 글자와 숫자를 보고 베낄 수 있다. 5세가 되면 발을 번갈아 들고 깡충깡충 뛰거나 줄넘기를 하고 수영을 할 수 있으며, 시간이 지나면서 점차 한쪽 손을 선호하게 된다.

제 3 장

건강한 환경
조성하기

아 동 건 강 교 육

1. 건강한 환경 조성을 위한 정책

1) 건강보호 정책과 기록

(1) 건강보호 정책

건강보호 정책은 건강 문제에 대해 생각해 보고 프로그램의 다른 면과 어떻게 관련되어 있는지를 살펴보는 청사진이다. 또한 건강보호 정책은 교직원과 부모, 건강 전문가와 건강 상담자의 권고와 함께 프로그램의 경험 및 새로운 의학적 권고에 대한 반응을 보고 매년마다 정책을 재조정하여 수정·보완해 나가야 한다.

(2) 서면기록 정책

구체적이고 자세한 정책을 기록하고, 육하원칙(누가? 무엇을? 어디서? 언제? 어떻게? 왜?)에 기초해 책임관계를 분명하게 정의해야 한다. 예를 들어, 구급상자에 대한 정책은 다음과 같이 규정되어야 한다.

"책임자는 구급상자를 위한 모든 품목을 구입해야 할 것이며 모든 품목이 사용 가능한지를 확인하기 위해 매달 내용을 검토해야 할 것이다. 구급상자는 항상 채워져 있어야 하고, 유아의 손이 닿지 않는 선반 위에 보관되어 있어야 한다. 유아에게 응급조치를 실시하는 교사는 사고가 발생한 날에 상해보고서에 사건을 기록해야 한다. 보고서는 유아의 개인관리 폴더와 기관의 사건목록에 정리되어야만 하고 부모에게는 반드시 복사본을 제공해야 한다."

정책을 기록하거나 개정하는 소위원회에 교직원과 부모, 건강 상담자를 포함시키고, 검토를 위해 교직원, 부모, 의학 전문가에게 초안을 보내야 한다. 정책은 확실히 이해되어야 하고 모든 집단은 그것을 실행해야만 하며, 주제에 따라 정책을 조직화하여 쉽게 참조할 수 있도록 해야 한다. 응급 상황에 빨리 접근할 수 있도록 섹션마다 색인을 하거나 색 코드를 부착할 수도 있다. 모든 교직원, 부모, 건강 상담자에게 건강보호 정책의 복사물을 주고, 기관에 참고할 복사본을 게시하여 관계자 모두가 정책개정에 대하여 알도록 해야 한다. 다음은 정책을 기록하거나 개정할 때 포함되어야 할 주제에 대한 개요다.

(3) 건강보호 정책에 포함될 주제

① 각 부분 질문에 대한 답

• 무엇을 해야 하는가?

• 해야 하는 이유는 무엇인가?

• 누구의 책임인가?

• 어떻게 할 것인가?

② 유아를 위한 건강 기록

• 건강 기록의 내용(사용된 형태 포함)

• 검진결과

• 건강기록의 재조사/업데이트

• 면역기록 재조사/업데이트

• 알려야 할 내용의 기록과 기밀 유지

③ 교직원을 위한 건강보호

• 고용 전과 고용 이후에 정기적인 건강 검사의 필요성

• 건강기록의 내용

• 병가와 단기 휴가 대체인원에 대한 계획

④ 건강보호 상담자

• 상담자의 업무

• 전염성 질병의 발병 등 특별한 상황에 대한 보완 수단

• 최대한 자유로운 합의

• 의사소통 수단

⑤ 등원

- 가능하면 건강 문제를 관찰하면서 유아를 맞이하기
- 교직원과 부모 간의 의사소통체계(예: 낮잠, 음식섭취, 내적 변화, 분위기)

⑥ 부상예방

- 위험요소를 없애기 위한 환경 매일 확인
- 매달 면밀히 확인을 실행하는 절차
- 부상 정보 파일과 중앙 기록의 유지 및 확인
- 유아를 돌보는 시간에 유아가 머무는 장소에서의 금연
- 실내 · 외 활동과 여행 시 부상을 예방하기 위한 감독
- 독이 있거나 위험한 물질의 안전한 보관
- 안전한 장난감, 교구와 교재의 구매 및 유지
- 교직원의 응급처치 증명서나 CPR 증명서

⑦ 부상과 응급조치 관리

- 응급조치를 하는 책임자
- 부상에 대한 판단
- 응급조치 절차
- 응급조치에 필요한 물품의 종류와 위치
- 응급조치 도구를 사용하고 유지하는 방법
- 응급 시 부모나 다른 접촉 가능자에 대한 통보
- 응급 수송에 대한 방법
- 부상에 대한 보고서 작성과 보관
- 특별한 견학 절차(예: 휴대용 응급용품, 응급 서류 복사본 등)
- 위험을 확인할 수 있는 상해보고서 재검사

⑧ 응급대피 준비

- 전화기나 출구 근처에 응급 시의 계획 게시
- 부모나 응급 시 연락할 사람에게 연락하기

- 영아나 걸음마아, 걷지 못하는 유아를 위한 특별한 사항을 포함한 대피 절차
- 직원의 책임소재 명시
- 최소 한 달에 한 번 이상 정기적으로 계획되거나 계획되지 않은 대피훈련 지도
- 필요한 경우 부상 관리
- 부모가 도착할 때까지 사용할 대체 시설

⑨ **전염성이 있는 질병의 관리**
- 장이나 호흡기, 직접 감염, 혈액을 통한 질병에 특별한 주의를 포함해 아픈 유아를 부드럽게 돌보기
- 격리 여부를 결정하는 데 필요한 질병의 증상과 기준
- 증상의 평가방법
- 집에 갈 수 있을 때까지 아픈 유아에 대한 보호 절차
- 건강 보호 상담자와 관련된 유아의 건강 제공자 간의 의사소통을 통한 발병관리 계획
- 격리된 유아가 안전하게 돌아갈 방법
- 전염성 질병에 노출 시 부모에게 서류상 혹은 구두상 통지하기 위한 절차
- 보고해야 할 병 발생 시 지역의 건강위원회 보고 절차
- 혈액으로 전염되는 병원체에 노출 시 예방과 반응 절차
- 필요한 경우 의학적 조언을 얻는 절차
- 감독 기록의 유지와 재조사

⑩ **감염 예방절차의 실행과 확인**
- 손 씻기
- 소독
- 개인위생
- 기저귀 갈기와 화장실 사용
- 정리 및 청소
- 세탁

⑪ **약물투입**

- 의사의 지시에 따른 처방전과 부모의 서면 동의서 받아 놓기
- 약물보관
- 약물투입
- 투입한 약의 기록
- 부모와 직원의 의사소통(예: 부작용과 유아의 반응)

⑫ **개인적 요구 충족**

- 알레르기 물질로부터의 보호와 확인을 포함한 특별한 건강보호 요구를 충족시키기 위한 계획
- 검사, 진단, 치료, 부가적인 서비스 기관으로 환자를 보내는 절차
- 훈련과정 개발, 검사, 치료, 부가 서비스, 의학 상담, 재정 보조를 위해 일반적으로 사용되는 자원

⑬ **아동 학대 및 방임**

- 학대 및 방임 흔적의 인지
- 학대 및 방임 관찰의 문서화
- 의심되는 학대나 방임의 보고서 파일관리 절차
- 프로그램 직원에 의한 학대와 방임의 고발 처리절차
- 학대나 방임을 받아 온 유아를 위한 절차와 지원

⑭ **운송**

- 유아와 성인을 위한 안전한 잠금장치의 필요성
- 견학에 대한 안전 절차
- 차량 관련 이동 시 유아와 안전하게 동행하는 것을 포함한 안전한 출발과 도착에 대한 안전 절차
- 기관의 차량 운전이 허용된 사람
- 운전자 교육
- 늦게 도착하거나 데리러 갈 때의 절차

- 차량 유지
- 차량 동반자

⑮ 음식물 준비와 취급
- 유아의 보통 식사 스케줄, 음식 습관, 영양 보충, 음식 알레르기, 전통적인 식사습관에 관한 이용 가능한 정보 얻기
- 음식 주문, 메뉴 선택, 음식 준비, 음식 보관을 포함한 음식 서비스 관리
- 집에서 기관으로 보낸 상하기 쉬운 음식의 운송과 보관
- 유아를 위한 특별한 음식 준비 절차

⑯ 치아관리
- 매일 이와 잇몸을 깨끗이 하는 과정
- 칫솔의 보관
- 이에 관한 응급조치 과정
- 불화물 첨가 프로그램

⑰ 유아를 위한 건강 교육과정
- 가르칠 개념과 주제
- 건강을 전체 교육과정에 통합하는 방법

⑱ 교직원 및 부모의 건강교육
- 방법(예: 워크숍, 소식지 등)
- 평가요구에 대한 절차
- 다루어야 할 가능한 주제

2) 건강을 위한 교직원의 책임

건강정책은 유아의 건강을 보호하고 증진시키는 특별한 목적을 가진다. 이를 통해 건강하고 안전한 환경을 만들어 낼 수 있다. 손 씻기와 같은 예방적 차

원의 실제와 운동장의 안전 모니터하기, 건강 문제에 대해 교직원 및 부모와 유아를 교육하기, 장기간 동안 유아를 관찰하는 것 등은 잠재적인 건강 문제를 확인하는 데 있어 비판적인 역할을 수행한다. 교직원에게 의학적 문제를 진단하도록 기대할 수 없으나 진단을 내리는 데 사용되는 정보를 확보할 수는 있다. 유아교육 프로그램을 제공하는 서비스 중 하나는 건강정보를 받는 사람, 수집하는 사람, 분배하는 사람 간의 건강자원에 대한 의사소통 역할이다.

　관리자는 기관에서 개개의 유아에 대한 의학적 자료와 상세한 건강발달이력을 얻어야 한다. 그리고 관리자와 교사 모두 이러한 정보에 익숙해져야 한다. 매우 건강해 보이는 유아는 특별한 건강 문제가 없을 거라고 가정하기 쉽다. 그러나 벌침 알레르기가 있는 유아의 경우 미리 이 사실을 인지하지 못하면 유아가 벌에 쏘였을 때 적절하게 대처하지 못해 쇼크를 받거나 생명을 위협당하는 응급사태에 직면하게 될 것이다. 혹은 유아가 장기간 입원해 있었던 이력을 아는 것은 유아의 분리불안이나 교직원과 접촉했을 때 반항심을 이해하는 데 도움이 될 수도 있다.

　교직원은 응급조치, 인공호흡, 질식에 대한 응급조치 방법과 일반적인 유아 질병을 이해할 수 있어야 한다. 개별 유아의 건강 데이터를 얻는 것은 물론 유아를 돌봄에 있어 특정한 요구를 다루는 방법을 배워야 한다. 예를 들어, 기관에 천식을 가진 유아가 있다면 담당의사와 현재 사용하는 약을 검토하고, 천식 제동기와 고통의 신호에 대한 참고자료를 사용해야 한다. 또한 아플 때는 어떤 것이 유아에게 최선의 방법인지를 부모에게 묻고, 적절한 정보를 줄 수 있는 유아의 건강 제공자나 건강 상담자에게도 조언을 구하며, 유아가 고통스러워할 때 무엇을 해 줘야 하는지도 알아 두어야 한다. 이렇게 적절한 정보를 가지고 있다면 교사와 유아는 자신 있게 그 상황을 처리해 나갈 수 있을 것이다.

　모든 교직원은 매일의 생활에 기초하여 유아의 건강요구를 언급할 때 민감하게 의식적, 체계적으로 해야 한다. 대부분의 교사는 아침에 유아와 인사하며 새로운 헤어스타일과 옷 등을 알아챈다. 유아의 외모를 보고 특별히 눈에 띄는 변화가 있는지 매일 관찰하면서 개별적으로 유아에 대해 알게 된다. 즉, 전형적인 피부색, 표정, 목소리, 외모, 분위기, 기질, 고통과 아픔에 대한 반응, 활동 수준, 행동 패턴 등은 모두 건강의 중요한 단서가 된다.

교사는 주의 깊게 관찰해야 하지만 건강에 대한 전문가가 되려고 노력할 필요는 없다. 유아를 관찰하고 적절한 데이터를 기록하고, 교직원과 부모 중 적합한 사람에게 특이한 사항은 보고한다. 그리고 진단이나 처방을 내릴 수도 없고 내려서도 안 된다. 그러나 건강 전문가가 교사가 제공한 정보를 이용해 더 나은 판단을 내리도록 도울 수는 있다. 건강을 관찰하는 것은 검사, 진단, 처방에 앞서 중요한 첫 단계이므로 각별히 신경 쓰도록 한다.

(1) 관리자의 역할

관리자는 기관에서의 모든 건강 서비스, 정책, 절차를 모두 감독해야 할 책임이 있다. 관리자가 해야 할 일은 다음과 같다.

- 유아와 교직원의 건강을 보호하기 위해 건강정책을 발전시키고 수행해야 한다.
- 교직원이 응급처치 훈련을 받았다는 것을 보증해야 한다. 예를 들어, 미국의 경우 교직원이 인공호흡, 질식에 대한 응급처치를 포함한 소아 응급처치 자격증을 갖추기를 권장하고 있다.
- 상해를 예방하고 전염성 질병의 확산을 막기 위해 기관, 장비 및 도구를 조직한다.
- 입학한 유아의 부모와 건강 정보를 교환한다.
- 개개인의 건강파일을 위한 정보를 수집하고 모니터한다.
- 유아에게 예방주사를 맞게 하고 예방접종 스케줄을 확인한다.
- 유아가 부상당하거나 아플 때 부모와 연락하고 필요시 응급 전문가와 연락하는 것을 포함하여 적절한 조치를 취한다.
- 건강 전문의 및 지역사회 건강 관련자와 협력관계를 유지한다.
- 교직원이 관리자의 건강정책을 확실히 따르는지 감독한다.
- 필요한 경우 건강보호를 조정하기 위해 가족을 돕는다.
- 유아, 직원, 부모의 건강 교육을 통합한다.
- 해당 기관에 의심되는 아동 학대나 방임을 보고한다.

(2) 교직원의 역할

유아를 직접 대하는 교직원은 다음과 같이 해야 한다.

- 깨끗하고 안전하고 위험이 제거된 건강한 환경을 유지한다.
- 질병의 증상과 잠재적인 건강 문제에 대해 유아를 관찰하고 적절한 사람에게 특정한 우려사항을 보고한다.
- 기관의 정책과 지역 자치단체의 건강 규정에 따라 약품을 관리한다.
- 기관의 교육에 참여하고 아픈 유아는 보호해 주어야 한다.
- 매일의 일과를 통하여 유아에게 건강교육을 제공한다.
- 안전을 보장할 수 있도록 유아를 감독한다.
- 해당 기관에 의심되는 아동 학대나 방임을 보고한다.

3) 건강기록 보관

기관에 입학한 각 유아에 대한 완성된 최신의 건강기록을 유지해야 한다. 이 건강기록은 유아가 기관에 머물러 있을 때는 물론이고 마친 경우라도 유아의 부모가 볼 수 있도록 해야 하며, 비밀유지에 대해 명확한 정책을 세워야 한다. 부모나 후견인의 특별한 동의 없이 유아의 건강 정보를 공개해서는 안 된다.

(1) 보관내용

건강기록은 최소한 다음과 같은 정보를 가지고 있어야 한다.

- 부모가 있는 곳의 전화번호와 최소한 응급 시 연락할 수 있는 2개 이상의 응급 연락번호
- 유아의 정기적인 건강 보호 제공자의 이름, 주소, 전화번호
- 면역 상태를 포함한 유아의 이전 의료 검사기록
- 건강발달이력서
- 모든 검사와 평가 결과
- 알레르기와 특별 식이요법, 만성질환이나 특별한 건강 문제

- 응급 수송 허가증
- 비응급 상황에서 건강보호 권한을 주고 약품 투여에 관한 모든 허가서
- 부상에 대한 모든 보고서나 기관에 있는 동안 발생한 병에 관한 보고서
- 약물 치료 목록

(2) 기밀유지

건강에 대한 기밀성은 유아와 가족을 보호하기 위해 유지되어야 한다. 기밀 정책을 발전시키거나 재조사할 때 다음 지시사항을 이용한다.

- 정보는 부모의 확인과 승낙이 없이 시설 내·외부의 어느 누구에게도 공유되지 않는다.
- 정보에 대한 전화 요청은 부모가 서면으로 정보를 공개하도록 하거나 입증된 전화 허락을 통해 미리 지시하지 않은 경우에는 허용될 수 없다.
- 부모와 다른 사람이 모아 준 정보는 기록의 일부가 되고 기관이 책임을 진다.
- 모든 정보의 공개는 적절한 목록으로 되어 있어야 한다.
- 부모는 유아의 파일에 대해 모든 정보를 볼 수 있는 권리가 있다.
- 부모는 모아진 모든 정보에 대한 특성과 종류를 알아야 하고 어떻게 쓰이는지 알아야 한다.
- 부모가 확신하고 말하더라도 믿을 수 있는 방식으로 정보를 받아야 한다. 특히 유아 학대 관련 정보가 이에 해당하며, 어떤 문제보다 유아 보호를 최우선으로 한다.

2. 건강한 환경 만들기

영유아를 위한 많은 교육기관이 그 자체만으로 환경을 완벽하게 관리할 수는 없다. 어떤 공간은 대여한 것이거나 유아의 욕구를 충족시키도록 설계되지 못한 경우가 많다. 그렇지만 더 나은 유아의 공간을 제공할 수 있는 방법이 존

재한다. 그리고 교직원이 이상적인 상태에서 일할 때 전염병의 확산을 막고 좀 더 쾌적한 환경을 유지할 수 있는 방법을 모색할 수 있다.

1) 청결 유지하기

(1) 살균 소독하기

살균 소독을 위해 추천하는 표백제의 표준량은 물 3.78리터당 1/4컵이다. 물품이나 표면(기저귀 갈이대, 탁자 위, 장난감, 식기류)을 비누와 물로 씻은 다음 이 용해제를 사용한다. 장난감을 적셔서 소독시키기 위해 추천하는 소독제의 양은 물 3.78리터당 3/4컵이다. 장난감을 그물가방 속에 넣고 5분 동안 담근 후 깨끗한 물로 헹구고 공기 중에 그물가방을 통째로 걸어서 말린다. 날마다 새로운 표백제를 만들어야 하는 이유는 표백제가 공기에 노출될 경우 강도가 떨어지기 때문이다. 표백제는 저렴하여 손쉽게 사용할 수 있다.

- 0.945리터의 물에 20g의 표백제를 넣는다(물 3.78리터당 표백제 1/4컵).
- 날마다 새 용해제를 섞는다.
- 씻은 표면이 소독되도록 이 용해제를 사용한다.
- 유아가 닿지 않는 곳에서 스프레이 병을 이용하여 살균한다.
- 반짝일 때까지 표면 전체를 적신 후 적어도 2분 정도 표면에 용해제가 남아 있도록 한다. 종이 타월을 이용하여 말리거나 공기에 말리도록 한다.

(2) 손 씻기

손 씻기(hand washing)는 전염병을 막는 가장 우선적인 방법이다. 수많은 연구에서 손을 깨끗하게 씻지 않는 것이 감염을 가져오는 기본 원인으로 나타났다. 언제 씻고 얼마나 자주 씻는 것이 무엇으로 씻는 것보다 더 중요하며, 교사는 유아가 자신의 손을 정확히 씻는 방법을 배우도록 도와주어야 한다.

① 손을 씻어야 하는 상황
- 음식을 먹거나 다루기 전

- 유아에게 음식물을 주기 전
- 기저귀를 갈거나 화장실을 갔다 온 후
- 신체 분비액(예: 피, 점액, 구토물)을 만지거나 치운 후, 코나 입술의 상처를 만진 후
- 애완동물을 다루거나 애완동물에게 음식을 준 후
- 실외의 진흙이나 모래에서 놀고 난 후

② 손 씻을 때 주의사항

- 싱크대나 그릇에 고인 물이 아닌 배수되는 흐르는 물을 사용해야만 한다. 공동으로 사용하는 물그릇에는 이미 병균이 퍼져 있다.
- 비누를 사용해야 하고 가급적이면 액상 비누가 좋다.
- 마찰은 병균을 제거하도록 도와주므로 적어도 10초 동안 손을 문질러야 한다. 흐르는 물에 모든 흙이나 비눗기가 사라질 때까지 잘 헹군다.
- 종이 타월을 이용해서 수도꼭지를 잠가야 한다. 깨끗한 손으로 더러워진 수도꼭지를 만지면 다시 오염된다. 가능하다면 종이 타월은 발 페달이 붙어 있는 쓰레기통으로 넣을 수 있게 한다.
- 핸드로션은 건조하거나 갈라진 피부를 보호하기 위해 사용한다.

③ 싱크대 위에 손 씻기 포스터 부착

싱크대는 모든 기저귀 갈이대, 화장실, 그리고 음식물 관련 영역 근처에 배치되어야 한다. 만일 새로운 공간을 재건축하거나 설계한다면, 손이 다시 오염되는 문제를 피하기 위해 무릎이나 팔꿈치로 수도꼭지 사용을 할 수 있는 싱크대를 고려하도록 한다. 예를 들어, 광전지 수도꼭지는 새로운 설비를 위해 고려되는 좀 더 위생적인 제품인데 기존의 수도꼭지에 비해 크게 비싸지 않다.

견학과 같이 손 씻기가 불가능할 경우, 알코올 성분이 있는 젖은 일회용 물수건을 사용하거나 휴대용 손 청결제로 간편하게 손을 소독할 수 있다. 그러나 이러한 방법은 흐르는 물에 씻는 것만큼 효과적이지는 않으므로 가능하면 손을 씻도록 한다.

가능하면 싱크대 위에는 다음의 내용을 강조한 손 씻기 포스터를 붙여야 한다.

- 손을 완전하게 자주 씻으세요.
- 비누를 사용하여 흐르는 물에 씻으세요.
- 손을 힘차게 비비세요.
- 손등, 손목, 손가락 사이, 손톱 밑을 포함해서 모든 부분을 씻으세요.
- 잘 헹구세요.
- 종이 타월로 손의 물기를 닦으세요.
- 씻은 손을 사용하지 말고 종이 타월을 사용하여 수도꼭지를 잠그세요.

(3) 일회용 장갑

감염을 일으키는 세균에 보호막을 제공할 수 있는 장갑은 일회용 라텍스(알레르기가 없는 재활용 가능한 고무)여야 하며 각 유아가 사용한 후에는 완전히 제거하고 처리해야 한다. 장갑은 손 씻기 대용으로 사용되어서는 결코 안 되며 손과 다른 피부가 피나 기타 신체 점액에 의해 더럽혀질 경우 즉시 깨끗하게 씻어야 한다. 손은 장갑을 벗은 후 즉각적으로 씻어야 한다. 일회용 장갑을 사용해야 하는 상황은 다음과 같다.

- 보호자의 손이 유아의 상처 · 염증 · 피 · 피가 섞인 액체와 접촉할 경우(예: 유아에게 상처가 났을 때 사용하거나 피 섞인 설사가 묻은 기저귀를 갈 때)
- 피나 구토물 혹은 배설물과 같은 더러운 오염물이 묻은 표면을 씻을 경우
- 설사한 유아나 위장병이 있는 유아의 기저귀를 갈 경우

(4) 위생공간

유아는 발달적으로나 건강에 있어 걸어 다닐 넓은 공간이 필요하다. 유아가 좁은 공간에 모여 있을 경우 서로를 감염시킬 가능성이 높다. 넓게 열린 공간과 원활한 환기는 유아 사이에 세균이 전염될 가능성을 감소시킨다.

가장 넓은 공간은 실외이므로 유아는 극단적인 날씨가 아닌 이상 매일 실외에서 놀아야 한다. 실외놀이는 전염의 확산을 감소시키고 대근육 발달을 위한 다양한 기회를 제공한다. 이렇게 유아의 놀이와 일과에 맞는 열린 공간을 제공하여 건강을 향상시키도록 배려해야 한다. 특히 높은 에너지 수준을 가진 몇몇 유

아는 실외놀이를 많이 해야 한다. 공간 사용에 대해서는 다음 제안을 고려한다.

- 좁은 영역에서는 장난감과 설비에 집중하지 않는다.
- 유아가 서로 닿아 직접적으로 숨 쉬지 않도록 최소한 3보 정도 떨어뜨려 침대를 배치하고 발과 머리를 교차해서 배치함으로써 공기의 순환을 원활하게 한다.
- 가능한 한 자주 유아가 실외에 나가도록 한다.
- 혼합 연령일 경우 질병의 전염을 제한하기 위해 소집단을 유지한다(질병은 영아의 기저귀에서 유아에 의해 쉽게 확산된다).

(5) 공기의 질

적절한 환기, 습도, 온도 조절은 병에 대한 저항력과 회복능력을 증진시킨다. 겨울의 건조하고 더운 공기는 피부와 점액조직에서 수분을 빼앗고, 여름의 덥고 눅눅한 공기는 유아의 열기를 식히는 것을 방해하고 과열시키므로 실내 공기에 관심을 갖고 다음과 같이 하도록 노력해야 한다.

- 실내 온도를 겨울에는 18~24℃로, 여름에는 20~28℃로 유지한다.
- 겨울이라 하더라도 모든 방의 창문을 수시로 열어 신선한 공기로 환기시키고 창문의 입구와 출구에는 곤충을 막기 위해 방충망을 설치한다.
- 극도로 더운 날씨에는 과열과 탈수를 막기 위해 더 많은 수분과 스펀지 목욕용품을 제공한다. 유아, 특히 영아의 경우에는 성인보다 탈수가 더 쉽게 오므로 걸음마아와 유아를 위해 바깥쪽에서 스프링클러를 사용한다.
- 신체의 열을 유지하기 위해 추위 동안 여분의 옷을 제공한다. 부모에게 여분의 옷을 준비하게 하거나 직접 제공한다(함께 쓰는 옷은 반드시 세척 후 사용한다). 단, 모자는 절대 함께 쓰지 않도록 한다.
- 건조한 공기에 습기를 제공하기 위해 가습기나 시원한 공기 분무기를 사용하되 스팀 분무기는 사용하지 않는다. 가습기는 세균이 물에 생겨 공기 중으로 뿜어질 수 있으므로 정기적으로 세척하고 살균한다.
- 에어컨은 유아나 성인에게 해로운 알레르기인 곰팡이와 먼지를 만들 수 있

으므로 정기적으로 청소하고 서비스를 받는다.

- 담배 연기, 향수, 방향제, 악취제거제 등에 알레르기 반응을 보이는 유아도 있으므로 강한 냄새는 피한다.
- 유아가 사용할 수 있는 공간인 보육 설비에서는 항상 흡연을 금지한다.

(6) 실내오염

실내오염은 유아와 교사에 대한 주된 환경적인 위험요소가 될 수 있다. 이러한 위험은 수많은 형태로 존재하며, 관찰되거나 발견하기가 쉽지 않다. 위험은 청소 영역, 포름알데히드의 미술 영역, 살충제, 건축물 자재 연료(예: 히터, 나무난로, 가스 요리시설)의 가스, 담배연기, 라돈 가스 등에 잠복해 있을 수 있다. 영유아는 다음과 같은 이유에서 대부분의 건강한 성인에 비해 환경적인 위험요소에 더욱 민감하다.

- 영유아의 기관지와 신체기관은 계속 발달 중이며 분열되고 있다. 특히 발달적 민감기의 분열은 영구적인 손상을 가져오기도 한다.
- 영유아의 면역 체계는 손상 시 치유가 불가능할 수 있다.
- 영유아의 중추신경체계는 성인에 비해 더욱 깨지기 쉽다.
- 미숙한 간장과 신장은 화학작용을 일으키거나 독소를 없애기 어려울 수 있다.
- 영유아의 신체는 오랜 기간에 걸쳐 쌓인 독소를 잠재적으로 가지고 있을 수 있다.
- 영유아는 대부분의 성인보다 체중에 비해 더 많은 양의 오염물질을 자신들의 민감한 피부를 통해 흡수하고 빨아들인다.
- 실제 위험에 대한 유아의 노출 빈도가 잦다(예: 물건을 입으로 가져가는 버릇).

유아는 유독물질에 대한 노출로 인해 즉각적이거나 장기적인 손상을 가질 수 있다. 바로 나타날 수 있는 증상에는 메스꺼움, 구토, 설사, 몽롱함, 호흡곤란, 시야 흐림, 눈물, 피부반응 등이 있다. 장기적인 증상에는 신장, 간장, 허파, 뼈, 소화체계, 재생체계, 신경체계 등과 같은 신체 기관과 체계의 손상이 있다. 유아는 발달 문제, 발달 지연, 행동 문제를 일으킬지도 모른다. 폐기종, 공기오염의 증가, 암과 같은 심각한 건강 문제가 화학적인 노출의 결과 발생할 수 있다.

예를 들어, 미국에서도 몇몇 제품을 실험과 연구자료를 통해 성인을 위해서는 무독성으로 디자인하면서 유아를 위한 안전까지는 고려하지 못하고 있다. 불행히도 현재 유아 대상 제품의 독성에 대한 기준 또한 미흡한 실정이다. 만일 제품 설명서에 '삼키면 위험합니다' '적절한 통풍에서만 사용하시오' '피부 접촉을 피하시오'와 같은 주의사항이나 이와 유사한 경고문이 있다면, 유아에게 이 제품을 사용해서는 안 되며, 가능하면 그러한 제품은 유아의 손이 닿지 않는 잠긴 캐비닛에 보관한다.

일반적으로 실내의 공기오염을 줄이는 몇 가지 중요한 기본 단계가 있다. 기관장은 직업 안전 및 건강 관리국에 의해 석면이나 포름알데히드 절연체와 같은 유독성 물질에 대한 위험 정보를 교사에게 제공하여야 한다. 환경보호 단체는 실내 유독성 물질이 실내의 공기오염보다 훨씬 위험하다고 여기기 때문에 좋지 않은 공기는 교사나 유아에게 잠재적인 건강 위험요소가 된다.

실내 공기오염을 줄이는 방법은 다음과 같다.

- 미술용품이나 세제 성분은 확인 후 사용한다.
- 가정이나 유아를 위한 프로그램에서 담배 연기를 제거한다.
- 적절한 환기구멍이 있는 난방기와 요리 기구를 사용한다.
- 건물과 단열재에서 포름알데히드와 석면에 대한 안전성을 점검한다.
- 유독성의 살충제, 세제, 연마제, 카펫, 샴푸, 표백제와 다른 가정용 화학물과 개별 케어 제품의 사용을 줄인다. 가능하면 분무제의 사용은 피하고, 적정량을 사용한다.
- 유아를 위한 장난감이나 가구에서 납을 찾고 납이 든 미술용품, 교구, 교재 및 자료를 점검한다.
- 창고나 차고에 보관된 차나 기계의 엔진은 배기가스를 일으키므로 가동 중인 상태로 두지 않는다.
- 에어컨과 공기청정기 필터를 가습기와 제습기의 경우처럼 주기적으로 청소한다.

- 페인트, 니스, 살충제를 실외의 창고에 잠가서 보관한다.
- 창문을 열고 오염된 공기를 자주 환기시킨다.
- 보건소나 환경 관리국을 통해 라듐 상태를 점검한다.
- 습기나 먼지를 조절한다.
- 실내에 식물을 기른다.

(7) 살충제

화학적 독극물은 전형적으로 곤충이나 잡초 등을 막기 위해 사용되어 왔다. 해충에 사용되는 화학물이 때로는 해충 그 자체보다도 더욱 위험하기 때문에, 해충 관리에 대한 위험은 해충에 대한 위험과 균형을 이루어야 한다. 어떤 해충 관리 프로그램은 더 적은 독성으로 가장 효과적이고 영구적인 문제 해결책을 찾는 데 목적을 두고 있다. 간단한 하수도 개량과 건물로 해충이 들어가는 것을 막기 위한 구조물이나 장벽을 세우는 것도 한 방법이 된다. 화학적인 관리 프로그램을 시작하기 전에 첫 단계로 우선 다음의 방법을 실시하여야 한다.

- 음식물의 저장고, 쓰레기통 등은 덮개가 있는 방충 용기를 사용한다.
- 엎지른 음식물이나 음료수를 세심하게 청소한다.
- 어질러진 것을 줄이고 안락한 곳이나 숨겨진 장소를 줄인다.
- 물이 새는 곳이나 창문, 스크린, 벽의 구멍을 수리하기 위해 필요한 경우 설비를 고친다.
- 문의 바닥에 문풍지를 설치하고 균열이나 갈라진 틈을 막는다.

만일 화학 살충제를 사용해야 한다면, 꼭 인증된 화학물을 사용한다. 미리 어떠한 화학물이 사용될 것인지를 알아보고, 인증된 독극물 관리센터에서 언제 어떻게 화학물이 안전하게 사용될 수 있는지 교육을 받도록 한다. 화학물 사용 정보를 알아보러 갈 때에는 항상 해충관리 조작자와 동행하며, 살충제는 유아가 시설에 있는 동안에는 결코 사용해서는 안 된다.

(8) 라돈

라돈(radon)은 땅에서 건물로 자연적으로 스며 나오는 위험한 무색, 무취의 가스다. 라돈 가스가 화학변화를 일으킬 때 인체에 유해한 화학적인 냄새 입자를 만들며, 방사물과 이러한 화학입자는 암(특히 폐암)을 유발한다. 실외 통풍관이 없는 밀폐된 건물이 특히 위험한데, 라돈의 농도는 바닥과 1층에서 높다. 만일 건물의 1층을 사용하거나 신선한 공기 흐름이 없다면 라돈 테스트를 해 봐야 한다. 라돈 수준을 평가하는 장비는 저렴하게 구입할 수 있다.

(9) 건물자재와 카펫 재료

나무, 석탄, 석유에서 나온 수많은 오염물 중 단열재는 그 자체가 포름알데히드의 위험을 안고 있다. 만일 건물의 어떠한 부분의 시설을 고치거나 개조하거나 새롭게 짓는다면, 모든 건축자재의 성분을 반드시 점검해야만 한다. 하루에 최소한 한 번은 창문을 열어 환기시키는 습관은 공기 오염을 줄이는 데 도움을 줄 뿐만 아니라 공기 중의 세균 집중을 줄여 준다.

카펫 재료는 면이나 폴리프로필렌으로 만든 것이어야 한다. 나일론, 올론(합성섬유), 울, 실크는 탈 때 유독물질을 방출하므로 주의한다. 최근에 카펫을 깔았거나 독성을 가지고 있을지도 모르는 접착제를 사용하여 널빤지를 깐 영역은 충분히 통풍을 시켜야 하며, 설치한 이후 최소한 7일 정도는 냄새가 없어질 때까지 사용해서는 안 된다. 좀약, 나방구슬(moth crystals), 향, 화학적 공기 청정기는 유아보육 환경에서 사용해서는 안 된다.

2) 기타 오염 물질

(1) 석면

석면(asbestos)은 섬유질로 분해되는 자재에 붙여진 이름이다. 만일 이러한 제품에서 나온 섬유를 흡입할 경우 암이나 폐병의 원인이 될 수 있다. 석면은 난방관, 보일러, 난로에 일반적으로 사용하는 단열재다. 만일 석면 단열재가 갈라지거나 찢기거나 부서지면 해로운 석면 섬유를 방출할 수 있다. 대부분의 경우 자재는 섬유 방출을 막기 위해 수리된다. 그러나 자재의 수리가 불가능할 경우

에는 제거해야 한다. 고치거나 제거하는 과정에서 매우 위험한 섬유가 공기 중
으로 방출될 수 있으므로 수리하거나 제거하는 방법은 규정에 맞게 해야 한다.
만일 시설에서 석면에 노출되거나 석면이 부스러진다면 보건소와 연결을 취해
야 한다.

(2) 음식물 관리

부적절한 음식물 관리는 유아에게 병을 전염시키는 한 가지 원인이 된다. 안
전한 음식물 관리를 위해서는 다음 사항에 유의해야 한다.

- 음식물을 다루기 전에 항상 손을 씻는다.
- 개인 음식이 아닐 때 영유아가 절대 음식을 함께 먹지 않도록 한다(같은 아
  이스크림을 빨아먹거나, 같은 음식을 2개의 스푼으로 동시에 먹지 않도록
  한다).
- 음식물은 기저귀 가는 영역과 멀리 떨어진 곳에서 다룬다.
- 가능하다면 기저귀를 간 교직원은 그날의 음식을 준비하지 않도록 한다.
- 음식물과 음식 기구는 교실 용품과 분리시킨다.
- 일회용 종이팩을 사용할 수 있는 식수대를 제공한다.

(3) 오염된 물건 관리

티슈나 화장실 종이, 오물 묻은 기저귀나 옷, 붕대, 구토물 같이 심하게 감염
된 물품은 병의 확산을 촉진한다. 최소한의 인원만이 감염된 물품을 다루게 하
고, 치우는 영역은 음식물 관리 영역과 완벽하게 분리시킨다.

- 피나 피 묻은 것을 치우는 데 일회용 장갑을 사용하고, 잠재적으로 오염된
  다른 종류의 표면을 치울 때도 일회용 장갑을 사용한다.
- 더러워진 물건은 즉각 덮개 있는 휴지통에 넣는다.
- 즉시 손을 씻는다.
- 더러워진 천 기저귀나 옷은 헹구거나 씻지 않는다. 비닐봉지에 넣고 유아
  의 이름을 붙인 다음 단단하게 묶어서 유아의 손이 닿지 않는 곳에 두어 부

모가 집으로 가져가 세탁하도록 한다.

- 더럽혀진 종이 기저귀는 단단하게 봉해서 일회용 비닐봉지에 담아서 발 페달 조작으로 열리는 휴지통에 버린다.
- 유아의 입에 들어갔던 장난감은 사용하기 전에 씻고, 헹구고, 소독한다.
- 표백제로 날마다 모든 것을 자주 씻고 소독한다(예: 변기의자).
- 칫솔이나 개인용품에 라벨을 붙여 자신만이 사용해야 한다는 사실을 유아에게 확인시킨다.
- 매일 카펫 영역을 진공청소기로 청소하고 일광소독을 하며, 오염될 경우에는 적어도 6개월에 한 번은 세탁한다.

(4) 이동 빈도와 건강

교사와 유아가 타 기관으로의 이동이 적으면 정서적인 이점뿐만 아니라 건강에도 이롭다. 빈번한 시설 이동은 새로운 전염을 가져온다. 새로 온 유아나 교사는 이미 거기에 있는 전염병에 면역력이 없어 자주 아프게 될지도 모른다.

대규모 교육기관은 특히 보호적인 건강 일과에 특히 주의를 기울여야 한다. 새로운 유아에게 심각한 전염병이 발병하면 기관에 들여보내지 않아야 한다. 비록 이것이 유아의 발달학습의 기회를 막는 것일지라도 건강 상담자와 함께 각 유아의 전염병에 대해 적절하게 대처하고 기다릴 기간을 결정하도록 한다. 기저귀 갈이대를 나이 든 유아와 어린 유아가 함께 사용하지 않도록 하고 같은 날 다른 반 교사에게 아이를 맡기는 것을 피해야 한다.

3) 놀잇감과 활동의 위험

어떤 자료와 활동은 특정한 건강상의 위험을 가져올 수 있으므로 잠재적인 위험성을 인식하고 있어야 하며, 이러한 위험을 어떻게 다루는지에 대해 알아야 한다. 이를 통해 유아와 교사에게 안전한 환경을 만들도록 노력해야 한다.

(1) 물놀이

많은 유아가 함께 사용하는 물그릇은 물과 장난감을 통해 세균이 전염될 위험을 안고 있다. 세균은 따뜻하고 축축한 환경에서 잘 자란다. 물놀이 영역에서는 다음 사항을 고려한다.

- 물놀이 탁자는 표백제로 청소와 소독을 하며, 날마다 깨끗한 물로 채운다.
- 유아가 탁자에서 놀이하기 전에 자신의 손을 씻도록 지도한다.
- 날마다 모든 물놀이 장난감을 씻고 소독한다(비누와 물로 씻고 표백제를 스프레이 하거나 식기세제에 담가 놓는다).
- 물놀이를 하는 동안 개인 대야를 사용하도록 지도한다.

(2) 탈의실

옷을 함께 나누어 입는 것은 머리의 이나 피부병과 같은 질병을 확산시킬 위험이 있다. 대변이나 다른 오염물에 의해 더럽혀진 옷은 즉시 벗어야 하며 세탁할 때까지 다시 입으면 안 된다. 모자도 함께 써서는 안 된다. 모자는 다른 유아에게 씌우기 전에 뜨거운 물로 씻은 다음 뜨거운 드라이기로 말려 사용해야 한다. 만일 머리의 이나 옴이 퍼진 경우에는 다음과 같이 한다.

- 발병이 멈출 때까지 모든 놀이 의상을 치운다.
- 모든 물건을 세탁하고 치우거나 2주 동안 비닐봉지에 밀봉하여 보관한다.

(3) 영아 및 걸음마아 장난감

영아가 사용하는 모든 장난감은 입에 대기 때문에 질병의 확산 위험이 있다. 모든 영아용 장난감은 가급적 안전하게 세척한다. 장난감 사용을 위해서는 다음 사항을 고려해야 한다.

- 구강용 장난감은 세척, 헹굼, 소독이 가능한 것을 사용한다.
- 단단한 플라스틱, 고무 등 세척이 가능한 표면을 가진 장난감은 적어도 하루에 한 번 표백제로 씻고 소독한다. 어떤 장난감은 식기세척제로 세척해도 안전하다.
- 장난감은 세탁기 이용이 가능해야 하고, 만일 입으로 가져갔을 경우 개인

적으로만 사용하게 하고, 더럽혀졌을 경우 더 자주 씻어 준다.

(4) 수영장

수영장은 질병의 확산과 익사 가능성의 두 가지 위험 요소를 가지고 있다. 이러한 건강상의 위험 때문에 유아기에는 스프링클러가 수영장의 대안으로 안전하다.

물을 수납하는 것(예: 양동이, 욕조, 수영장)은 위험할 수 있으므로 항상 교사의 감독 아래에 있어야 한다. 유아가 수영장이나 물가에 있을 경우 다음의 지침을 사용한다.

- 수영장은 보건국에 의해 허가받고 장비를 갖추어야 한다.
- 교사는 항상 유아를 감독한다.
- 수영장을 사용할 때 적어도 한 사람은 수중안전에 대한 훈련을 받고 CPR 자격을 갖춰야 한다.
- 수영장에서 일회용 기저귀는 필터를 막을 수 있기 때문에 사용하지 말고 천 기저귀나 고무팬츠를 사용한다.
- 익사사고나 발생 가능한 위험을 사전에 막기 위해 허가된 안전 규칙에 따라 수영장에 울타리를 치고 평소에는 잠가 둔다.
- 잘 보이는 곳에 풀장의 사용에 대한 안전규칙을 붙이고, 교사가 유아에게 자주 확인시키도록 한다.

(5) 모래

놀이 모래터는 지속적인 위험요소를 지닌다. 모래는 자주 세척해야 한다. 동물의 배설물은 전염병을 퍼트릴 수 있으므로 만일 모래 영역에 동물의 접근이 일어날 수 있다면 사용하지 않을 때에는 덮어 놓아야 한다. 덮개는 모래에 빛이나 공기가 닿을 수 있게 하는 것이어야 한다.

모래상자는 전염병을 퍼트릴 수 있는 동물의 배설물로부터 보호하고 모래를 마른 상태로 사용할 수 없을 때에는 단단하게 씌워 두어야 한다. 보호된 모래상자가 아닌 경우 유아가 모래에서 놀도록 해서는 안 된다. 적어도 1년에 한 번

은 모래를 45.7cm의 깊이로 갈아 주어야 하며, 2년에 한 번은 완전히 교체해야
한다.

4) 위생기준

위생기준은 유아를 위한 위생적이고 건강한 환경을 만들도록 하여 전염병의
확산을 막도록 도와준다. 여기서 제시하는 기준은 미국의 대학 소아과,
NAECP(유아를 위한 국제 연합)의 인가 기준과 절차에 기초한 것이다.

(1) 청소기준

유아보호 프로그램은 시설의 청소와 유지에 대한 정책과 절차가 계획되어
있어야 한다. 그러한 서류화된 정책과 절차는 청소와 소독에 대한 방법과 계획
등을 포함해야 하고, 거기에는 청소 감독과 모니터링 및 유지를 위한 활동을 맡
은 책임자의 이름이 있어야 한다. 다음은 어떤 물건과 표면이 어떻게 청소되고
소독되었는지를 시각적으로 명시한 기준이다.

[기준 1] 시설은 쾌적하고 쓰레기가 없어야 한다.
- 음식물이나 음식물과 접촉한 표면의 오염을 피하는 방법으로 시설을 청소
  한다.
- 더럽혀진 끈이나 앞치마는 세탁물 가방이나 다른 적절한 통에 넣어 둔다.
- 적어도 1년에 두 번은 창문 안팎 모두를 청소한다.
- 비위생적인 상태나 열악한 가사환경 때문에 생긴 냄새를 제거하는 데 악취
  제거제보다는 환기를 이용한다.
- 가구, 오래된 신문, 기타 종이류의 물건은 창고나 자료실에 보관한다.
- 가연성 있는 조각이나 용해제는 캐비닛 속에 보관한다.
- 어떠한 오물도 발견할 수 없을 때까지 비누와 물로 표면을 씻고 물로 헹
  군다.
- 표면을 소독하기 위해서는 물 3.78리터당 1/4컵의 표준 표백제를 사용한
  다. 매일 신선하게 만든 용해제를 투여하고 물건의 표면에 적어도 2분 정

도 용해제가 남아 있도록 한다. 종이 타월로 닦거나 공기 중에서 말린다.

• 최소 하루에 한 번 정도 플라스틱 매트와 장난감, 일반적으로 사용되는 물
건의 표면을 씻고 표백제로 소독한다.

[기준 2] 적절한 살림살이 장비와 청소도구를 유지한다.

• 청소도구는 깨끗하고 잘 작동되는 상태에서 유지되어야 하고 안전하게 보
관되어야 한다.

• 적절한 살림살이 도구와 젖은 걸레와 마른걸레, 걸레통, 빗자루, 청소 옷,
그리고 최소한 1개의 진공청소기를 포함한 청소도구를 갖춘다.

• 벽장이나 캐비닛 같이 분리되고 잠겨 있는 공간에 청소도구를 보관한다.
화장실이나 현관, 계단이나 음식물 근처에 보관해서는 안 된다.

• 청소 목적으로만 사용되는 온수와 냉수가 있는 분리된 싱크대를 사용한다.

• 걸레, 더러워진 청소 옷, 스펀지는 날마다 세탁한다.

• 부엌과 화장실 바닥은 매일 청소한다. 벽과 카펫은 1개월을 주기로 청소하
고 6개월 단위로 대청소한다.

• 유아용 변기를 사용할 경우 변기를 씻고 헹구고 소독하는 데 손 씻기나 다
른 용도와는 분리된 싱크대를 사용한다.

[기준 3] 시설에 해충관리 프로그램이 있어야 한다.

• 외부 창문과 문에 방충망을 설치한다.

• 살충제는 유아의 활동 영역과 격리되고, 음식물 서비스가 없는 지장 영역에
보관하며 원래의 그릇에만 저장한다. 모든 저장 영역은 잠가 두어야 한다.

• 눈에 잘 띄는 위치에 화학물에 대한 안전하고 올바른 사용 지침을 붙여
둔다.

• 모든 해충박멸은 허가받은 해충 관리자에 의해 환경보호국에서 고시한 방
법으로만 제공된다는 것을 확인시킨다. 해충관리자가 비화학물이라고 단
정한 것은 자격 있는 교사에 의해 사용 가능하고, 사용된 영역은 권장된 시
간만큼 환기되어야 한다.

• 바퀴벌레, 개미, 거미와 같은 곤충을 살충하기 위해 허가되지 않은 물품을

사용하지 않는다. 지침을 신중하게 읽은 후 사용하고 꼭 손을 씻고 유아의 손이 닿지 않는 안전한 곳에 살충제를 보관한다.
• 음식물 공간이나 취침공간에 해충제를 사용하지 않는다. 주기적으로 교체가 가능하다면 파리잡이(끈끈이)가 사용될 수 있다.

[기준 4] 해충이 있는 동물은 적절하게 먹이를 주고 쉬게 하며 씻어 준다.
• 음식물을 준비하고 먹고 저장하는 영역에는 동물이 접근하지 못하게 한다.
• 거북이와 앵무새, 족제비와 같은 조류와 야생의 위험한 동물이 접근하지 못하게 한다.
• 기관에서 유아의 동물 알레르기 여부를 확인한다. 알레르기 이후에 동물을 치우는 것은 쇼크를 가져올 수 있기 때문에 미리 확인해야 한다.
• 유아에게 친근하고 적절한 동물인지를 확인하고, 부적절한 종류로 판명된 동물은 우리를 사용한다.
• 동물 영역을 자주 청소하고 청소 후에는 손을 씻는다. 유아를 오염에서 보호하기 위해서는 애완동물 청소나 유지 시 유아가 돕는 것을 막는다.
• 건강하고 적절하게 면역되고 허가된 동물인지 확인한다. 강아지와 고양이는 벼룩, 진드기, 벌레를 가지고 있을 수 있기 때문에 잘 관리해야 한다. 수의사에게 애완동물의 건강과 보호 장비를 점검받는다. 어떤 애완동물은 유아의 학대에서 보호해야 한다.
• 유아와 교사가 동물을 만지거나 먹이를 준 후에는 반드시 손을 씻는다.
• 동물 음식과 청소도구는 음식물 서비스 공간과 분리시킨다.
• 주변의 동물에 대한 안전한 규칙을 유아에게 가르친다(예: 동물을 화나게 하거나 깜짝 놀라게 하지 않는다).

(2) 손 씻기

[기준 5] 손 씻기 절차가 잘 지켜지고 있는지 확인한다.
기관은 손 씻기가 개인이나 영유아를 위해 반드시 필요한 사항임을 정책으로 규정하며, 유아가 손 씻는 절차를 따르고 있는지 확인하고 계속 감독한다.

① 유아의 손 씻는 방법

- 종이 타월이 남아 있는지 확인한다. 편안한 온도로 물을 튼다.
- 손을 물에 적시고 액상 비누를 묻혀 열심히 거품을 낸다.
- 최소한 10초 동안 문지르고 흐르는 물에서 잘 씻는다.
- 손가락 사이, 손톱 주변, 손톱 밑, 손등에 특히 집중하여 씻는다.
- 흐르는 물에 비눗기와 더러운 것이 없어질 때까지 잘 헹군다. 손을 들어 물이 손목에서 손끝으로 흐르게 한다.
- 종이 타월로 손을 말린다.
- 수도꼭지를 종이 타월을 이용해서 잠근 후 사용한 타월은 버린다.
- 필요하다면 핸드로션을 바른다.

② 영아의 손 씻는 방법

- 손을 액상 비누를 떨어뜨린 물기 있는 종이 타월로 닦는다.
- 손을 깨끗한 물을 적신 종이 타월로 닦는다.
- 손을 종이 타월로 말린다.

만일 아기가 싱크대에서 손을 씻도록 잡아 주는 것이 가능하다면, 영아의 경우도 싱크대에서 비누와 물을 사용해 손을 씻도록 한다. 이 외에도 일회용 손수건을 사용하는 방법도 있다.

(3) 주방시설

[기준 6] 음식물 준비, 서빙, 저장 공간을 유지해야 한다.

① 음식이 다음과 같은 방법으로 정확하게 다루어지는지 확인하기

- 포크, 나이프, 접시, 스푼, 국자와 같은 식기류를 사용함으로써 음식물을 직접적으로 다루지 않게 한다.
- 먹기 전에 과일이나 채소를 씻는다.
- 냉장고와 선반에 저장된 음식물에 덮개를 씌운다.

- 먹고 남은 음식물은 버린다.
- 변하기 쉬운 음식의 경우 제조일과 유통기한에 주의한다.
- 음식을 다루거나 요리한 사람은 손을 잘 씻고, 도마, 접시, 그릇 등의 식기류는 씻은 후 소독한다.
- 음식물이 준비되는 동안 부엌을 너무 복잡하게 사용하거나 모임 장소처럼 사용하지 않는다.

② 음식물을 준비하는 교사가 다음 위생 절차를 따르도록 요구하기
- 요리하는 동안 앞치마를 두르고, 높은 청결도를 유지하고, 철저한 위생 절차를 따른다.
- 음식물을 준비하고 제공하기 전에 손 씻는 절차에 따라 손을 씻어 더러운 오염물을 제거한다.
- 음식물과 접하고 있는 표면, 식기, 도구를 다루는 동안 손을 깨끗이 유지한다.
- 전염성이 있는 병에 걸렸거나 맨손이거나 피부손상이 있는 사람은 음식을 준비하지 않도록 한다. 피부를 다친 교사는 음식을 제공할 때 꼭 일회용 장갑을 사용한다.
- 유아의 기저귀를 갈거나 배변을 도운 사람은 음식을 준비하지 않도록 한다.
- 음식물을 준비하는 동안 머리를 머리망이나 모자로 고정시킨다.

③ 손쉬운 청소도구와 기구 제공하기
- 청소하기 쉽고, 무독성이며, 부식되지 않고 비흡수적인 음식물 접촉 도구를 사용한다.
- 만일 일회용 품목을 사용한다면, 무독성 원료로 만들어진 것인지 확인해야 하고 일회용 물품을 재활용해서는 안 된다.

④ 교직원이 시설에서 필요한 건강한 환경을 조성하기 위해 고려할 사항
- 시설에 도착하여 바로 손을 씻는다.
- 음식을 준비하거나 먹거나 유아에게 먹이기 전에 손을 씻는다.

- 화장실에 가거나 유아의 배변을 도울 때, 신체 분비액을 만졌을 때(예: 기저 귀를 가는 경우, 유아의 구토물을 치울 경우, 유아의 침이나 코를 만질 경우, 더러 워진 옷이나 오염된 물건을 만질 경우)에는 손을 씻는다.
- 교사와 유아가 화장실, 부엌과 기저귀 갈이 장소에서 손을 씻는 것을 상기 시키도록 손 씻기 표지판을 붙인다.
- 유아가 사용 가능하도록 온수가 49℃를 넘지 않도록 유지한다.
- 유아의 주변에 쉽게 청소할 수 있는 기구를 둔다.
- 음식물이 닿는 물건의 표면은 금이나 균열이 없는지를 확인한다. 물건의 표면에 생긴 균열은 세균의 은신처가 될 수 있다.
- 모든 식기류, 테이블보, 부엌세간, 그리고 사용 후 음식물과 접하는 표면은 깨끗하게 치우고 소독하여 청결하게 유지한다.
  - 음식물과 접촉한 표면을 옷으로 닦지 않는다.
  - 음식물 맛을 보기 위해 사용한 스푼과 다른 음식도구는 다시 사용하기 전에 씻는다.
  - 비누와 물로 헹구고 음식물과 접한 물건의 표면을 씻고 표백제로 소독한 후 햇볕이나 공기에 말린다.
  - 음식물이나 생고기, 닭이나 달걀 등이 접한 표면은 청소한다.
  - 앞치마와 물건의 표면을 표백제로 소독하고 공기 중에 말린다.
  - 경우에 따라 씻기 전에 음식찌꺼기를 제거하기 위해 접시, 항아리, 팬, 요 리도구를 문지르고 물에 담가 둔다.
  - 가능하면 쟁반, 병, 고무젖꼭지를 식기세척기에 넣고 씻는다. 만일 쟁반 이 식기세척기의 크기에 맞지 않다면, 합성세제로 씻고 헹귀 표백제를 스프레이로 뿌린 다음 공기 중에 말린다.
  - 지침에 따라서 손과 식기세척기에 적당한 농도로 사용한다.
  - 식기세척기에 사용되는 물이 섭씨 77℃인지를 확인한다. 왜냐하면 이 온 도는 온수기에서 나오는 것보다 더 높은 온도이기 때문에, 식기세척기를 조정하여 물의 온도를 조절한다.
  - 손으로 설거지할 때 다음의 절차를 사용한다.

1단계: 3개의 칸막이로 구성된 싱크대나 3개의 양동이를 사용한다. 각
각은 설거지, 헹구기, 소독하기를 위해 필요하다.

2단계: 온수이고 비눗물에 적절한 물(49℃)로 접시를 씻은 후 완전하
게 헹군다.

3단계: 24℃보다 낮지 않은 온도에서 표백제에 최소 1분간 접시를 담
근다.

4단계: 접시를 헹군다.

5단계: 햇볕이나 공기 중에 말린다(접시 타월을 사용하지 않는다).

- 컵, 그릇을 다룰 때 손가락과 엄지손가락이 컵의 안쪽이나 입술과 닿는
  부분을 만지지 않도록 한다.

(4) 쓰레기의 저장과 처리

[기준 7] 시설은 모인 쓰레기를 저장, 처리하는 데 위생적이어야 한다.
• 방수되고 단단한 뚜껑이 달려 있는 쓰레기통에 쓰레기를 보관하고, 쓰레
  기통은 유아의 일상 영역에서 분리시킨다.
• 쓰레기는 들어 올릴 수 없을 만큼 모이기 전에 버려야 한다.
• 쓰레기를 버린 후 쓰레기통과 방, 주변 영역을 청소한다.
• 쓰레기통 안쪽의 청결을 위해 비닐봉지를 사용한다.

(5) 세탁

[기준 8] 침대시트, 유리덮개, 기타 물건을 씻기 위해 분류한다.
• 교육기관에는 세탁기와 건조기나 세탁서비스 공간이 있어야 한다. 크고 작
  은 보육프로그램에서 유아를 위한 세탁은 부엌과 유아보육 영역에서 분리
  된 세탁기로 해야 한다. 세탁기가 없다면 위급 상황 및 일상적인 씻기를 관
  리하기 위해 문서화된 방침과 절차를 개발한다.

• 세탁기는 60℃ 이상에서 세탁과 건조가 가능하고 살균력이 있어야 하며, 건조기는 바깥쪽으로 배출구가 있어야 한다.
• 비누, 표백제, 기타 세탁용구는 잠금장치가 있는 캐비닛에 보관한다.

(6) 화장실 시설

[기준 9] 화장실은 청결하고 잘 소독되어야 하며 설비는 잘 작동되어야 한다.
청소와 살균이 용이하게 디자인된 화장실 시설을 제공한다. 유아용 변기는 청소하기 쉬운 균열이 없는 제품을 선택한다. 유아용 변기를 사용할 때 무엇이 필요한지 알고, 실제 이런 지식을 사용하여야 한다. 부모가 화장실 변기보다 유아용 변기를 자녀가 사용하기를 바란다면 집에서 자신만의 유아용 변기를 보내도록 제안한다.

① 유아용 변기 사용 시 유의사항
• 화장실 변기에 내용물을 비운다.
• 음식 준비와 관련이 없는 싱크대에서 유아용 변기를 물로 헹군 후 화장실 변기에 비운다.
• 유아용 변기의 전체를 비누와 물로 씻는다. 종이 타월이나 일회용 걸레를 사용한다. 비눗물이나 여러 번 헹군 물은 화장실 변기에 버린다.
• 표백제를 뿌린 후 공기 중에 말린다.
• 싱크대를 씻고 소독한 후에 손을 씻는다.

② 화장실 시설관리 유의사항
• 화장실 종이와 홀더, 타월, 그리고 액상 비누가 든 비누분배기를 모든 사용자가 쉽게 접할 수 있는 곳에 두어야 한다.
• 칫솔에 이름표를 붙여 유아가 함께 쓰지 않도록 한다. 위쪽에 보관함으로써 오염물에서 떨어져 서로가 만지지 않고 완전하게 공기에 말릴 수 있게 한다. 달걀 상자를 개조하여 일회용 홀더로 사용하기도 한다.
• 쓰레기통을 비우고 표백제를 사용하여 주기적으로 소독을 실시한다.

- 비누와 물, 세제로 씻고, 화장실 설비물은 적어도 하루에 한 번 이상 또는 배설물이나 구토물에 의해 더럽혀졌을 경우 소독한다.

(7) 배관공사

[기준 10] 배관공사는 소속된 자치단체의 규정이나 법률에 따라 실시한다.

(8) 통풍, 채광, 난방

[기준 11] 모든 방은 채광, 통풍이 잘 되고 난방이 충분하게 되어야 한다.
- 적절한 햇볕이 교실, 벽, 계단에 충분히 들어오는지 확인한다. 자연채광을 적절히 제공하고 인공채광을 추가한다.
- 열 수 있는 창문이나 에어컨, 환풍기를 이용하여 적절한 통풍을 유지한다.
- 적어도 1년에 한 번은 공인된 난방과 통풍장치 공급자에게 난방과 통풍시스템이 공기 흐름에 적절한지 점검받는다.

5) 기저귀 갈기와 배변훈련

기저귀 갈기와 배변은 영유아와 교직원에게 건강상의 위험을 가져올 수 있다. 그러므로 이러한 활동은 위생과 유아발달 측면에서 최대의 관심을 가지고 조절해야 한다. 배변은 영유아의 가장 기본적인 신체 욕구 중 하나다. 배변과정을 관리하는 방법은 매우 정서적인 효과를 가질 수 있기 때문에 영아의 기저귀 갈기에서부터 걸음마아와 유아에게 화장실 사용법 중 배변훈련에 관한 전 과정을 가르치는 것까지 모두 순조롭게 이루어져야 한다. 기저귀 가는 시간에 유아와 개인적인 의사소통과정에 참여할 기회를 갖게 되며, 이 시간에는 추가적인 보호와 지지를 보여 주어야 한다. 때로 걸음마아를 위한 배변훈련 과정이 성인과 유아 사이의 불필요한 투쟁이 될 수 있기 때문에 학습과 성장을 원하는 유아와 조화를 이루도록 노력해야 한다. 여기에서는 유아의 신체적 · 정서적 욕구를 알아내는 방법을 제시한다.

(1) 기저귀 갈기

안전하고 위생적으로 영유아의 기저귀를 갈기 위해서는 다음과 같은 규칙과 사용방법을 숙지해야 한다.

① 기저귀 가는 영역에서의 중요한 규칙

- 기저귀를 가는 용도로만 영역을 사용한다.
- 음식을 다루는 영역과 최대한 멀리 떨어진 곳에 설치한다.
- 기저귀 가는 영역을 청소하고 소독하며, 손 씻는 데 필요한 양팔의 범위 내에 흐르는 물을 고려한다.
- 평평하고 안전하며 뒤로 구부리지 않고도 보육교사가 편안한 높이로 작업할 수 있는 기저귀 갈이대를 설치한다. 바닥은 수많은 유아가 사용하기 때문에 오염될 위험이 더 크므로 기저귀는 바닥에서 갈아서는 안 된다.
- 표면이 깨끗하고 방수가 되고 균열이 없는지 확인한다. 흡수력이 낮은 일회용 커버를 씌워야 하며, 종이 타월은 흡수력이 매우 뛰어나기 때문에 부적절하다.
- 모든 크림, 로션, 청소도구를 유아의 손이 닿지 않는 곳에 보관한다. 유아가 독에 중독될 수 있기 때문에 기저귀를 가는 동안 이런 물건을 가지고 놀게 해서는 안 된다.
- 안전을 위해 난간과 오목하게 영역을 설치한다. 항상 손을 유아에게 두고 잠시라도 유아를 떠나서는 안 된다. 이때 안전띠는 사용하지 않아도 된다.

② 기저귀 가는 방법

① 기저귀를 가는 보육자가 할 수 있는 예방책

- 일회용 기저귀를 봉한 후 발 페달로 기저귀 용기를 열고 버린다.
- 최소한 하루에 한 번 또는 필요할 때마다 기저귀 용기를 비운다.

② 시설에서 천 기저귀 서비스를 사용할 때

- 한 가지 종류의 기저귀를 사용한다.
- 오염의 위험이 있으므로 화장실에서 천 기저귀를 절대 헹구지 않는다.

- 더러워진 기저귀는 살균소독기에 넣거나 기저귀를 단단하게 뚜껑에 맞춰서 넣는다.

③ 집에서 보내 온 천기저귀를 사용할 때
- 한 가지 종류의 기저귀를 사용한다.
- 오염의 위험이 있으므로 화장실에서 천기저귀를 절대 헹구지 않는다.
- 더러워진 기저귀를 그대로 새지 않는 비닐봉지에 넣고, 유아의 이름을 써 붙여 손에 닿지 않는 곳에 모아 두었다가 유아의 부모에게 세탁할 것을 요청한다.

(2) 배변훈련
① 배변훈련 시기

배변훈련이 긍정적인 것이 되려면 자기숙달 접근법을 사용하여 유아가 스스로 참여할 준비가 되었을 때 해야 한다. 그렇지 않으면 배변훈련은 유아에게 끝없는 좌절의 경험이 된다. 배변훈련의 목적은 유아가 자신의 신체기능을 조절하도록 돕기 위함이다. 만일 유아가 준비되었다면 배변훈련 과정은 유아 스스로 성장에 대한 성공과 성취의 신호가 될 것이다. 유아가 나타내는 이러한 단서를 살피는 것이 배변훈련의 준비다.

대부분의 보건소와 유아보육 전문가들은 유아가 화장실에 갔을 때 단순히 자신의 배설물을 버리는 행위보다는 자기숙달 접근법을 배울 수 있도록 권장한다.

① 근육조절

유아는 기초적인 근육을 의지대로 다룰 수 있어야 한다. 유아는 괄약근과 복근을 동시에 조일 수 있어야 한다. 이 근육의 협응은 신체적 결함이 없는 한 자동적이다. 일반적으로 대부분의 유아는 2세까지 이를 조절하지 못하는데, 어떤 유아는 3세까지 하지 못하기도 한다. 유아 스스로 변기나 유아용 변기통에 떨어진다는 공포 없이 충분히 벗고 앉아 있을 수 있어야 한다.

② 의사소통

유아는 화장실에 앉거나 옷을 벗을 때 도움을 요청하는 단어나 제스처로 '가자'고 재촉할 수 있다. 부모에게 화장실에 가고 싶은 것을 자신의 언어로 표현하는 것을 요구하라고 상기시킨다. 배변활동에 사용되는 단어는 유아가 성장하는 데 필요한 단어의 일부이기 때문에 유아가 학습하는 데 효과적이다.

③ 배변욕구

유아가 화장실 사용법을 배우기 원하기 이전에 배변훈련을 시작하는 것은 좋지 않다. 유아는 자신을 사랑하고 믿는 누군가를 좋아하는 자연적인 욕구를 가지고 있고, 또한 모방을 좋아하기에 결국에는 기저귀를 불편해하며 속옷 입기를 원하게 될 것이다. 유아 스스로 욕구를 보일 때까지는 유아를 변기에 앉도록 강요하지 않는 것이 오히려 배변훈련에 효과적이다.

부모와 교사는 유아가 배변할 준비가 된 때를 함께 결정해야 한다. 두 가지 환경에서 지속적이고 유지 가능한 계획을 함께 만드는 것이 좋다. 가능하면 유사한 스케줄을 개발하고 유사한 시설을 사용하게 하며, 배변훈련 과정이 너무 빠르거나 전혀 변화나 진전이 없이 이루어지지 않도록 한다.

일반적으로 유아는 자신들이 아프거나 피곤하거나 흥분하거나 놀이에 몰입하거나 스트레스를 받았을 때 사고로 배변실수를 저지를 수 있다. 유아는 화장실을 이용하는 데 있어 실수를 하더라도 벌을 받아서는 안 된다. 만일 유아가 퇴행을 보이면 유아의 행동을 수용하도록 좀 더 노력해야 한다. 유아는 배변에 어려움을 가질 경우 성인의 이해와 인내를 요구한다. 성인의 지지는 실제로 유아가 배변패턴을 회복하는 데 걸리는 시간을 단축시킬 것이다. 그러나 체벌은 배변투쟁을 연장시킬 뿐이다. 성인이 유아에게 적절한 화장실 사용에 대한 기대감을 주는 것은 좋다. 성인의 기대에 대해 유아의 저항이 나타날 때는 화를 내거나 분노하는 모습을 보이지 않고 적절히 무시한다.

② 필요한 시설

보통의 유아는 여분의 속바지와 옷을 제공하는 것 외에 다른 특정한 장비가 필요하지 않다. 기저귀 위에 겉옷을 입히는 것은 배변이나 오줌을 수용함으로

써 설사 문제를 줄여 주기도 한다. 체육복은 얇고 흡수력이 뛰어나 필요하지 않
은 경우라도 시작단계에서 유용하다. 어떤 유아는 성인용 배변기에 공포를 느
끼며 다음 장비를 필요로 하기도 한다.

① 화장실 의자 적용기(toilet seat adapter)

이는 유아의 사이즈에 좀 더 맞춘 안전을 위해 만든 일반 시트로 가격이 저렴
하다. 사용 시 세척이 가능한 플라스틱으로 만들어졌는지 확인한다.

② 유아용 배변기(potty-chair)

배변기는 세척이 용이하도록 표면이 부드럽고 구멍이 없는 재질이어야 하
며, 나무로 만든 것은 좋지 않다. 쓰레기통은 버리기 쉽고 의자에 안전하게 맞
아야 한다. 많은 의학전문가는 유아용 배변기의 위생 문제 때문에 집단에서는
사용하지 말도록 권고하고 있다. 유아가 유아용 배변기를 원한다면 부모에게
그 유아만 사용할 수 있는 개인용품을 마련해 주도록 요청한다.

③ 유아가 화장실을 사용할 때의 위생
- 유아가 화장실을 사용하도록 도와준다.
- 유아가 스스로 손을 씻도록 도와준다. 손을 씻는 것은 병을 유발하는 세균
  을 막을 것이라는 것을 알려 주어 유아가 화장실을 사용할 때 자신의 손을
  정확하게 씻도록 확인시킨다. 유아가 화장실을 사용한 후 손을 씻는 것을
  직접 보거나, 화장실에서 다녀올 때 손을 씻었는지 물어본다.
- 화장실 사용을 배우는 유아는 일반적으로 화장실 의자, 종이 홀더, 수세식
  버튼, 벽 등이 더러워지는 것을 배운다. 이러한 것은 세척해야 하고 최소한
  하루에 한 번 또는 더러워질 때마다 씻고 소독해야 한다.

④ 배변훈련을 도울 수 있는 제안

배변훈련의 가장 좋은 기술은 유아가 준비되고 자신만의 패턴에서 직접적으
로 단서를 터득할 때까지 기다리는 것이다. 다음은 배변훈련에 도움을 줄 수 있
는 사항이다.

- 빨리 벗을 수 있는 옷을 선택한다. 유아는 화장실에 가서 곧바로 소변을 누어야 한다. 단추가 너무 단단하거나 많이 달린 옷은 피하고, 찍찍이로 된 옷이나 고무줄로 된 옷이 편리하다.
- 유아가 안전감을 느끼는 데 필요한 장비를 사용한다. 장비의 구조나 사용에 대해 항상 설명한다. 어떤 경우에는 유아가 방을 나간 뒤에 화장실을 치우는 것이 좋다. 소음이나 배설물이 없어지는 것은 어떤 유아에게는 공포가 될 수 있으나 어떤 유아에게는 물이 내려가는 소리나 모습이 즐거움이 되기도 한다.
- 유아가 규칙적으로 화장실을 사용하도록 제안해 본다. 일반적인 배변시간은 식사 후와 낮잠시간 전후 혹은 여행 전 시간이다. 그러나 유아가 성인의 계획대로만 화장실을 갈 것이라고 기대해서는 안 된다. 특히 시작단계에서 유아는 화장실 가기를 자주 원할 수 있다.
- 유아가 당황하거나 불편함 없이 5분 이상 변기 위에 앉아 있도록 요구한다. 유아에게 '배변이 끝날 때까지' 거기에 앉아 있으라고 하는 것은 좋지 않다.
- 항상 유아에게 성공에 대해서는 긍정적인 피드백과 격려를 주고, 실패에 대해서는 벌을 주지 않도록 주의한다.

6) 특별한 건강 문제

광범위한 문제나 장애가 있는, 즉 발음과 언어 문제, 다른 아동과 어울리는 데 있어서의 문제, 만성 질병, 가정곤란, 학대나 방임하는 부모 또는 발달장애, 신체적인 손상이 있는 유아는 정상적인 유아와의 집단 상황에서 도움을 받을 수 있다. 일반 유아의 생활과 프로그램 활동에 특별한 결핍이 있는 아동을 포함시킴으로써 질을 크게 높일 수 있다. 특별한 결핍이 있는 유아의 경우에는 개인별 프로그램 계획과 특별한 도움이 요구된다(최민수, 2001; Kendrick, Kaufmann, & Messenger, 1995).

(1) 장애아 통합교육

통합교육은 다양한 능력과 개인차에 상관없이 사회의 자연적인 환경에 함께 적극적으로 참여하도록 모든 아동의 권리를 지원하는 것이다. 자연적인 환경이란 장애아도 정상아와 함께 어울려 시간을 보내는 것이다. 그러한 환경은 가정과 가족, 놀이집단, 아동관리소, 보육원, 유치원, 이웃학교, 교실에 제한되어 있지 않으며, 모든 곳이 해당된다.

① 통합교육은 유아를 돕는다

특별한 결핍이 있는 유아가 학급에 환영받는 일원으로서 조기 아동 프로그램에 참여할 때 자립심과 새로운 방법을 습득할 수 있다. 다른 아동과 공부하고 놀 때 결핍이 있는 유아는 더 큰 성취감을 얻으려는 자극을 받는다. 더 큰 성취감을 향해 공부하는 것은 그들의 건강과 긍정적인 자아개념을 발전시키는 데 도움을 준다. 통합교육은 특히 진단되지 않은 문제를 발견하는 데 유용한 방법이 될 수 있다. 어떤 연구조사에 따르면 특정 결핍이 있는 아동에 대한 다른 아동의 태도는 그들이 정기적으로 함께 놀 수 있는 기회를 가질 때 더욱 긍정적이 된다고 한다.

② 통합교육은 부모를 돕는다

통합교육은 특정 결핍이 있는 아동의 부모에게도 도움을 줄 수 있다. 이러한 부모는 기관의 교직원과 전문가가 그들의 아이를 가르치는 책임을 분담할 때 소외감을 덜 느낄 수 있다. 그들은 자신의 아이를 돕는 새로운 방법을 배우고, 그들의 아이가 다른 아이와 서로 접촉하고 발전하는 것을 보면서 현실을 더욱 수용하게 된다.

③ 통합교육은 교사를 돕는다

프로그램에 특정 결핍 아동을 포함시킬 때 교사는 긍정적이든 부정적이든 일반학급에서와는 다른 태도와 느낌을 경험하게 된다. 이러한 감정은 동정, 연민, 반감, 걱정, 분노, 두려움, 순응 등이 될 수 있는데, 이러한 다양한 감정은 특정 결핍 아동에게 교사가 어떻게 반응을 해야 하는지에 영향을 줄 것이다. 특수

교육 전문가가 되지 않더라도 개인의 장애에 대해 더 많은 것을 알 수 있고, 부
모와 함께 공유할 수 있는 충분한 정보도 갖게 된다.

(2) 납중독

체내에 너무 많은 납으로 인해 발생되는 손상이 납중독이다. 심지어 소량의
납도 아동의 학습과 행동에 지장을 줄 수 있다. 다량의 납은 뇌, 신장, 신경구
조, 적혈구에 심각한 손상을 일으킬 수도 있다. 아동은 호기심과 손을 입으로
가져가는 행동 때문에 납중독 위험이 높다. 그들은 일반적인 환경에서 많은 종
류의 납에 노출되어 있고, 특히 철분 또는 칼슘이 결핍되어 있을 경우 노출된
납의 상당량을 흡수한다. 납중독에 대한 지식은 모든 조기 아동 교육자가 필수
적으로 숙지해야 한다.

대부분 납중독은 납 페인트 조각이나 납이 든 먼지를 흡수했을 때 발생한다.
아동은 먹는 것, 씹는 것 또는 납 페인트칠 된 표면이나 납 먼지가 쌓인 물건을
빨 때 납에 중독된다. 보통 난간, 창문틀과 문턱, 장난감, 가구, 보석 등이 주 요
인이다. 아동이 만약 수리나 장식된 낡은 건물 주위에 있다면 쉽게 납에 중독될
수 있다. 또 다른 납 제공원은 새로 설치되는 수도 파이프 또는 노후한 배관, 파
이프와 함께 쓰는 납 등이다. 다음은 납에서 아동을 보호하기 위한 방법이다.

- 모든 아동이 적절하게 납 감별/테스트를 받도록 한다.
- 농업 관련 부서에서 정보를 얻어 토양 테스트를 한다.
- 벗겨진 페인트 부분을 새로운 페인트칠, 두꺼운 벽지 또는 석고보드로 덮
  어 가린다.
- 납 가루는 독성이 있기 때문에 혼자서 페인트를 제거하거나 수리하지 않
  는다.
- 아동이 오염된 토양을 만지거나 파지 않도록 한다.
- 납을 제거하거나 오염된 토양을 제거하는 데 자격을 갖춘 전문가의 도움을
  받는다.
- 납으로 오염된 곳에서 놀지 않도록 건물 가까이에 나무를 심는다.
- 페인트칠이 된 구조물과 찻길에서 떨어진 곳에 정원과 놀이터를 만들고 울

타리 역할을 할 수 있는 담이나 나무를 설치한다.

- 음료수나 요리할 때 수도꼭지에서 나오는 뜨거운 물을 쓰지 않고, 찬물이 나올 때까지 흘러보낸다.
- 납으로 된 주전자나 그릇에 음식이나 음료를 저장하지 않는다.
- 모든 과일과 채소는 먹기 전에 씻는다.
- 깡통 안의 음식을 가열하거나 깡통을 열어 둔 채로 음식을 보관하지 않는다.
- 철분과 칼슘이 풍부한 식품을 제공한다.
- 부모의 작업장에서 납이 노출되었다면 유아를 만나기 전에 세탁하고 목욕한다.
- 집 밖에서 지낸 후 음식을 준비하거나 먹기 전에는 반드시 손을 씻는다.
- 젖은 걸레로 마룻바닥, 창문 틀, 문턱을 자주 닦는다.
- 페인트칠이 된 물건 등을 씹지 않도록 깨끗한 이갈이 장난감을 제공한다.
- 아동에게 바닥에 떨어진 어떠한 음식도 먹지 않도록 가르친다.
- 실내 장난감은 실내에 그리고 실외 장난감은 실외에 둔다.
- 시설의 문 밖에 깔개 위에서 더러운 신발을 털도록 지도한다.

(3) 만성적인 질병

① 알레르기

알레르기 반응이란 대부분의 사람에게는 어떠한 문제도 일어나지 않는 환경에서 어떤 물질이 특정인에게는 신체의 다양한 부분에 특이한 형태로 붉어지거나 부어오르는 염증을 일으키는 것을 말한다. 건초열, 천식, 습진, 두드러기는 공통적인 알레르기 반응이다. 알레르기는 한쪽 부모 또는 양쪽 부모에게서 유전되는 것으로 보인다. 아이가 부모의 알레르기와 다른 형태의 알레르기가 있다 할지라도, 알레르기는 어떤 사람이 어떤 물질과 체내의 면역체계, 이종물질에 대항하는 정상적인 방어, 물질에 대한 과잉반응, 반복적으로 증상을 야기하는 물질에 노출되었을 때 나타난다.

인체가 반응하도록 알레르기를 일으키는 이종물질을 알레르겐이라고 한다. 이런 알레르겐은 삼키거나 호흡 또는 만져지는 것일 수도 있다. 보통 알레르기를 일으키는 원인인 알레르겐으로는 실내와 실외의 먼지, 나무와 잡초의 꽃가루, 식물이나 잡초 혹은 나뭇잎의 사상균, 동물의 털과 깃털, 벌이나 곤충에 쏘였을 때의 곤충 독소, 계란, 견과류, 초콜릿, 조개류, 우유, 밀과 같은 음식 등이 있다.

알레르기 발병 증상은 알레르기가 있는 모든 유아에게 항상 나타나는 것은 아니다. 알레르기는 어떤 특정한 상황에서 반응이 나타나는 경향이 있다. 즉, 호흡을 통한 알레르기, 음식물 알레르기, 피부접촉 알레르기 등에 의하여 나타난다. 더 구체적인 증상으로는 천식 발병, 재채기나 콧물, 눈이나 눈 밑의 가려움증, 기침, 부풀어 오른 입, 가려운 목, 구역질이나 구토 설사, 피부의 가려움이나 부스럼, 피부발진이나 두드러기 등이 있다.

가벼운 알레르기 증상이 있는 유아의 치료에 가장 효과적인 접근은 어떤 특정한 알레르겐이 반응을 유발하는지를 알아내고 그것에 유아가 노출되지 않도록 하는 것이다. 어떤 알레르겐은 매일 또는 특정 계절 동안 정기적으로 유아가 알레르기 증상을 나타내면 약물로 치료할 수 있다. 알레르기가 발병하는 동안 교직원이 할 수 있는 것은 상식을 이용하는 것이다. 만약 교직원이 알레르겐을 확인할 수 있다면 알레르기 환경에서 유아를 대피시키거나 유아가 있는 공간에서 자극물을 치운다. 만약 알레르겐을 쉽게 확인할 수 없고 유아의 증상이 완화하지 않으면 교직원은 유아의 부모나 소아과 의사에게 알리고 아동이 안정을 유지하도록 노력해야 한다. 심각한 반응을 보인다면 부모가 말해 주었던 과정대로 즉시 치료를 해야 한다. 부모나 교사는 만약 어떠한 반응이 발생하면 무엇을 어떻게 처치하였는지에 대한 내용을 상세하게 남겨 두는 것이 좋다.

② 천식

천식은 호흡기와 관련된 문제인데 숨쉬기가 곤란하고 종종 색색거리거나 휘파람 소리를 동반한다. 폐에서 기관 주위의 근육이 좁혀지고 조직 내층이 기관지를 팽창시켜 과다한 양의 점액이 만들어짐으로써 공기 통로가 좁아진다. 이렇게 되면 아동은 마치 공기를 밖으로 내보내야 할 것처럼 느끼게 되는데, 이때 공기는 통과하면서 색색거리는 소리를 만들어 낸다. 유아의 폐는 특히 민감하기 때문에 만약 천식이 있다면 다양한 요인이 발병 원인이 될 수 있다.

- 알레르기를 일으키는 요인인 먼지, 꽃가루, 곰팡이, 깃털
- 찬 공기, 기후변화, 바람 불고 비 오는 날 등의 날씨와 기온
- 담배와 다른 형태의 연기
- 냄새, 페인트 냄새, 스프레이, 세탁원료, 화학약품, 향수
- 감염, 특히 바이러스성 호흡기 감염
- 춥거나 습기가 찬 날씨에 격렬한 운동을 하는 것
- 아기가 감기에 걸렸을 때 머리를 들어 올리지 않은 채로 잠을 자는 것
- 정서적 혼란

교직원은 천식 증상이 나타나는 동안에 어떤 증상에 무엇을 투여할 것인지에 대한 내용과 함께 구체적인 지식을 알고 있어야 한다. 아동의 천식 기록은 아동의 일반 치료 형식에 부착되어야 하고, 다음 사항을 고려해야 한다.

- 알려진 알레르기의 항원을 아동에게서 멀리 떨어뜨린다.
- 아동을 진정시키고 편안하게 해 준다.
- 아동이 바로 앉도록 한다.
- 아동에게 미지근한 즙이나 주스 같은 것을 마시도록 권한다.

제 **4** 장

아동과 교직원의
건강 예방관리

아동건강교육

완전한 건강 상태는 개인의 각 발달 영역 사이의 상호관계에 의해 영향을 받는다. 예를 들어, 아동이 아프거나 지치고, 배고프거나 허약하게 양육되면, 제대로 역할을 할 수 없거나 병약하고 부주의해질 수 있다. 발견되지 않은 의학적 상태가 무시된 아동은 의기소침해져 자퇴할 수 있다. 신체 문제를 가진 아동은 정서 문제나 학습 문제를 진행시킬 수 있다. 또한 정서적 혼란에 빠진 아동은 식사나 수면 장애로 인해 신체 증상이 악화될 수 있다. 교직원의 건강 역시 그들의 행복에 중요한 영향을 미친다. 아동과 마찬가지로 교직원이 건강을 유지하여 최선의 역할을 수행하기 위해서는 적절한 건강 예방관리가 필요하다.

1. 아동을 위한 건강 예방관리

1) 건강 예방관리의 목표

아동은 청각이나 시각 장애, 납중독, 발달 지체 및 상해 등과 같은 많은 건강상의 문제를 진행시킬 위험에 처해 있다. 건강 예방관리의 목표는 아동이 발병한 후 치료하는 것보다 적절한 예방을 함으로써 더 건강하게 자라게 하는 데 있다.

- 건강습관이나 환경적 요소로 인한 질병 발생 위험에 처할 아동을 발견하기 위함이다.
- 미래 건강 문제의 성장 패턴, 행동 혹은 발달의 징조를 확인하고 알기 위함이다.
- 과거나 현재의 질환에 대한 치료 효과를 평가하기 위함이다.
- 카운슬링, 교육, 예상되는 문제에 대한 지도 등을 통하여 건강을 증진시키기 위함이다.
- 성장, 시각, 청각, 납중독 검사 등을 통해 잠재적인 건강 문제를 확인하기

위함이다.

- 합병증을 예방하기 위해 증상별 질병의 조기 탐지와 치료를 제공하기 위함이다.
- 만성질환으로 인한 장애를 예방하기 위함이다.

2) 건강평가

아동의 건강은 독특한 기술과 경험을 가진 전문가로 이루어진 건강 팀에 의해 평가되고, 이는 아동의 의사나 아동의 특별한 요구, 그리고 가족이 제시한 건강 팀의 구성원에 의해 조정되어야 한다. 아동의 건강을 위한 건강 팀은 아동의 부모, 교사, 규칙적인 건강 전문가뿐만 아니라 아동을 관찰하고 아동과 상호작용하는 그 외 인물로 구성된다. 각각의 건강 팀 구성원은 아동의 성장, 발달, 건강에 관해 제공할 수 있는 특별한 관점을 가지고 있어 복합적인 건강 및 발달 문제를 가진 아동에게 특히 중요한 역할을 한다. 이러한 정보는 아동에 대한 포괄적인 성장, 발달, 건강에 대한 상황을 파악할 수 있도록 건강 팀 조정자와 함께 공유되어야 한다.

건강평가 과정은 다양한 자료에서 나온 정보를 토대로 한다. 즉, 건강이력서, 보건 팀에 의한 관찰, 건강진단 검사 및 신체검사 등을 토대로 하며, 이러한 건강평가와 추적치료는 종종 세 가지 범주인 검사, 진단, 치료로 구성된다.

- 검사(screening): 어떤 특정 분야에서 문제를 가질 수 있는 아동을 발견하기 위한 신속하고 경제적이며 간단한 절차다. 건강심사는 음성(건강함), 위험 가능성 있음, 양성(위험함)으로 검사결과가 제시된다.
- 진단(diagnosis): 실제로 건강 문제가 있는지를 파악하고 구체적으로 그것이 무엇인지를 알기 위한 더욱 세부적인 평가다. 진단을 할 때 건강 전문가는 건강이력(병력), 식이정보, 실험실 테스트 결과, 가족/교사 관찰, 엑스레이 혹은 신체검사와 심리검사 등을 사용할 수 있다.
- 치료(treatment): 질병이나 이상을 관리하고 최소화하며, 교정하고 치료하기 위한 것이다. 치료는 효과적인 프로그램의 핵심이다. 그것이 없다면 검

사와 진단은 무의미하다.

3) 건강이력

병력은 아동의 이전 건강 경험과 미래 질병 위험에 관한 중요한 정보를 제공한다. 가족건강 이력은 아동이 물려받거나 진행시킬 수 있는 질병을 예측하도록 도와줄 수 있다. 의사는 출생, 질병, 입원, 모든 치료, 예방접종 상태 및 현재의 건강 문제에 관한 정보를 포함하여 세부적인 건강 이력을 얻게 될 것이다. 아동을 위한 프로그램은 병력 양식을 갖춰야 하지만, 주요 건강 문제와 발달 문제를 포함시키는 정도면 된다. 이 정보는 아동의 현재 행동과 과거 경험을 설명하는 데 도움을 줄 수 있다.

부모는 자신들의 자녀에 관해 상당히 많은 것을 알고 있다. 그러나 그것에 대한 구체적인 요구가 없으면 아동의 영양, 예방접종, 건강 및 가족 이력에 관해 조사하는 부모는 거의 없을 것이다. 민감한 부모조차도 절박한 아동의 상황이나 빠르게 변화하는 아동의 성장에 대한 건강요구를 무심코 간과할 수 있다.

기관은 아동의 건강이력을 부모에게 요구하여 아동의 중요한 건강 정보를 유지함에 있어 부모의 역할을 강화하도록 하고, 아동의 건강 기록을 검토하여 일반적인 건강의 강점과 약점에 대한 정보를 제공함으로써 부모를 도와줄 수 있다.

4) 관찰

(1) 신체건강

신체건강(physical health) 관찰에는 관찰 가능한 건강이나 질병의 징후(기침, 구토, 종기), 다른 사람에게 알리기 위해 설명되어야 하는 증상(어지러움, 두통, 위통 등) 등이 포함된다. 아동은 자신이 어떤 느낌을 갖는가를 설명할 수 없기 때문에 교사의 객관적인 관찰이 최선의 단서를 제공해 준다. 따라서 정확한 신체적 관찰이 가장 유용하다. '영이가 자주 마른기침을 하고, 얼굴이 발개지고 진노란 코를 흘린다'고 말하는 것은 '영이가 아파 보인다'고 말하는 것보다 좀 더 도움이 된다. 결론을 내리거나 진단을 하기보다 관찰한 것을 단지 보고하면 된다. 예를 들어 '영이가 패혈성 인두염에 걸렸다'고 말하기보다는 '영이가 목이 아프고 구강 온도가 39℃까지 올라갔다'고 말하도록 한다. 되도록이면 측정 가능한 사실을 설명한다. 사소한 질병의 증상을 기록하는 것도 중요한 관찰에 관심을 기울이도록 도와준다.

건강 관찰을 할 때는 모든 감각(후각, 청각, 시각, 촉각)을 사용하여 피부의 질감, 호흡 냄새, 상처의 외관, 기침 소리 등과 같은 단서를 관찰하여야 한다. 때때로 무엇이 중요한가를 판단하기가 어려우므로 전체 집단을 관찰한 다음 개별 아동을 비교한다. 예를 들어, 아동 대부분이 코트의 지퍼를 여는 데 도움을 필요로 한다면 한 아동이 지퍼를 열어 달라는 도움을 청한다는 사실은 문제가 되지 않는다. 그러나 아동이 그 집단의 다른 아동과 상당히 다르다면 그것은 주목할 만하다.

모든 관찰자는 건강 정보를 얻는 데 있어 서로 다른 관점을 가지고 있다. 부모는 아동과 그 아동의 대표적인 행동이나 외모를 형제나 친구들과 비교해 본다. 교사는 유사한 관점을 가질 수 있지만 많은 또래 아동이 있는 집단 환경에서 아동을 관찰한다는 차이가 있다. 의사나 건강 제공자는 의학적 실천에서 얻은 지식과 경험을 사용한다. 각각의 관점은 중요하지만 제한되어 있으므로 건강 팀으로부터 아동에 대한 전반적인 설명, 전체적인 관찰을 얻는 것은 공유되어야 한다.

(2) 발달

아동의 신체건강은 그 자신의 생활의 한 양식이다. 마찬가지로 중요한 한 가지 양상은 언어, 대근육과 소근육 운동 기술의 발달, 사회정서 능력의 발달 및 인지발달이다. 이러한 문제는 유년기 동안에는 자주 확인되고 해결될 수 있다. 프로그램은 그러한 문제점 관찰에 매우 적합하고, 다음의 영역에서 능력을 개발해야 한다.

① 발달 이정표

특정 연령의 아동에 관한 상세한 정보를 이용한 일반아동 발달에 대한 지식은 정상적인 범위 능력을 가진 아동을 설명하는 데 일반적인 기준을 제공한다. 이러한 이정표는 융통성 있게 관찰되어야 한다. 왜냐하면 아동발달은 대체로 육아 방법, 문화, 규범, 그리고 아동 자신의 기준에 의해 크게 영향을 받기 때문이다.

② 관찰과 기록

아동발달에서 문제를 보이는 행동을 기록한다. 다른 구성원에게도 아동의 행동을 관찰하고 기록하도록 요청한다. 그런 다음 아동의 행동 패턴을 발견한다. 그 행동이 특별한 아동이나 성인에 의해 영향을 받는 것인지 주기적으로 관찰하고 기록한다. 또한 아동의 환경에 대한 추가 정보를 찾아야 할 때도 있다. 가족 중에 신생아가 있거나 진단되지 않은 의학적 상태가 있다면, 취해야 할 적절한 다음 단계를 결정하고, 아동의 부모와 함께 문제를 논의하기 위한 만남을 계획한다.

③ 의사소통

지지적이고 비위협적인 방법으로 특이하거나 지체된 발달에 관한 문제를 전달할 수 있는 능력을 개발한다. 부모는 아동에 대한 전문가로서 심사 과정 초기에 발달상 문제에 관한 토론에 참여해야 한다. 그들의 정보는 어떤 행동이 가족과 문화에 적절하고 어떤 것이 적절하지 않은지, 그리고 어떤 행동과 특질이 부모에게 특별한 관심거리가 되는지를 확인하도록 도와줄 수 있다.

5) 주요 건강검사

외관상 건강한 아동에 대한 검사도 중요하다. 헤드스타트(Head Start) 프로그램에서는 건강검사를 기본으로 요구하고 있다. 이러한 검사는 질병이 발견되지 않고 치료되지 않을 경우 아동의 생명에 심각한 장애를 줄 수 있는 상태를 확인하고자 한다. 이러한 상태는 발견하는 것이 중요하며 일반적으로 조기치료가 효과적이다. 조기치료는 종종 후기치료보다 효과적이고 비용이 덜 들며 문제의 진행도 막을 수 있다.

(1) 시력검사

발달상의 시력 문제는 취학 전의 기간 동안 가장 효과적으로 교정될 수 있다. 이것은 시력의 정확도와 시력기능의 영역에서 특히 그러하다. 모든 3~4세 아동은 일반적인 눈의 건강, 근시 및 원시, 여러 가지 유형의 시력 기능의 평가를 포함한 종합시력검사를 받아야 한다. 이러한 유형의 검사는 소아과 의사나 가족 주치의의 병원에서 혹은 시력 전문가에 의해 실시될 수 있다. 어떤 시력 문제는 아동의 조절작용과 발달기술을 방해할 수 있기 때문에 모든 아동은 어떤 기본적인 시력검사 프로그램에 참여해야 한다. 많은 사람이 취학 전 아동은 너무 어려서 테스트를 받을 수 없다고 여기지만 대부분의 아동이 시력검사 프로그램에 협력할 수 있다.

비공식 검사는 놀이하는 아동을 관찰함으로써 실시된다. 공식 검사는 아동에게서 발견된 가장 일반적인 몇 가지 문제를 확인하기 위해 고안된 나이에 적합하고 표준화된 검사 도구를 이용하여 실시된다. 다른 문제는 추가 검사를 통해서만 발견될 수 있다. 어떤 검사 프로그램은 추적 검사가 이루어질 경우에만 의미가 있다. 부모는 아동과 관련한 훈련과 경험을 가지고 있으며, 이러한 연령의 아동과 함께 있기를 즐기는 시력 전문가를 선택해야 한다. 시각발달은 다른 발달 패턴과 일치한다. 시력 문제에 대한 조기발견은 문제를 더 완전하게 바로잡고 후기치료보다 비용이 덜 들게 하는 조기치료를 가능하게 한다. 4세 때 기본 시력검사를 제대로 수행하지 못한 아동은 시력 전문가에게 보내진다.

(2) 청력검사

분명하게 듣지 못하는 아동은 소리를 흉내 내고 언어를 발달시키는 데 문제를 갖게 된다. 행동 역시 청력의 영향을 받을 수 있고, 읽고 쓰는 법의 학습은 어려워지면서 마침내 영구적인 청각손실이 발생할 수 있다. 청각 문제는 유전이거나 임신기간 또는 유아기 동안의 어떤 질병의 결과일 수도 있다. 일시적이거나 간헐적인 청각상실은 만성적인 귀의 질병 감염이나 중이의 만성적인 유체(고름, 진물 등의 액체)에 의해 생길 수 있다.

① 청각상실

청각의 상실이 심각할 때는 쉽게 관찰된다. 잘 듣지 못하는 유아는 갑작스러운 소음에도 놀라지 않을 것이며, 소음원을 눈으로 찾지 못하고 음악소리가 나는 장난감이나 부모의 소리에 반응하지 못할 것이다. 또한 소리 흉내나 간단한 명령이나 자신의 이름이 불리는 소리에 더디게 반응할 것이다. 청각 문제를 가진 상태에서 성장한 아동은 매우 한정적인 어휘를 사용하고 단답형의 짧은 문장을 사용하며, 특이한 목소리를 내거나 또래 아동보다 이해력이 떨어질 수 있다.

② 청각검사

유아의 청각검사는 특정 주파수에서 소리를 내는 장난감을 사용하여 6개월경에 쉽게 이루어질 수 있다. 이 검사방법은 아동이 소리가 나는 방향으로 고개를 돌리는지를 보기 위해 아동이 보이지 않는 곳에서 소리를 내는 것으로 이루어진다. 주로 사용되는 검사도구는 '다운스 히어링 스크린(downs hearing screen)'이다. 몇몇 건강 전문가는 일상적으로 이 검사를 사용한다. 또 어떤 전문가는 아동이 부모의 소리에 어떻게 반응하는가에 관한 기록을 참조한다.

③ 순수한 음성청력검사

순수한 음성청력검사는 전형적인 청력 검사로 4개의 서로 다른 피치와 주파수에서 조용한 소리를 들을 수 있는 아동의 능력을 점검한다. 이것은 3~4세 아동에게 쉽게 실시될 수 있으며, 2세 아동에게도 사용될 수 있다. 이 검사는 장난감을 상자에 담고 이어폰을 통해 소리가 들릴 때 손을 들도록 한다.

④ 청각반사검사

청각반사검사는 큰 소리에 대한 반응으로 중이의 근육 조절을 측정한다. 만일 수축(반사)이 없으면 귀에는 유체가 있거나 최근의 감염에서 치유가 완전히 안 된 것이다. 이 검사는 매우 어린 아동을 대상으로 실시될 수 있다. 아동은 잘 아는 성인이 있는 친숙한 환경에서 더 안전하고 편안함을 때문에 검사자를 시설로 데려오면 검사가 더욱 성공적일 수 있다. 아동을 일어날 가능성이 있는 일에 대비시키고 그에 따르도록 한다. 중복검사를 피하고 아동의 나머지 건강자료와 검사 결과의 조정을 증진시키기 위해 어떤 검사 결과에 관한 아동의 일상적인 건강관리 자원을 확실하게 통지한다.

(3) 신장과 체중 측정

키와 체중은 규칙적으로 측정되어 정상적인 성장 패턴과 비교할 수 있도록 차트에 기록되어야 한다. 이러한 측정은 심각한 문제를 나타낼 수 있는 신체 성장 패턴을 발견하는 최선의 방법 중의 하나다. 머리둘레 역시 출생에서부터 12개월 사이의 아동의 경우 측정해야 한다. 성장 측정은 보통 아동의 건강관리 제공자에 의해 실시된다. 길이/높이 성장 비율이 1% 이상 다른 아동은 그들의 체중/성장 백분율 곡선 아래에 있는 아동으로 추가 평가를 해야 한다. 당신은 아동의 신체검사 보고서와 함께 이 정보를 받아야 한다. 어떤 경우 아동의 신장과 체중을 건강 커리큘럼의 일부로 측정하고자 할 수도 있다. 이러한 측정은 수학, 과학, 자아, 건강에 관한 학습 모두를 통합하는 것이다.

(4) 빈혈검사

빈혈검사 시 헤모토크리트(hematocrit)나 헤모글로빈은 아동의 빈혈증 여부를 검사하는 데 사용된다. 빈혈증은 신체가 폐에서 조직까지 산소를 운반하는 데 충분한 순환 적혈구 세포를 가지고 있지 않거나, 헤모글로빈을 만들기 위해 충분한 철을 가지고 있지 않을 때 발생한다. 철은 허파에서 신체세포까지 산소를 운반하는 혈액 속의 물질인 헤모글로빈을 형성하는 데 필요한데, 충분한 철분이 없다면 피는 우리 몸에 필요한 산소를 운반할 수 없어 빈혈증을 일으킨다. 빈혈에 걸린 아동은 피로하고 창백하며 활기가 없어 보일 수 있고 감염에 취약하다. 철분결핍에 의한 빈혈증은 특히 저소득층 아동에게는 일반적인 문제다. 철분결핍에 의한 빈혈증의 원인은 다음과 같다.

- 철분 함유가 낮은 우유의 과다 섭취
- 식사 시 철분이 극소량만 함유된 식품 섭취(철분 함유 식품에는 고기, 생선, 콩, 푸른 잎채소 등이 있다).
- 간식으로 제공되는 고철분, 고영양 음식의 결핍

(5) 소변검사

소변은 신장에서 생성되고 비워질 때까지 방광에 저장된다. 신장의 이상과 소변에서의 감염이나 신체의 생화학적인 문제는 소변검사로 확인될 수 있다. 보통 소변은 단백질, 당, 소량의 백혈구와 적혈구, 영양물, 케톤, 유로비리노젠 (urobilinogen) 등을 함유하고 있지 않다. 이상이 있는지를 알아보기 위해 미리 처치된 종이 스트립을 소변에 적셔 본다.

(6) 납검사

납은 어디에나 있다(자연과 제조된 제품 모두에 함유되어 있다). 우선은 겉으로 어떤 증상이 나타나지는 않더라도 납에 조금이라도 노출되면 학습과 행동에서 영구적인 장애를 초래할 수 있기 때문에 납검사를 하는 것은 매우 중요하다. 아동의 납중독을 예방할 수 있는 두 가지 중요한 방법은 환경에서 납제거와 납검사를 하는 것이다. 납검사는 노출된 납 수준을 가장 정확하게 탐지하기 위해 손가락 끝이나 정맥혈을 테스트하는 것이 좋다. 그리고 혈액검사는 아동을 위한 일상적인 건강관리의 일부가 되어야 한다. 납노출 위험은 6개월에서 6세 사이에 있는 모든 아동의 건강검진에서 평가하도록 권장하고 있다. 건강 제공자들은 높은 납노출 위험에 처한 아동은 칠이 벗겨지고 부스러진 페인트 상태의 집 혹은 계획적인 리모델링/리노베이션(수리)을 한 집에서 살고 있거나, 그러한 집을 자주 방문하며 형제, 동거인, 납중독으로 치료를 받은 놀이 친구를 두고 있거나, 납중독이 일상적인 지역에서 살고 있는 것으로 확인된 아동이라고 보고한다.

이러한 아동은 다른 아동보다 혈액 속의 납 수준을 자주 검사받아야 한다. 최소한 납에 대한 1차 검사는 9~12개월 사이의 모든 아동에게 권장되고 있고, 2차 검사는 24개월에 실시하는 것이 권장된다. 이러한 납검사에 대한 권고는 논란의 여지가 많지만 검사에서 납이 발견되지 않은 지역에서는 수정될 수도 있다.

(7) 신체검사

신체검사는 의사나 간호사가 건강 이력, 건강 관찰, 검사 등에서 수집한 모든 건강정보를 포괄적으로 검토한 것이다. 이러한 검사에는 현재의 건강정보, 예방접종 기록, 완전한 신체검사, 실험 및 검사 테스트 등을 얻기 위해 부모와 보호자의 인터뷰가 포함되기도 한다. 치과의사나 안과의사도 포함될 수 있다. 신체검사는 생후 3년 동안에는 자주, 3세 이후에는 매년 실시되어야 한다. 신체검사의 결과는 아동의 건강평가 양식에 자세히 기록되어야 한다. 최소한 이 양식에는 다음의 내용이 포함되어야 한다.

- 아동 보호시설에서 아동이 참여하는 데 영향을 미칠 수 있는 건강 상태 관련 설명
- 주요 질병이나 입원 병력
- 정확한 날짜를 포함한 예방 접종 기록
- 검사 항목과 평가 기록
- 부모나 형제의 건강 관련 주요 관찰 사항
- 신체적, 정신적, 사회적 발달 관련 기록

완전하고 세부적인 건강평가 양식은 아동의 독특한 발달과 건강 상태에 대한 명확한 설명을 제공하여 실행 가능한 적절한 활동을 계획할 수 있도록 도와줄 것이다. 만일 이 양식이 불완전하다면 감독자나 건강상담자, 부모가 추가 정보를 위해 건강 제공자와 접촉할 수 있도록 도와줄 것이다. 만일 불분명한 정보가 있다면 다시 질문을 하도록 한다. 기관은 이러한 양식이 아동의 출석 이전인 오리엔테이션 기간에 작성되도록 건강정책에 규정해 두어야 한다. 이 양식은 3세 이상의 아동에 대해서는 매년, 더 어린 아동에 대해서는 6개월마다 갱신되어야 한다. 건강정보는 기밀로 유지되어야 하고 부모나 보호자의 서면 동의 없이 다른 사람에게 누출되어서는 안 된다.

① 3~5세 아동의 발달상 적신호
교사와 부모는 아동의 어떤 행동을 걱정해야 하는지 잘 알지 못한다. 발달과정은 개개 아동마다 다르지만 정상발달은 예측할 수 있는 단계의 순서를 따르며, 단계의 패턴과 순서가 중단되었다면 관찰자는 이를 민감하게 받아들이고 경계해야 한다.

아동발달 예정표와 다소 차이가 나는 것은 크게 중요하지 않다. 각 발달 연령과 단계는 아동이 개발한 기술을 나타내며, 이는 아동의 개인차에 따라 달라질 수 있다. 즉, 운동, 언어, 인지, 개인적/사회적 기술 등에서 아동은 지속적으로 변화하고 있으며, 네 가지 영역이 미숙한 단계에서 점차 성숙한 단계로 나아가 결국 서로 다른 단계의 특성이 됨으로써 발달을 이루게 된다.

② 적신호의 정의

적신호란 중단, 관찰, 생각해야 할 것을 알리는 행동이다. 그렇게 함으로써 일련의 행동이 문제를 나타내는지의 여부를 결정할 수 있다. 다음의 지침은 적신호를 더욱 효과적으로 사용할 수 있게 도와주는 방법이다.

- 행동기술(설명)은 때때로 서로 다른 발달 영역에서 반복된다. 아동의 행동을 분류하기는 어려우며, 교사의 임무는 아동을 주시하고 관찰하는 것을 설명하는 것이다. 이때 관찰한 사항이 어떤 범주에 속하는지를 결정하려고 하지 않는다.
- 관련 행동을 관찰하기 위해 다양한 상황에 처한 아동을 관찰한다.
- 6개월 이하 혹은 그 이상의 아동 행동을 같은 연령의 아동 관련 규범과 비교한다. 아동이 지난 6개월 동안 어떻게 성장하였는지에 주목하여 아동이 발달하지 않았다고 느꼈다면 관심을 갖는다.
- 정상적인 성장과 발달의 순서 및 예정표를 숙지한다. 어떤 연령에서 적신호가 될 수 있는 것이 또 다른 연령에서는 정상적인 행동이 될 수 있다.
- 모든 아동의 발달이 개인차, 기질, 가족 구조 및 역학, 문화, 경험, 신체적 특징, 그리고 아동 및 가족의 프로그램과의 조화 등에 의해 영향을 받는다.
- 아동에 대한 기술 프로파일을 만드는 데 세부적인 관찰 기술 목록을 사용한다.

6) 주요 발달 영역

(1) 사회 · 정서발달

사회 · 정서발달 영역에서 살펴보아야 할 주요 관점은 관계, 이별, 개입, 초점두기, 감정, 자기상, 불안수준, 충동관리, 전이 등이다.

①사회 · 정서발달 적신호

다른 아동과 같은 나이 또는 6개월 더 앞선 아동이 다음 특징을 나타내는지에 관심을 기울인다.

- 자신을 별개의 개인으로 인식하지 않거나 '나'로 표현하지 않는 아동
- 부모와 떨어지는 것에 큰 어려움을 겪는 아동
- 불안해하고 긴장하고 침착하지 못하고 충동적이고 공포심이 크며, 지나치게 자기 자극을 일삼는 아동
- 자신의 내면세계에 몰두하는 것처럼 보이며 대화가 통하지 않는 아동
- 충동관리를 거의 하지 않으며 첫 반응으로 때리거나 무는 아동
- 교실의 규칙에 따르지 못하는 아동
- 부적절한 감정을 표현하는 아동(슬플 때 웃거나, 감정을 부정하는 등)
- 얼굴 표정이 감정과 일치하지 않는 아동
- 활동에 집중하지 못하는 아동
- 성인하고만 어울리는 아동, 성인의 관심을 공유하지 못하고 계속 힘의 투쟁을 하려 하거나 입버릇이 사나운 아동
- 지속적으로 사람을 피하거나 혼자 있기를 좋아하는 아동
- 관계의 깊이가 없고 애정을 구하거나 받아들이지 않는 아동
- 사람을 대상으로 취급하고, 다른 아동과 공감하지 않으며 또 다른 아동의 편에서 놀지 못하는 아동
- 끊임없이 공격적이고, 종종 다른 사람을 고의로 다치게 하거나 잘못한 일이 있어도 후회를 보이지 않고, 다른 사람에게 상처를 주며 눈속임을 하는 아동

② 검사방법

① 아동 관찰하기

- 아동이 하루 종일 무엇을 하는지, 누구와 함께 있는지, 아동이 무엇을 가지고 노는지 등 전반적인 행동을 주시한다.
- 언제, 어디에서, 얼마나 자주, 누구와 함께 문제행동이 발생하는가를 주시한다.
- 분명한 관찰을 통해 행동을 설명하고 진단은 하지 않도록 한다.

② 가족력 조사하기

- 가족은 어떻게 구성되어 있고, 누가 아동을 돌보는가?
- 최근에 이사하거나, 사망한 사람이 있거나, 새로운 형제자매가 생기거나, 오랜 이별이 있었는가?
- 가족은 어떻게 부양되고 있는가?

③ 유아기 이후의 발달 경력과 아동의 기질 주시하기

- 활동 수준
- 아동의 일상생활의 규칙성: 잠자기, 먹기
- 주의산만 정도
- 임신 중 알코올이나 감염 등을 포함한 약물에의 노출
- 아동의 반응 강도
- 인내/관심 범위
- 긍정적 혹은 부정적 분위기
- 일상생활에서의 변화에 대한 적응력
- 소음, 빛, 접촉에 대한 민감도

(2) 운동발달

운동발달 영역에서 살펴보아야 할 주요 관점은 운동의 특성, 발달수준, 감각 통합을 포함한 소근육 운동, 대근육 운동, 지각능력 등이다.

1 운동발달 적신호

다음 사항에 대해서는 좀 더 세심하게 관심을 기울인다.

① 신체가 잘 조정되지 않거나 다음의 증상을 보이는 아동
- 많은 사고를 당하는 아동
- 다리를 헛디디거나 어떤 물건에 잘 부딪치는 아동
- 몸을 구부리고, 일으키고, 올라가고, 점프하는 것이 어색한 아동
- 구조적 운동을 할 때 집단에서 두드러지는 행동을 보이는 아동, 즉 걷고, 계단을 오르고, 점프할 때 한 발로 서는 등의 행동을 하는 아동
- 신체적인 게임을 회피하는 아동

② 스스로 혹은 다른 사람의 움직임을 하기 위해 그들의 운동을 지켜보는 데 많이 의존하거나 다음의 특성을 보이는 아동
- 종종 거리를 잘못 판단하는 아동
- 눈을 감고 균형을 잡지 못하는 아동

③ 또래에 비해 어떤 일을 하는 데 자신의 신체를 필요 이상으로 많이 사용하거나 다음과 같은 특성을 보이는 아동
- 위험한 곳으로 공이 굴러가는데도 무조건 뛰어드는 아동
- 색칠하기, 자르기, 줄긋기 등에 집중할 때 혀, 발 혹은 다른 신체 부위를 지나치게 사용하는 아동
- 지나치게 어두운 색칠을 하는 아동
- 소근육 운동 활동에 집중할 때 테이블에 몸을 기대는 아동
- 자전거를 탈 때 계속 무릎을 당기고, 발을 몸 아래에 두거나 엉덩이를 공중으로 미는 아동

④ 다음과 같이 관련 없는 비자발적 운동을 하는 아동
- 한 손으로 그림을 그리는 동안 다른 손을 공중에 두거나 흔드는 아동
- 발끝으로 걷는 아동

• 빙빙 돌거나 흔드는 운동을 하는 아동
• 손을 흔들거나 손가락을 톡톡 치는 아동

⑤ 비자발적 접촉이 불편하여 다음과 같은 행동을 하는 아동
• 만지거나 껴안을 때 겁내며 피하거나 긴장하는 아동
• 가벼운 접촉이나 긴밀한 접촉을 요하는 활동을 피하는 아동
• 뒤로 눕는 것이 불편한 아동
• 예기치 않은 자극에 대해 공격받은 것처럼 과잉반응하는 아동
• 공을 잡는 것에도 놀라며 공으로부터 자신을 보호하려는 아동

⑥ 접촉을 갈구하고 안기기를 간청하는 아동
• 교사에게 의존을 많이 하거나 무시하는 아동
• 원에서 항상 다른 아동 가까이에 앉거나 다른 아동과 접촉하는 아동
• 담요, 부드러운 장난감, 물, 모래 등 손에 무언가를 쥐고 있는 감각경험에
  지나치게 집착하는 아동

⑦ 소근육 운동 도구를 이용한 경험이 많지만 비례적으로 기술이 발달하지
  않은 다음과 같은 아동
• 자주 가위를 가지고 자르지만 자르는 것에 일관성이 없는 큰 아동
• 크레용을 지나치게 꽉 누르며 사용하는 아동
• 단순한 프로젝트에서 선 안에 색칠을 하지 못하는 큰 아동
• 크레용, 가위, 붓 등을 잡는 손을 자주 바꾸는 큰 아동
• 도처에서 풀, 물감, 모래, 물 등을 지나치게 많이 사용하는 아동
• 작은 조작재료에 놀라거나 만성적으로 회피하는 아동

⑧ 새롭지만 간단한 퍼즐, 색칠, 구조적인 미술 모사, 사람 그리기 등에 특별
  히 어려움을 느끼거나 다음과 같은 행동을 하는 아동
• 열심히 노력함에도 어떤 일을 하는 데 훨씬 오랜 시간이 걸리고 또래에 비
  해 여전히 세련되지 못한 결과를 초래하는 아동

- 퍼즐을 하는 데 기울인 노력에 비해 많은 시행착오를 하는 아동
- 상하, 좌우, 전후 혹은 간단한 모사 등을 혼동하는 아동
- 탑 구조를 만들고 부수는 데 반복적으로 작은 정사각형이나 블록을 사용하며, 붕괴의 신기함을 보고 매우 놀라고 기뻐하는 큰 아동
- 갈겨쓰기를 많이 하는 큰 아동

② 검사 방법

동일 집단의 다른 아동과 비교하여 두드러지게 나타나는 발달의 수준과 특성에 주목한다.

(3) 스피치 및 언어발달

스피치 및 언어발달 영역에서 살펴보아야 할 주요 관점은 발음(소리내기), 눌변(말더듬), 음성, 언어(단어, 문법 등을 사용하고 이해할 수 있는 능력) 등이다.

① 스피치 및 언어발달 적신호
① 발음
- 또래에 비해 이해하기 어려운 언어를 사용하는 아동
- 소리의 발음이 미숙한 아동
- 비정상적으로 보이는 구강을 가진 아동
- 단어와 소리를 적절한 순서대로 맞추는 데 어려움을 겪는 아동
- 나이에 맞는 적절한 소리를 내지 못하는 아동
- 귀의 감염증이나 중이질환의 이력을 가진 아동

② 눌변(말더듬)
- 소리나 단어의 지나친 반복, 소리의 연장, 말하는 동안 주저하거나 장시간 중단, 긴장이나 고심하는 행동, 무관한 단어를 사용하는 아동
- 말하는 동안 손을 꽉 움켜쥐기, 눈 깜박거림, 몸 흔들기, 손가락으로 공굴리기, 눈 맞춤 회피, 신체긴장이나 발버둥, 불규칙적인 호흡, 떨기, 지나친 고음 내기, 좌절감 표현, 이야기 회피 등의 행동 중 두 가지 이상의 행동을

보이는 아동
- 부모가 말더듬이로 분류한 아동
- 자신의 말더듬을 의식하는 아동

단, 3~4세 아동의 경우 어느 정도의 말더듬 현상은 정상적이므로, 이는 같은 나이의 다른 아동과 비교하여 판단하여야 한다.

③ 목소리
- 말 속도가 매우 빠르거나 늦은 아동
- 소리의 성량이 작거나 귀에 거슬리는 아동
- 소리가 매우 크거나 조용한 아동
- 소리가 매우 높거나 낮은 아동
- 지나치게 콧소리를 내는 아동

④ 언어
- 다른 사람이 말할 때 청각이 정상임에도 이해하지 못하는 아동
- 한두 단계의 지시에 따르지 못하는 아동
- 가리키거나 제스처를 취함으로써 의사전달을 하는 아동
- 나이에 비해 적은 어휘를 사용하는 아동
- 앵무새처럼 다른 사람이 말한 것을 따라 하는 아동
- 한 문장 안에서 단어를 연결하는 데 어려움을 겪는 아동
- 복수단어 만들기, 동사시제 변경, 대명사 사용, 부정어 사용, 전치사 사용, 소유격 사용, 일반적인 물체의 명명(이름 짓기), 일반적인 물체의 기능 말하기 중 3개 이상에서 어려움을 보이는 아동

주의 2세 아동은 대개 명사와 소수의 동사를 사용하고, 3세 아동은 명사, 동사, 부사, 형용사, 전치사를 사용하며, 4세 아동은 모든 품사를 사용한다.

② 검사방법

- 아동을 관찰한다. 언제, 어디서, 얼마나 자주, 누구와 함께 문제가 발생하는가에 주목한다.
- 발달이력을 점검한다. 유전과 환경은 언어발달에서 중요한 역할을 한다.
- 운동발달을 조사한다. 운동발달은 언어와 긴밀한 관련이 있다.
- 사회·정서 상태는 언어와 말에 영향을 미칠 수 있다.
- 언어 샘플을 기록한다.
- 듣기 상태를 점검한다.
- 스피치 소리의 수와 언어 사용을 주시한다.
- 가족이 사용하는 언어를 점검한다.

(4) 듣기

아동기에는 약하거나 일시적인 청각 장애조차 언어, 스피치 혹은 사회적, 학문적 발달을 방해할 수 있다. 만일 다음과 같은 적신호가 한 가지 이상 관찰되면 문제가 있을 수 있다.

① 듣기 적신호

① 스피치와 언어

- 가족 이외의 사람이 쉽게 이해하지 못하는 언어를 사용하는 아동
- 또래의 다른 아동보다 덜 정확한 문법을 구사하는 아동
- 또래의 다른 아동만큼의 언어를 사용하지 못하는 아동
- 특이한 음성을 가진 아동

② 사회적 행동(가정이나 학교에서의)

- 문제에 대답하고 대화에 참여할 때 수줍어하거나 주저하는 아동
- 질문의 방향을 이해하지 못하는 아동
- 의사소통을 무시하는 것처럼 보이며 자신이 원하는 것만을 듣는 아동
- 말하는 사람의 얼굴을 이례적으로 쳐다보거나 집중하지 않는 아동
- 주의집중 시간이 짧은 아동

- 산만하고 침착하지 못한 아동
- 한 가지 활동을 길게 하지 못하고 금세 다른 활동으로 바꾸는 아동
- 일상적인 활동에 무관심하거나 활발하지 못한 아동
- 행동 문제가 있는 것으로 평가된 아동
- 너무 활동적이고 공격적이거나 반대로 너무 조용하고 소극적인 아동

③ 의학적 징후
- 호흡기 감염증, 알레르기, 감기 증세를 자주 보이는 아동
- 빈번한 귀앓이, 귀 감염, 목의 감염 혹은 중이염을 가진 아동
- 한 차례 이상 귀의 고름을 짠 적이 있는 아동
- 입으로 호흡하거나 코를 고는 아동
- 무기력하거나 혈색이 창백한 아동

② 검사 방법
- 3세 이상 아동의 청각에 대해서는 순수한 음성 청력측정 테스트를 사용한다.
- 건강이력을 주시한다(행동, 병력).

(5) 시력
시력 영역에서 살펴보아야 할 주요 관점은 기능, 예리함(어떤 주어진 거리에서 볼 수 있는 능력), 질병 등이다.

① 시력 적신호
① 눈
- 눈물이 많다.
- 눈곱이 있다.
- 양 눈의 응시를 잘 조정하지 못한다.
- 핏발이 서 있다.
- 빛에 민감하다.

② 눈꺼풀

- 눈을 지나치게 문지른다.
- 어지럼증, 두통, 매스꺼움을 느낀다.
- 침침함(흐림)을 눈물로 닦아 내려 한다.
- 가려움증, 화상, 긁힘이 있다.
- 멀리 있는 물체를 볼 때 얼굴이나 몸을 찡그리거나 머리를 앞으로 내민다.
- 눈을 지나치게 깜박거린다(눈에서 책을 너무 가까이 혹은 너무 멀리 가져가며, 시각적인 일을 하는 동안 부주의하다).
- 한쪽 눈을 감거나 머리를 갸웃거린다.
- 피곤할 때 시선을 두리번거리는 것처럼 보인다.

② 검사방법

아동의 병력을 주시한다. 아동이 안과 검사를 받은 적이 있는지 알아보고, 만약 그렇지 않다면 권고해 본다.

2. 교직원을 위한 건강 예방관리

　　교직원은 아동을 위한 좋은 프로그램 운영에 필요한 핵심 요소다. 그들은 자신들의 잠재적 건강위험에 깊은 관심을 갖는다. 건강위험에는 질병에 걸릴 위험, 미술용품, 청소약품, 살충제 등 유독성 물질에 노출될 위험, 아동의 신체에 맞게 설계된 가구와 환경, 무거운 것을 빈번하게 들어 올려 생기는 허리디스크 문제, 낮은 조명, 높은 소음, 혼란과 스트레스 등이 포함된다.

　　또 다른 주요 건강위험은 교직원 자신의 건강요구를 무시하는 건강보험 급부와 일과 중 휴식 시간 부족, 아동의 요구를 먼저 충족시켜야 할 책임 때문에 생긴다. 기관은 교직원의 건강 계획을 세움으로써 긍정적이며 건강한 환경을 조성하고, 교직원이 자신의 건강을 보살필 수 있도록 돕고, 또 적절한 보험급부 종합정책을 제공함으로써 걱정을 해결해 주어야 한다.

1) 교직원의 건강을 증진시키는 방법

교직원은 아동에게 최선의 보호를 제공하기 위해 스스로를 돌보아야 한다. 교직원을 도우려면 환경과 프로그램 요구를 조사할 시간을 가져야 한다. 교직원의 요구를 충족시키기 위해서는 어떤 정책이 수정되어야 하는가? 좋은 건강을 장려하고 있는가? 아픈 교직원이 죄의식과 임금의 감소 없이 집에 머무를 수 있는가? 교직원과 관리자 측이 함께 협력할 때 시설과 프로그램은 교직원과 아동의 건강요구에 맞출 수 있다.

(1) 교직원 건강 문제의 해법
교직원의 건강 문제를 해결하는 기본 사항은 다음과 같다.

- 기관에서 규정한 직업위험에 대한 개인적 민감성을 확인하기 위해 전염병, 발진, 스트레스, 환경위험 노출 등에 관한 건강평가를 요구한다.
- 유급 휴가, 의료 보험 등을 포함한 교직원 요구를 충족시키기 위해 후생정책을 협상한다.
- 성인용 화장실, 성인용 책상과 의자 등을 행정이나 교육과정을 계획하고 운영하는 교직원에게 제공한다. 교직원 회의를 위해서는 성인용 접이식 의자를 준비한다.
- 사적인 성인 공간을 마련하고 스트레스를 풀 수 있는 적절한 지원을 제공한다.
- 다리와 허리(등)의 긴장을 예방하기 위해 안전한 들어올리기와 구부리기 기술을 교직원에게 훈련시킨다.
- 피부 보호를 위해 고무장갑을 제공한다.
- 아동기 질병의 노출을 줄일 수 있는 예방 보건정책을 세우고, 교직원과 아동의 건강을 유지하도록 돕는 예방 보건관리를 실행한다.
- 인사정책에 휴식과 대리교사 계획을 포함시킨다.

(2) 교직원의 척추 보호방법

① 자세

서거나 앉을 때 배를 단단하고 평평하게 하여 복부를 지탱하는 것은 하부척추(lower spine)에 필요한 지지대를 제공하는 것이다.

② 앉기

앉을 때는 척추를 바르게 유지하는 것이 중요하다. 앉는 자세는 서거나 걸을 때보다 하부척추에 더 큰 하중을 가한다. 견실한 좌석과 등 아래 받침이 적절한 의자를 선택한다. 무릎을 굽혀 의자에 등을 대는 것은 등의 긴장을 막아 준다. 너무 오래 앉아 있는 것은 좋지 않으니 가끔씩 일어나서 스트레칭을 하고 주위를 걷는다.

③ 운전하기

운전할 때는 좌석을 무릎이 엉덩이보다 높은 위치를 유지하도록 앞으로 이동한다. 종종 작은 베개나 둘둘 만 타월을 등 아래 뒤에 두면 좀 더 강한 지지가 된다.

④ 서기

서는 것은 등에 무리를 줄 수 있다. 상반신(허리)을 구부린 채 장시간 일하지 않도록 한다. 적정한 근육과 좋은 자세는 균형 잡힌 척추와 중립 자세를 유지하도록 도와준다. 복부근육은 앞에서 끌어올리고 엉덩이 근육은 척추의 자연스러운 만곡을 유지하기 위해 뒤에서 끌어내린다. 이 자세는 지치지 않고 장시간 균형 잡힌 서기 자세를 유지할 수 있게 해 준다. 또 다른 기술은 편안한 수준으로 들어 올리기 위해 한쪽 발로 서는 것이다.

⑤ 수면

누워 있을 때 사람의 등은 체중을 지탱할 필요가 없기에 휴식을 취할 수 있다. 수면 시 단단한 매트리스를 사용해야 효과적이며, 무릎을 구부리고 옆으로 자는 것이 좋다.

(3) 물건 들어올리기 기술

모든 사람이 자신의 가장 편안한 들어올리기 기술을 가지고 있다. 그러나 들어올리기에는 기본 규칙이 있다. 다음은 등 통증의 조절 및 예방을 도와주는 방법이다.

- 들어 올릴 대상에 가까이 접근한다. 잡거나 들어 올리려고 무리하지 않는다.
- 확실한 발판을 확보하고 발을 나눈다. 한 다리는 옆에, 다른 다리는 대상 뒤에 둔다.
- 대상을 양손으로 잡되, 손가락보다 강한 손바닥을 이용해 확실히 잡는다.
- 팔과 팔꿈치로 대상을 몸 쪽으로 가져온다.
- 무릎을 구부리고, 다리로 들어 올린다. 강력한 다리근육이 들어올리기를 돕는다.
- 허리 부근에서의 들어올리기는 피한다. 그러나 그렇게 해야 한다면 체중이 중심으로 가도록 손잡이를 다시 잡는다.
- 들어 올리는 동안 몸을 꼬는 것은 등 부상의 원인이 된다. 짐을 들어서 돌려야 한다면 다리의 자세를 바꾼다. 단순히 앞발을 밖으로 돌려 움직이려는 방향을 가리키도록 함으로써 꼬임에 의한 부상 위험을 피할 수 있다.
- 적절한 유지와 예방이 건강한 등 관리의 열쇠다. 등이 어떻게 작용하고, 등을 강하고 유연하게 하는 데 필요한 것을 지속적으로 학습한다.

2) 교직원 건강을 위한 계획

(1) 건강검사

교직원 건강을 위한 계획의 기초는 기관에서 일하거나 일하고자 하는 모든 교직원이 정기 건강검사를 받도록 하는 것이다. 이러한 검사의 결과는 신뢰성이 높아야 하며, 구성원의 허가를 받아 고용주에게 통보될 수 있다.

건강검사가 효과적이기 위해서는 검사를 실시하는 건강전문가가 교직원의 직업 특성과 요구에 대해 알아야 한다. 예를 들어, 만성요추 문제는 사회복지사의 직무 수행을 방해하지는 않지만 영유아 집단의 교직원에게는 분명히 영향을 미친다.

① 고용 전 건강검사

건강검사의 결과는 고용되어 아동과의 접촉이 시작되기 전에 이루어져야 한다. 개인이 업무를 시작한 후에는 건강 문제를 다루는 것이 어렵고, 고용 이후의 검사는 문제가 있을 경우 다른 교직원과 아동에게 건강 문제를 드러낼 수 있다. 건강 문제에 관한 정보는 장애를 가진 사람을 차별하기 위해서가 아니라 건강하고 자격 있는 아동 보호자를 가려내기 위해 사용되어야 한다. 고용 전 검사가 필요한 이유는 다음과 같은 사항을 확인하기 위함이다.

- 해당 직업에 대한 자격이 신체적, 정서적으로 적당한지의 여부
- 결핵검사를 포함한 전염병 감염 여부
- 홍역, 유행성 이하선염, 풍진, 이질, 파상풍, 소아마비, 수두 등을 포함한 아동기 전염병에 대한 예방접종과 병력
- 인플루엔자, 폐렴, B형 간염 등 예방접종 필요성에 대한 평가(만일 출산이 가능한 연령이거나 임신계획 중이라면 수두, 세포 확대 바이러스, 파보바이러스 등에 노출될 위험이 있음)
- 응급치료를 요하는 상태
- 실외활동의 어려움, 빈번한 세수에 영향을 받는 피부 민감성, 미술재료 알레르기와 같은 일반적인 상황에서의 제약
- 직무수행에 영향을 미칠 수 있는 약물이나 식이요법이 필요한 경우
- 가족의 전염병 감염 여부와 상태 파악
- 시각 및 청각의 예민성

교직원의 취업 전 건강검사는 아동의 안전에 영향을 미치는 건강 조건을 테스트하는 것임을 확인한다. 만일 이러한 조건이 어떤 개인이 고용된 후에 확인되면, 본인의 의사를 반영하여 시간제 노동으로 바꾸게 하거나, 역할 변화 혹은 일시 휴가를 제공함으로써 계속 일할 수 있게 조치를 취한다.

②기타 정기 건강검사

교직원의 건강 계획을 진행할 때는 다음 추가 조사 중 어떤 것이 요구되는지 명시한다.

- 모든 교직원에 대해 2년마다 결핵(TB) 정기검사 실시
- 견습기간의 완료 이전 혹은 건강 문제가 제기될 때
- 건강조건이 직무수행에 영향을 미치는 것으로 보일 때
- 다른 역할에 대한 장려나 재배정이 건강 상태에 의해 영향을 받을 때
- 1회 이상의 심장마비, 정신질환, 스트레스와 관련된 상태 등의 이력을 가진 교직원과 같은 책임 문제가 있을 때
- 어떤 전염병에 걸린 후 더 이상 전염성이 없다는 것을 확인해야 할 때

(2) 전염병

전염병은 아동집단에서는 흔하지만 대개가 심각하지 않으며, 대가족에서는 아동에서 성인으로 비슷한 속도로 확산된다. 교직원이 전염성 질병을 가진 아동의 체액을 관리하는 위생규칙을 모를 경우 다른 아동, 교직원 등이 감염될 수 있다. 따라서 교직원은 일반적인 전염병과 예방조치에 익숙해야 한다.

①감염예방

전염병의 확산을 방지하도록 돕는 두 가지 중요한 방법은 예방주사와 철저한 위생관리다.

① 예방주사

홍역, 유행성 이하선염, 풍진, 디프테리아, 파상풍, 소아마비, 수두 등을 포함한 많은 심각한 질병에 대해 안전하고 효과적인 백신이 이용될 수 있다. 이러한 질병에 대한 면역은 모든 교직원에게 강하게 권장된다. 미국의 몇몇 주에서는 교직원이 예방주사를 맞도록 권장한다. 인플루엔자 바이러스에 대한 면역도 권장될 수 있다. 고령의 성인에게는 폐렴구균 면역이 필요하다. 혈액 접촉이 많거나 다른 잠재적 전염성 물질과 접촉이 많은 직업 종사자는 B형 간염 백신을 접

종해야 한다.

② 손 씻기

오염된 물건의 적절한 관리와 함께 잠재적으로 전염성이 있는 체액과의 접촉 후 하는 철저한 손 씻기는 전염병 확산을 막는 가장 효과적인 조치다. 혈액과 아동에게서 나온 기타 체액은 모두 잠재적으로 전염성이 있는 것으로 주의 깊게 다루어져야 한다.

② 임신여성에 대한 특별 보호수단

가임기 여성은 아동 보호 시 아동이 태아에게 중대한 건강 문제를 초래하는 전염병에 노출되었을 가능성을 염두에 두어야 한다. 이러한 전염병에는 유행성 이하선염, 홍역, 풍진, 수두, B형 간염, 세포 확대 바이러스, 파보바이러스, 포진, HIV 감염 등이 포함된다.

유행성 이하선염, 홍역, 풍진, 수두, B형 간염은 예방주사로 예방할 수 있다. 일반 예방주사인 홍역, 유행성 이하선염, 풍진, 수두 등은 필히 맞아야 한다. 근로자는 일을 시작하고 10일 이내에 B형 간염 백신을 맞아야 한다. 손 씻기에 대한 철저한 관심, 모든 아동의 피와 체액의 확실한 처리는 예방주사를 맞지 않은 전염에 민감한 여성에게 가장 효과적인 보호수단이다. 임신 중이거나 임신을 계획한 여성은 산부인과 전문의와 자신의 민감성과 직업위험 노출에 대해 상담을 받는 것이 좋다.

③ 일하러 가서는 안 되는 때

일반적으로 아동은 자주 감기와 독감에 걸린다. 그러므로 매일 아동과 함께 활동하는 교직원은 병에 걸리기 쉽다. 그러나 신뢰할 수 있는 대리인의 확보와 유지의 어려움 때문에 많은 기관이 부적절한 대리인 정책을 가지고 있다. 그 결과 많은 교직원이 아플 때에도 계속 일하고 있다. 대리인 적용 범위를 넓히는 것이 원활한 프로그램의 주요 요소이나, 신뢰할 만한 대리인 정책 마련은 어려운 과제다.

일상 활동의 수행이 힘든 교직원은 휴가를 주어 쉬도록 해야 한다. 따라서 인

사정책은 교직원이 일하기 어려울 만큼 아플 때에는 집에서 쉬게 할 수 있도록 작성되어야 한다. 교직원은 임금 삭감에 대한 염려와 부적절한 대리인 정책으로 인한 죄의식 때문에 아파도 일하러 나올 것이다. 모든 교직원은 그들의 개인적 관심과 프로그램의 관심이 조화를 이루는 선택을 해야 한다. 분명히 뇌막염이나 수두 등의 중병에 걸린 교직원은 아동시설에서는 일할 수 없으며, 다른 전염병에 걸린 교직원 역시 치료가 끝난 후에 돌아와야 한다. 설사병에 걸린 교직원은 상태가 좋아지거나 의사가 전염성이 없다고 판정한 후에 복귀해야 한다.

④ 대리인과 휴식
대리인과 휴식정책에 대해서는 다음의 제안에 따른다.

① 대리인
- 대리인을 고용하기 위해 다른 기관과의 제휴를 고려한다. 이것은 각 기관에 어떤 보장된 보상범위를 제공하며 대리인에게 신뢰할 만한 직업을 제공한다. 만일 예정된 날에 결근한 사람이 없다면, 대리인은 정규 교직원이 학부모회의 계획 등에 참가하는 동안 아동을 돌볼 수 있다.
- 대리인을 위해 적정한 임금을 책정한다.
- 대리인 정책을 규칙적으로 평가한다. 대리인 목록을 적극 활용하고, 대리인 활동 가능성을 확인하기 위해 주기적으로 전화한다.
- 부모가 대리인 절차에 관해 알 수 있도록 한다.

② 휴식(휴가)
추가 교직원의 고용비용 때문에 대부분의 프로그램은 교직원의 휴식 동안 나머지 교직원을 활용한다. 교직원이 같은 날 한 집단 이상의 아동을 담당할 때는 한 집단에서 또 다른 집단으로 병균 이동을 막기 위해 손 씻기에 특별한 주의를 기울여야 한다. 제한된 교직원으로 질병에 대처하기 위해서는 다음과 같이 해야 한다.

- 비정규 직원은 아동을 담당하는 교사와 서로 다른 날에 휴가를 사용한다.

- 부모, 학생, 지역사회 구성원을 특정 업무가 없는 사람으로 배정한다. 이러한 계획을 실행할 때에는 규칙적인 계획을 따를 수 있는 신뢰할 만한 자원자를 활용해야 한다. 자원자가 자신의 의무에 관한 철저한 오리엔테이션을 받고 정규 교직원과 동일한 모니터링 기술과 건강을 갖도록 한다.
- 휴가기간 동안 한 번에 한 명의 특정 업무가 없는 사람을 지정하여 당직 업무를 보도록 한다. 이렇게 하면 교직원은 모든 교실에 친숙해져 기관에 대한 지식을 얻을 수 있다.
- 교직원의 이동 시간을 일부 겹치게 한다. 오후 이동은 아침 이동의 마지막 30분 동안에 시작될 수 있다. 이 모델에는 더 많은 비용이 들지만 이는 휴식을 제공하고 교직원에게 대화의 시간을 준다.
- 교직원을 위해 조용한 별도의 휴식 공간을 제공한다. 공간이 제한되어 있다 할지라도 창문 앞에 마련된 안락의자는 휴식 장소로 사용될 수 있다. 가능하다면 예산을 책정하여 교직원의 원기회복에 사용하도록 한다.

제 5 장
식품영양과 건강

아 동 건 강 교 육

1. 영양의 기본 요소

인간이 건강하게 살아가기 위해서는 신체에 적정한 영양소(nutrients)가 공급되어야 한다. 좋은 영양 상태를 유지하려면 우리 몸에 필요한 40여 종에 이르는 영양소를 알맞게 섭취해야 하며, 이러한 영양소는 우리가 평소에 섭취하는 다양한 음식물 속에 포함되어 있다. 이렇게 많은 영양소는 구조, 성질, 기능에 따라 크게 탄수화물, 단백질, 지방, 비타민, 무기질, 물로 구분해 볼 수 있다. 인간에게 필수적인 여섯 가지 영양소에 대한 구체적인 사항은 다음에서 설명한다 (고승덕, 김은주, 1999; 김숙희 외, 1995; 서울대학교 생활과학연구소 식생활정보실, 2000; 전국대학보건관리학협의회, 1995).

표 5-1 인체의 필수 영양소

열량영양소			무기질	비타민	물
탄수화물	지방	단백질			
포도당	리놀레산 리놀렌산 아라키돈산	로이신 리진 메티오닌 발린 이소로이신 트레오닌 트립토판 페닐알라닌 히스티딘	칼슘(Ca) 염소(Cl) 코발트(Co) 크롬(Cr) 구리(Cu) 불소(F) 철(Fe) 요오드(I) 칼륨(K) 마그네슘(Ma) 망간(Mn) 몰리브덴(Mo) 나트륨(Na) 니켈(Ni) 인(P) 셀레늄(Se) 실리콘(Si) 주석(Sn) 바나듐(V) 아연(Zn)	비타민 A 비타민 D 비타민 E 비타민 K 티아민 리보플라빈 니아신 판토텐산 엽산 비타민 B_6 비타민 B_{12} 비오틴 비타민 C	물
	*필수 아미노산	*필수 아미노산			

출처: 김숙희 외(1995), p. 26.

1) 탄수화물

탄수화물(carbohydrate)은 일이나 운동을 하는 데 필요한 영양소다. 탄수화물 1g은 3.8kcal의 열량을 공급하며 일일 열량의 50%를 차지한다. 탄수화물은 흡수가 빠르고 신속하게 에너지를 인체에 공급해 주기 때문에 신진대사가 활발한 영양소로 일부는 세포의 구성에 사용된다. 탄수화물은 비타민과 섬유질이 풍부한 잡곡류, 야채, 과일류와 함께 섭취하면 소화에 도움이 되고 장운동을 촉진시켜 변비를 예방할 수 있다. 그러나 흰 밀가루나 설탕이 많이 들어 있는 단 음식물은 너무 가볍게 소화되기 때문에 장운동을 저하시킨다. 또한 고열량을 한꺼번에 섭취하게 됨으로써 유아의 식욕부진을 초래하여 주식을 멀리하게 만들고 비만증이나 충치를 유발한다. 탄수화물이 많이 함유되어 있는 식품으로는 밥, 국수, 빵, 떡, 쌀, 보리, 옥수수, 밀, 감자, 고구마, 밤, 수수, 설탕, 콩, 바나나, 과일 등을 들 수 있다.

2) 지방

지방(fat)은 체내에서 농축된 에너지원이므로 매우 중요하다. 지방은 1g당 9kcal의 열량을 내기 때문에 에너지 효율 면에서 매우 유리하다. 지방은 몸속에 들어가 에너지로 사용되지만 잉여 지방은 몸속에서 지방으로 축적된다. 잉여 지방은 보통 피하 지방의 지방 세포에 축적되는데, 이렇게 축적된 지방이 외부와의 절연체 역할을 하여 체온 손실을 막아 신체를 따뜻하게 유지시켜 준다.

지방은 버터, 마가린, 식물성 기름과 같이 직접 눈으로 볼 수 있는 것도 있으나 우리가 섭취하는 지방의 60% 정도는 음식물 속에 함유되어 있으므로 눈으로 볼 수 없다. 이러한 지방은 우리 몸에 없어서는 안 될 필수 지방산과 지용성 비타민의 흡수를 돕는다. 또한 지방은 위장 내에 오래 남아 있으므로 식사 후에 포만감을 충분히 느끼게 해 준다. 그리고 식품에 특별한 맛과 향미를 주는데 아이스크림이나 케이크의 부드러운 맛은 모두 지방 때문이다. 지방이 많이 들어 있는 식품으로는 돼지고기, 생선, 조개류, 참기름, 들기름, 식용유, 버터, 마가린, 땅콩, 호두, 깨, 잣 등을 들 수 있다.

(1) 필수 지방산과 비필수 지방산

지방산은 우리 몸과 식품에 들어 있는 지방의 대부분을 이루고 있는 물질로 필수 지방산과 비필수 지방산으로 나눌 수 있다. 필수 지방산이란 리놀레산(linoleic acid), 리놀렌산(linolenic acid), 아라키돈산(arachidonic acid) 등을 가리키며 체내에서 충분한 양이 생산되지 못하므로 식사를 통해서 꼭 섭취해야 한다. 리놀레산, 리놀렌산, 아라키돈산은 불포화 지방산으로 이것이 결핍될 경우 성장이 저해되고 피부염이 발생할 수 있다. 필수 지방산은 불포화 지방산을 함유하고 있는 식물성 기름에서 주로 찾아볼 수 있으며, 해바라기유, 옥수수유, 콩기름, 참기름, 면실유, 마가린 등을 들 수 있다. 반면 비필수 지방산은 체내에서 충분히 합성되는 지방산이다.

(2) 포화 지방산과 불포화 지방산

지방산의 포화도는 탄소 원자 간의 이중 결합의 존재 여부에 달려 있다. 포화 지방산은 탄소와 탄소 사이에 이중 결합이 없이 단일 결합으로만 되어 있는 지방산이고, 불포화 지방산은 이중결합을 가지고 있는 지방산을 말한다. 자연에서나 생체 내에서 이중결합을 가진 지방산은 매우 불안정하여 산화되기 쉬우므로 자연 식품이나 생체 내에서 불포화 지방산의 산화를 방지하기 위하여 항산화제인 비타민 E나 비타민 C의 소모량이 많아진다. 불포화 지방산은 식물성 지

DHA란?

DHA는 불포화 지방산으로 뇌세포의 구성 성분이다. DHA는 두뇌 발달을 촉진하고 노인성 치매를 예방하며 신경계의 발달과 기억, 학습기능을 향상시킨다. 또한 눈의 반사 능력을 향상시키고 그 밖에 암을 예방하고 알레르기를 방지하는 것으로 알려져 있다. 이러한 작용을 원활히 수행하기 위하여 체내에서는 주로 뇌의 신경계통, 눈의 망막 세포, 심장 근육, 식균 작용과 면역기능을 가진 백혈구, 생식능력을 증진시키는 정자 등에 다량 포함되어 있다. DHA 지방산은 생선이나 조개와 같은 어패류의 기름에 많이 포함되어 있는데, 특히 참치나 가다랭이, 꽁치, 정어리, 전갱이 등의 등이 푸른 생선에 많다. 그중에서도 생선의 머리 부분과 눈에 많이 함유되어 있다.

방에 많고, 포화 지방산은 주로 동물성 지방에 많은데 포화 지방산을 과다 섭취하면 동맥경화와 심장병을 유발할 수 있다.

3) 단백질

단백질(protein)은 몸의 피와 살을 만드는 데 필요한 영양소로서 20종의 아미노산으로 구성된다. 그중 아홉 가지 필수 아미노산은 식품에 의해서만 공급될 수 있어서 몸속에서 합성되지 않으며, 나머지 열한 가지 아미노산은 체내에서 합성된다. 따라서 단백질을 섭취하는 목적은 필수 아미노산을 공급하기 위한 것이라 할 수 있다. 1g의 단백질은 약 0.3kcal의 열량을 공급하며 일일 필요량은 전체 열량에서 15%를 차지한다. 단백질은 열량을 낼 수 있는 영양소이지만 탄수화물이나 지방을 많이 섭취하여 단백질이 에너지로 사용되는 것을 방지해야 단백질 고유의 기능인 근육, 혈액, 효소, 항체 호르몬 등 신체 조직의 구성이나 기능을 수행할 수 있다. 그래야만 인체의 성장과 건강이 정상적으로 유지된다.

아미노산 단백질은 몸속에 단백질 자체를 저장할 수 없기 때문에 매일 체중 1kg당 2~3g의 단백질을 섭취시켜 주어야 영유아의 정상적인 성장을 도울 수 있다. 단백질은 근육의 결합조직, 혈액수송, 효소, 면역체계 등을 구성하고 있는 신체 구성 성분으로 근육, 혈액 등은 단백질을 재료로 매일 새롭게 다시 만들어지고 있다. 그러므로 건강한 신체를 유지하려면 양질의 단백질을 균형 있게 섭취하여야 한다.

혈액에 일단 흡수된 단백질은 신장에서 걸러지고 걸러지지 못하면 당뇨병이 된다. 또한 단백질은 근육조직을 만들거나 재생하는 데 사용되며 과잉 공급된 단백질은 에너지로 바뀌거나 지방으로 저장된다. 즉, 단백질을 필요 이상으로 많이 섭취하거나 에너지가 부족하면 여분의 단백질은 에너지로 쓰이게 되기 때문에 단백질의 섭취를 증가시킬 때는 주요 에너지원인 탄수화물이나 지방의 섭취를 증가시키는 것이 좋다. 그렇지 않으면 애써 섭취한 단백질이 포도당 대신 에너지로만 쓰이게 된다.

단백질이 부족하면 신체의 저항력이 떨어지고 온몸의 조직이 쇠약해져서 조혈작용도 떨어지고 피로와 빈혈을 일으키는 원인이 된다. 조직이 쇠약해지면

아미노산이란?

아미노산(amino acids)은 단백질의 구성단위로, 필수 아미노산과 비필수 아미노산으로 구분할 수 있다. 필수 아미노산은 체내에서 합성이 되지 않거나 소량만 합성되므로 로이신, 리진, 메티오닌, 발린, 이소로이신, 트레오닌, 트립토판, 페닐알라닌, 히스티딘 등은 식사를 통해 꼭 섭취해야 한다. 반면에 체내에서 충분히 합성되는 아미노산을 비필수 아미노산이라고 한다. 아미노산이 한 종류라도 부족하게 되면 단백질을 제대로 합성해 낼 수 없으므로 부족한 아미노산이 없도록 주의한다.

그만큼 병에 대한 저항력도 떨어지게 되므로 병에 걸리기도 쉽다. 단백질을 많이 섭취하는 것은 스트레스 해소에도 도움이 된다. 스트레스가 증가하면 그만큼 부신피질의 기능이 항진하여 단백질의 소모량도 증가하기 때문이다. 따라서 단백질을 충분히 보급하면 스트레스에 대한 저항력도 기를 수 있게 된다.

(1) 단백질의 질

단백질은 쇠고기, 갈비, 생선, 생선통조림, 닭고기, 통닭, 달걀, 우유, 콩, 두부, 된장 등 식물성과 동물성 식품에 모두 들어 있으며, 달걀, 우유, 콩 등은 단백질의 질이 우수한 식품이다. 특히 콩은 단백질 함유량이 매우 많은 훌륭한 단백질원으로 콩으로 만든 두부나 두유 역시 좋은 단백질 식품이다. 동물성 단백질(육류, 생선류, 달걀, 우유, 치즈 등)과 식물성 단백질(콩류, 된장, 두부, 곡류, 견과류, 과일, 채소 등)은 일대일 비율로 취하는 것이 가장 이상적이고 단백질이 체내에서 잘 이용되기 위해서는 열량이 충분해야 하므로 단백질뿐 아니라 탄수화물과 지방이 적절히 공급되어야 한다.

(2) 대표적인 단백질 식품 달걀
① 달걀의 영양

달걀은 단백질이 많고 필수 아미노산이 골고루 들어 있으며 철분이나 비타민 A와 같은 다른 영양소도 풍부하다. 이렇게 달걀이 완전식품이기는 하지만 달걀 다이어트는 좋지 않다. 달걀에는 필수 아미노산이 다 들어 있고 아주 좋은 식품이지만 모든 영양소가 다 들어 있는 것은 아니기 때문이다. 그리고 달걀노른자에는 콜레스테롤이 많다고 피하는 사람이 많은데 혈중 콜레스테롤 수치가 정상인 사람에게 하루에 한두 개 정도의 달걀 섭취는 문제를 일으키지 않는다.

② 달걀의 조리

달걀에 함유된 아비딘(avidin)이라는 단백질은 수용성 비타민인 비오틴(biotin)을 파괴시키기 때문에 날것으로 먹는 것보다 익혀서 먹는 것이 더 좋다. 열에 의한 달걀의 조리는 단백질을 변성시키지만 영양소를 파괴하는 것은 아니기 때문이다. 달걀을 완숙으로 조리하면 노른자에 초록색 띠가 형성되어 있는 경우가 있는데, 이는 흰자에 들어 있는 수소가 노른자에 들어 있는 황성분을 만나서 초록색 띠를 만든 것이기에 인체에는 무해하다.

③ 달걀의 선택

요즈음에는 요오드란, 신선란, 해초란 등의 많은 종류의 달걀이 나오는데, 이는 닭에게 주는 모이의 차이일 뿐이다. 물론 더 양질의 모이를 먹은 닭이 낳은 달걀이 더 좋겠지만 가격 차이가 큰 경우에는 경제성을 고려한다. 특별한 종류의 달걀보다는 신선한 것일수록 영양이 높고 맛있다. 신선한 달걀을 고르는 방법은 우선 포장의 날짜를 살피는 것이다. 날짜를 알 수 없을 때에는 손으로 들고 살펴보면 된다. 껍질이 까슬까슬하고 빛에 투과했을 때 반투명하고 맑은 것일수록 신선하고, 오래된 것일수록 검은 그림자가 나타난다. 또 흔들었을 때 소리가 나지 않으며 크기에 비해 무거운 것이 좋은 달걀이다. 깼을 때는 노른자가 둥글게 부풀어 올라 있으면 신선하다는 증거다. 대체로 산란 후 2~3일 지난 것이 점포에 나오기 때문에 1주일 이내에 먹는 것이 좋다. 또한 달걀의 크기나 껍질의 색깔은 영양가와는 별 상관이 없다. 모든 달걀이 노른자의 크기는 거의 같기 때문에 흰자를 많이 쓸 때만 큰 것을 고르는 것이 좋다.

4) 무기질

무기질(mineral)은 에너지를 내지는 않지만 탄수화물, 지방, 단백질로부터 에너지가 나오도록 촉매작용을 하며, 체내의 대사과정을 조절하는 기능을 한다. 인체에 반드시 필요한 무기질로는 나트륨, 칼륨, 염소, 마그네슘, 칼슘, 인, 유황, 철분, 요오드, 코발트, 불소, 아연 등이 있다. 무기질은 체중의 4% 정도를 차지하는데, 그중 칼슘이 거의 절반을 차지하고 인은 1/4 정도를 차지한다. 칼슘은 심장의 박동과 혈액의 응고를 조절하고, 칼슘·인·마그네슘은 골격과 치아를 구성하는 성분으로 유아나 산모에게 충분히 공급되어야 한다. 그리고 철분과 구리는 산소를 조직으로 운반하는 단백질을 만드는 데 꼭 필요하기 때문에 부족하면 빈혈을 일으킬 수 있다. 이렇게 많은 종류의 무기질이 체내의 신진대사에 필요하므로, 충분한 무기질을 공급하기 위하여 여러 종류의 식물성, 동물성 식품을 골고루 섭취해야 한다. 무기질이 많이 들어 있는 식품으로는 간, 육류, 달걀노른자, 건포도, 호두, 밤, 야채, 우유, 김, 파래, 생선, 조개 등이 있다.

(1) 칼슘

칼슘(Ca)은 몸을 성장시키고 건강을 유지하는 데 필수적인 영양소다. 칼슘은 골격과 치아 형성, 혈액 응고, 근육 수축과 이완, 신경의 흥분과 자극 전달, 효소의 활성화 등 골격 구성과 중요한 생리 조절기능을 담당하고 있다. 칼슘의 흡수 효율은 신체 생리 상태, 체내 요구도, 섭취량 및 소장 내의 상태에 따라 촉진 또는 저해된다. 또 함께 먹는 식품에 따라서도 달라지는데 적당량의 단백질, 비타민 D, 우유 성분인 유당과 펩타이드 등은 칼슘 흡수를 촉진하는 반면 과량의 인산, 수산, 피틴산, 섬유소, 지방 등은 흡수를 저해한다.

칼슘섭취가 부족하면 골격의 석회화가 불충분하여 뼈 조직의 구성과 성장이 부진하게 됨으로써 구루병, 골연화증, 골다공증의 결핍증이나 빈혈을 일으킬 수 있다. 칼슘은 우유 및 유제품, 간, 멸치, 조개, 녹황색 채소류 등에 많이 포함되어 있으며, 칼슘의 일일 필요량은 0.5g 정도다. 특히 우유 및 유제품은 단백질이나 칼슘 함량이 높기 때문에 성장기에 있는 유아, 임신부, 성인, 노인에 이르기까지 모두에게 권장되는 우수한 식품으로 평가되고 있다. 하루에 우유 세 잔을 마시면 성인의 일일 권장량인 700mg을 만족시킨다.

(2) 철분

철분(Fe)은 혈액의 주요 단백질인 헤모글로빈과 미오글로빈을 구성하고, 에너지 형성에 중요한 전달 물질인 시토크롬을 구성하며, 또 면역 체계, 효소 합성, 콜라겐 합성, 간에서의 해독 작용 등 여러 가지 역할을 한다. 철은 헴철과 비헴철로 나눌 수 있는데, 헴철은 비헴철보다 흡수율이 4배가 높다. 헴철은 육류, 생선, 가금류 등 동물성 식품에 들어 있으며, 비헴철은 동물성 식품과 콩, 진한 녹색 채소 등의 식물성 식품에 들어 있다.

철분의 결핍은 우리나라에서뿐 아니라 세계적으로 가장 흔한 영양 문제로 철 결핍 증상은 세 단계로 구분된다. 초기 단계에는 기능 손상이 없는 저장량의 감소, 다음 단계에는 생화학적 변화로 인한 단백질의 포화도 저하, 마지막 단계에는 철 결핍성 빈혈로 혈중 헤모글로빈 수준이 정상치 아래로 감소되고 혈색소 농도가 낮고 크기가 작은 적혈구 세포가 나타나는 것이 특징이다.

(3) 나트륨

나트륨(Na)은 여러 가지 식품에 천연으로 함유되어 있다. 특히 육류, 우유, 달걀 등의 동물성 식품에 많이 함유되어 있고, 곡류, 채소, 과일 등에는 나트륨 함유량이 낮다. 한국인의 나트륨 주 공급원은 식염을 이용한 간장, 된장, 고추장 등의 양념과 젓갈, 김치 등에 식염을 사용한 식품으로 이는 우리 몸에 필요한 양보다 훨씬 많은 양의 나트륨을 공급하여 고혈압이나 성인병을 일으키는 원인이 되기도 한다.

음식물을 짜게 먹는 한국인의 식생활 습관은 유아기 때부터 부모에 의해 형성된다. 음식물을 짜지 않게 먹기 위해서는 간장, 된장, 고추장 등의 사용량을 줄여야 하고, 가공식품과 젓갈식품 등 식염을 다량 포함하고 있는 식품의 사용을 줄여야 한다. 즉, 가능하면 신선한 채소와 과일을 많이 사용하고 곡류, 육류 등도 가공식품보다는 집에서 싱겁게 조리하여 먹는 것이 바람직하다.

5) 비타민

비타민(vitamin)은 체내에서 광범위한 기능을 수행하지만 필요량은 모두 극히 소량이며 식사를 통하여 꼭 공급되어야 하는 필수 영양소다. 비타민은 직접 에너지를 공급하지는 않지만 탄수화물, 지방, 단백질이 에너지를 만들어 내는 과정에서 꼭 필요하며, 신체의 정상적인 대사나 건강을 위해서 필수가결한 물질이다. 예를 들어, 비타민 A는 시각의 원활한 기능수행에 필요하고, 비타민 K는 혈액이 응고하기 위해 필요하며, 비타민 B1은 신경자극을 뇌에 전달하기 위하여 반드시 필요하다.

비타민은 물에 녹는 수용성 비타민과 물에 녹지 않고 지방에 녹는 지용성 비타민으로 구분된다. 수용성 비타민에는 티아민(비타민 B1), 리보플라빈(비타민 B2), 엽산, 비타민 C가 있으며 과량을 먹었을 경우에는 소변을 통하여 배설되므로 독성의 위험은 없다. 지용성 비타민은 물에 녹지 않는 비타민으로 비타민 A, D, E, K가 있고 지방을 섭취할 때 함께 흡수되며 과량을 섭취하게 되면 몸에 축적되어 독성을 나타낼 수 있다. 비타민이 많이 들어 있는 식품으로는 시금치, 풋고추, 포도, 귤, 마늘, 토마토, 사과, 무, 딸기, 배추, 우유, 콩 등을 들 수 있다.

(1) 비타민 C

수용성인 비타민 C는 몸속에서 결합 조직을 구성하는 단백질의 일종인 콜라겐(collagen) 형성에 반드시 필요하며, 철이 잘 흡수되도록 돕고, 면역 기능 및 상처 회복에 중요한 역할을 한다. 그러므로 비타민 C가 부족할 경우 세포 간 물질과 콜라겐 합성에 장애가 생겨 상처나 화상의 치유가 더디고 뼈와 치아가 단단하게 굳지 않는다. 또한 모세혈관이 쉽게 파열되어 출혈을 일으켜 저항력이 감퇴된다. 비타민 C의 부족으로 인한 대표적인 질환으로는 잇몸이 붓고 출혈이 나며 이가 빠지기 쉬운 괴혈병이 있으며, 증상이 심해질 경우에는 체중이 감소하고 근육에 힘이 없어져 사망에 이를 수도 있다. 그리고 비타민 C는 주근깨나 기미 등 피부에 색소가 침착되는 방지하기 때문에 여성의 피부 미용에 꼭 필요하며 철분의 흡수를 도와주기 때문에 빈혈 예방에도 도움이 된다.

비타민 C는 알코올이나 담배의 니코틴작용을 감소시키고 스트레스 완화 역할을 하기 때문에 남성에게도 중요하다. 술과 담배를 피우는 사람은 비타민 C의 섭취를 증가시킬 필요가 있다. 흡연자가 담배 한 개피를 필 경우 하루 비타민 C의 권장량의 절반을 소비하게 되는데, 이는 귤 하나를 먹을 때 얻을 수 있는 비타민 C의 양에 해당되므로 흡연자의 경우에는 과일이나 채소를 통해 비타민 C를 충분히 섭취해야 한다.

비타민 C의 공급원은 채소와 과일이며 이 중에서도 비타민 C의 함량이 높은 식품으로는 풋고추, 고춧잎, 피망, 양배추, 시금치, 토마토 등의 야채와 키위, 오렌지, 딸기, 감귤 등의 과일이 있다. 비타민 C를 흡수한 후에는 대략 3시간 이내에 배설되므로 매일 섭취해야 하며, 한꺼번에 많이 먹는 것은 낭비일 뿐이다. 과량을 섭취하는 경우 소변을 통해 잉여 비타민 C는 배설되며 지나치게 과량인 경우 요도가 쓰린 부작용이 나타나기도 한다.

(2) 비타민 B1(티아민)

수용성인 티아민은 탄수화물을 비롯한 단백질, 지방이 우리 몸에서 에너지로 사용될 때 반드시 필요한 비타민이다. 그러므로 총 에너지 섭취량이 증가할수록 티아민 권장량도 증가한다. 티아민의 주요 식품 공급원은 맥주 효모, 돼지고기, 콩류 등을 들 수 있으며, 곡류의 배아 부분에 많이 함유되어 있다. 그러므로 현미 등을 밥에 섞어 먹는 경우 티아민의 섭취량을 늘릴 수 있으며, 티아민은 수용성 비타민이므로 과량 섭취할 경우에는 배설되며 독성은 없다.

경미한 티아민 결핍 시에는 불안, 초조, 두통, 피로 등의 증상이 나타나지만, 심각한 결핍 시에는 신경 장애로 인한 다리 마비, 심장 쇠약, 소아장애, 저항력 감퇴 등을 일으키며, 심한 경우에는 각기병을 초래할 수 있다. 성인의 경우 도정된 곡류로 고탄수화물 식이를 하거나 과다한 육체노동, 발열, 만성 알코올 중독자, 대사 항진 환자에게서 티아민 부족증이 나타나기 쉽다.

(3) 비타민 B2(리보플라빈)

수용성인 리보플라빈은 조효소로서 체내에서 일어나는 여러 가지 산화 · 환원 반응을 촉매하는 역할을 한다. 리보플라빈은 빛에 의해 잘 파괴되기 때문에 유리병에 담긴 우유는 햇빛이 들지 않는 곳에 보관해야 하며, 먹는 피임약도 리보플라빈의 결핍을 초래할 수 있다. 리보플라빈 결핍 증세는 주로 구강에 나타나는 구각염, 구순염, 설염 등과 코, 입 주위의 안면이나 음낭 외음부의 지루성 피부염, 안구충혈이나 광선 공포증, 조로성 백내장, 빈혈 등으로 나타난다. 육류, 닭고기, 생선과 같은 동물성 식품과 우유제품이 리보플라빈의 좋은 공급원이기 때문에 채식주의자들은 리보플라빈이 부족하기 쉬우나 콩류, 녹색 야채, 곡류, 난류도 좋은 공급원이므로 야채나 곡류를 먹고 술을 많이 마시지 않는다면 채식주의자도 충분한 리보플라빈을 섭취할 수 있다.

(4) 엽산

엽산(folate)은 아미노산과 핵산의 합성에 필수적인 영양소이므로 세포 분열과 성장에 특히 중요하다. 엽산 결핍은 빈혈을 일으키고 혈구에 이상을 초래할 뿐 아니라 최근에는 뇌성마비와 심경관 결함 빈도를 높이며 조산, 사산, 저체중아 출산 등 임신 결과에 악영향을 미쳐 여성의 자궁 경부 형성 장애에도 관련이 있는 것으로 보고되고 있다. 그러므로 임신 중에 엽산 보충에 각별히 신경 써야한다. 엽산이 많이 들어 있는 식품으로는 간, 엽채류, 두류, 이스트, 과일류가 있으며, 시금치, 아스파라거스, 쇠고기 간, 파슬리, 브로콜리, 상치, 땅콩 등에 특히 풍부하다. 열에 약하므로 조리할 때 유의해야 하는데, 예를 들어 5분간 가열하면 50~90%, 15분 가열하면 90~95%가 파괴된다고 한다. 또한 엽산은 소장에서 흡수가 되는데 저장량이 3개월 정도면 고갈된다.

> 엽산(葉酸)은 비타민 B 복합체의 하나로 1941년 미첼(Mitchell)이 시금치에서 처음으로 엽산을 뽑아내면서부터 소개되었다. 엽산은 엽록 야채, 간장, 효모 등에 함유되어 있으며 인체 내에서 부족하면 빈혈증이 생긴다. 엽산의 모양은 황색 결정체로 되어 있으며, 빈혈, 설사, 간장 질환, 식욕부진 등의 예방과 치료에 특히 효과가 있다(신기철, 신용철, 1987).

(5) 비타민 A

지용성인 비타민 A는 간, 녹황색 야채, 해초류, 과일에 많이 함유되어 있으며 시각, 성장, 세포 분열, 생식, 면역 체계 보존에 매우 중요한 역할을 한다. 그래서 비타민 A가 부족할 경우에는 눈과 관련하여 야맹증과 안구건조증이 발병할 수 있고 심할 경우 실명이 될 수도 있다. 또 다른 증상으로는 식욕 부진, 감염에 민감, 호흡기관이나 다른 기관의 상피 세포의 각질화를 들 수 있다. 비타민 A와 그 유도체들이 여드름 치료에 도움이 된다는 연구가 있기는 하나 그 양이 상당히 높아서 중독의 위험성이 다분히 있다. 그러므로 전문 지식을 갖춘 의사의 지시에 따라 독성이 비교적 적은 비타민 A의 유도체로 처방을 받아야 한다. 여드름 치료의 목적으로 함부로 혼자 먹어서는 안 된다.

(6) 비타민 D

지용성인 비타민 D는 칼슘과 인의 대사에 필요하다. 즉, 골격과 치아의 형성에 필요한 칼슘과 인의 섭취를 도와 인체에 작용할 수 있도록 한다. 비타민 D를 많이 함유하고 있는 식품으로는 생선의 간유, 기름진 생선 등을 들 수 있으나 식품 중에 그다지 많지 않아 우유 등에 강화제를 첨가하는 경우도 있으며, 비타민 D의 경우 하루에 햇볕을 15분 정도 쬐면 하루 필요량을 체내에서 합성할 수 있다. 그러나 노인이나 실내에서 주로 활동하는 사람의 경우 이 필요량을 충분히 만들어 내기가 쉽지 않으므로 식품을 통한 섭취가 필요하다. 비타민 D가 결핍되면 골격의 석회화가 충분히 되지 않아 심할 경우 어린아이의 경우 뼈가 굽는 구루병을 일으키기도 하고 성인의 경우 골연화증이 나타나며 심각한 뼈 상실을 일으킬 수 있다. 노인의 경우 성인과 같은 양을 먹어도 흡수율이 떨어지므로 충분히 섭취해야 한다. 반면 권장량의 5배 이상만 섭취해도 고칼슘혈증과 고칼슘뇨증, 연조직의 칼슘을 축적시키는 등의 독성이 나타나므로 필요량을 매일 공급해 주어야 한다.

(7) 비타민 E(토코페롤)

지용성인 비타민 E는 비타민 C와 더불어 항산화제로 알려져 있다. 비타민 E가 결핍되면 불포화 지방산의 산화가 세포막을 따라 쉽게 확산되어 세포의 손상을 가져오고, 궁극적으로 적혈구의 용혈 현상과 근육과 신경세포가 손상될 수 있다. 비타민 E에 대한 동물 실험 중 쥐의 생식 능력이 향상되었다는 연구 결과에 따라 사람의 성기능 향상에 비타민 E가 도움을 준다고 잘못 생각하는 사람이 많은데, 이는 쥐 실험을 통한 결과일 뿐 아직 사람에 관한 확실한 근거는 없다. 비타민 E가 가장 많이 함유되어 있는 식품은 콩, 옥수수, 해바라기씨,

목화씨 기름 등과 이의 가공 제품인 마가린, 쇼팅 등이 있다. 다른 지용성 비타민에 비해 독성은 적은 편이다.

(8) 비타민 K

지용성인 비타민 K는 혈액 응고 작용을 하며, 혈장, 뼈, 신장에서 발견되는 특정한 단백질의 합성에도 필요하다. 주요 식품은 녹색 채소며 과일, 우유, 고기, 곡류 등에서도 공급된다. 비타민 K는 식사와 장내 세균을 통해 합성이 가능하므로 결핍증은 거의 없는 편이다.

6) 물

물(water)은 신체의 성장과 유지는 물론 신체의 대사과정에서 꼭 필요하다. 물은 우유, 과일, 채소 등의 식품에서 상당량을 얻을 수 있으며, 차나 커피 등의 음료수에서 얻을 수 있다. 체내에서 물은 탄수화물, 지방, 단백질로부터 에너지를 내는 화학반응에 필요하고, 영양소를 흡수하고 운반하는 윤활유로 작용한다. 또한 폐나 피부로부터 물이 증발함으로써 체온을 유지시켜 주기도 한다. 사람은 어떤 다른 영양소보다 물이 없을 때 더 빨리 죽는다는 사실을 보아도 영양소로서 물이 얼마나 중요한지 알 수 있다.

(1) 물의 기능과 하루 필요량

물은 우리 몸의 70% 이상을 차지하는 물질로서 체온 조절, 영양소와 노폐물 운반, 신체조직의 구성 성분, 효소에 의해서 일어나는 대사 반응, 화학 에너지의 전달이 일어날 때의 매개체 기능을 한다. 성인의 경우 1cal를 소비하는 데 1ml의 물이 필요하다. 예를 들면, 하루에 2,400cal를 섭취하는 사람의 경우 식품에 함유된 물과 음료의 형태로 총 2.4l의 물을 채우면 된다. 체내의 물이 부족할 경우 첫 신호는 갈증으로 나타나고 그 이상 물이 부족할 경우에는 근육 저하, 기능 저하, 체온 조절 불가 등의 증상이 나타나며, 체중의 20% 정도의 물이 손실된 경우에는 사망에까지 이른다.

(2) 물 과다증

물을 너무 많이 마시게 되면 물 과다증이라고 하는 증상이 나타나는데, 혈액에서의 나트륨 수준이 아주 낮은 수치를 나타나게 되어 문제가 된다. 이것은 뇌에서의 물 불균형을 초래하여 심각하면 죽을 수도 있다. 그래서 물을 많이 먹어서 땀을 많이 흘리는 사람들은 나트륨 역시 일정량 섭취해야 한다. 그러나 우리나라에서는 국과 젓갈 등의 짭짤한 반찬 때문에 나트륨의 섭취량이 권장량보다 훨씬 많아 물 과다증을 걱정할 필요는 없다. 그리고 하루에 물 10*l*까지는 안전하므로 물 과다증에 걸리는 사람은 아주 드물다. 그러나 예외적으로 신장병의 경우 하루에 마시는 물의 양을 제한해야 하는 경우도 있다. 신장병 환자의 경우 물을 너무 많이 마시면 몸이 붓는 증상인 부종이 생기는 경우가 있다.

7) 운동에 필요한 영양

고강도 단기 운동의 경우 주 에너지원은 탄수화물이며, 장기 운동일수록 지방을 에너지원으로 쓸 수 있다. 지방이 주 에너지원이더라도 탄수화물 없이는 지방이 이용되지 않으므로 운동을 할 때 가장 중요한 에너지원은 탄수화물이라 할 수 있다. 운동에 따라 탈수 위험이 있으므로 충분한 수분 공급이 필요하며, 수분 손실량에 따라 1회에 100~200m*l* 정도를 섭취하는 것이 적당하다.

또한 일반적으로 운동 능력의 향상을 위해서 고기를 많이 먹으면 좋다고 생각하는 경우가 있는데, 시합 전에 고기를 많이 먹을 경우 오히려 체내 탄수화물 저장량을 감소시켜 경기력을 저하시킬 수 있으므로 지나친 섭취는 피하도록 한다. 그러나 근육량을 늘리기 위해 운동 후에 평소보다 약간 더 많은 양의 단백질을 섭취하는 것은 무방하다.

(1) 글리코겐 로딩

장기 운동에서 선수들의 경기력을 최대한 발휘할 수 있도록 하는 것은 근육 내 글리코겐의 저장량인데, 이를 증가시키기 위한 방법으로 글리코겐 로딩(glycogen loading)이 있다. 이는 시합 2~3일 전까지 심한 운동(시합 당일의 강도)과 고탄수화물 식이를 하고, 시합 전 2~3일 동안은 운동량을 줄이는 방법으로 체내 글리코겐을 250%까지 증가시켜 2배 이상의 운동을 가능하게 한다. 그러나 근육 경직, 몸무게 증가, 심리적 중압감 등의 부작용이 있을 수 있다. 그러므로 일반인의 경우 운동 전날 충분한 수면과 탄수화물 위주의 식사, 운동하기 90분 정도 전에 약간의 탄수화물을 섭취하는 정도가 좋다.

(2) 운동과 빈혈

장거리 달리기 선수나 운동선수의 경우 빈혈 증상이 나타나는 경우가 많은데, 이유 중 하나는 달리기 선수의 경우 발바닥이 지면에 닿을 때의 충격과 심한 근육수축으로 적혈구 파괴가 증가하기 때문이다. 또 다른 이유로는 힘든 훈련으로 적혈구 파괴에 의한 혈뇨, 헤모글로빈뇨, 미오글로빈뇨에 의한 철분 배설의 증대와 발한에 의한 손실(1l의 땀에 0.3~0.4mg 정도), 그리고 운동 근육에서 단백질 합성이 높아져 철분의 소요량이 증가하기 때문이다.

8) 식품구성탑

우리가 섭취하는 식품은 무수히 많으나 각각 고유한 성분과 영양소를 함유하고 있다. 그러나 이를 영양소 조성이 비슷한 식품끼리 묶어 보면 다섯 가지로 분류할 수 있다. 한국영양학회에서는 우리가 상용하고 있는 식품을 주요 영양소에 따라 다섯 가지로 분류하여 기초 식품군으로 정하였는데, 이것이 식품구성탑이다. 각 층의 크기와 위치는 실제 식생활에서 차지하는 중요성과 양을 개념적으로 표현하고 있다. 우리나라 식생활에서 주식으로 소비되는 곡류 및 전분류는 가장 크고 바탕이 되는 맨 아래층에 위치하고, 양적으로 많이 섭취되는 식물성 식품인 채소 및 과일류가 2층에 있다. 부식으로 섭취되는 동물성 식품이 3층에 위치하고, 섭취량은 적으나 칼슘의 섭취를 위해 중요한 우유 및 유제품은 그 위층에 있다. 유지 및 당류는 조리에 필요한 기름을 제외하고는 섭취량이 적어야 하므로 가장 작은 위층에 위치하고 있다(김숙희 외, 1995; 서울대학교 생활과학 식생활정보실, 2000).

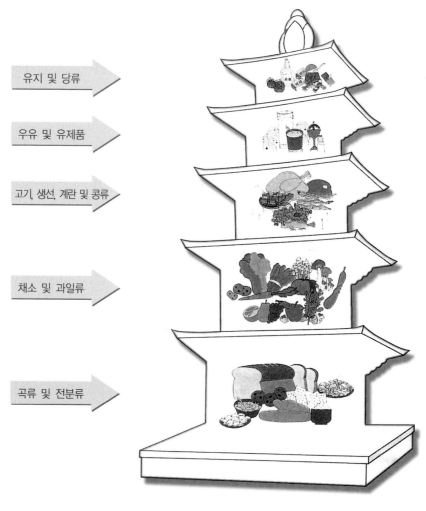

유지 및 당류

우유 및 유제품

고기, 생선, 계란 및 콩류

채소 및 과일류

곡류 및 전분류

[그림 5-1] 식품구성탑

2. 영유아의 식사

1) 영아의 식사(출생~1세)

(1) 모유와 분유

분만 후 며칠 동안 나오는 모유를 초유라 한다. 초유는 면역 기능을 가진 단백질을 제공해 주기 때문에 신생아의 질병에 대한 면역성을 제공하고, 태변이 잘 나오도록 도와주고 장을 튼튼하게 해 주며, 분유에 비해 알레르기 반응도 적다. 모유는 신생아가 소화하기 쉬운 형태의 단백질과 지방, 유당, 비타민 D, 철 등을 함유하고 있기 때문에 아기의 음식물로 적당하다. 분유는 무기질 등의 영양소가 많지만 흡수율이 떨어져 태아의 필요를 모유만큼 채워 주지 못하며, 면역체가 없기 때문에 분유를 먹는 아기는 모유를 먹는 아기에 비하여 질병에 걸리기가 더 쉽다.

(2) 모유의 성분

① 단백질

모유의 아미노산은 신생아에게 가장 이상적이다. 모유에 함유된 아미노산은 아기의 성장과 발달에 필수적인 시스테인과 담즙산 합성에 필요한 영양소인 타우린으로, 각각 풍부한 양이 포함되어 있다.

② 지방

모유의 지방 함유량은 개인차가 크고 계절에 따라 큰 차이를 보이며, 모유 지방의 90%는 중성지방이다. 모유는 우유에 비해 필수 지방산 중 리놀레산과 짧은 사슬 지방산, 콜레스테롤의 함량이 높다. 모유에는 지방분해 효소를 가지고 있으며, 지방산을 미토콘드리아 내로 이동시켜 주는 물질인 카르니틴이 함유되어 있다.

③ 탄수화물

모유의 주요 성분은 탄수화물인 유당이다. 유당은 산성 환경을 만들어 장내에 좋지 않은 미생물이 번식하지 못하도록 해 주고 칼슘, 인, 마그네슘의 흡수를 촉진시켜 준다. 유당의 함량은 우유(4.8%)보다 모유(7%)에 많다. 모유에는 복잡한 탄수화물을 가지고 있지는 않지만, 유아기에 전분과 포도당을 분해시키는 작용을 하는 아밀라아제를 함유하고 있어 탄수화물의 흡수를 돕는다.

④ 무기질

모유에 함유되어 있는 주요 무기질은 인, 칼륨, 칼슘, 염소, 나트륨이며 미량

무기질은 철, 구리, 망간, 아연, 마그네슘, 알루미늄, 철이다. 총 무기질이 우유보다 낮아 모유에 들어 있는 무기질은 우유에 들어 있는 무기질보다 흡수가 더 잘 되기 때문에 신장의 부담이 적다. 철의 경우 모유는 50%가 흡수되고, 우유는 10%가 흡수된다.

5 비타민

모유에는 모든 비타민이 건강과 좋은 영양 상태를 유지할 수 있도록 들어 있으며 양은 개인에 따라 큰 차이가 있다. 모유에는 비타민 D의 양이 적게 들어 있기 때문에 모유를 먹는 유아는 일조량을 적절하게 하고, 바깥에 자주 나갈 수 없는 경우에는 보충이 필요하다. 모유가 우유보다 비타민 E의 함량이 많으므로 모유를 먹는 유아의 혈청에 비타민 E 수준이 높다. 반면 비타민 A는 산모가 섭취하는 음식물의 양과 질에 영향을 받기 때문에 과일이나 채소 등을 많이 섭취해야 한다. 또한 비타민 K는 장내에서 합성되지만 태어난 지 며칠 동안은 장내 정상 세균들이 생성되지 않은 상태이므로 비타민 K를 공급해 주는 것이 좋다.

모유가 분유보다 좋은 점 열 가지

① 영양학적으로 어떤 다른 음식물보다 아기에게 우수하다.
② 세균에 감염될 염려가 없고 항상 신선하다.
③ 면역성분을 함유하고 있다.
④ 유아에게 알레르기가 가장 적다.
⑤ 과다 공급시킬 염려가 적다.
⑥ 턱과 치아 발달에 도움이 된다.
⑦ 비용이 적게 든다.
⑧ 엄마와 아기의 접촉으로 관계를 증진시킨다.
⑨ 이용이 편리하다.
⑩ 항상 이용이 가능하다.

(3) 이유

아기가 성장함에 따라 더 이상 모유로 아기에 필요한 영양을 충분히 공급할 수 없기 때문에 적절한 때에 이유를 시작해야 한다. 보통 이유의 시기는 아기에 따라 다르겠지만 생후 5개월 정도가 되고 몸무게가 7kg 정도일 때 시작하며, 이유가 완료되는 시기는 1년이 적당하다. 이유가 너무 늦어지면 영양 부족으로 발육이 늦어질 수 있고 빈혈을 유발할 수 있다.

아기의 이유식은 야채, 과일, 고기를 갈아서 6~8개월부터 공급하고, 컵으로 제공하는 음료는 삼키는 것이 가능한 9개월 후부터 제공하는 것이 좋다. 이유식을 제공하면서 모유의 횟수를 점점 줄여 1년쯤에는 모유의 양을 400ml 정도 되도록 하고 이유식은 반고체 음식물에서 차츰 고체 음식물로 바꾸어 나간다. 이유식은 우유를 먹이기 전에 먹이도록 한다. 아기의 미각 발달을 위해서 새로운 식품을 하나씩 증가시키고, 새로운 식품을 추가시킬 때는 한 번 주기 시작한 음식물은 적어도 4~5일 간격을 두고 지속적으로 공급하는 것이 바람직하다.

(4) 영아의 식사 행동

정상적인 신생아는 빨고 삼키는 능력을 갖고 태어난다. 첫 1년 동안은 구강 구조의 형태와 우유를 빨아들이는 기술을 발전시킨다. 16~25주 된 신생아는 빨기 행위가 성숙되고 혀가 전후로 움직이며, 더욱 균형 잡힌 자세를 잡고 손이 우유병 가까이 간다. 24~28주 신생아는 턱뼈 아래위로 움직여 씹기를 시작하고 사물을 손으로 쥐어서 입으로 이동시킬 수 있으며 앉은 자세가 안정된다. 28~32주 신생아는 몸 조절을 할 수 있고 기대지 않고 혼자 앉을 수 있으며, 어깨와 팔의 움직임이 좋아지고 다가가서 물건을 쥘 수 있는 능력이 향상된다. 의식적으로 사물을 버리고 다시 잡을 수 있는 것을 배운다. 6~12개월 영아는 여과시킨 음식물보다 조미된 음식물이 적합하며, 음식물에 대한 주의 깊은 선택이 필요하다.

2) 유아의 식사(1~6세)

유아는 일시적으로 기호와 식욕이 불안정해 식욕부진을 일으킬 수 있다. 이

때 지나치게 음식물을 권할 경우 정신병으로 발전할 수 있으므로 적당한 공복 시간과 운동을 시킨 후에 새참을 주고, 변화 있는 식단과 즐거운 식탁 분위기를 유지하며 식사시간을 자유롭게 해 주는 것이 좋다. 이 시기에는 편식하기 쉬운데 건강과 발육에 장애가 없다면 억지로 조정할 필요는 없고, 이를 방지하기 위해 이유기부터 광범위한 음식물을 제공해 맛에 익숙해지도록 한다. 또한 주위 사람의 영향을 많이 받으므로 가족의 식생활을 개선하는 것도 좋은 방법이며, 조리법을 변화해 아이 입맛에 맞게 공급하는 것도 좋다.

유아의 경우 체격에 비해 열량 소모량이 많기 때문에 아침, 점심, 저녁 세 차례 식사로는 영양이 충분하지 않다. 필요한 영양을 보충해 주고 기분을 전환시켜 주기 위해서는 새참을 제공해야 하며, 새참으로 공급되는 열량은 전체 열량의 10~15%가 적당하다. 새참의 횟수는 유아기 초기에는 오전과 오후에 한 번씩 제공하다가 유아기 후기에는 오후 한 번이 적당하며, 식사시간과는 최소한 2시간 간격을 두는 것이 바람직하다. 새참으로는 비스킷, 쌀과자, 감자, 고구마, 떡 등이 좋으며, 과식이나 불규칙적인 새참, 매식, 사탕류는 좋지 않다.

3. 유아교육 기관에서의 급식

유아교육 기관에 다니는 유아는 많은 시간을 기관에서 보내기 때문에 식생활에 관한 기본생활 습관 교육은 물론 영양공급에 대한 전문적인 계획이 필요하다.

1) 점심

영유아의 식단구성은 계절 등을 고려하여 주식의 형태를 결정한 후 국이나 찌개 종류를 선택한다. 다음은 주식과 부식으로 선택할 수 있는 예다(대한영양사회, 1992; 덕성여자대학교 부속유치원, 1998). 유아교육 기관에서 점심 식사를 준비하기 위해서는 맨 먼저 주식의 종류를 선택하고, 그에 따른 국이나 찌개 종류를 결정하고, 어육류와 야채 반찬 종류를 고르게 정하고, 김치나 젓갈 종류를 선택한 후 마지막으로 후식이나 새참을 고려할 수 있다.

(1) 주식의 종류 선택

표 5-2 주식의 종류

종류	소분류	하위 내용
밥	흰밥	쌀밥, 찰밥
	잡곡밥	보리밥, 콩밥, 차조밥, 차수수밥, 오곡밥, 밤밥
	채소밥	감자밥, 고구마밥, 콩나물밥, 김치밥, 무밥, 굴밥, 쑥밥
면	온면	국수장국, 칼국수, 어묵국수, 짬뽕, 자장면, 라면, 스파게티
	냉면	동치미냉면, 열무김치냉면, 비빔냉면, 물냉면, 콩국수
	수제비	수제비, 만둣국, 만두
빵	—	샌드위치, 햄버거, 핫도그, 식빵, 여러 가지 빵 종류
떡	—	떡국, 떡볶이, 약밥, 여러 가지 떡 종류
일품요리	—	비빔밥, 볶음밥, 덮밥, 카레라이스, 하이라이스, 오므라이스, 김밥, 유부초밥, 생선초밥

(2) 국이나 찌개의 종류 선택

표 5-3 국이나 찌개의 종류

종류	소분류	하위 내용
고깃국	쇠고기	설렁탕, 곰탕, 갈비탕, 육개장, 내장탕, 해장국, 우거짓국
	닭고기	영계백숙, 삼계탕, 닭곰탕
	돼지고기	감자탕
생선국	—	조깃국, 준칫국, 동탯국, 북엇국, 추어탕
된장국	조개	굴국, 모시조갯국, 미역조갯국, 대합국, 홍합국, 바지락국
	야채	시래깃국, 시금칫국, 아욱국, 뭇국, 배춧국, 냉잇국, 쑥국
맑은국	—	콩나물국, 감잣국, 김칫국, 미역국, 달걀국, 두붓국
찌개 · 전골	쇠고기	쇠고기두부전골, 곱창전골, 쇠고기채소찌개
	돼지고기	김치찌개, 돼지고기비지찌개
	닭고기	닭감자찌개
	생선	생선매운탕, 생선찌개
	콩제품	된장찌개, 청국장찌개, 두부전골, 순두부찌개, 비지찌개
	기타	햄 소시지전골, 모듬전골

(3) 어육류 반찬과 야채 반찬 종류 선택

표 5-4 어육류 반찬의 종류

종류	소분류	하위 내용
쇠고기	구이	불고기, 장산적, 갈비구이, 등심구이
	전	쇠고기완자전, 간전
	조림	장조림, 장똑똑이
	볶음	쇠고기채소볶음, 양곱창전골
	찜	갈비찜, 사태찜
	튀김	쇠고기튀김
돼지고기	무침	편육무침
	구이	돼지불고기, 삼겹살구이
	전	돼지고기완자전
	조림	돼지고기장조림, 돼지고기완자케첩조림
	볶음	돼지고기볶음, 돼지고기고추장볶음, 돼지고기 채소볶음
	찜	돼지갈비찜
	튀김	탕수육
닭고기	구이	닭양념구이
	전	닭고기간전
	조림	닭감자조림, 닭양념조림
	볶음	닭볶음
	찜	닭찜
	튀김	닭튀김, 깐풍기, 라조기
생선 조개류	구이	생선구이
	전	동태전, 대구포전, 굴전, 새우전, 홍합전
	조림	생선조림, 북어조림, 새우멸치조림, 오징어조림, 갈치조림
	볶음	오징어볶음, 낙지볶음, 건어물볶음
	찜	생선찜, 미더덕찜, 아구찜, 대합찜, 게찜
	튀김	잔생선튀김, 새우튀김, 오징어튀김
	무침	오징어무침, 홍어무침, 꽃게무침
달걀	전	달걀부침, 달걀말이
	조림	달걀장조림, 메추리알조림
	찜	달걀찜, 달걀명란찜, 달걀새우젓찜
	튀김	스코치에그
두부 콩	전	두부전, 빈대떡
	조림	두부조림, 콩조림
	볶음	두부김치볶음, 두부고추장볶음, 마파두부
	찜	연두부찜

종류	소분류	하위 내용
어육가공품	구이	소시지구이, 햄구이
	전	소시지전, 햄전
	조림	소시지케첩조림, 햄케첩조림, 소시지채소조림, 햄채소조림
	볶음	소시지채소볶음, 햄채소볶음, 마늘쫑볶음, 채소볶음,
	무침	어묵잡채볶음, 햄냉채무침, 게맛살냉채무침, 참치샐러드무침

표 5-5 야채 반찬의 종류

종류	소분류	하위 내용
무침	숙채	시금치, 숙주, 콩나물, 냉이, 취나물, 산나물, 미나리, 가지나물
	생채	오이, 무, 더덕, 도라지, 쑥갓, 미나리, 부추, 미역, 파래생채
	냉채	해파리냉채, 삼색냉채, 오이냉채, 탕평채
	샐러드	과일샐러드, 채소샐러드, 콩샐러드, 감자샐러드, 마카로니샐러드
볶음	—	가지, 고구마줄기, 호박, 도라지, 감자, 버섯, 마늘쫑볶음, 미역줄기, 시래기볶음, 잡채볶음, 떡볶음
조림	—	감자, 깻잎, 무, 우엉, 연근, 토란, 통마늘조림
전	—	부추전, 호박전, 깻잎전, 파전, 풋고추전, 감자전, 김치전, 버섯전
튀김	—	채소튀김, 감자튀김, 고구마튀김, 감자크로켓
부각	—	깻잎부각, 고추부각, 김부각, 다시마부각
구이	—	김구이, 더덕구이, 도라지구이, 송이구이, 감자구이
쌈	—	상치쌈, 쑥갓쌈, 배추속대, 양배추쌈, 호박잎쌈, 물미역쌈
회	—	두릅회, 미나리회, 파강회
찜	—	꽈리고추찜, 감자찜, 가지찜, 깻잎찜

(4) 김치와 젓갈 종류 선택

표 5-6 김치와 젓갈 종류

종류	소분류	하위 내용
김치	—	배추김치, 동치미, 겉절이, 열무김치, 물김치, 오이소박이, 파김치, 갓김치
장아찌	—	오이지, 마늘장아찌, 마늘쫑장아찌, 절임고추무침, 단무지, 깻잎장아찌, 무장아찌, 더덕장아찌
젓갈	—	명란젓, 창란젓, 새우젓, 어리굴젓, 조개젓, 오징어젓, 꼴뚜기젓

(5) 새참과 후식 준비

표 5-7 새참의 1회 분량으로 적당한 음식물의 목측량

종류	하위 내용
과일류	바나나 보통크기 1/2개, 사과 중간크기 1/2개, 귤 중간크기 1개 반, 딸기 보통크기 7개, 포도 15개, 감 중간크기 1/2개, 파인애플통조림 1쪽, 과즙음료 1/2컵, 과즙첨가음료 1/2컵
채소류	토마토 중간크기 1개, 참외 중간크기 1/2개, 고구마 중간크기 1/4개, 감자 중간크기 1/2개,
유제품	치즈 1장, 요구르트 1병, 아이스크림 1/2개, 고형요구르트 1/2통
과자사탕류	비스킷 작은 것 3개, 비스킷 큰 것 1개, 웨하스 3개, 새우깡 20개, 감자칩 10개, 콘플레이크 1/3대접, 팝콘 1/2대접, 초콜릿 1/3개, 사탕 3개
빵류	건포도식빵 1/2쪽, 샌드위치식빵 1/3쪽, 팥빵 1/4쪽, 소보로빵 1/4쪽, 카스텔라 5×5×1cm 크기 1쪽
핫도그	1/4쪽

주: 상술한 1회 분량의 새참은 우유, 두유, 보리차 등 음료를 곁들여 약 150Kcal가 되도록 새참을 준비한다.

2) 새참

정규적인 식사시간 이외에 먹는 음식물을 새참이라 한다. 유아는 활동성이 매우 높기 때문에 정규적인 식사만으로는 영양이 부족하므로 새참으로 보충해 주지 않으면 안 된다. 식사 사이의 간격이 너무 길 경우에는 위의 공복감에서 오는 정신적 불안을 없애 주기 위해서도 새참이 필요하다.

(1) 새참의 선택

새참의 선택은 특별한 주의를 기울여 유아에게 결핍되기 쉬운 영양소가 함유된 식품으로 만들어야 한다. 새참을 선택할 때에는 다음 사항을 고려해야 한다.

• 수분, 무기질, 비타민 등을 공급해 줄 수 있는 식품이어야 한다.
• 새참은 소화가 잘 되고 정규식사에 영향을 미치지 않아야 한다.

- 새참은 유아에게 시각적, 미각적으로 만족을 줄 수 있어야 한다.
- 새참은 계절 식품으로서 신선도가 있어야 한다.

(2) 새참의 종류

새참으로 적합한 식품으로는 전분 종류보다는 단백질, 무기질, 비타민을 보충해 줄 수 있는 다음과 같은 음식물이 적당하다.

- 과일, 과일즙, 과일 익힌 것, 과일 셔벗
- 채소, 채소즙, 생채소 썬 것
- 우유, 유제품, 요구르트, 아이스크림, 치즈, 푸딩
- 삶은 계란, 커스터드
- 빵, 비스킷, 쿠키, 샌드위치, 감자, 고구마, 떡, 쌀과자, 밀전병

(3) 새참의 분량과 횟수

새참을 한꺼번에 많은 양을 주는 것은 바람직하지 못하다. 정규 식사의 내용에 따라 새참의 양과 종류를 정해야 하며, 한꺼번에 여러 가지의 새참을 주기보다는 한두 가지 정도로 한정하는 것이 좋다. 새참은 오전 9시~10시 30분 정도, 오후 3시 30분~5시 정도에 두 차례 주며, 정규식사에 영향을 주지 않아야 한다. 특히 지방의 함량이 많은 도넛이나 기름에 튀긴 음식물, 당이 농축된 음식물, 인공색소나 향료가 강한 음식물은 영유아의 새참으로 적합하지 못하다.

표 5-8 새참의 1회 분량으로 적당한 음식물의 목측량

종류	하위 내용				
곡류 및 전분류	밥 1공기 (210g)	국수 1대접 (건면 90g)	식빵 3쪽 (100g)	떡 2~3편 (100g)	시리얼 (90g)

종류	하위 내용
고기, 생선, 계란, 콩류	육류 1접시 (생 60g) / 닭 (생 60g) / 생선 1토막 (생 70g) / 달걀 1개 (50g) / 두부 (80g)
채소 및 과일류	시금치나물 1접시 (생 70g) / 콩나물 1접시 (생 70g) / 배추김치 1접시 (60g) / 느타리버섯 1접시 (생 70g) / 물미역 1접시 (70g) 감자 小 1개 (100g) / 귤 中 1개 (100g) / 토마토 中 1개 (200g) / 사과 中 1/2개 (100g) / 오렌지주스 1/2컵 (100g)
우유 및 유제품	우유 1컵 (200g) / 치즈 1.5~2장 (30g) / 호상요구르트 1컵 (180g) / 액상요구르트 1컵 (180g) / 아이스크림 1컵 (100g)
유지 및 당류	식용유 1작은술 (5g) / 버터 1작은술 (6g) / 마요네즈 1작은술 (6g) / 탄산음료 1/2컵 (100g) / 설탕 1큰술 (120g)

자료: 김숙희 외(1995), p. 426.

(4) 새참과 치아 관리

영유아는 단 음식을 좋아하지만 모든 설탕 음식은 치아에 있는 미생물을 먹여 살리는 역할을 한다. 그렇다면 단것을 먹이지 않으면 되지 않느냐는 의문을 가질 수 있지만 아동이 단것을 전혀 먹지 못한다면 정서적으로 오히려 더 해로운 증상을 나타낼 수 있기 때문에 적당량의 단 음식을 먹도록 해야 한다. 그러나 단것을 먹은 후에는 양치질을 잘 하여 치아에 달라붙은 음식물을 제거해야 하며, 단것을 먹을 때는 한꺼번에 많은 양을 먹는 것이 조금씩 자주 먹는 것보다 더 낫다. 다음은 치아에 좋은 새참과 치아에 나쁜 새참의 목록이다.

① 치아에 좋은 새참
치아에 좋은 새참으로는 단단하게 삶은 달걀, 신선한 과일, 피클, 치즈 조각, 쉽게 먹을 수 있는 신선한 야채, 샐러드와 당근, 체리 토마토, 캐비지, 신선한 코코넛 조각, 팝콘, 신선한 과일 주스, 오렌지 주스 등을 들 수 있다.

② 치아에 나쁜 새참
치아에 나쁜 새참으로는 설탕이 많이 함유되어 있는 끈적끈적한 음식을 들 수 있다. 음식이 달고 끈적끈적하면 치아에 좋지 않다. 따라서 그러한 음식을 먹어야 한다면 먹은 즉시 칫솔질을 해야 한다. 입안에 남아 있는 음식 찌꺼기는 치아를 썩게 할 수 있다. 칫솔질을 할 수 없는 경우 꼭 먹어야 된다면 식사시간에 먹도록 하고, 먹은 후에 과일이나 야채샐러드를 약간 곁들여 먹는 것이 좋다.

치아에 나쁜 새참으로는 초콜릿 우유, 농축된 우유, 코코아, 모든 종류의 소다수, 달콤한 소스, 달고 향기 나는 과일 음료, 가루 반죽으로 만든 과자, 케이크, 쿠키, 마카로니, 스파게티, 잼과 젤리, 아이스크림, 말린 과일, 끈적거리고 단단하고 오래 먹는 캔디, 껌, 건포도 등을 들 수 있다.

3) 영유아 식생활 지도

식생활 지도는 음식물을 먹는 시간 전후를 통하여 일상적으로 이루어져야 한다. 지도내용의 수준이나 방법은 연령 및 개인적 특성에 따라 차이가 있으므로 교사는 영유아의 발달수준을 고려할 뿐 아니라 개인적인 특성을 고려하여 지도해야 한다.

(1) 음식 섭취 시점별 지도내용
음식물 먹기 전, 음식물 먹을 때, 음식물 먹은 후로 구분하여 구체적인 지도

내용을 살펴보면 다음과 같다.

① 음식물 먹기 전의 지도내용
- 반드시 손을 씻는다.
- 식탁 및 의자를 바르게 놓고 깨끗이 한다.
- 식탁준비를 돕는다.
- 바른 자세로 앉는다.
- 감사하는 마음을 표현한다.

② 음식물 먹을 때의 지도내용
- 성인이 먼저 수저를 든 후 식사를 시작한다.
- 바른 자세로 먹는다.
- 그릇과 수저를 바르게 사용한다.
- 반찬과 밥은 한쪽부터 먹는다.
- 꼭꼭 씹어 먹는다.
- 흘리지 않게 조절하여 먹는다.
- 밥과 반찬을 골고루 먹는다.
- 편식하지 않고 골고루 먹는다.
- 식사의 양을 적당히 조절하여 먹는다.
- 입가에 묻은 음식물을 휴지로 깨끗이 닦는다.
- 식사시간에 돌아다니지 않는다.
- 음식물을 입안에 넣고 소리를 내거나 말을 하지 않는다.
- 더러운 음식물을 먹지 않는다.
- 적당한 시간 안에 먹는다.
- 즐겁게 대화를 하면서 먹는다.

③ 음식물을 먹은 후의 지도내용
- 입가에 묻은 음식물은 휴지나 손수건으로 닦는다.
- 감사하는 마음을 표현한다.

- 먹은 자리를 깨끗이 치운다.
- 자신이 사용한 식기는 정해진 장소에 가져다 놓는다.
- 식사 후에는 반드시 이를 닦는다.

(2) 밥을 잘 안 먹는 아이 지도방법

아이가 밥을 먹지 않으면 교사나 부모는 강압적으로 대응하기 쉽다. 분당 서울대병원 양혜란 교수의 연구결과에 따르면 아이가 식사를 거부할 때 부모는 '쫓아다니며 먹인다'(43%), '먹으라고 강요한다'(43.3%)는 응답이 약 90% 가까이를 차지하였다. 부모는 성장에 대한 과도한 관심 때문에 강압적인 방법을 사용하는데 이는 오히려 발달에 역효과를 낼 수 있다. 섭취장애는 아이의 체질, 환경, 부모성향 등 복합적 원인에 따르기 때문에 아이에게 먹는 것에 부담을 주지 않으면서 인내심을 갖고 식습관을 교정해야 한다(동아일보, 2009. 9. 28.).

아이에게 밥을 먹일 때는 다음과 같이 한다.

- 어디서, 언제, 무엇을 먹을지는 부모가, 먹을 양은 아이가 정하도록 한다.
- 주위를 산만하게 하는 것은 피한다.
- 식사 간격은 3~4시간 정도로 시간을 일정하게 한다.
- 장난을 치거나 화를 내는 것과 같은 과장된 반응을 보이지 않는다.
- 식사를 차리면 15분 안에 식사를 하도록 하고 식사 시간은 30분 이상을 넘겨서는 안 된다.
- 자녀 연령에 맞는 음식을 마련한다.
- 영아도 숟가락을 쥐어 주고 혼자 먹도록 한다.
- 나이에 맞는 어느 정도의 지저분함은 용인한다.

4) 영유아의 식욕에 영향을 주는 요인

영유아기는 성장 및 발달이 급격하게 이루어지는 시기이기 때문에 영양이 풍부하고 균형이 잡힌 음식물을 섭취하도록 해야 한다. 또한 영유아기에는 먹는 것에 비하여 활동량이 지나치게 많아 하루 세끼 식사만으로는 부족하므로 식사시간 사이에 새참을 주어 부족한 영양과 열량을 보충해 주어야 한다.

영유아는 식욕에 따라 음식물 섭취에 많은 영향을 받는다. 영유아의 식욕에 영향을 주는 요인으로는 영유아의 생리적인 조건, 음식물의 조건으로 구분해 볼 수 있다. 생리적인 조건으로는 공복감, 심리 상태, 기온이나 습도를 들 수 있고, 음식물의 조건으로는 온도, 외형, 색깔 등을 들 수 있다(고승덕, 김은주, 1999; 김정혜, 엄태식, 이수경, 이영근, 1993).

(1) 유아의 생리적 조건

① 공복감

공복감은 위가 비어 있다는 느낌을 갖는 것으로 식사를 가장 맛있게 할 수 있는 제일의 조건이라 할 수 있다. "시장이 반찬이다."라는 말처럼 영유아나 성인 모두 공복 시에는 좋아하는 음식물에 관계없이 맛있게 먹을 수 있다. 반대로 만복 시에는 아무리 좋아하고 맛있는 음식이라 하더라도 식욕이 떨어지게 된다. 따라서 영유아의 식사와 새참을 계획할 때 우선적으로 고려할 사항은 음식물을 먹을 때 알맞은 공복 상태에 있도록 식사와 새참 시간을 배려하는 것이다.

② 심리 상태

영유아의 심리와 정서 상태는 식욕에 많은 영향을 끼친다. 따라서 성인이 화를 내고 빨리 먹도록 독촉하며 강제로 음식물을 먹이려 하면 영유아는 오히려 식욕이 저하되어 음식물 먹기를 더 싫어하게 될 수 있다. 영유아의 일시적인 식욕부진은 자주 일어나는 현상이며, 이로 인하여 성장발육이 저해되는 일은 없으니 걱정하지 말고 억지로 먹이려 독촉하거나 강제적으로 먹이는 것은 피해야 한다. 오히려 심리 상태를 편안하도록 유지시켜서 식욕을 떨어뜨리는 요인을 제거하는 노력을 기울이는 것이 더 바람직할 것이다.

③ 기온과 습도

영유아가 음식물을 먹는 실내의 온도와 습도는 식욕에 영향을 끼친다. 보통 영유아는 성인에 비하여 체온을 조절하는 기능이 떨어지기 때문에 기온과 습도의 고저에 따라 신체적인 리듬을 잃기 쉽고, 이러한 신체적인 변화는 식욕을 떨어뜨리는 요인으로 작용할 수 있다. 따라서 영유아가 생활하는 실내의 온도와 습도는 늘 쾌적하게 유지하려는 노력이 필요하다.

(2) 음식물의 조건

① 음식물의 온도

음식물의 맛은 온도에 따라 다르며, 음식물에 따라 알맞은 온도가 있다. 즉, 음식물은 음식물의 성분에 따라 따뜻해야 맛있는 것도 있고, 차가워야 맛있는 것도 있다. 일반적으로 음식물을 좋아하는 온도는 음식물을 먹는 장소의 온도와 습도, 음식물의 수분함량 정도 또는 개인의 기호에 따라 변할 수 있기 때문에 영유아가 좋아하는 온도를 잘 유지하여 식사를 마련해 주는 것이 좋다. 더구나 아동은 성인과는 달리 너무 뜨거운 것은 좋아하지 않는 것에 유의해야 한다. 음식이 가장 맛이 있는 온도는 〈표 5-9〉와 같다(김정혜 외, 1993).

표 5-9 음식이 가장 맛있는 온도

음식종류	온도	음식종류	온도
밥	40~43℃	두부찌개	60~65℃
우유 (유아)	40℃ 전후	초친 것, 샐러드	20~25℃
우유 (아동)	50℃ 전후	생선찜	45~55℃
된장국	60~80℃	차	65℃
국수	65~70℃	냉수	10~13℃
절임, 무침	20~25℃	사이다	5~7℃
수프	60~80℃		

② 음식물의 외형

성인의 경우에는 과거에 먹어 보았던 음식물에 대한 경험을 통하여 맛과 내용을 예측할 수 있기 때문에 음식물의 외형은 식욕에 상당한 영향을 미친다. 즉, 음식물의 구운 정도, 색깔, 윤기, 모양 등 음식물에 대한 외형을 살펴봄으로써 음식물이 만들어진 상태가 좋고 나쁨을 판단할 수 있기 때문에 나름대로의 맛을 예측할 수 있다. 그러나 영유아는 음식물을 먹어 본 경험이 부족하기 때문에 성인과 똑같이 판단은 할 수 없지만, 음식물의 모양이나 색채 등의 외형적인 측면은 영유아의 식욕에 많은 영향을 끼친다. 따라서 식사나 새참을 줄 때에는 아동이 좋아하는 아름다운 용기에 음식물을 담아 주고, 음식물을 담는 방법도 색깔이나 모양을 고려하여 보기 좋게 잘 배열하여 주는 등의 배려를 함으로써 식욕을 높일 수 있다.

③ 음식물의 색깔

음식물의 색깔은 그 자체는 물론 그릇과의 조화를 이룰 수 있다. 일반적으로 영유아의 식욕을 자극하는 색깔은 빨간색에서 오렌지색, 노란색, 녹색과 파란색의 중간색이며, 식욕을 저하시키는 색깔로는 황록색이나 보라색 계통의 음식물로 알려져 있다. 색채에 대한 선호현상은 연령 증가에 따라 변화한다. 영유아기에는 순색을 좋아하지만 점차 학동기에 이르면서 중간색을 더 선호하게 된다. 영유아기에는 감수성이 예민하기 때문에 음식물과 음식물 사이의 색채 조화, 음식물의 색채와 그릇의 색채를 잘 조화시키는 노력을 통하여 식욕을 증진시킬 수 있다.

4. 식품의 안전

1) 식품구입

구입한 고기류는 한 번에 사용할 수 있을 정도의 양만큼씩 나누어 랩에 싸서 보관한다. 캔 제품은 부식되거나 깨지지 않은 것을 고르고 뚜껑이 불룩한 것은 부패되었을 수 있기 때문에 사지 않도록 한다. 식품을 구입한 후에는 즉시 냉장고에 보관하고, 만일 기온이 높은 날 운반과정이 1시간 이상 길어질 경우에는 상하기 쉬운 음식물은 싸서 아이스박스에 넣고 자동차 뒷좌석에 넣어 운반한다. 안전한 식품구입을 위한 방법은 다음과 같다.

• 우유 및 유제품은 저온 살균법, 고온 순간살균법, 초고온 살균법에 의해 소독된 우유를 구입한다.

- 달걀은 금이 가거나 깨진 것을 구입하지 않으며, 깨끗하게 위생 처리된 위생란을 구입한다.
- 육류는 농수산부 검사를 거친 것을 구입하고, 색상, 냄새, 포장, 온도 상태를 검사하여 냉동 육류의 경우에는 녹았던 흔적이 있는지 확인한다. 갈은 고기를 구입할 때는 갈을 때 생성된 육즙과 표면적 증가로 세균증식이 더 쉽게 발생하므로 주의해야 하며, 내장 부위, 다리, 꼬리, 목, 날개 부위는 세균 오염도가 더 크므로 주의해서 살펴보아야 한다.
- 생선 및 조개류는 근육조직이 단단하고 눈과 아가미 부분이 신선해야 한다. 형태가 변형된 것이나 생선 고유의 냄새 이외의 다른 냄새가 나는 것을 구입해서는 안 된다. 생선은 얼음에 채워 유통된 것이나 냉동된 것, 냉장된 것을 구입해야 한다.
- 통조림 식품은 통이 파손되고, 불룩하게 튀어 오른 것, 새거나 녹이 슨 것은 상했을 가능성이 있으므로 구입해서는 안 된다.
- 곡류는 곰팡이가 피어 있거나 색깔이 변질되어 있거나 해충이 번식한 것은 구입하지 않아야 한다.

식품을 얼마나 자주 구입해야 할 것인지에 대한 빈도는 구입할 식품의 양과 종류에 따라 결정해야 하지만, 식품별 저장기간, 보관창고 혹은 냉장고의 크기와 같은 저장조건 등에 따라 달라질 수 있다. 저장 기간에 따른 적절한 식품별 구입 빈도는 〈표 5-10〉과 같다(보건복지부, 1996a).

표 5-10 식품별 구입 빈도

구입 빈도	식품의 종류
매일	우유 및 유제품, 두부, 상하기 쉬운 채소류 혹은 버섯류, 딸기 등과 같이 상하기 쉬운 과일류
1~3일	채소류, 과일류, 육류, 생선류
1주일	달걀, 저장이 가능한 당근, 양파, 감자와 같은 채소류
1개월	해초류나 마른 버섯 등의 건조식품, 조미료, 고추장, 된장, 주식류, 잡곡류

2) 식품보관

음식물은 구입할 때부터 올바로 선택하고 적합한 조리방법과 취급방법을 알아 두어야 한다. 냉장은 상하기 쉬운 식품의 품질과 안전성을 유지하기 위하여 가정이나 유아교육 기관에서 가장 많이 사용하고 있는 방법이다. 냉장을 함으로써 얻을 수 있는 이점에는 식품의 향미를 유지하고, 과일과 채소 등의 신선도를 유지하고, 음식물의 폐기율을 감소시키고, 영양소의 손실을 방지하는 것 등이 있다. 또한 저온저장은 박테리아, 효모, 곰팡이의 번식을 멈추게 하거나 지연시킴으로써 식중독이나 변질을 막아 준다.

냉장고나 냉동고 온도는 적절히 조절하되 보통 냉장고는 5℃ 이하로, 냉동고는 영하 1.75℃ 이하로 한다. 구입해 온 고기 종류는 즉시 냉동 또는 냉장으로 보관한다. 냉장고 안에서 고기, 닭고기 등에서 흐르는 육즙을 막기 위해서는 비닐 백에 넣어 두는 것이 좋다. 생고기 또는 생선을 만지기 전후에는 반드시 20초 동안 흐르는 물에 비누로 손을 씻어야 세균의 오염을 막을 수 있다. 캔 제품은 서늘하고 건조한 곳에 보관하는 것이 좋다. 싱크대 아래에는 음식물을 보관하지 않는다. 신선한 식품의 저장을 위한 권장 온도의 범위는 다음과 같다(김숙희 외, 1995; West, Wood, Harger, & Shugart, 1977).

- 세균의 성장이 가장 활발한 온도는 사람의 체온에 해당하는 36.5℃다.
- 상하기 쉬운 모든 식품저장을 위한 최대 가능 온도는 7~10℃다.
- 바나나를 제외한 과일, 채소, 대부분의 상하기 쉬운 식품저장 온도는 1~7℃다.
- 우유나 유제품의 저장온도는 3~8℃다.
- 육류와 닭고기의 저장온도는 1~3℃다.
- 생선 및 어패류의 저장온도는 −5~−1℃다.
- 냉동식품의 저장온도는 −18~−29℃다.

식중독의 가장 큰 원인은 부적당한 냉장 때문인 경우가 많다. 상하기 쉬운 음식물은 냉장고 안에서 눈에 띄기 쉬운 곳에 배치하는 것이 바람직하다. 냉장고

표 5-11 식품종류별 저장조건

구입 빈도	식품의 종류
육류	도살된 후부터 식용으로 사용되기까지 모든 단계에서 냉장 또는 냉동 상태로 보관되며, 3~4일 정도 저장할 때는 4℃ 이하로 냉장 보관하며, 장기간 저장할 때는 냉동으로 보관한다.
달걀	씻지 않고 냉장상태로 보관한다.
생선	내장을 제거한 후 소금물로 깨끗이 씻어 물기를 없앤 다음 다른 식품과 분리하여 보관한다.
두부	반드시 찬물에 담가 냉장 보관하는 것이 좋다.
우유	4℃ 이하로 냉장 보관하여야 하며, 유통기간을 반드시 지키도록 한다.
양파, 감자, 고구마	오래 보관할 경우에는 껍질을 벗기지 않고 서늘한 곳에 보관한다.
간장	곰팡이가 생길 경우에는 그 부분을 제거하고 한 번 더 끓여 보관한다.
된장, 고추장	곰팡이가 생길 경우에는 그 부분을 걷어 내고 소금을 적당히 뿌려 둔다.
젓갈	서늘하고 그늘진 곳에 뚜껑을 잘 닫아 보관해야 한다.

에 보관하려는 음식물이 뜨거운 경우에는 가능한 한 빨리 식혀서 냉장하도록 한다. 냉장고에 저장한 음식물이라도 일정 기간이 지나면 변질되기 때문에 가능하면 빨리 사용해야 한다. 장기간 저장하기 위한 냉동저장의 사용이 증가하고 있는데, 이러한 냉동저장은 식품의 안정도를 오랜 기간 연장시켜 주기는 하지만 냉동 후 품질변화를 일으킬 수 있기 때문에 식품에 따라 주의가 요구된다. 모든 식품은 식품에 따른 저장조건에 알맞게 저장해야 하며, 식품종류별 저장 조건을 살펴보면 〈표 5-11〉과 같다(보건복지부, 1996b).

3) 조리하기 전

과일이나 샐러드처럼 생으로 먹는 음식물에는 날고기나 해물의 육즙이 닿지 않게 한다. 손은 항상 청결히 유지하고 도마나 여러 식기는 사용 후에 반드시 뜨거운 물과 세제로 닦아 내고, 조리대, 조리기구, 도마 등은 소독액으로 위생 처리를 한다. 냉동실에 얼렸던 식품을 해동시킬 때에는 냉장고에서 해동하거나 찬물에서 30분마다 물을 갈아 주어 녹이거나 또는 전자레인지 안에 넣어 녹이거나 얼린 채로 바로 조리한다. 음식물 처리 전후에는 10~20초 정도 비누로 손을 잘 씻는다.

특히 영유아가 먹을 음식물을 조리하기 전에는 세심한 주의를 기울여야 한다. 우유병 속에 먹다 남은 분유가 남아 있을 경우 영아의 입에서 나온 해로운 박테리아가 매우 쉽게 번식하므로 우유병에 새 우유를 넣어 먹이게 되면 영아에게 독성이 전해질 수 있다. 그리고 냉장하지 않은 음식물이나 이유식은 2시간이 지나면 안전하지 못하므로 주의해야 하고, 영아의 요람 주위에 우유병을 방치해 두면 오랜 시간이 지난 뒤에 영아가 먹어 버릴 수도 있으므로 주의해야 한다.

4) 조리하기

식품을 조리할 때는 세균이 없도록 안전하게 조리해야 한다. 조리하는 중에 식품의 조리가 안전한 상태까지 온도가 올랐는지 잘 살펴보아야 한다. 전자레인지를 사용할 때는 기계사용 설명에 따라 주의 깊게 사용하며, 식품에 따라 적절한 시간을 지키도록 한다. 조리 도중에는 자주 중단하지 않아야 하고, 한 번 조리할 때 완전히 익혀야 하며, 부분적으로 냉장시키지 말고 통째로 냉장시켜 보관하도록 한다. 식품은 조리방법에 따라 많은 영향을 받기 때문에 적합한 조리방법을 선택하는 것이 바람직하다. 합리적인 식품조리의 목적은 크게 네 가지로 나누어 볼 수 있다.

① 식품의 영양가를 보존한다

식품을 너무 높은 온도에서 조리하거나 불에 장시간 가열하거나 많은 물을 사용하여 조리를 하는 경우에는 중요한 영양소가 파괴되거나 물에 빠져 나오는 비율이 증가한다. 좋은 영양을 얻기 위해서는 여러 가지 식품을 골고루 선택하여 각 식품에 따라 적합한 조리방법으로 음식물을 마련함으로써 식품에 들어 있는 영양소를 최대한 잘 보존해야 한다.

② 식품의 소화력을 증진한다

식품에 따라 적합한 조리방법으로 조리해야 그 식품의 소화력이 증진될 수 있다. 따라서 각 식품에 맞는 조리방법을 선택해야 한다.

③ 향미와 기타 음식물의 특성을 꾀한다

음식물의 맛에 미치는 조리효과는 정상적인 향미를 유지하고, 특정한 향미를 생성하고, 여러 가지 향미를 배합하는 것 등이다. 그 밖에도 식품의 색채, 형태, 질감 등의 변화가 수반된다. 특히 유아나 노인의 음식물은 딱딱하거나 덩어리가 크면 목에 걸릴 우려가 있기 때문에 부드럽고 잘게 썰어 조리하는 등 세심하게 배려한다. 편식을 하는 아동에게는 음식물의 색, 모양, 향미, 질감 등을 고려하여 매력적인 식탁을 꾸며 음식물에 대한 호감을 줄 수 있도록 한다.

④ 안전한 음식물을 제공한다

조리를 통하여 식품에 들어 있는 미생물과 기생충을 파괴시킴으로써 가족에게 안전한 음식물을 제공할 수 있다. 식품에 존재하는 미생물과 기생충은 전염병, 식중독 및 악취, 탈색, 변질의 원인이 된다. 아무리 훌륭한 음식물이라 하여도 위생적으로 불안정하다면 식품으로서 가치가 없을 뿐만 아니라 몸에 해를 끼치게 된다. 비위생적인 식품을 섭취했을 경우에는 이질, 장티푸스, 콜레라 등 소화기 계통의 전염병과 각종 기생충, 병이나 식중독 등을 일으킬 수 있다. 최근에는 식품첨가물이나 잔류 농약에 의한 만성적 장애 등으로 범위가 확대되고 있다.

5) 음식물 담기

음식물을 나르거나 음식물을 먹기 전에는 비누로 손을 씻도록 한다. 음식물은 깨끗한 손으로 청결한 그릇에 담아서 나르도록 하고, 날고기를 담았던 그릇을 씻지 않은 상태에서는 다른 음식을 담지 않아야 한다. 먹기 직전 음식물의 온도는 뜨거운 음식물의 경우에는 68℃ 이상으로, 찬 음식물의 경우에는 5℃ 이하를 유지하는 것이 바람직하다.

6) 정리하기

먹고 남은 음식물은 깨끗한 도구에 담아 처리하고 손을 깨끗이 씻는다. 먹고 남은 음식물은 얕은 그릇에 나누어 담아서 빨리 식혀 보관하고, 조리한 후 2시간 이내에 냉장이 되도록 한다. 만일 37℃ 정도 이상의 더운 날씨일 때는 1시간 이내에 냉장시켜야 한다. 유효기간이 지난 오래된 음식물은 상했는지 확인하려고 맛보지 말아야 하며 모두 깨끗하게 버려야 한다. 장시간 오래 냉장시켰던 음식물을 다시 데울 때에는 83℃ 이상으로 뜨겁게 데워야 한다.

음식을 조리한 후 뒷정리를 잘 하는 것 또한 중요하다. 특히 칼, 도마, 행주, 조리대, 개수대 등을 깨끗이 하여 냄새와 습기가 없도록 해야 한다. 도마와 행주의 위생적인 사용법은 〈표 5-12〉와 같다(보건복지부, 1996c).

표 5-12 도마와 행주의 위생적 사용법

도마의 위생적 사용법	행주의 위생적 사용법
• 행주로 깨끗이 닦고 사용한다. • 사용한 후 물기를 닦고, 햇볕이 들고 통풍이 잘 되는 곳에 세워 보관한다. • 하루에 한 번 정도 일광 소독이나 염소 소독을 한다.	• 행주감은 튼튼한 면 종류의 천이 좋다. • 더러움이 눈에 잘 띄고, 물기를 잘 빨아들이는 것이 좋다. • 매일 삶아 햇볕에 말려 사용한다. • 젖은 행주와 마른행주를 구분하여 사용하고, 용도에 따라 식기용, 식탁용, 조리대용을 구분하여 사용한다.

범죄 예방과 생선 섭취

유아기에 생선을 많이 먹으면 생선기름의 DHA와 오메가3 지방산 등의 성분이 전두엽의 뇌신경을 활성화시켜 강력 범죄 성향을 줄일 수 있다는 연구결과가 있다(에이드리언 라이너 교수, 미국 캘리포니아 대학 교수, 중앙일보, 2009. 4. 7.). 라이너 교수는 강력 범죄자들이 정상인에 비해 뇌 전두엽(前頭葉: 기억력과 사고력을 좌우하는 부위) 활동에 심각한 결함이 있음을 발견하고, 인도양 모리셔스섬 원주민 중 3~5세 아동 100명을 대상으로 표본 실험을 하였다. 표본대상에게는 생선 등 충분한 영양을 공급하고 하루 2시간 30분간 운동을 시켜 뇌 발달을 위한 자극을 주었다. 실험대상 아동이 23세가 되던 해, 표본집단 100명과 일반집단 355명의 범죄 기소율을 추적 조사한 결과 표본집단의 범죄발생률은 3.6%인 데 비하여 일반집단은 9.9%로 2배 이상의 범죄발생 감소율을 보였다. 연구결과에 근거하여 라이너 교수는 3~5세 때 충분한 영양을 공급받은 아동은 성인이 된 후에 공격성, 과잉반응, 반사회성이 대폭 감소한다고 하였다. 일본이나 홍콩, 한국처럼 생선을 많이 먹는 나라는 살인율이 낮은 반면, 헝가리와 불가리아, 미국 등 생선을 별로 안 먹는 나라는 살인율이 높다고 한다.

5. 영유아의 영양 상태

양호한 영양 상태를 유지하고 개선하기 위해서는 정확한 영양 상태를 판단해야 한다. 동물이나 식물 모두 영양 상태가 불량하면 결핍 증상이 나타난다. 따라서 각종 영양소의 결핍 증상은 사람이나 동물의 경우에는 외모, 피부, 눈, 입술, 치아, 골격 등을 잘 관찰함으로써 파악할 수 있다. 또한 신체측정으로 신장과 체중을 활용하는 방법, 병력이나 건강진단 등을 조사하는 식이조사 방법, 혈액검사나 소변검사 등을 통한 생화학적 검사 방법 등이 있다(김정혜 외 1993; 허혜경, 김성희, 1997). 여기에서는 관찰을 통한 영양 상태 평가와 신체측정치를 활용한 영양 상태평가 방법을 소개하고자 한다.

1) 관찰을 통한 영양 상태 평가

(1) 신체발달
영양 상태가 좋은 영유아의 신체는 우리가 육안으로 보기에도 영유아의 나이에 알맞은 정상적인 성장을 이루고 있음을 관찰할 수 있다. 그러나 나쁜 영양 상태를 나타내는 영유아 신체는 비만, 급격한 체중 감소, 비정상적인 성장, 성장 지연 등의 특성을 보인다.

(2) 행동

좋은 영양 상태의 영유아는 행동이 민첩하고 집중력이 높고 협동적이고 주의력이 높고 호기심이 많으며, 인내심이 양호하다. 그러나 나쁜 영양 상태를 나타내는 영유아는 얼굴이 창백하고 집중력이 부족하고 쉽게 흥분하고 주의가 산만하고 활동성이 미약하며 모든 일에 무관심한 특성을 보이는 경우가 많다.

(3) 피부와 머리카락

좋은 영양 상태에 있는 영유아의 피부는 매끈하고 윤기가 나며 피부색이 좋으며, 머리카락이 부드럽고 광택이 난다. 그러나 나쁜 영양 상태에 있는 영유아의 피부는 건조하고 창백하고 거친 경우가 많으며, 머리카락은 건조하고 빳빳하고 광택이 없으며 부스러지기 쉽다.

(4) 눈과 입

좋은 영양 상태에 있는 영유아의 눈은 투명하고 피로한 기색이 없으며, 입은 윤기가 있고 촉촉한 입술을 유지하고 분홍빛 혀에 붉고 단단한 잇몸을 유지한다. 그러나 나쁜 영양 상태에 있는 영유아의 눈은 충혈되고 건조하고 결막 증세를 나타내고 빛에 예민하며, 입은 건조하여 구강염 증세를 나타낸다. 또한 돌기가 위축되고 혀가 거칠어지고 이와 이 사이가 벌어지고 잇몸이 부어 있다.

(5) 골격 · 위장기능 · 분비선 · 면역기능

좋은 영양 상태를 유지하고 있는 영유아의 골격은 올바르고 위장기능은 식욕이 좋고 소화와 배설이 양호하며, 분비선인 갑상선이 정상이고 면역기능이 잘 유지되어 감염에 대한 저항력이 강하다. 반면에 영양 상태가 나쁜 영유아의 골격은 휘고 무릎이 굽어 있으며, 위장기능은 나빠져서 소화불량이나 설사가 자주 생기고 분비선인 갑상선이 붓는 경우가 많으며, 면역기능이 약화되어 감기가 잘 걸리고 회복이 느리다.

2) 신체 측정치를 활용한 영양 상태 평가

영유아의 영양 상태를 알아보기 위하여 Broca의 비만도 산정법을 살펴볼 수 있다. 이 방식은 정상 체중을 현재의 자기 체중과 비교하여 비만 정도를 파악하는 것이다. 여기에서 정상 체중이란 현재 자기의 신장에서 105를 뺀 수치를 말한다(정상 체중[kg] = 현재 자기의 신장[cm]−105).

$$비만도(\%) = \{(자기\ 체중\ -\ 정상\ 체중)\ /\ 정상\ 체중\} \times 100$$

비만도에 대한 해석은 비만의 정도가 ± 10% 범위 이내이면 정상 체중으로 보고, +10%~20% 정도에 해당하면 체중 과다, +20% 이상인 경우에는 비만이라고 판정할 수 있다.

6. 영유아기의 영양 장애

1) 소아비만

영유아의 비만증은 일종의 영양불량으로 체지방이 과잉으로 축적된 상태를 말하며, 일반적으로 비만아의 체중은 정상 체중의 120% 이상이다. 소아비만 아동은 운동능력이 저하되고, 친구들의 놀림으로 인하여 심리적인 열등감을 갖게 될 수 있으며, 학업성적 부진 등의 원인이 될 수 있다. 소아비만은 60% 이상이 성인비만으로 발전되므로 적절한 운동과 적당한 양의 음식물을 섭취하고 필요한 경우에는 영양 상담을 하는 것이 바람직하다.

영유아의 비만 원인은 식사 자체의 과다한 섭취보다는 과다한 새참, 불규칙한 식사, 운동부족, 부모의 관심 부족으로 인한 외로움을 달래기 위해 먹는 습관의 형성 등에서 찾아볼 수 있다. 비만아의 공통 특징으로는 설탕이 많이 포함되어 있는 음료수, 과자류 등을 지나치게 많이 섭취하고 일상적인 식사에서 고당질의 식품을 많이 섭취한다. 따라서 지나치게 단 음식물이나 고당질의 식품

섭취를 제한해야 하지만 영유아의 발육을 위하여 단백질, 지방, 비타민, 무기질 등의 영양소가 부족하지 않도록 해야 한다.

　비만아를 위한 식이요법으로 제한해야 하는 식품으로는 쌀밥, 빵, 국수, 스파게티, 감자, 고구마, 설탕, 잼, 탄산음료, 콜라, 카스텔라, 찰떡, 만두, 양갱, 과자류 등을 들 수 있다. 또한 비만아에게 제공해도 좋은 식품으로는 우유, 치즈, 달걀, 육류, 생선, 두부, 청국장, 버터, 마가린, 식물성 기름, 당근, 시금치, 오이, 무, 배추 등의 채소, 귤, 오렌지, 사과, 배 등의 과일을 들 수 있다.

2) 음식물 알레르기

　음식물 알레르기는 인체의 항원과 항체의 불균형으로 인하여 일어난다. 알레르기 증상으로는 비염, 설사, 구토, 두드러기, 피부염, 과민증 등이 있으며, 이는 음식물을 섭취한 후 2시간 이내에 발생하는 경우가 많지만 때로는 상당한 시간이 경과한 후에 나타나기도 한다. 알레르기를 잘 일으키는 음식물은 우유, 달걀, 고등어, 딸기, 복숭아, 죽순 등이다. 음식물 알레르기는 개인에 따라 다르며 건강상태가 좋을 때는 나타나지 않다가 피로하거나 허약해지면 증상이 나타나기도 한다. 음식물 알레르기 현상은 영유아기에 가장 많으며 대략 5세 정도가 되면 자연적으로 치유되는 경우가 많다. 그러므로 알레르기 원인으로 판명된 식품의 섭취를 피하고, 원인으로 의심되는 식품은 날것으로 먹지 않으며, 신선한 재료를 선택하여 충분히 조리한 후에 섭취하도록 한다.

3) 빈혈

　빈혈의 증상은 호흡 곤란, 안면 창백, 현기증, 귀울림, 두통, 식욕부진 등의 증상으로 나타난다. 빈혈 증상은 천천히 진행되기 때문에 자신이 모르는 사이에 만성으로 진행되는 경우가 많다. 또한 빈혈이 되면 피곤해지기 쉽고 추위를 쉽게 느끼며, 미열이나 구역질을 하기도 한다. 빈혈의 원인으로는 식사를 통하여 철분을 충분히 먹지 못한 경우와 성장, 임신, 수유, 월경 등으로 인한 체내 수요량 증가와 궤양, 위염, 암, 치질, 월경과다, 성기능 장애에 의한 출혈에 의한 철 배설량 증가다. 악성빈혈은 빈혈의 대표적인 것이며, 비타민 B12, 엽산이 결핍되어 생기며, 적혈구 세포의 핵산 합성에 장애가 발생하는 빈혈로 적혈구가 나타난다.

빈혈을 예방하기 위해서는 단백질도 같이 섭취하는 것이 좋으며 철이 흡수될 때 비타민 C 및 기타 비타민류도 중요한 역할을 하므로 신선한 채소, 과일 등을 충분히 섭취해야 한다. 철의 흡수는 식품의 질에도 관계가 있으므로 식물성 식품에만 편중하지 말고 철 흡수가 좋은 동물성 식품을 충분히 섭취한다. 동물성 식품에 들어 있는 헴철의 흡수율은 15~25%인 데 비해, 식물성 식품에 들어 있는 비헴철은 2~5% 정도만 흡수된다. 철이 많이 들어 있는 식품은 동물성 식품인 돼지 간, 소간 등의 육류, 식물성 식품인 참깨, 쑥, 깻잎 등의 녹색채소, 콩, 해바라기 씨, 말린 대추 등의 견과류, 해산물 식품인 바지락, 대합, 다시마, 파래 등의 해조류에 많다. 또한 백설탕보다는 흑설탕, 당밀에 많다.

4) 영양 결핍

영양 결핍은 보통 사회 경제적 수준이 낮은 계층의 영유아에게서 주로 나타난다. 경제적인 이유로 식품섭취의 절대량이 부족하고 감염이나 기생충으로 인한 흡수불량, 부모의 무관심, 잘못된 양육방식으로 인하여 영양 결핍 상태에 빠지게 된다. 영양 결핍은 육체적, 정신적으로 무력감을 주어 성장을 지연시키고, 피부의 윤기와 탄력감소의 증상으로 나타나다가 심하면 부종, 근육소모, 체중미달, 탈모, 탈색으로 발전한다.

장기적인 영양 결핍은 뇌 성장의 장애를 가져오기 때문에 지능지수가 현저하게 낮아질 수 있으며, 건강한 영유아에 비하여 질병에 걸리거나 사망할 확률이 훨씬 더 높다. 따라서 영양 결핍 상태의 개선은 개인적인 차원보다는 국가적인 차원에서 대책을 강구해야 하고, 여건의 개선과 함께 영양교육이나 보건교육이 뒤따라야 할 것이다.

5) 충치

연령이나 경제수준에 관계없이 영유아에게 가장 흔한 질병이 충치다. 유치의 발육상태는 성장에 영향을 줄 뿐만 아니라 성격 형성이나 영구치에도 영향을 미친다. 영유아에게 충치가 있으면 치아로 음식물을 자르거나 씹는 데 어려움이 있기 때문에 씹기 힘든 음식물을 싫어하게 되어 편식에 원인이 되기도 한다. 치아는 음식물을 먹는 이외에도 발음을 내는 역할을 하는 데 충치로 인하여 발음이 어렵게 될 수 있다. 또한 치아는 얼굴의 형태를 잡아 주며 얼굴의 근육 발달에도 영향을 미칠 수 있다.

충치의 원인은 세균 자체보다는 타액의 단백질, 박테리아 등이 뭉쳐 생긴 변형 박테리아가 치아에 붙어 있는 당류를 분해하면서 젖산이 생성되고 치아의 상아질을 부식시킴으로써 충치가 발생하게 된다. 이때 타액은 치아의 세척과 완충작용을 한다. 수면 중에는 타액의 분비가 줄어들기 때문에 잠자기 전에 음식물을 먹거나 우유병을 물고 잠을 잘 경우에는 충치가 발생하기 쉽다. 특히 젖먹이의 경우 우유병에 요구르트를 담아 먹이는 경우가 있는데 요구르트를 먹은 후에는 반드시 양치를 하도록 해야 한다. 어떤 치과의사는 영유아기 때 요구르트가 치아에 가장 나쁜 영향을 미치고 있다고 말하기도 한다. 충치를 일으키는 병균은 당분을 좋아하므로 당분을 적게 먹고, 음식물을 먹은 후에는 반드시 양치를 하여 세균이 번식하기 쉬운 환경을 제거하는 것이 충치 예방의 최선책이다. 또한 건강한 치아는 저항력이 강하므로 칼슘과 단백질 등 영양소를 균형 있게 섭취하여 건강한 치아를 유지하도록 해야 한다.

제 **6** 장

영유아 질병의 이해와 간호

아 동 건 강 교 육

1. 영유아 질병의 기초

1) 영유아 질병의 원인

질병은 병원균뿐 아니라 병에 걸리기 쉬운 성향이나 환경 등 여러 다른 요인이 주어졌을 때 발병하게 되는 것이다. 영유아에게 발생하는 질병의 원인은 크게 환경적 요인과 선천적 요인으로 나눌 수 있다.

(1) 환경적 요인

박테리아, 바이러스, 곰팡이, 급격한 온도 변화, 독소, 물리적 장애 등은 주변 환경에서 비롯되어 질병으로 발전되는 요인이다. 자연환경 이외에 사회생활에서 어려움을 겪을 때 처하게 되는 외로움, 불만족, 가정 문제, 친구 문제 등의 지나친 스트레스는 출혈성 위염과 같은 질병의 원인이 되기도 한다. 또한 편식이나 과식, 스트레스, 운동부족 등의 좋지 않은 생활습관이 질병을 일으키는 원인으로 작용할 수도 있다.

(2) 선천적 요인

많은 영유아가 신체의 조절기능이 잘 이루어지지 않아 몸의 균형을 잃게 되었을 때 병에 쉽게 걸린다. 따라서 질병에 걸리기 쉬운 성향을 갖고 있는 영유아는 똑같은 환경 조건에서도 다른 사람보다 쉽게 병에 걸릴 수 있다. 예를 들면, 감기가 유행할 때에 감기 바이러스에 접촉된 모든 영유아가 감기에 걸리는 것이 아니라 면역성이 약하거나 신체적 또는 정신적으로 허약한 영유아가 감기에 더 잘 걸린다.

특정 질병에 걸리기 쉬운 유전 성향은 유전적인 요소가 어느 신체기관의 조절기능을 잃게 만들어 병균이 침입했을 때 저항력을 가지지 못하게 한다. 이러한 유전 성향은 태아기에 선천적으로 부여되는 것으로 아직 확실한 치료나 원인 분석은 되지 않고 있다. 최근 언론에 보도되고 있는 유전자 연구결과는 이러한 수수께끼를 풀어 나갈 단서를 속속 밝혀내고 있다.

2) 영유아 질병의 증상

(1) 영유아의 행동변화

영유아의 질병은 갑자기 발생하는 것이 아니라 사전에 변화 징조가 나타나므로 부모나 교사는 세심한 주의를 기울여 변화를 감지함으로써 적절한 예방대책을 세워야 한다. 여러 가지 변화 중에서 가장 먼저 나타나는 것은 행동의 변화다. 평소에는 활발하고 쾌활하며 잘 먹던 영유아가 갑자기 조용하고 불안해하고 입맛을 잃고 얼굴이 창백하고 눈동자가 풀어져 있고 몸에 힘이 없고 칭얼대는 등의 행동을 보인다면, 이는 몸에 어떠한 문제가 생겨 곧 병이 발생할 수 있다는 신호다.

이런 상태를 관찰하였다면 부모나 교사는 몇 가지 사항을 점검해 보는 것이 좋다. 예를 들어, 영유아가 잠을 충분히 잤는지, 균형 잡힌 영양을 충분히 섭취했는지, 주변의 공기는 신선한지, 정신적으로 불안해할 요소가 있는지 등을 잘 살펴보아야 한다.

(2) 질병의 일반적 증상

영유아의 질병은 행동변화에 잇따라 나타난다. 영유아의 몸속에 병균이 침범하면 몸이 쇠약해지고 기능이 떨어져서 여러 가지 이상 반응이 일어나게 되는데, 대부분의 질병은 열을 수반하는 증상을 보인다. 질병의 증상이 나타나기전에 일반적으로 보이는 증상으로는 열, 불쾌감, 흥미상실, 식욕상실, 두통, 복통, 근육통, 구토, 설사, 변비 등이 있다.

2. 영유아의 경미한 질병 다루기

2. 영유아의 경미한 질병 다루기

1) 일반 간호

영유아가 병에 걸렸을 때에는 의사의 처방에 따라 약을 먹이거나 치료하고 잘 간호해야 회복이 빨라진다. 환아는 조용하고 환기가 잘 되는 방에 머물게 해야 하고, 방 안의 온도는 21~23℃, 습도는 40~50% 정도로 조절하여 호흡기 점막이 건조해지는 것을 방지해야 한다. 또 옷은 헐렁하게 입히고, 적당한 체온을 유지시켜 주어야 한다. 영유아가 병상에 있더라도 매일 세수, 양치질, 빗질 등을 하게 하여 몸을 깨끗이 유지시키고, 잠옷은 날마다 갈아입히며, 몸이 땀에 젖었을 때에는 따뜻한 물수건으로 몸을 닦아 준 후 물기가 마르면 새 옷을 입혀 준다. 열로 인하여 땀이 많이 나는 경우에는 이불이나 베개 등이 잘 젖으므로 자주 교체해 준다.

2) 체온 재기

(1) 일반 체온계 사용법

영유아를 간호할 때에는 수시로 체온을 재야 하는 경우가 많다. 체온계는 유리관으로 되어 있고 한쪽 끝에 수은이 들어 있다. 수은이 채워진 부분이 체온으로 데워지면 수은이 유리 기둥을 타고 올라가 체온을 알려 주는데, 체온계는 35~42℃까지 잴 수 있다. 체온계는 소독수가 담긴 컵에 보관하고, 열을 재기 전에는 찬물로 깨끗이 닦고 건조시킨 후 수은주가 36℃ 이하로 내려가도록 앞뒤로 잘 돌려서 털어 준다. 영유아의 체온은 항문부, 겨드랑, 혀 밑으로 잴 수 있다.

항문부 체온 측정방법은 간단하면서도 정확하다. 먼저 체온계를 찬물로 씻고, 온도계를 흔들어 수은이 수은구로 몰리도록 한 다음 수은구 끝에 바셀린, 윤활제, 크림 등을 약간 발라 천천히 항문에 2.5cm 정도 삽입한다. 열을 재는 동안에는 영유아를 눕혀서 다리를 오므리게 하고 한 손으로는 두 발을 모아 잡고, 다른 손으로는 2~3분 동안 체온을 다 잴 때까지 엉덩이 쪽에서 체온계를 잡고 있으면서 아동이 움직이면 즉시 뺄 수 있어야 한다.

겨드랑 부위에서 열을 잴 경우에는 항문 부위에서 재는 것보다 정확성이 떨어지고 낮게 측정된다. 보통 6세 이하의 영유아는 체온계를 깨물어 부술 수 있기 때문에 겨드랑이나 항문의 온도를 재는 경우가 많다. 겨드랑의 온도를 잴 때에는 체온계를 찬물로 씻은 후 흔들어 수은이 아래로 내려가게 한 다음 겨드랑을 닦아서 건조해지면 겨드랑 깊숙한 곳의 피부에 대고 팔을 내리게 한다. 아동의 팔을 몸에 붙이도록 하여 체온계가 그대로 머물도록 하고 3~4분 후에 겨드랑에서 체온계를 빼어 온도를 읽는다. 온도를 읽은 후 신체 바깥쪽의 온도는 더 낮은 것을 감안하여 그 온도에 0.5℃를 더해 준다.

성인이나 제법 자란 10세 정도의 아동은 혀 밑에 온도계를 넣어 열을 재는 것이 일반적이다. 이 경우에는 체온계를 비누로 깨끗이 씻어야 하며, 항문에서 온도를 재는 체온계와 구분하여 사용해야 한다. 입으로 체온을 잴 때에는 체온계를 흔들어서 수은이 수은구로 내려오게 한 후 수은구를 혀 아래에 놓는다. 이때 체온계를 너무 세게 깨물지 않도록 주의시키고 열을 재는 동안에는 입술을 다물고 있도록 한다. 열을 재는 데는 5분 정도가 소요되며, 겨드랑 부위보다는 정확하지만 항문 부위 측정보다는 덜 정확하다. 특히 뜨거운 것을 먹고 난 직후에 재는 것은 피해야 한다.

(2) 스트립 체온계 사용법

체온측정용 스트립을 이용하여 영유아의 열을 재는 방법도 있다. 스트립을 이마에 대고 체온을 잴 수 있게 만들어진 플라스틱판에 숫자가 쓰여 있는 검은색 줄이 있는데, 이 부분이 몸과 접촉하면 색이 변한다. 외풍, 직사일광, 강한 불빛 아래에서 사용해서는 안 되며 항상 실내에서 사용해야 한다.

체온측정용 스트립을 사용할 때는 이마의 땀과 기름기를 닦아 내고, 양손으로 온도측정용 스트립을 잡되, 숫자가 적힌 곳은 만지지 않도록 주의한다. 눈썹 바로 위쪽으로 평평하게 스트립을 눌러 주어 이마와 스트립 간에 빈 공간이 생기지 않도록 하고, 대략 15초 정도 지나서 스트립의 색이 더 이상 변하지 않게 될 때 온도를 읽는다.

(3) 디지털 체온계 사용법

디지털 체온계는 전원스위치가 있고 배터리로 작동된다. 체온을 재면 액정에 온도가 나타나 사용이 매우 간편하고 온도계를 껐다 켜면 앞서 잰 온도가 사라져 바로 다시 잴 수 있다.

보통 목덜미에 대거나 귓속에 넣어 온도를 재는데, 아주 어린 영아의 경우에는 귓속에 넣어 재는 경우 놀랄 수 있기 때문에 주의해야 한다. 2009년 신종 인플루엔자의 확산으로 유치원, 보육시설에서 이 체온계의 사용이 급격히 증가하기도 했다.

3) 배설물에 대한 관찰

영유아가 구토했을 때는 토물의 양, 냄새, 색깔, 전반적인 상태를 잘 관찰해야 한다. 특히 중독으로 인한 구토가 의심되거나 출혈이 의심되는 경우에는 토물을 버리지 말고 의사에게 보여야 한다. 출혈로 인한 혈액이 섞인 토물은 선홍빛 혹은 커피색이다. 소변도 색깔을 잘 살펴야 한다. 영유아의 소변이 붉거나 갈색인 경우에는 혈뇨일 수 있는데, 음식물 색깔에 의해서도 소변이 붉을 수 있다. 갈색뇨는 고열이나 황달이 있을 때 배설하고 누렇고 흐린 소변은 요도기관에 염증이 있을 때, 그리고 흐린 소변은 농이 섞였을 때 배설된다.

대변의 상태, 색깔, 이물질의 여부를 잘 관찰해야 한다. 검은색의 대변은 소화기관에 이상이 생겨 출혈이 있을 때 배설된다. 그러나 철분이 많은 약을 복용하거나 시금치를 먹거나 혹은 커피나 입에서 나는 피를 삼켰을 때 검은색 대변이 배설될 수 있다. 연한 색깔 또는 흰색의 대변은 황달이 있는 환자와 모유나 인공유를 먹는 영유아에게서 종종 나타난다. 선홍색의 피가 섞인 대변은 대장에 출혈이 있을 때 나타나며, 치질로 인해 출혈했을 때 또는 항문 부위 점막에 상처가 생겼을 때 선홍색의 피가 섞인 대변을 배설한다.

4) 경미한 질병에 걸린 영유아 돌보기

영유아가 유아시설에 있는 동안 아프다면 부모에게 연락을 취해야 한다. 영유아를 일시적으로나마 유아시설에 데리고 있기 위해서는 아픈 아동이 나머지 아동에게서 격리되어 적절한 간호를 받을 수 있는 조용한 공간이 필요하다. 교직원 수는 아픈 아동을 돌볼 수 있도록 적정 수준을 유지하고 교직원은 응급조치가 필요한 유아가 있을 경우 바로 대처할 수 있도록 충분한 훈련을 받아야 한다. 공공시설에서 특정 전염병이 발생했을 경우 법적으로 보고의 책임이 있다. 유아시설의 교직원은 이러한 법적 요구사항을 숙지하고 해당 질병 발생 시 즉시 보고해야 한다. 시설의 교직원 역시 위장병이나 피부병 또는 38.3℃ 이상의 열이 있는 경우 신속하게 유아 관련 업무에서 떠나야 한다. 병가에 관한 방침은 유아가 질병에 감염되는 것을 방지하는 차원에서 최대한 자유롭게 이루어져야 한다.

(1) 연락망 유지하기

부모는 아침에 아동을 데려다 줄 때 아동이 전날 저녁에 아주 경미하게 아팠을 경우라도 직원과 대면하여 상황을 알려야 한다. 교직원과 직접 이야기할 수 없는 경우에는 상세하게 증상을 적어서 통신문을 전달해야 하고 아동이 귀가할 때에는 교직원이 그날 무슨 일이 있었는지를 가족에게 글을 통해 전달해야 한다. 활동수준이나 식욕과 음식물 섭취, 낮잠, 투약 상황, 그리고 대변에 대한 간단한 정보는 가족과 의사가 조치를 하는 데 매우 귀중한 자료가 된다. 교직원의 메모장은 하루일과가 끝난 후 아동을 데려갈 때 부모가 놓치기 쉬운 부분을 인지시키는 데 도움이 된다.

(2) 건강 상태를 점검하여 맞이하기

아침에 아동을 맞이할 때에는 부모가 떠나기 전에 아동의 건강 상태를 간단히 점검해야 한다. 머리를 잘랐다든지, 새로운 신발을 신었다든지 정도의 변화를 인지하는 정도로 가볍게 관심을 보이며 자연스럽게 상호작용을 하면 된다.

아동의 외모나 기분이 걱정되면 바로 부모와 이야기하여 아동을 집으로 데려갈지 혹은 시설에 머무르게 할지를 결정한다. 만약 아동을 남기기로 결정했다면 어떻게 아동을 관리하고 어느 시점에서 부모에게 연락할지를 부모와 상의해야 한다. 아픈 아동의 관리 책임을 전가받을 것인지의 여부는 시설에서 결정할 문제로, 만약 아픈 아동이 하루 종일 시설에 남아 있을 경우에는 시설에서 어떤 일이 있었는지에 대한 증상기록을 부모에게 알려야 한다.

(3) 증상기록

- 아동 이름 ＿＿＿＿＿＿＿＿＿＿＿＿＿＿＿＿
- 날짜 ＿＿＿＿＿＿＿＿＿ □증상 ＿＿＿＿＿＿＿＿＿＿
- 증상이 나타날 경우 얼마나 지속되고, 얼마나 심하고, 얼마나 자주 발생하였는가?
＿＿＿＿＿＿＿＿＿＿＿＿＿＿＿＿＿＿＿＿＿＿＿＿
- 아동의 행동에 변화가 있었는가? ＿＿＿＿＿＿＿＿＿＿
- 아동의 체온 ＿＿＿＿＿＿ □겨드랑 □구강 □항문 □귀
- 지난 12시간 동안 섭취한 음식이나 음료수 ＿＿＿＿＿＿＿
- 지난 12시간 동안 소변, 대변, 구토 ＿＿＿＿＿＿＿＿＿＿
- 증상에 동그라미를 표시하거나 적는다 ＿＿＿＿＿＿＿＿
□콧물　□기관지통증　□기침　□구토　□설사　□발진
□호흡곤란 □목 아픔　□가려움증 □소변볼 때 문제 □통증
- 다른 증상 ＿＿＿＿＿＿＿＿＿＿＿＿＿＿＿＿＿＿＿＿
- 약물, 동물, 곤충, 비누, 이물질 등에 노출되었는가? ＿＿＿＿＿
- 아픈 사람에게 노출됐는가? 누구며 어떤 병이었는가? ＿＿＿＿
- 이 병에 영향을 미치는 다른 병(천식, 빈혈 당뇨, 알레르기, 정서적 충격)
＿＿＿＿＿＿＿＿＿＿＿＿＿＿＿＿＿＿＿＿＿＿＿＿
- 어떤 조치가 취해졌는가? ＿＿＿＿＿＿＿＿＿＿＿＿＿＿
- 병에 대한 의료전문가의 조언 ＿＿＿＿＿＿＿＿＿＿＿＿
- 서류작성자 이름 ＿＿＿＿＿＿＿＿＿＿＿＿＿＿＿＿

(4) 매일 건강점검 지침

매일 아동의 건강을 점검할 때는 아동이 앉아 있든 서 있든 무릎을 꿇고 아동의 눈높이에 키를 맞춘다.

교직원은 유아가 등원할 때 매일 세심하게 관찰해야 한다. 다음은 유아를 관

찰할 때 지침이 될 수 있는 주요 사항과 대처방법 등이다.

- 아동이 어떻게 느끼고 행동하고 말하는지 등 아동과 부모의 말을 주의 깊게 듣는다. 아동의 목소리는 정상인지 살펴보아야 하는데, 아동이 말할 수 있다면 "오늘은 어때? 괜찮아?"라고 물어본 후 아동의 목소리가 쉬지는 않았는지 들어 본다.
- 아동이 간밤에 잘 잤는지, 식사는 정상적으로 했는지, 특이한 일은 없었는지 등 부모에게 아동의 기분과 행동은 어땠는지 묻는다.
- 아동의 피부를 만져 본다. 아동의 볼과 이마, 목 뒤를 자신의 손등으로 가볍게 만져 본다. 체온이 비정상적으로 높거나 피부가 다르게 느껴지면 더 유심하게 관찰한다.
- 기저귀에 변을 본 채로 도착한 경우에는 즉시 기저귀를 갈아 준다.
- 아동을 만질 때 입술이 아닌 손을 쓰도록 한다. 입술을 통해 세균을 아동에게 전염시킬 수 있기 때문이다.
- 특이한 냄새가 나는지 맡아 본다. 오랫동안 먹지 않은 아동의 입에서는 단내가 난다. 부모가 특이한 냄새가 나는 약을 먹여서 냄새가 날 수 있으므로 확인을 위해 부모에게 묻는다.
- 부모와 연락이 안 되거나 부재중일 때 아동을 데리고 갈 수 있는 비상연락처에 연락을 해서 번호를 확인하고 아동의 기록부에 기록해 둔다. 전화번호를 확인하는 것은 사무 업무 중 가장 손쉬운 일 중 하나로 시설에 있는 아동의 수를 6개월 동안의 근무일수로 나누어(대략 120일) 매일 확인해 본다.

(5) 열에 대한 지침

열은 아동에게는 흔한 증상이다. 대부분의 부모 혹은 교사는 열에 대해 필요 이상의 걱정을 한다. 사실 열은 별로 해롭지 않고 치료가 항상 필요한 것도 아니다. 평균 이상의 열은 과다한 운동, 하루 중 때에 따라 감염, 주위 환경(더운 방, 더운 날씨, 집단 안에 있을 때), 개인에 따라 차이가 있을 수 있다. 열이란 보통 구강, 직장 또는 겨드랑 체온을 잴 때 37.8℃ 이상인 경우다. 40.6℃ 이상인 경우는 고열이라 하지만 열의 정도에 따라 병세가 달라지는 것은 아니다. 아동이 얼마나 아파하는지와 그 이유, 그리고 합병증의 우려 등이 더욱 중요하게 작용한다. 열은 대부분 아동의 몸이 감염에 대하여 반응하는 것으로, 37.8℃에서 38.9℃ 사이의 열은 보통 아동이 감염을 이겨 내도록 도와주면 된다. 이 경우 열은 증상일 뿐 병은 아니다.

어린 아동은 성인보다는 열이 더 높이 올라간다. 해열제를 먹고 열이 내렸다고 해도 병의 정도와는 관계가 없다. 어떤 질병의 경우는 열이 내려가면서 병이 더 악화될 수 있으며 어떤 경미한 질병은 고열이 유지되는 것과 상관이 있기도 하다. 그러나 열은 전염병이나 또는 심각한 질병에 의해 일어날 수 있으므로 아동의 열이 38.9℃ 이상일 경우에는 의료진에게 진찰을 받게 한 다음 시설 활동에 포함시킬 것인가를 결정하도록 한다.

1️⃣ 감염이 의심되는 증상
- 비정상적으로 졸거나 혹은 많은 잠을 잘 때
- 경계심을 잃을 때
- 빠르거나 이상한 숨을 쉴 때
- 매우 아파 보일 때
- 먹거나 마시는 것을 거부할 때
- 화를 잘 낼 때
- 놀기를 거부할 때
- 아픈 곳을 호소할 때
- 심하게 울 때

2️⃣ 열로 인한 발작
대략 4%의 아동이 열로 인한 발작을 일으킨다. 이러한 발작은 대부분 위험하지 않지만 막을 수 없는 것이므로 염려할 필요는 없다. 열 발작은 열이 오를 때 발생하거나 아동이 열이 올랐다는 것을 느끼기도 전에 발생한다. 열 발작은 대부분 짧으며(약 15분 정도) 스스로 멈춘다. 열 발작은 아동이 3세 전에 발작경험이 있는 경우 잘 일어난다. 만약 아동이 열 발작이 있었다면 열이 오를 경우 다음의 조치를 취해 열을 빨리 내려야 한다.

- 옷을 벗긴다.
- 시원하고 얇은 천(접시를 닦는 수건이나 천 기저귀 등)을 얼굴과 목에 덮어 준다. 또는 체온보다는 낮은 미지근한 물로 욕조에서 아동의 몸을 문지른다.
- 아동이 깨어나서 약을 삼킬 수 있다면 아동의 의사 처방과 부모 승인을 받은 후 적정량의 아세트아미노펜을 준다.
- 처음 발작을 일으킨 아동은 즉시 의사의 진찰을 받아야 한다.

(6) 감기에 대한 지침

- 방 안 온도를 21.1℃나 그 미만으로 유지한다. 겨울 동안 찬 습기가 나오는 가습기를 써서 공기가 건조해지지 않도록 하며 스팀 증발기는 사용하지 않도록 한다.
- 아동을 일으켜 세워서 점액이 아동의 귀로 들어가지 않도록 한다.
- 아동을 매트리스에 눕히되 베개를 베지 않도록 한다. 이때 머리가 가슴 쪽으로 굽어 호흡장애를 일으킬 수 있기 때문이다.
- 음료를 많이 준다.
- 아동이 코를 풀고 닦을 수 있도록 돕는다.
- 아동을 도와준 다음 손을 씻는다.
- 아동의 코에서 점액을 제거하여 아동이 먹지 못하도록 한다. 부드럽고 폭이 좁은 고무흡입기를 이용하여 코를 풀지 못하는 아동의 코에서 점액을 빨아내야 하는데, 이때 부모에게 아동에게 쓸 흡입기를 보내 줄 것을 요청한다.
- 아동이 쉴 수 있도록 해 준다. 아동은 가벼운 활동이나 잠이 필요할 수 있다.
- 부모의 허락과 의사의 지시 없이 아동에게 감기약을 먹이지 않도록 한다.
- 수은체온계인 경우 수은선이 35℃ 아래로 내려갈 때까지 체온계를 흔든다.
- 직장체온을 측정하는 사람은 특별한 건강관리 훈련을 받아야 한다.

(7) 구토에 대한 지침

- 부모에게 전화한다.
- 6개월 미만인 아동이 구토할 때는 의사에게 전화하도록 부모에게 요청한다.

- 고형 음식은 삼가고 맑은 유동식, 생강차, 젤라틴, 묽은 수프를 제공한다.
- 매우 소량의 유동식을 30~60분 동안 매 5~15분마다 제공한다.
- 아동이 토하는 것을 누그러지도록 돕기 위해 얼린 주스나 얼음을 제공한다.
- 부모에게 24시간 동안 맑은 유동식만 주도록 조언하고, 다음 날부터 아동이 완벽하게 회복될 때까지 고형음식으로 천천히 변화시킨다.
- 만약 아동이 음식을 달라고 하고 최근에 토하지 않았다면 간단한 저염도의 크래커, 간단한 쿠키나 빵, 쌀로 만든 시리얼을 준다.
- 만약 아동이 옷에 구토를 했다면 옷을 벗기고 필요시 아동을 비누와 물로 닦는다. 아동을 깨끗한 옷으로 갈아입히거나 담요나 타월로 감싸도록 한다. 더럽혀진 옷을 새지 않는 비닐봉지에 담아 이름을 붙여 놓고 부모가 세탁할 수 있도록 집으로 보낸다.

(8) 복통에 대한 지침

복통은 여러 가지 원인에 의해 일어날 수 있다. 통증과 경련은 감염, 변비 또는 심각한 장 문제가 원인이 될 수 있다. 어떤 아동은 흥분했을 때 복통을 느낀다. 심각하고 지속적인 통증은 복통의 심각성을 의미할 수 있다. 만약 아동이 다음의 경우가 있다면, 부모에게 곧바로 말하여 의학적인 도움을 얻도록 한다. 만약 복통을 가진 아동을 돌보고 있다면 맑은 유동식을 주고 아동이 조용한 곳에서 편안하게 있도록 한다.

- 아동이 비명을 지를 정도의 심각한 복통을 느낀다.
- 아동이 구토 후에 복통을 느낀다.
- 아동이 최근의 손상이나 복부의 구타 또는 심하게 떨어진 이후에 구토나 설사 없이 복통을 느낀다.

(9) 기저귀 발진

기저귀 발진은 피부의 수분이 있는 부분과 대변의 화학작용, 그리고 피부에 닿은 소변과 마찰로 생긴 자극이 오랫동안 젖어 있음으로써 생긴 결과다. 기저귀의 암모니아 냄새는 피부의 박테리아가 소변을 화학 변화시킬 때 발생한다.

기저귀 발진을 돌보기 위해서는 다음 단계를 따라야 한다.

- 자극을 받은 피부를 치료한다. 발진이 나타났을 때 아기가 낮잠 동안 기저 귀와 합성수지로 된 바지를 벗은 채 자도록 한다. 차가운 좌욕을 해 준다 (시원함과 혈관수축을 위해 제공해야 할 시간은 최소 15분이다).
- 암모니아를 중화하고 박테리아가 피부에서 자라는 것을 막기 위해서는 좌욕을 위한 물에 식초 2~3 티스푼을 넣는다. 식초는 암모니아를 막는 작용을 하고 박테리아의 성장을 방해하는 약산성이다. 목욕 시에는 대소변 위생 관리를 위해 아동의 상처 끝을 문지르지 않도록 한다. 아동에게 산성의 과일주스를 마시게 함으로써 아동의 소변을 더욱 산성으로 만든다. 박테리아는 묽어진 소변에서 잘 자라지 않으므로 아동의 수분섭취를 증가시킨다.
- 대변 포함물은 피부를 자극하기 때문에 아동의 피부에서 최대한 빨리 대변을 제거한다. 기저귀를 바로 갈아 주고 아동의 엉덩이를 약간의 비누와 미지근한 물로 잘 씻긴다. 작은 유아인 경우 이러한 헹굼을 세면대에서 쉽게 할 수 있다. 이러한 용도로 사용한 후에는 세면대를 씻고 소독해야 한다.
- 아기용 파우더 사용을 피하도록 한다. 폐로 흡입할 수 있다.

(10) 열 발진

열 발진은 다루기 힘든 열로 알려져 있다. 작은 빨간 혹이 보통 목, 상체, 머리의 뒷부분에 발생한다. 열 발진을 다루기 위해서는 다음에 유의해야 한다.

- 아동에게 너무 많은 옷을 입히지 않는다.
- 아동의 피부, 특히 피부의 주름 사이를 시원한 물로 자주 씻고 말린다.
- 아기용 파우더를 사용하지 않는다.

(11) 햇볕 화상에 대한 지침

어린 아동은 성인보다 쉽게 햇볕에 의해 화상을 입지만, 모든 사람이 태양에 장시간 노출되는 것은 피해야 한다. 태양은 생의 후반기에 노화와 피부암을 발생시키는 변화를 일으키며 얼굴, 어깨, 무릎 뒤 부위가 다른 부위보다 더 쉽게 화상을 입는다. 그러므로 모자, 긴소매셔츠, 자외선차단크림을 사용함으로써 이러한 부위를 보호해야 하며 부모에게 자외선차단크림과 그것의 사용을 위한 동의서를 내도록 요구한다. 자외선차단크림에 표시된 숫자는 일반적인 노출로 얼마나 오랜 시간 동안 보호할 수 있는지를 알려 주는 것이며, 자외선차단지수 (SPF) 15 또는 그 이상의 수치를 가진 자외선차단크림을 사용하도록 한다.

자외선은 오전 11시부터 오후 2시 사이에 가장 집중되며, 태양광선의 물과 모래의 반사 때문에 화상의 위험은 증가하는데, 이때는 구름이 있더라도 햇볕에 의한 화상을 막아 주지 못한다. 여름에는 대부분의 놀이시간을 그늘진 곳에서 보내며 자주 수분을 섭취하고 피부를 차갑게 해 주도록 한다.

아동이 햇볕으로 인한 화상을 입었을 때 의사의 처방 없이 피부에 약을 투약해서는 안 된다. 햇볕으로 인한 화상을 위한 치료는 아니지만 화상에 동반된 통증과 가려움은 시원한 물 목욕이나 한 번에 10~15분 동안 하루에 3, 4회 실시하는 차가운 찜질로 나아질 수 있다. 심각한 화상은 격렬한 통증과 피부의 물집, 오한, 열을 동반할 수 있다. 만약 아동이 이러한 증상을 보인다면 아동이 의사에게 진료를 받도록 부모에게 요청한다.

5) 투약방법

대부분의 모든 아동에게 한 번 또는 그 이상의 투약이 필요하다. 부모가 만성적인 문제나 경미한 질환이나 또는 일시적인 불편감 때문에 필요할 경우 투약에 대하여 문의할 수 있다. 돌보는 아동에게 투약하기 위해서는 예상되는 어떤 상태에 대한 규칙을 알아야 한다. 미국 소아학회는 모든 육아 제공자가 어떻게 안전하게 투약할 것인가를 훈련받기를 권한다.

아동에게 투약이 필요할 때 부모의 도움을 얻기 위해 의사소통을 해야 한다. 이것은 단지 집에서 약을 주거나 다른 형태(액체, 알약, 캡슐)의 약을 처방하는 것에 대하여 의료진과 상담하는 것 또는 권장된 하루 동안의 투약 횟수(예: 아침과 잠잘 때, 하루 3회)를 고치는 것 등이 포함될 수 있다. 기관이 투약에 대한 책임을 받아들인다면 적용 가능한 모든 규칙을 따르도록 확실히 해 둔다. 처방 또는 비처방약은 특별한 아동을 위한 의사의 처방전에 따라서만 아동에게 투약해야 하며, 부모의 서면 허락 없이 아동에게 투약해서는 안 된다.

(1) 처방약

약의 처방은 의사만이 할 수 있으며, 약사는 처방전에 따라 약을 조제한다. 교직원은 영유아에게 약을 투약할 때 다음 사항에 대한 정보를 가지고 있어야 한다.

- 투약을 받을 아동의 이름
- 아동의 의사 이름
- 약의 이름
- 약품의 제조일
- 1회 투약량
- 1회 투약하는 빈도(간격)
- 투약경로(예: 구강)
- 특별한 주의점(예: 식사와 함께 또는 식간에 투약)
- 저장법(예: 냉장보관)
- 유통기한

(2) 비처방약

비처방약은 약국에서 의사의 처방 없이 판매되는 약이다. 교직원은 비처방약을 영유아에게 처방할 때 다음에 대한 정보를 가지고 있어야 한다.

- 투약을 받을 아동의 이름
- 안전한 사용을 위한 지시사항
- 유통기한
- 성분 목록
- 추천 의료진의 이름과 주소

(3) 투약의 서면기록 내용과 약품보관

영유아에게 약을 투약할 때는 반드시 서면기록을 유지해야 하고, 투약할 약을 적절하게 보관해야 한다. 교직원은 서면기록과 보관을 위해 다음을 고려해야 한다.

- 아동에게 처방된 약품에 대한 투약 서면기록에는 각각의 투약 시간과 날짜, 약품을 투약한 사람의 이름과 투약을 받은 아동의 이름이 포함되어야 한다.
- 모든 약품은 아동이 만질 수 없는 안전한 용기에 아동의 이름, 약품의 이름, 투약에 대한 지시사항을 적어서 보관하여야 한다. 사용하지 않는 약품은 버리거나 또는 부모에게 돌려보내도록 한다. 모든 처방 약품은 법에 의해 만약 구매자가 특별히 다른 방식의 요구를 하지 않는다면 아동이 사용할 수 없게 포장하여 조제해야 한다. 아동과 일하는 사람은 약사의 요구를 확인하여 모든 약품을 안전하게 포장해야 한다.

(4) 투약에 대한 추가적이고 실제적인 지침

교직원이 영유아에게 안전하게 투약을 하기 위해서는 다음과 같은 실제적인 지침을 반드시 알아야 한다.

- 훈련된 직원만이 아동에게 투약하도록 한다. 사용 순서를 의사나 간호사에게 처방을 받거나 시범을 보도록 한다.
- 아동에게 약을 주는 장소에 투약 기록지를 보관해서 정확한 시간과 날짜에 기록해 두는 것을 잊지 않도록 한다. 투약기간이 끝난 후 아동의 폴더에 이 기록지를 넣어 둔다.
- 약을 주는 방법(예: 식전 또는 식후, 투약 후 물과 함께, 머리를 기울이고)에 대한 세밀한 지시사항을 받았는지 확인한다. 대부분의 처방전에는 이러한 정보가 없다.
- 투약 부작용의 가능성에 대해 배우고 만약 어떤 것을 발견한다면 즉시 부모에게 알린다. 부모나 담당 의사의 승인 없이 더 많은 투약을 하지 않도록

한다.

- 보관에 대해 주의사항을 항상 읽는다. 어떤 약품은 냉장보관이 필요하다. 따뜻하고 습하고 빛이 있는 곳에 약품을 보관하는 것은 피하도록 한다.
- 약을 주기 전에도 주의사항을 읽는다. 약병은 종종 비슷해 보인다. 여러 아동이 같은 약을 투약받을 수 있기 때문에 병에서 아동의 이름을 확인한다. 추가 주의사항은 아동의 이름을 적은 큰 종이 라벨을 붙인 가방에 약품을 넣어 보관하는 것이다. 이렇게 아동의 이름과 복용량, 시간, 투약방법을 두 번씩 점검한다.
- 아동의 손이 닿지 않는 잠근, 차가운, 건조한 곳에 약품을 보관한다. 냉장고에 보관하는 약품은 냉장실에 보관하는 식품과 따로 보관해야 한다.
- 성인의 통제가 불가능하다면 약품을 따로 남겨 두지 않아야 한다. 전화를 받거나 방을 떠나 있을 때 먼저 약을 치우거나 약을 가져가도록 한다. 아동은 몇 초 안에 다량의 약을 먹어 버릴 수 있다.
- 약품을 아동이 좋아하는 사탕이나 다른 것으로 비교하지 않도록 한다. 아동은 통제가 없을 때 약을 더 먹으려고 할 수도 있다.

(5) 약을 안전하게 투약하기 위한 조언

교직원이 영유아에게 약을 안전하게 투약하기 위해서는 다음과 같은 점에 유의해야 한다.

- 투약 전후 손을 완벽하게 씻는다.
- 아동은 약을 먹으려 하지 않을 수 있으므로 아동에게 투약할 때는 온화하고 단호하게 한다.
- 약품은 다양한 형태로 나온다. 입으로 먹거나 콧속에 뿌리거나 귓속에 방울을 떨어뜨리거나 직장에 삽입하거나 피부에 바를 수 있다. 따라서 투약방법은 반드시 기록되어 있는 지시사항에 따르도록 한다.

(6) 투약 승인서 및 기록지

기관에서 교직원이 영유아에게 안전하게 투약하기 위해서는 부모가 의뢰한 투약 승인서와 교직원의 투약 근거를 밝혀야 책임단계를 분명히 할 수 있다. 특히 안정성 체크를 위해서는 다음 사항을 살펴야 한다.

- 아동의 손이 닿지 않은 곳에 보관되어 있는지 확인
- 원래의 처방 또는 제조사의 라벨
- 용기에 표시된 아동 이름
- 처방된 날짜 / 유통기한 라벨
- 용기나 보관케이스의 약을 처방한 면허를 가진 전문가의 이름과 전화번호

(7) 투약방법

교직원이 영유아에게 약을 투여할 때는 약의 특성에 따라 다양한 방법을 선택할 수 있다.

① 구강으로 투약하기

- 아동이 삼켜야 할 액체의 정확한 양을 측정한다. 흔들어 먹여야 할 경우 물약을 흔든다. 물약을 투약하기 위해 특별한 측정 기구를 사용한다. 물약을 천천히 주고 아동이 삼킬 때까지 기다린다.
- 알약에 선이 표시되어 있다면 큰 알약을 작은 조각으로 부수도록 한다.

② 귀 물약 넣기

귀 물약은 귀를 머리 뒤쪽으로 부드럽게 잡아당기면서 넣으면 쉽게 들어간다.

③ 안약 넣기

안약은 하안검을 부드럽게 잡아 내렸을 때 하안검이 만드는 구멍에 넣는다.

④ 코 물약 넣기

코 물약은 아동을 바로 눕힌다면 더 쉽게 넣을 수 있다. 코 스프레이의 경우 아동은 일어나거나 앉을 수 있다.

⑤ 직장 좌약 넣기

직장 좌약을 넣기 전에 의사에게 최선의 방법을 물어본다(투입 전에 프로그램의 건강 정책을 알아야 한다).

6) 병에 걸린 영유아의 보호

병에 걸린 영유아는 민감하고 많은 사랑과 관심을 요구하기 때문에 간호하는 사람이 늘 곁에 있어 주어야 심리적으로 안정감을 느낄 수 있다. 병이 회복되는 단계에서는 책을 읽어 주고, 이야기를 해 주고, 함께 놀아 주거나 장난감을 주어 영유아가 심심하지 않도록 해 주어야 한다. 그러나 시간을 보내기 위해 텔레비전을 틀어 주는 것은 휴식에 방해가 되므로 금하는 것이 좋다.

영유아가 장기적인 만성 질병으로 앓고 있는 경우에는 너무 보호만 하지 말고 될 수 있으면 일찍부터 신체적, 정신적으로 스스로 독립할 수 있는 여건을 마련해 줌으로써 지나치게 의존적이고 버릇이 없는 외톨이로 자라지 않도록 해야 한다.

3. 영유아기에 걸리기 쉬운 질병

영유아기에 걸리기 쉬운 질병에서는 먼저 우리나라에서 규정하고 있는 법정 전염병과 영유아기의 질병으로 크게 구분하고, 영유아기의 질병은 감염성 질병, 호흡 질병, 소화기 질병, 피부성 질병, 안과적 질병, 이비인후과 질병, 치과적 질병으로 구분하여 각 질병의 특징, 증상, 가정간호, 예방방법 등을 살펴보고자 한다(고승덕, 김은주, 1999; 김계숙, 김희숙, 1994; 김주성, 1998; 대한소아과학회, 1997; 전국대학보건관리학교육협의회, 1995; 질병관리본부 홈페이지, 홍창의, 1994; Abby, Roxane, & Katherine, 1995).

1) 법정전염병

　미생물이 숙주 내에 침입하여 증식하는 상태를 감염이라 하고, 병원체 감염으로 인하여 질병을 일으키는 것을 감염성 질환이라 한다. 이러한 감염성 질환이 전염성을 가지고 새로운 숙주에게 전염시키는 것을 전염병이라 한다.

　우리나라의 법정전염병은 제1종 전염병, 제2종 전염병, 제3종 전염병에서 신종 전염병의 출현과 전염병 발생양상의 변화에 대응하기 위하여 2000년 8월 1일부터 법정전염병 종류 및 분류를 제1군, 제2군, 제3군, 제4군 전염병 및 지정전염병으로 구분하여 체계적이고 전문적인 전염병 관리가 되도록 하고 있다.

표 6-1 우리나라 법정전염병의 종류

분류	수	전염병의 종류	특성
제1군	6종	콜레라, 페스트, 장티푸스, 파라티푸스, 세균성이질, 장출혈성대장균감염증 (O-157)〈신〉	발생 즉시 환자격리 필요
제2군	10종	디프테리아[구 1종], 백일해, 파상풍, 홍역, 유행성이하선염, 풍진[신], 폴리오, B형 간염[구 3종], 일본뇌염, 수두	예방접종 대상
제3군	18종	말라리아[구 2종], 결핵, 한센병[구 나병], 성병, 성홍열[구 2종], 수막구균성수막염[구 2종], 레지오넬라증[신], 비브리오패혈증[신], 발진티푸스[구 1종], 발진열[구 2종], 츠츠가무시증[구 2종], 렙토스피라증[구 2종], 브루셀라증[신], 탄제[신], 공수병[구 2종], 신증후군출혈열(유행성출혈열)[구 2종], 인플루엔자[신], 후천성면역결핍증(AIDS)[구 2종]	모니터링 및 예방 홍보 대상
제4군	15종	신종전염병 증후군, 재출현 전염병, 해외 유행전염병 황열, 뎅기열, 마버그열, 에볼라열, 리사열, 핀타, 리슈마니아증, 바베시아증, 아프리카수면증, 두창, 크립토스포리디움증, 주혈흡충증, 요우스, 중증호흡기 증후군, 보툴리눔독소증	보건복지부령으로 지정
지정 전염병	9종	유행 여부를 조사하기 위해 평상시 감시 활동이 필요한 전염병 A형 간염, C형 간염, 반코마이신내성황색포도상구균, 샤가스병, 광동주혈선충증, 유극악구충증, 사상충증, 포충증, 크로이츠펠트-야콥병	보건복지부장관이 지정

전염병환자를 진단한 의료기관의 장 등은 보건소장에게 신고하여야 하며, 그 내용은 차례로 시장·군수·구청장, 특별시장·광역시장·도지사, 보건복지부 장관에게 보고되어야 한다.

국립보건원장 또는 시·도지사는 국내외 전염병의 발생을 감시하고 전염병에 관한 정보를 수집·관리하여야 하며, 제1군 전염병이 발생하였거나 제2군 내지 제4군 전염병이 유행할 우려가 있다고 인정되는 경우에는 지체 없이 역학조사를 실시하여야 한다. 국립보건원 및 특별시, 광역시, 도에 역학조사반을 둔다. 우리나라 법정전염병의 종류는 〈표 6-1〉과 같다(질병관리본부 홈페이지).

(1) 전염병 통제의 다섯 가지 계율
① 질환의 확산을 예방하라

전염성 질환을 일으키는 바이러스와 세균은 따뜻하고 습하며 통풍이 잘 이루어지지 않는 환경에서 번성한다. 반대로 이러한 전염 매체는 공기가 신선하고 깨끗하고 건조된 환경에서는 자라기 어렵다. 질환의 확산을 예방하기 위해서는 다음의 조치를 취하도록 한다.

- 교직원과 유아에게 정확한 손 씻기 절차를 요구한다.
- 방을 매일 환기시키고, 유아를 자주 밖으로 내보낸다.
- 아동 침대 및 다른 가구 사이에 충분한 공간을 마련한다.
- 장난감, 가구, 기저귀 갈기, 화장실, 식사 영역을 청소하고 소독한다.
- 비누와 물로 주변을 청소하고 표백제로 살균하여 세균을 없앤다.
- 1온스의 예방은 1톤의 치료만큼 가치가 있다는 것을 명심한다.

전염병은 아파 보이지 않거나 아프다고 느끼지 못하는 사람들에 의해 확산된다. 이들로부터 나온 신체 분비물은 그들이 숨 쉬고 섭취하며 다른 사람들과 접촉하게 되는 대기, 음식, 공간 속으로 들어간다. 질환의 확산을 통제하기 위해서는 다음에 유의한다.

- 유아와 교직원에게 재채기하고 기침하는 방법, 휴지 처리 방법에 대해 가

르쳐야 한다. 재채기나 기침은 사람과 떨어져서 바닥을 향해 하도록 한다. 만일 손이나 휴지에 재채기나 기침을 한 경우라면 즉시 손을 씻어야 한다.

- 손 씻기를 위해서는 흐르는 물, 액체비누, 개인 종이 타월을 사용한다.
- 개인 용품을 함께 사용하지 않는다.

② 확실한 예방접종을 요구하라

기관의 모든 아동은 종교적, 의학적 이유로 법에 의해 면제를 받지 않는 한 적절한 나이에 디프테리아, 파상풍, 백일해, 소아마비, 홍역, 볼거리, 풍진, 인플루엔자, 수두 등의 질환에 대한 예방 접종을 받아야 한다. 그리고 기관에서는 적절한 예방 접종을 받지 않은 아동은 제외시켜야 한다. 어떤 유아가 기관에 들어올 수 있는 자격이 있는지를 결정하기 위해서는 다음 사항을 유의해야 한다.

- 병원에서 예방접종 증명서를 발급 받도록 부모에게 요청한다.
- 유아의 연령을 결정한다.
- 예방접종이 최근 것인지를 알아보기 위해 권장 스케줄과 접종기록을 비교한다.
- 의문사항이 있다면 건강상담가에게 연락한다.

어떤 아동이 최근의 예방접종을 받지 않았다면 그 아동이 1개월 이내에 접종을 위해 병원예약을 하고 필요한 추가 접종을 계속한다는 조건부로 입학을 허가받을 수 있도록 권장한다. 가족을 지역 의사나 보건부로 보내 필요한 접종을 할 수 있도록 한다.

③ 일부 질환을 보고하라

기관은 어떤 전염병의 발생에 대해 보건복지부에 보고하도록 법으로 정하고 있다. 이러한 보고절차를 기관의 보건정책에 확실히 포함시켜야 한다. 일부 질환을 보고하는 목적은 전염병 확산을 막기 위한 적절한 조치를 취하도록 하는 데 있다. 어떤 질환에 대해서는 개별적인 발생이 보고되어야 한다(간염, 뇌막염). 또 다른 질환은 급격한 증가가 일어날 때 보고되어야 한다. 일반적으로 전염병은 해당 질환(감기, 단핵구증, 결막염, 폐렴)이 기재되지 않았을지라도 보고되어야 한다.

특별히 오염된 음식섭취에 의해 유발된 질환으로 직원과 유아가 위경련, 구토, 설사, 현기증을 겪고 있다면 식중독을 의심하고 보건소에 보고해야 한다. 후천성 면역 결핍증(AIDS), 성적으로 감염된 질환과 같은 질환은 보건소에 직접 보고해야 한다. 이런 질환을 진단하는 의사, 교사, 건강관리 제공자 실험실 직원들은 위임된 보고자다.

④ 일부 유아를 격리하라

일반의 신념이나 관행과는 반대로 몇몇 질환은 다른 유아와 직원을 보호하기 위해 아픈 유아의 격리가 필요하다. 그러나 대부분의 다른 질환은 분명하게 아프기 전에 이미 다른 사람에게 노출되거나, 치료를 시작한 후 어떤 시점에서는 전염되지 않는다(예: 인후염, 결막염, 농가진, 결핵, 백선증, 옴). 치료 시작 후의 대기 시간은 질환마다 다르다. B형 간염, HIV 감염(AIDS 바이러스) 등과 같은 바이러스성 질환의 보균자인 아동은 입학이 가능하므로 입학이 허용되어야 한다. 프로그램에 경증의 아픈 아동을 허용할 때는 그들의 요구를 더욱 잘 충족시키기 위해 다음과 같은 조치를 고려해야 한다.

- 조용한 시간을 보낼 수 있는 작은 방이나 공간을 마련한다.
- 유아의 질환이 실외 놀이로 악화될 수 있다면 다른 아동이 밖으로 나갈 때 한 명의 교직원을 남아 있게 하여 함께 있도록 한다.

⑤ 준비하라

전염병이 침범할 때까지 기다리지 말고 미리 계획하여 다음의 조치를 취한다.

- 교직원이 손 씻기, 청소, 통풍 지침을 배우고 그에 따르도록 강조한다.
- 유아 환경에서 전염병에 관해 알고 있는 건강상담가를 선택한다.
- 지역 보건소 전화번호를 붙여 놓고 즉석에서 이용할 수 있게 한다.
- 아동의 입학을 허가하기 전에 그들의 예방 접종이 최근 것인지 확인한다.

- 매 접종 후 즉시 모든 아동에 대한 접종상태 기록을 갱신한다.
- 교직원 역시 스스로와 유아를 보호하기 위해 자신의 접종을 갱신해야 한다.
- 부모에게 아픈 아동을 건강관리 제공자에게 데려가고 전염병에 대해 기관에 보고해야 할 책임이 있다는 것을 확실히 인식시킨다. 기관에서 준 모든 자료를 부모가 읽을 것으로 가정하지 않는다. 기관 등록 시 구두로 보건절차를 재확인하고, 매년 모든 부모에게 편지를 보낸다. 기관의 보건정책을 설명하고 부모에게 다음을 요구한다.
  - 유아가 아플 때는 전화를 하거나 편지를 써서 문제를 말하도록 한다.
  - 건강관리 제공자가 어떤 특정 진단을 하면 전화를 하거나 편지를 쓰도록 한다.
  - 유아가 격리되어야 할 질환에 걸린다면 유아를 집에 머물게 한다.
  - 유아가 약한 설사나 전염병에 걸렸을 때와 그 질환이 치료되었을 때, 아동이 출석해야 할지 말아야 할지에 관해 전화해서 의논하도록 한다.
  - 비상 연락망이 변경되면 알린다.
- 전염병의 징조를 발견하는 법을 알아야 한다. 만일 문제로 의심되면 전화를 하거나 가정에 메모를 보낸다.
- 기관에서 발생하는 전염병에 관해 교직원과 부모에게 알린다.

2) 예방접종 일정

영유아에게는 출생 후부터 예방접종을 해야 하는 적절한 시기가 있다. 필요한 시기에 예방접종을 하지 않으면 영유아의 생명을 위협하거나 심각한 결과를 수반할 수 있다. 따라서 적절한 시기에 반드시 예방접종을 해야 한다. 보편적인 예방접종의 일정은 〈표 6-2〉와 같다(대한소아과학회, 1997).

표 6-2 예방접종 일정표

연령	예방접종의 종류
1주 이내	B형 간염 1차 접종
4주 이내	BCG(결핵 예방접종)
1개월	B형 간염 2차 접종

연령	예방접종의 종류
2개월	DTaP(디프테리아, 백일해, 파상풍), 소아마비 1차 접종, B형 간염 3차 접종(헤팍신 접종의 경우)
4개월	DTaP(디프테리아, 백일해, 파상풍), 소아마비 2차 접종
6개월	DTaP(디프테리아, 백일해, 파상풍), 소아마비 3차 접종, 홍역 유행이 있는 경우 단독 백신 접종
12~15개월	MMR(홍역, 볼거리, 풍진)
13개월 이후	일본뇌염
18개월	DTaP(디프테리아, 백일해, 파상풍), 일본뇌염 추가접종
3세	일본뇌염 추가접종
4~6세	DTaP(디프테리아, 백일해, 파상풍), 소아마비 2차 추가접종, MMR(홍역, 볼거리, 풍진) 추가접종
6세	일본뇌염 추가접종
12세	일본뇌염 추가접종
14~16세	성인용 Td(성인용 파상풍 예방접종)

3) 영유아기의 질병관리

(1) 감염성 질병

감염성 질병(Infectious diseases)은 특정 세균, 즉 바이러스, 곰팡이 혹은 기생충 등의 감염에 의해 유발되는 질환이다. 전염될 수 있는 질환은 한 사람에서 또 다른 사람에게로 확산될 수 있다. 게다가 감염성 질병은 영유아 프로그램이 직면하는 중대한 문제 중의 하나로 전염병은 유아와 직원에게 불편함, 고통, 결석 등을 초래한다. 때로는 심각한 질환이 발병될 수 있다. 전염병을 일으키는 세균은 주로 네 가지 방식으로 확산된다.

- 장의 관을 통해(대변을 통해)
- 호흡기관을 통해(눈, 코, 입, 폐에서 나온 유체를 통해)
- 직접적인 접촉이나 만지는 것을 통해
- 혈액 접촉을 통해

① 수두

수두(varicella)는 전염성이 강한 질병으로 작은 수포인 물집이 전신에 생기고 심한 가려움증과 두통 및 열이 수반되는 급성 감염 질환이다. 수두 바이러스가 원인이며 공기나 직접 혹은 간접 접촉으로 전염한다. 잠복기는 보통 10~21일 정도이며, 수두가 전염되는 시기는 발진 1일 전에서 발진 6일까지다. 어느 연령 이나 걸릴 수 있으나 보통 2~8세에 감염되기 쉬우며, 유치원이나 아동의 집에 집단으로 발생할 가능성이 있다. 1세 이하의 영아는 선천적인 면역으로 수두를 가볍게 앓는 경우가 많다.

수두의 증상은 전구기와 발진기로 살펴볼 수 있다. 전구기는 권태감, 발열, 식욕부진, 두통 등의 증세가 수두가 발진되기 24시간 전부터 나타난다. 발진기 는 반점, 구진, 수포, 농포, 가피의 순서로 진행된다. 반점에서 진행된 홍반성 구진은 24시간 안에 수포로 변하고, 눈물방울 같은 수포(물집) 둘레에 붉은색을 띠면서 농포로 변한다. 처음 발진은 가슴과 배에서 시작되어 3~4일 이내에 얼 굴, 어깨, 사지로 퍼져 나간다. 수두는 말초보다는 몸통에 많기 때문에 손바닥 이나 발바닥에는 드물다. 수포는 매우 가려우며 7~10일에는 딱지가 형성된다. 모든 반점에 딱지가 형성되면 전염성은 없어진다. 수두는 입안, 질, 요도점막에 도 생길 수 있으며, 심한 경우에는 발진기에 38.3℃ 정도의 열이 생기기도 한 다. 수두의 발진은 표재성이기 때문에 완치하면 자국을 남기지 않으나, 크게 생 긴 발진이나 가피(딱지)는 자국을 남길 수 있다.

수두에 대한 간호는 2차 세균감염, 농양 등을 방지하기 위하여 항생제를 쓰 고, 손톱으로 피부를 심하게 긁지 않도록 하고 손톱을 짧게 깎아 주고 깨끗이 유지하도록 한다. 수두는 몹시 가렵기 때문에 카라민로숀 등을 발라 주고 항히 스타민제를 사용하여 가려움증을 완화시켜 주어야 한다. 또한 열이 나면 아세 타미노펜을 투약하여 열을 떨어뜨리고, 수두에 걸린 유아를 격리시켜 전염되 는 것을 막아야 한다. 수두로 인한 가장 흔한 합병증으로는 중이염, 기관지염, 폐렴을 들 수 있다.

② 수족구병

수족구병은 콕사키라는 바이러스가 일으키는 병으로 손발과 입안에 물집이 생기는 질병이다. 증상으로는 발열, 목 통증, 위통, 설사와 손바닥의 작은 물집성 발진, 발과 구강의 염증 등이 나타나며, 여름철과 가을철에 가장 흔하다. 주로 6개월에서 4세 아동이 잘 걸리지만 드물게는 성인도 걸릴 수 있다. 이 병은 바이러스 증후군이 나타나기 이전에 전염되기 때문에 이미 노출된 것이므로 출석만 제대로 하고 있다면 별도의 격리는 필요 없다. 수족구병이 발병하면 지역 보건소에 통보하도록 한다.

콕사키 바이러스는 대변에 의해 입으로 퍼진다. 대변이 손이나 입에 닿아 다른 사람의 손과 입으로 들어간다. 이 바이러스 역시 코와 목에서 나온 배설물과 직접적인 접촉에 의해 퍼질 수 있다. 바이러스에 노출된 후 3~6일간 아프며, 발진은 3~7mm 크기의 수포성 모양으로 발보다 손에 더 흔하게 나타나고 손바닥이나 발바닥보다는 손등과 발등에 잘 온다. 엉덩이에서도 종종 발진이 나타나며 보통 7일 이내에 호전된다.

콕사키 바이러스의 확산을 막기 위해서는 철저한 손 씻기와 개인위생 절차에 따르도록 한다. 화장실을 사용하거나 욕실에서 기저귀를 갈거나 아동의 화장실 사용을 도운 후 혹은 음식을 먹이기 전에는 반드시 손을 깨끗이 씻도록 한다. 물이나 아이스크림을 먹어서 열을 떨어뜨리는 것이 좋고, 미지근한 물수건으로 몸을 닦아 주어 열을 내리도록 한다. 수족구병에 걸리면 잘 먹이는 것이 중요한데, 목 안이 아파 잘 먹을 수 없기 때문에 밥보다는 죽을 먹이도록 한다. 맵고 시고 자극적인 음식보다는 담백한 음식이 좋다. 과일주스를 먹이는 것이 좋으나 신맛이 나는 오렌지주스 같은 것은 피한다.

③ 디프테리아

디프테리아(diphtheria)는 전염성이 매우 높은 질환으로 박테리아에 의하여 감염되는 제2군 법정전염병이다. 보통 기침과 함께 인후통을 수반하며 기침소리는 개짓는 소리처럼 들리는 쉰 목소리가 난다. 완전히 치료하지 않으면 폐렴으로 진행되거나 심근마비로 인하여 심부전증을 유발할 수 있고, 사지근육이 허약해지거나 마비될 수도 있다. 디프테리아균은 강력한 독소를 생산하여 생명을 위협하고 전염성이 매우 높기 때문에 심각한 질환이다. 디프테리아는 원칙적으로 생후 2개월, 4개월, 6개월, 18개월, 4~6세에 걸쳐 디프테리아 · 백일해·파상풍 예방접종을 함께 하도록 되어 있다. 그러나 성인이 되어도 10년마다 성인용 디프테리아·파상풍 예방접종을 받아야 한다. 실제로 1994년에는 러시아의 모스크바에서 수천 명이 디프테리아에 감염되어 133명이 사망한 사고가 있었다.

증상으로는 피곤, 미열, 두통이 따르고, 편도선이 비대해지고 회색 반점이 생기며, 곧이어 디프테리아의 전형적인 증상으로 입안이나 편도선 주위에 백태가 형성된다. 심한 경우에는 목구멍이 점점 부어올라 호흡곤란 상태가 되어 환자가 질식할 수도 있다. 간호를 위해서는 합병증을 예방하기 위해 안정시키고, 환자가 발생한 지역에서는 다른 지역으로 전염되지 않도록 경계와 보호를 철저히 해야 한다. 병원진료에서는 위막을 제거하기 위하여 기관경 검사를 실시하고, 호흡곤란이 있으면 기관절제 수술을 해야 하며, 병에 걸린 환자에게 항독소 치료를 해야 한다.

④ 뇌염

뇌염(encephalitis)은 뇌에 염증이 생기는 질병이며, 주로 모기가 매개하는 원충, 진균, 세균, 바이러스 등에 의해 병이 전염된다. 뇌염의 증상으로는 고열, 심한 두통, 뇌막이나 척수 자극증상, 혼수 등을 들 수 있다. 뇌염의 후유증으로는 파킨슨씨 증후인 근육 강직으로 동작이 느려지고 동작 조절 능력이 상실되며, 지능감퇴 등의 증상을 보이거나 심한 경우에는 사망에 이르는 경우도 있다.

뇌염을 예방하기 위해서는 모기의 유충이 산란하는 장소를 제거하거나 살충제를 뿌리고 잠을 잘 때는 모기장을 사용한다. 뇌염에 걸린 영유아의 간호를 위해서는 체위를 자주 변경시켜 주고 병실에서는 조용히 하며, 눈은 직사광선을 피하고 세안을 통하여 통증을 완화시켜 준다. 급성 뇌염인 경우에는 과일즙이나 우유 등을 3~4시간 간격으로 먹여 영양을 공급해 주고, 회복기에는 고단백질과 고비타민식을 첨가해 주어야 한다.

⑤ 유행성 인플루엔자

유행성 인플루엔자(epidemic influenza)는 급격한 열이 생기고 전신에 통증이 있으며 인후통과 허탈 상태가 따르는 급성 감염성 질환이다. 유행성 인플루엔자는 24~72시간 정도 잠복되어 있다가 급격하게 발병하는 것이 특징이다. 주요 증상으로는 발열과 오한이 있고 감염의 정도에 따라 2~4일간 계속된다. 전신증상이 따르는 것이 보통이며 두통, 요통, 하지 근육통, 식욕부진 등이 있고 불안감이 따른다. 합병증이 자주 발생하는데, 그중 위험한 합병증은 폐렴이며, 그 밖의 합병증으로는 중이염, 임파선염 등이 있다.

유행성 인플루엔자를 예방하기 위해서는 환자의 격리가 가장 중요하다. 호흡기 질환을 가진 사람과 접촉을 피함으로써 감염을 예방할 수 있다. 예방접종만이 인플루엔자 발생을 감소시킬 수 있는 실질적인 방법이다. 그러나 유행하는 인플루엔자의 모든 병원균이 다르기 때문에 한 가지 백신으로 완전하게 예방할 수는 없다. 백신은 현재 유행하고 있는 바이러스와 유사한 경우에만 유효하다.

유행성 인플루엔자를 위한 가정간호는 증세가 나타났을 때 안정을 취하게 하고, 환기를 잘 시키고 방 온도를 20~21℃ 정도로 유지하며 조용하게 한다. 발열이 있으면 영양이 풍부한 음식이나 과즙을 주고 수분을 충분히 공급해 주며, 열이 정상적으로 내린 후에도 며칠 동안 환자를 안정시키고 체온과 맥박을 수시로 체크한다. 오염된 물품은 소독하고 휴지는 종이봉투에 모아 태운다.

⑥ 홍역

홍역(measles)은 바이러스로 인하여 공기나 환자의 침을 통하여 발병하는 제2군 법정전염병으로 전염성이 매우 강하고 잠복기는 8~14일 정도다. 대부분 홍역의 초기 증상은 감기와 비슷하여 열이 나면서 기침이 나거나 눈곱이 생기며, 입안이나 얼굴에 반점이 생기고 얼굴에서부터 발끝까지 3일간에 걸쳐 온몸에 붉은 반점이 나타났다가 사라진다. 홍역의 합병증으로는 폐렴, 중이염을 들 수 있고, 경우에 따라서는 위막성 후두염과 뇌염으로 전이될 수 있다. 홍역은 전염성이 매우 강하여 예방접종은 받지 않은 상태에서 환자와 접촉하면 90% 이상 감염된다. 과거에는 생후 15개월 정도에 홍역·볼거리·풍진 예방접종을 한 번만 하여도 거의 발병이 되지 않았으나, 최근에는 홍역 예방접종을 하였더라도 면역력이 생기지 않는 경우가 있기 때문에 철저한 관리를 위해서는 4~6세에 한 번 더 홍역 예방접종을 할 것을 권하고 있다(중앙일보, 2000. 4. 19).

홍역의 증상은 초기에 반점이 나타나기 시작하여 작은 황갈색 반점이 귀 뒤에서 생긴 후 얼굴과 몸 전체에 퍼진다. 콧물, 마른기침, 두통이 생기고 40℃ 이상의 고열이 발생하고, 입안 쪽에 작은 흰 반점이 생기고, 눈이 충혈되고 아프다. 홍역에 대한 간호는 가려움을 감소시켜 주기 위해 중조를 넣은 따뜻한 물에 목욕시키고, 발진이 생긴 후 최초 1주일 동안은 격리시킨다. 홍역이 걸리면 눈이 부셔 햇빛을 보기 어려운 수명(photophobia) 현상이 생기기 때문에 가능한 한 직사광선을 피하는 것이 좋으며 환자의 방 조명을 약간 어둡게 해 준다. 폐렴의 위험을 방지하기 위해서는 맞바람을 쐬는 것을 피하고 환자를 잘 덮어 준 후 환자의 방을 자주 환기시켜 주어야 한다. 홍역이 시작된 지 2주일이 지나고 합병증 없이 잘 치유되면 유아교육 기관으로 다시 나갈 수 있다.

7 풍진

풍진(rubella)은 바이러스에 의해 감염되는 질병으로 영유아 질병 중에서 가장 가벼운 질병으로 볼 수 있다. 풍진의 초기 증상으로는 미열과 가벼운 기침으로 시작되어 2일 후에는 귀 뒷부분과 얼굴에 발진이 나타나 빠른 속도로 온몸에 퍼진다. 풍진의 발진은 홍색이며 대체적으로 며칠 후에는 사라진다. 그러나 합병증을 예방하기 위해서는 증상이 가볍더라도 잘 치료해야 한다.

풍진은 경증의 증상을 일으키므로 보통 사람에게는 별로 심각하지 않지만, 만일 임신 3개월까지의 임산부가 풍진을 앓게 되면 심각한 합병증으로 인하여 태아가 선천성 시력상실, 청각상실, 심장결손, 뇌손상을 입은 상태로 태어날 수 있다. 따라서 12~13세까지의 아동, 특히 여아가 아직 풍진을 앓지 않았거나 예방주사를 맞아 풍진 바이러스에 대한 면역이 생기지 않았다면 반드시 예방접종을 해야 한다. 풍진에 대한 특별한 치료법은 없으며, 만일 주부가 감염의 우려가 있으면 감마 글로불린(gamma globulin) 주사를 맞도록 한다.

8 성홍열

성홍열(scarlet fever)은 보통 5~10세 아동에게 발생되는 질병으로 박테리아에 의해 전염되는 제3군 법정전염병이다. 성홍열은 직접적인 접촉이나 환자의 침에 의해서 감염된다. 잠복기는 1~7일 정도이며, 급성질환으로 발열, 두통, 구토 복통, 오한, 인후염의 증상을 가진다. 발열은 갑작스럽게 시작하여 39~40℃ 까지 오르고 치료하지 않으면 5~7일간 지속된다. 병에 감염된 후 약 3주 동안 은 전염의 위험이 높으므로 환자를 격리시켜 간호해야 한다.

성홍열의 증상으로는 갑작스러운 고열, 구토증, 두통 및 목통증이 수반되며 인두점막이 빨갛게 발열하고 편도에는 염증이 생기며, 턱의 양쪽은 임파선이 부어오르고 통증이 온다. 처음에는 혀에 백태가 끼지만 차차 혀끝이 빨간 산딸 기처럼 변한다. 병이 시작된 지 약 24시간 후에는 얼굴과 몸에 좁쌀 같은 빨간 작은 종창이 다닥다닥 생겨나서 약 1주일 후에는 피부가 벗겨지기 시작한다. 발진 후에 꺼풀이 벗겨지는 데 겨드랑, 손끝, 엉덩이, 손톱 바로 밑 부분에 현저 하게 나타나며, 꺼풀이 벗겨지는 정도와 기간은 발진의 정도에 비례한다. 과거 에는 성홍열로 인하여 심장과 신장에 위험한 합병증이 발생하였지만, 최근에 는 페니실린 치료 덕분에 큰 어려움이 없이 병을 치료할 수 있다. 성홍열의 예 방을 위해서는 환자의 치료가 시작될 때부터 끝날 때까지 격리한다. 환자와 접 촉한 사람은 주의해서 관찰하고, 특히 목 안에 병의 증세가 있는지 확인한다.

⑨ 볼거리(유행성 이하선염)

볼거리(mumps)는 유행성 이하선염(epidemic parotitis)이라고도 부르는 제2군 법정전염병이다. 2세 이상의 유아에게 잘 나타나는 질병으로 기침이나 말을 통 한 침의 분비로 인하여 다른 사람에게 전염된다. 보통 처음에는 얼굴의 한쪽에 만 종창이 나타나지만 환자의 75% 정도는 곧 다른 쪽 얼굴에도 종창이 생겨 음 식을 삼킬 때와 머리를 움직일 때 종창이 있는 쪽 귀의 통증을 유발한다. 이하 선염은 심각한 질병은 아니지만 심한 두통과 목의 경직증상이 10일 이상 지속 되면 뇌염이나 뇌막염 같은 심각한 합병증을 유발시킬 수 있다.

유행성 이하선염의 증상으로는 전신권태, 두통, 인후통이 생기고, 얼굴의 한 쪽이나 양쪽이 부으며, 남아는 고환이 붓고 통증이 생기며 여아는 하복부에 통 증이 생긴다. 유행성 이하선염의 합병증으로는 뇌막염을 들 수 있으며, 사춘기 남아에게는 고환 종창이 나타날 수 있고, 사춘기 여아에게는 열과 복통이 동반 하는 난관 염증을 일으켜 불임의 원인이 될 수도 있다. 볼거리의 간호를 위해서 는 약 2주간 격리시켜야 하며, 얼음주머니를 이용하여 통증을 감소시키고, 타액선 종창으로 통증이 있을 때는 의사 처방에 따라 아동용 아스피린을 투여하고, 죽 종류의 부드러운 음식과 수분을 충분히 공급해 주어야 한다.

⑩ 백일해

백일해(pertussis, whooping cough)는 제2군 법정전염병으로 전염성이 매우 높은 호흡기 질환으로 오늘날에는 많이 약화되었고 합병증도 드물어졌다. 백일해는 보통 2~5세에 잘 걸리며 박테리아의 감염 경로는 공기나 침을 통하여 이루어진다. 백일해에 따른 위험은 나이가 어릴수록 심각하기 때문에 젖먹이 영아에게는 어떠한 종류든 기침하는 사람들의 접근을 차단해야 한다.

백일해의 초기 증상으로는 약하고 건조한 기침에서 시작되어 차츰 밤에 심한 기침 발작을 하게 된다. 중기 증상으로는 자주 급작스러운 기침 발작이 일어나며 얼굴이 빨갛게 달아오르고 눈이 충혈되며, 기침 끝에 구토가 동반되고 끈끈한 점액성 가래가 나오기도 한다. 보통 2~4주 정도 진행될 수 있고 무호흡, 청색증, 코피, 부종 등을 볼 수 있으며 기침이 심하나 열은 수반되지 않는다. 말기 증상으로는 기침 발작이 가벼워지고 기침의 횟수도 줄어든다.

백일해의 회복기간은 보통 5~8주 정도 걸리고, 합병증으로는 폐렴이나 중이염을 들 수 있으며 드물지만 생명에 위험한 뇌 손상을 초래할 수도 있다. 백일해에 대한 간호로는 의사의 처방에 따라 항생제 치료를 하고 소량의 식사를 자주 제공하고, 신선한 공기를 자주 교환해 주며, 따뜻한 물수건으로 가슴을 싸주면 기침의 자극을 줄여 줄 수 있다.

⑪ 폴리오 또는 소아마비

폴리오 또는 소아마비(poliomyelitis, infantile paralysis)는 예방접종으로 인하여 최근에는 드물게 나타나는 제2군 법정전염병이다. 그러나 일단 소아마비에 감염되어 병을 앓으면 심각한 결과를 초래할 수 있으므로 자주 발생되는 질병이 아니라고 해서 예방접종을 게을리 해서는 안 된다. 소아마비는 꼭 아동만 걸리는 것이 아니고 성인도 혈중에 폴리바이러스(polivirus)에 대한 항체가 없으면 걸릴 수 있는데, 성인이 걸리게 되면 소아보다 더 심각한 증세가 나타난다. 전체 소아마비 환자 중 20%가 성인이다.

소아마비의 감염은 균이 묻어 있는 손을 만지거나 입을 통한 접촉을 통하여 이루어진다. 병에 걸린 환자는 약 3주 동안 전염성을 지니며 특히 환자의 대변은 오랫동안 감염될 수 있으므로 주의 깊게 다루어야 한다. 소아마비의 처음 증상은 감기와 비슷하게 갑자기 열이 나고 두통, 복통, 목 통증이 야기된다. 이러한 초기 증상은 약 2~3주일 지속되다가 1~2일 동안 열이 내려가고, 그다음에는 다시 열이 오르고 구토가 나며 목과 등이 뻣뻣해진다.

12 파상풍

파상풍(tetanus)은 제2군 법정전염병으로 발병 원인은 흙, 먼지, 사람이나 동물의 대변에 섞여 있는 파상풍균이 날카로운 나뭇조각이나 쇠붙이 등의 물체에 의해 상처를 입었을 때 파상풍에 대한 면역이 없는 아동이나 성인이 걸릴 수 있다. 불결한 곳에서 아기를 낳거나 또는 갓난아기의 탯줄을 불결한 가위로 자른다든지 탯줄이 떨어지지 않은 배꼽을 청결하게 하지 않으면, 파상풍균이 신생아에게 감염되어 신생아에게 파상풍이 생기기도 한다. 화상이나 벌에 쏘인 상처를 통하여 파상풍이 걸릴 수도 있다. 상처가 크면 클수록 상처의 부위가 불결하면 불결할수록 파상풍균이 감염될 가능성이 높으며, 때로는 아주 작은 상처를 통해서 감염될 수도 있다. 파상풍은 균이 인체에 침투하여 5~15일 정도의 잠복기를 거쳐 발병하는 전염병이다.

파상풍에 걸렸을 때의 증상으로는 불면증, 두통, 불안, 때로는 창상 부위의 통증, 우울 등이 있다. 발병 초기에는 목과 턱의 근육이 뻣뻣하게 경직되어 점차 입을 열지 못하고 삼키지 못하게 된다. 독소가 퍼지면서 안면근육이 수축되어 입이 바깥쪽으로 끌려 비웃는 듯한 표정을 짓는 냉소증이 나타나며, 사소한 소리나 햇볕 자극에도 경련이 생기며 심하면 전신경련이 일어난다.

파상풍을 예방하기 위해서는 오염된 상처를 적절히 처치해야 하고, 특히 오염된 창상이 있었던 사람으로서 과거에 예방접종을 받은 경우에도 추가로 접종해야 한다. 특히 임산부가 파상풍에 걸리게 되면 태아에게 심각한 피해를 줄 수 있기 때문에 작은 창상에도 의사의 진찰을 받아야 한다. 파상풍의 사망률은 35~60%에 이를 정도로 매우 높지만 사망하지 않고 완전히 회복될 경우에는 후유증이 거의 없다.

파상풍을 예방하기 위해서는 생후 2, 4, 6, 18개월에 각각 한 번씩 D.P.T 주사를 맞아야 하고, 유치원에 들어갈 때쯤인 4~6세경에는 파상풍 예방접종을 디프테리아와 백일해 예방주사와 함께 추가로 맞아야 한다. 그 후에도 10년마다 디프테리아 예방주사와 함께 예방접종을 해야 한다.

⑬ 소아결핵

결핵(tuberculosis)은 감염자의 객담과 비말이 기침, 재채기, 말을 할 때 배출되어 다른 사람의 호흡기를 통하여 흡입되고 입맞춤, 구강 대 구강 호흡법을 통하여 전염되는 제3군 법정전염병이다. 선천성 결핵의 경우에는 산모의 혈액 속에 존재하는 결핵균이 태반에 침투하여 감염되기도 한다. 결핵은 나이가 어릴수록 질병의 전파가 빠르고, 사춘기에 이르면 결핵의 빈도가 다시 높아진다. 홍역이나 백일해를 앓게 되면 결핵이 훨씬 더 악화된다.

결핵의 증상으로는 피로감, 식욕감퇴로 인한 체중 감소, 미열, 잠잘 때의 식은땀을 들 수 있다. 또한 결핵에 감염되면 가래에 혈액이나 농이 섞여 나오고, 지속적으로 마른기침이 난다. 결핵이 뇌막에 감염되면 두통, 열, 혼수상태에 빠질 수 있다. 가정간호를 위해서는 규칙적으로 정확한 용량의 약을 복용하는 것이 가장 중요하다. 결핵은 다른 질병과는 달리 수개월 또는 수년간에 걸친 노력이 있어야 완전히 치료할 수 있다. 영유아에게 일단 약물치료를 시작하면 더 이상의 전염성은 없기 때문에 격리할 필요는 없다.

⑭ 뇌막염

뇌막염(meningitis)은 뇌와 척수를 덮고 있는 막에 염증이 생기는 병으로 주로 바이러스나 박테리아에 의하여 감염된다. 여아보다는 남아에게서 더 많이 발생되며 보통 10세 이하의 아동에게 잘 발생한다.

뇌막염의 증상으로는 39.9℃ 이상의 고열, 놀라는 듯 울면서 하는 구토, 목의 경직, 두통, 밝은 빛을 잘 보지 못하는 증상 등이 나타나고 식욕이 저하되고 불안해하며, 전신에 붉은 보라색 반점이 나타난다. 뇌막염에 대한 가정간호를 위해서는 절대적인 안정이 필요하고, 매일 더운물로 목욕을 시켜 주어야 하며, 수분을 충분히 공급하고, 두통을 줄여 주기 위해서는 머리를 높이고 얼음주머를 대 준다. 사용한 기구, 의류 등은 증기소독을 하고 철저하게 위생관리를 한다. 병원진료에서는 척수액을 뽑아 검사하고, 박테리아성 뇌막염일 경우에는 혈관을 통하여 다량의 항생제를 투여한다.

⑮ 장티푸스

장티푸스(typhoid fever)는 여름과 가을에 주로 발행하는 제1군 법정전염병으로 비위생적인 생활, 불결한 음식, 오염된 음료수 등에 의해서 전염되며 빈민계층에서 많이 발생한다. 장티푸스균은 오염된 식품, 물, 우유, 파리, 갑각류 등을 통하여 사람의 몸에 침입하며, 7~30일 정도의 잠복기를 거쳐 병을 일으킨다.

증상으로는 발병 후 1주간은 열이 단계적으로 상승하며, 2주간은 39~40℃의 고열이 지속되고, 3주간은 아침과 저녁으로 열의 온도가 1~2℃씩 오르내리는 현상이 일어난다. 원인불명의 고열이 며칠간이나 계속되면서 간이나 비장이 커져 있을 때에는 장티푸스의 가능성이 있다. 장티푸스의 발병 시에는 열과 함께 두통, 느린 맥박, 헛소리, 혀의 백태 현상이 생기고 심하면 혈변을 보는 경우도 있다. 가장 위험한 것은 장출혈이 생기는 경우다.

환자가 발생했을 때에는 격리시켜야 하며 배설물에 대한 소독을 가장 중요하게 관리해야 한다. 전염원을 발견하고 매개 음식물을 찾아내야 하며 보균자를 찾아 치료하고 음식물을 취급하는 일에 종사하지 못하도록 해야 한다.

장티푸스는 예방이 가장 중요하다. 일반적으로 안전한 음료수 공급이 중요하고 수원은 오염되지 않도록 보호하고 여과나 소독을 해야 한다. 환경위생을 청결히 하고 파리나 쥐를 구제해야 한다. 우유의 소독, 식품위생의 강화, 음식점 종업원에 대한 정기검진이 필요하며, 유행 시에는 생선, 조개의 생식과 냉한 음식의 섭취를 금해야 한다.

⑯ 이질

세균성 이질(bacillary dysentery, shigellosis)은 단간균(短桿菌)이라 부르는 병원체에 의해 발병하며 장티푸스균에 비하여 인체 바깥에서는 생존력이 약하고 특히 태양이나 열에 약한 것이 특징인 제1군 법정전염병이다. 세균성 이질의 전염은 환자나 보균자의 대변을 통하여 배설된 균이 물, 우유, 식품 등에 오염되어 사람의 몸에 전염된다. 환자의 대변에 점액, 고름, 혈액이 섞이고, 대장의 염증으로 인하여 뒤가 무겁고 빈번한 설사로 탈장되어 온몸이 몹시 쇠약해진다.

세균성 이질은 집단급식을 하는 학교기관에서 발생하기 쉽다. 신문보도에 따르면 수련회를 갔던 부산의 한 초등학교에서는 학생과 학부모 등 400여 명 가운데 104명이 세균성이질 환자로 확인되어 임시휴교에 들어갔고, 또 다른 초등학교에서는 학교급식을 중단하였다. 국립보건원 관계자는 "개인위생을 철저히 하고 음식과 물을 끓여 먹어야 세균의 감염을 막을 수 있다."라고 하였으며, 또한 "피가 섞인 설사를 하며 열이 나는 세균성이질 증세가 나타나는 등 전염병의 감염이 우려되면 즉시 보건소 등에 신고하고 치료를 받아야 한다."라고 당부하였다(중앙일보, 2000. 5. 22).

아메바성 이질은 엔타메바 히스토리티카(entameba histolytica)라는 병원체의 감염에 의해 발병되며 환자의 대변에 섞여 있는 병균을 파리가 음식물과 물에 전파하여 매개되는 전염병이다. 식품은 보균자의 손에 의해서 전염되고 물은 하수오물에 의해서 오염된다. 성인보다 아동이 걸리기 쉽고, 영아나 노인이 걸리면 위험하다. 온대지방이나 열대지방에 유행하며 우리나라에서는 6~10월에 많이 발생한다. 아메바성 이질의 증상으로는 발열, 복통이 따르는 설사, 원인불명의 설사, 복부 불쾌감, 혈이 섞인 대변, 혈액이 혼합된 물 같은 대변을 자주 배설한다. 예방대책으로는 환자를 격리하고, 대변을 철저히 소독하며 특히 식품을 다루는 사람에 대한 정기적인 검사를 해야 한다. 그리고 식품위생의 강화, 파리의 구제, 식사 전에 깨끗이 손 씻기 등을 생활화하는 등 환경위생을 향상시켜야 한다.

17 간염

A형 간염(hepatitis A virus)은 수시로 혹은 유행성으로 전염하는 바이러스성 질병이다. 주로 입을 통하여 감염되나 오염된 주사바늘에 의해 전염되는 경우도 있다. 바이러스의 잠복기는 2~6주로 다른 간염에 비하여 짧은 편이다. 소아기에 불현성 감염으로 자기도 모르는 사이에 앓고 나아 혈청에 항체가 생겨 평생 동안 면역이 되는 경우가 많다. 한 연구에 따르면 10대의 혈청에서는 86%, 20대의 혈청에서는 96%, 30대의 혈청에서는 100%의 항체가 형성된다고 한다.

B형 간염(hepatitis B virus)은 보균자의 혈액, 수혈, 면도기, 술잔, 수저, 식기, 수건 등을 통하여 전염되며, 혈액원과 혈액 검사실의 종사자, 의사, 치과의사, 간호사 등도 감염 위험성이 높은 제3군 법정전염병이다. 또한 B형 간염균을 보균하고 있는 임신부가 출산한 신생아의 40~70%가 보균자가 된다. 그 밖에 성적인 접촉을 통하여 감염되거나 소화기를 통한 경구전염도 이루어질 수 있다.

B형 간염의 증상은 증상이 나타나지 않는 감염에서부터 황달이 심하고 악화되어 사망에 이르는 경우까지 다양하다. 대체적으로 초기증상, 황달기, 회복기로 구분해 볼 수 있다. 초기증상은 미열, 무력감, 불쾌감, 근육신경통, 관절염, 전신피로감, 식욕감퇴, 구토, 콧물감기, 인후통, 황달 등으로 나타난다. 또는 설사, 변비와 함께 발열이 있는 경우에는 열이 내리면서 황달이 발생한다. 황달기는 발병 5~10일 정도에 발생하나 초기부터 황달이 나타나기도 한다. 황달은 급속히 심해져서 1주일 이내에 절정에 달하고 그 후 점차적으로 감퇴한다. 회복기는 황달이 없어지고 식욕이 생기고, 피로감이 없어지면서 회복되지만, 때로는 황달이 없어지면서 증세가 계속되어 만성간염, 간경변증, 간암으로 악화되기도 한다. 한 연구에 따르면 B형 간염은 A형 간염에 비하여 항체 보유율이 낮아 10대 41%, 20대 63%, 30대 69% 정도이며, 전 인구 중 만성 간염환자는 10%에 이른다고 한다.

예방대책으로 임신부 보균자의 경우에는 아기가 출생 직후에 1차 접종을 하고, 생후 1개월에 2차 접종, 생후 3개월에 3차 접종을 하면 신생아의 감염을 예방할 수 있다. 수혈할 때에는 혈액검사를 받은 후 수혈하고, 병원에서는 반드시 1회용 주사기를 사용해야 하며, 공중목욕탕에서 위생 관리를 철저히 해야 한다.

병에 걸린 경우에는 고칼로리 음식, 특히 탄수화물과 단백질을 매일 섭취해야 한다. 설사나 소화불량이 생기면 동물성 지방의 섭취를 제한하고 채소, 과일, 보리밥 등을 많이 먹도록 한다. 가급적 과격한 운동이나 육체적인 활동을 제한하여 신체적인 안정을 취하는 것이 병의 회복에 필수적이다. 급성간염에는 특효약이 없으므로 어떤 약을 사용하기보다는 간장에 유해한 약품 사용을 피해야 한다. 절대 복용해서는 안 되는 금기약품으로는 항생제, 피임제, 호르몬제, 아스피린, 설파제 등이다.

18 공수병

공수병(rabies)은 래비스 바이러스(rabies virus)에 감염되어 있는 개, 여우, 늑대, 박쥐, 고양이 등의 동물에 물렸을 때, 동물의 침 속에 있던 바이러스가 피부를 거쳐 몸에 침투하고 신경경로를 통해 대뇌로 침입하여 3~7주의 잠복기를 거쳐 병을 일으키는 제3군 법정전염병이다. 동물에게 물린 부위가 머리와 가까울수록 발병시기가 빠르고, 팔다리에 물릴수록 발병시기가 늦다.

증상으로는 동물에게 물린 상처 부위가 몹시 아프고 근육 경련이 일어나며, 인후근육의 경련으로 음식물 섭취가 어렵다. 환자는 흥분하고 불안해하는 특유한 행동을 하거나, 다량의 끈끈하고 점도 높은 타액을 흘리며, 목에 경련을 일으키다 심해지면 사망할 가능성이 높다. 따라서 동물에게 물렸을 때에는 의사에게 진료를 받고 필요한 경우에는 예방접종을 해야 한다. 개에게 물린 경우에는 물은 개를 1주일 동안 묶어 놓고 관찰하면 감염 여부를 알 수 있다. 개의 잠복기는 사람보다 짧으며, 감염된 개가 죽기 전 5~7일경에 바이러스가 타액선에 나타나기 때문에 1주일 동안 감시한 뒤에 별일이 없으면 안전하다. 그러나 다음과 같은 경우에는 반드시 공수병 예방백신을 접종해야 한다.

- 확실히 미친개에게 물렸다고 판단될 때
- 물은 개의 주인이나 보호자가 확실하지 않거나 찾을 수 없을 때
- 머리 부위를 물렸거나 다른 부위라도 상처가 클 때
- 물은 개를 도살하여 뇌에서 병원체가 발견되었을 때

19 유행성 출혈열

유행성 출혈열(epidemic hemorrhagic fever)은 한국전쟁 중 경기도 북부와 강원도 휴전선 일대에서 유엔군 중 2,500명의 환자가 발생하여 주목을 받게 되었던 질병으로 제3군 법정전염병이다. 집쥐, 들쥐, 흰쥐가 병을 일으키는 바이러스를 옮기는 것으로 알려져 있다. 병에 감염된 쥐의 배설물인 오줌이나 똥이 마르면서 여기에 섞여 있던 바이러스가 공기 중에 떠돌다가 사람의 호흡기를 통하여 체내로 침입하며, 때로는 피부의 상처를 통하여 전염되는 경우도 있다. 어느 시기나 감염이 가능하지만 특히 봄과 가을에 많이 발생한다. 잠복기는 보통

2~3주이지만 짧게는 4일 만에, 길게는 40일 만에 병에 걸리는 경우도 있다.

유행성 출혈열의 증상은 오한, 전율, 무기력, 염증 등 감기와 비슷하다. 발병 4~5일이 지나면 심한 두통, 관절통에 시달리고 온몸에 출혈성 반점이 나타나며, 코와 귀에서 피가 나오기도 한다. 합병증으로는 고혈압, 폐렴, 빈혈, 뇌출혈 등이 있다. 열이 내리고 혈압, 소변량이 정상화되면서 서서히 회복되지만 완전 회복까지는 3~4개월이 걸린다. 유행성 출혈열은 캠핑, 낚시질, 골프장, 예비군 훈련장에서 걸릴 수도 있고, 농부가 곡식을 추수하면서 감염될 수도 있으며, 잔디밭이나 들판을 자유롭게 뛰노는 대학생이나 아동에게 감염될 수도 있다. 따라서 다음 사항을 유의해야 할 것이다.

- 들판이나 잔디밭에 눕거나 옷을 벗어 놓지 않는다.
- 야외에서 일을 할 때 장갑과 장화 등을 착용한다.
- 야영할 때에 음식물은 잠자는 곳과 멀리 떨어진 곳에 둔다.
- 야외 학습활동 후 귀가 시에는 반드시 옷에 묻은 먼지를 털고 목욕을 한다.
- 농부는 논의 물을 빼고 마른 뒤에 벼 베기 작업을 해야 한다.

20 살모넬라균 감염

살모넬라균은 위경련, 통증 및 발열을 동반하는 설사를 유발한 일종의 박테리아다. 이러한 증상은 보통 박테리아를 삼킨 후 24시간 이내에 나타나지만, 72시간이 될 때까지 나타나지 않을 수도 있으며, 2~5일 내로 치료되지 않을 수 있다. 매우 드물게 살모넬라균은 혈액 감염을 일으키거나 신체의 일부를 감염시키기도 한다. 설사를 하지 않지만 그들의 대변에서 살모넬라균을 배출하는 사람을 보균자라 한다.

살모넬라균은 5세 미만 유아와 70세 이상의 노인이 가장 흔히 감염된다. 살모넬라균은 겸상 적혈구 빈혈증이나 암과 같은 잠재적인 질환을 가진 사람뿐만 아니라 이러한 사람에게 심한 감염을 일으킬 수 있다. 유아를 위한 집단 프로그램(시설)에서는 살모넬라균이 보통 대변에서 입으로 확산된다. 유아는 대변이 한 유아의 손에서 어떤 대상으로 혹은 또 다른 유아의 손으로 직접 전달될 때 쉽게 살모넬라균에 전염된다.

또한 살모넬라균은 오염된 식품이나 음료에 의해서도 전염될 수 있고, 흔히 달걀껍질이나 요리되지 않은 고기에서 발견된다. 따라서 달걀, 쇠고기 등 모든 음식을 가능하면 완전히 요리해서 섭취하도록 하고, 남은 음식은 냉장 보관한다. 살균하지 않은 우유나 날계란은 살모넬라균에 감염되기 쉬우므로 먹지 않도록 한다. 애완 거북이도 살모넬라균의 보균자가 될 수 있다.

살모넬라균 진단을 위해서는 대변 배양을 해야 하는데, 대변 샘플에서 박테리아를 성장시키는 데 72시간이 소요된다. 살모넬라균 감염의 치료에는 보통 약물이 처방되지 않는데, 약물은 실제로 병균이 대변에서 발견되는 시간을 오래 걸리게 할 수 있다. 심각한 합병증을 예방하기 위해 치료가 필요한 사람으로는 3개월 미만의 유아, 겸상 적혈구 빈혈증이나 면역 저하 상태의 사람과 노인 등이 있다.

어떤 유아나 교직원에게서 살모넬라균이 확인되면 그 사람은 연속 대변 배양이 음성으로 나오고 증상이 사라질 때까지 격리되어야 한다. 증상이 없는 사람은 배양을 할 필요가 없다. 어떤 아동이나 교직원이 살모넬라균으로 진단되면, 부모와 교직원에게 알린다. 주치의와 지역보건소에도 알린다. 살모넬라균에 감염된 사람과 접촉한 가족이나 세대원이 만일 음식을 다루거나 요리에 가담한 경우에는 박테리아에 노출되었을 가능성을 염두에 두어야 한다. 만일 그들이 설사를 호소하면 즉시 주치의를 찾아가 대변 배양을 해야 한다.

21 요충감염

요충은 사람을 감염시키고, 아래 창자에 살고 있는 작은 기생충이다. 요충기생충은 밤에 항문을 통해 밖으로 나와 입구 근처에 극히 미세한 알을 낳는다. 이것이 항문과 때로는 질/외음부의 심한 가려움증을 유발하지만 아무 증상이 없는 사람도 있다.

미국의 경우에는 5~15% 정도가 요충을 가지고 있는 것으로 추정된다. 아동은 흔히 요충에 감염되고 치료된 아동이 다시 감염될 수 있다. 아동이나 성인이 그들의 가려운 부분을 긁을 때 미세한 알이 나와 손가락이나 손톱 밑으로 들어갈 수 있고 이들이 자신의 손가락을 누군가의 입이나 음식에 넣게 되면 미세한 알은 입으로 들어가 장에서 기생충으로 부화할 것이다. 사람들은 그들 자신의 손에 있는 알을 삼켜서 지속적으로 스스로를 재감염시킬 수도 있다. 요충 역시 미세한 알로 오염된 옷이나 침구와의 접촉을 통해 간접적으로 확산될 수 있다.

기생충은 아동이 누워 있거나 잠자는 동안 알을 낳기 위해 밤에 기어 나오므로 요충을 발견하는 가장 쉬운 방법은 유아가 잠든 약 1시간 후 유아의 항문 근처의 1인치 둥근 부위를 검사하는 것이다. 엉덩이를 벌리고 플래시를 비춰 봄으로써 부모는 항문의 틈에서 기생충이 기어 다니는 것을 볼 수 있다. 의사는 또한 항문 주위에 투명 테이프의 끈적이는 부분을 가져가 피부에 붙어 있는 알이 테이프에 붙게 함으로써 진단을 할 수 있는데, 이는 목욕하기 전 아침에 실시하는 것이 좋다. 그런 다음 테이프의 끈적이는 부분을 슬라이드 아래에 가게 하여, 알이 있는지 현미경으로 조사해 본다.

이러한 감염의 치료를 위해서는 여러 가지 약물이 이용될 수 있다. 만일 가족 중 한 사람이 감염되면 전 가족을 검사해야 하고 2주 후 치료를 반복할 수 있다. 요충을 가진 사람은 성인이나 아동 모두 해당되며, 부모와 교직원에게 보고하여 스스로 그리고 자녀의 증상을 지켜보도록 해야 한다. 손 씻기와 청결 절차 이외에도 교직원은 모든 유아가 개별 침대와 자신의 시트가 있는 매트를 가지고 있도록 해야 한다. 모든 유아의 옷은 비닐봉지에 별도로 보관하고 세탁을 위해 집으로 보내야 한다.

(2) 호흡기 질병

호흡기 질환은 모두 코, 눈, 목의 미세한 감염성 미세 물방울을 통해 퍼지며, 이들 대부분은 감염된 유체와의 손 접촉을 통해 공유된다. 감염되지 않은 사람은 집기 위해 어떤 물건을 만지거나 다른 표면과 접촉하거나 대기 중의 확산을 통해 병균을 들이마시게 된다. 호흡기 질환은 약할 수도 혹은 생명을 위협할 수도 있다. 이들 질환의 일부는 유아에게서 더 흔하지만, 바이러스성 감기와 같은 다른 것은 모든 연령대에 영향을 미칠 수 있다.

감염된 사람이 말을 하거나 기침을 하고, 재채기를 하거나 코를 풀 때 전염성 물방울이 손, 장난감 음식과 같은 물체에 닿고 다른 사람에 의해 접촉되어 입으로 들어가거나 먹게 될 수 있다. 종종 아동은 그들의 코나 눈을 만진 후 손을 씻지 못하고 그들 주변 대상과 끊임없는 신체/구강 접촉을 하게 된다. 이렇게 성인과 아동은 자신도 모르게 종종 손을 그들의 눈, 입, 코에 가져감으로써 호흡기 질환은 집단 환경에 쉽게 퍼지게 된다.

1 호흡기 질환 확산 중단 방법
손 씻기와 청결이 모든 호흡기 질환의 확산을 멈추는 데 필수적이다.

- 교직원과 아동이 코를 닦거나 푼 후에는 그들의 손을 철저히 씻도록 한다. 코, 목, 눈의 분비물과 접촉한 후, 음식을 준비하거나 먹기 전에도 그렇게 하도록 한다.
- 음식을 함께 먹지 않도록 한다.
- 권장 계획에 따라 입에 넣을 수 있는 장난감과 자주 사용된 장난감 표면은 씻고 살균한다.
- 식기는 뜨거운 비눗물에서 잘 씻은 다음 소독하고 공기 중에서 말린다. 가능하면 식기 세척기를 사용하도록 한다.
- 가능하면 일회용 컵을 사용한다. 재사용 컵이 사용되어야 할 때는 그것을 살균하고 사용 후에는 공기 중에서 말린다. 각 아동의 컵에 이름표를 붙인다.
- 아동이 가능한 한 자주 밖에서 놀도록 한다. 실내는 겨울이라 하더라도 자주 환기시킨다.
- 아동과 교직원에게 바닥을 향해 혹은 사람들을 피해 한곳으로 기침하거나 재채기를 하도록 가르친다. 만일 아동이 손이나 티슈에 기침이나 재채기를 하면 그 티슈를 철저하게 처리하고 손을 씻어야 한다.
- 흐르는 코와 눈물은 즉시 닦아 내고 반드시 손을 씻는다.
- 일회용 타월과 티슈를 사용한다.
- 코, 목, 눈의 유체로 오염된 타월과 티슈는 철저하게 처리하도록 한다.

2 감기
감기(common cold)는 모든 영유아 질병 중에서 가장 흔하다. 영아기의 감기 감염은 전신 증상이 경미한 비인두 및 부비강 바이러스 감염이라 할 수 있다. 그래서 보통 감기의 명칭을 코감기 혹은 급성 비인두염이라 부른다. 감기 바이러스는 인후를 통하여 신체로 침입하면서 통로의 점막 안에서 염증을 일으키며 콧물이나 인후통을 유발시킨다. 우리의 신체가 감기 바이러스에 적응하기까지는 약 10일 정도가 소요된다. 감기 자체는 심각한 질병이 아니지만 신체의 저항력을 떨어뜨리기 때문에 기관지염, 폐렴, 중이염 등의 합병증을 유발할 수도 있다.

감기의 초기 증상으로는 38.8~40℃의 발열이 수반되면서 인후통, 보채기, 식욕감퇴가 나타난다. 그 밖의 감기 증상으로는 재채기와 콧물, 두통과 근육통, 비강폐쇄, 포유곤란과 불안정, 구토, 설사, 기침, 림프선의 확대 등을 들 수 있다. 가정간호 시에는 체온을 재어 37℃ 이상의 고열이 발생하여 4~5시간 이내에 떨어지지 않으면 유아를 침상에 눕혀 미지근한 물로 닦아 주고 열을 떨어뜨리는 것이 중요하다.

또한 상체를 높여 주어 호흡을 편안하게 해 주고, 코를 너무 자주 풀지 말고 콧물을 그대로 흘리게 하여 부드러운 수건이나 휴지로 닦아 준다. 건조한 공기가 코 점막을 자극하지 않도록 가습기를 틀어 주고, 영유아가 코를 계속 풀면 피부 손상이 우려되므로 바셀린이나 글리세린을 발라 준다. 영유아에게는 수분을 충분히 공급해 주고 잠들기 전에는 우유나 음료수를 따뜻하게 데워 먹이도록 한다.

③ 기관지염

기관지염(bronchitis)은 영유아가 초봄이나 겨울철에 많이 걸리는 질병으로 폐로 가는 큰 기관지의 점막에 염증이 생기는 것을 말한다. 바이러스나 박테리아 감염은 기도 안쪽의 막이 붓고 점액을 증가시켜서 호흡을 어렵게 한다. 처음에는 마른 헛기침을 하다가 1~2주 후에는 끈적끈적한 가래가 생기며 영유아가 이것을 삼키면 구토를 하게 된다.

기관지염의 증상은 마른기침에서 시작되어 차츰 점액을 배출하고, 나중에는 녹색이나 누런 가래를 배출하는 기침으로 변한다. 호흡곤란 증세를 보이는데 이때는 씩씩거리는 소리가 나고 호흡이 거칠어지며 흡기성 천명이 초래되어 1분에 40회 이상의 빠른 호흡으로 발전되기도 한다. 또한 체온이 상승하고, 입술과 혀에 청색증이 생기며, 수유곤란, 식욕상실이 생기기도 한다.

가정간호 시에는 4시간마다 체온을 재어 39.5℃ 이상 열이 오르면 미지근한 물로 몸을 닦아 주거나 해열제를 투여하여 열을 떨어뜨려야 한다. 기침을 계속하고 가래가 있으면 기침하여 뱉어 내도록 하고, 가래를 뱉어 내지 못하는 영아는 무릎 위에 올려놓고 등을 가볍게 두드려 가래를 배출시켜 주어야 한다. 탈수 현상을 방지하고 가래를 묽게 하기 위해 수분을 충분히 공급하고 가습기를 틀어 준다. 영유아가 잠을 잘 때는 상체를 약간 높게 지지해 주어 호흡하기 쉽도록 도와주어야 한다.

④ 크루프

크루프(croup)는 기도가 수축되는 증상으로 호흡 시 공기가 감염된 기도를 통과할 때 목이 쉬거나 목소리에 변화를 일으킨다. 또한 개 짖는 소리와 같은 기침 소리를 내거나 호흡곤란, 호흡촉박 등의 징후가 생긴다. 대부분 감기와 같은 바이러스 감염이나 기관지염 같은 감염으로 발병되고 염증으로 인한 점액이 기도를 막게 된다. 드물게는 이물질을 흡입했을 때도 크루프가 발생할 수 있다. 크루프의 발작은 갑자기 나타날 수 있고 주로 밤에 나타나는데, 특히 밤 11시에서 새벽 2시 사이에 잘 발생한다. 목이 쉰 기침을 할 경우 호흡이 힘들어져 심해지면 위험을 초래할 수 있다. 크루프는 흔히 디프테리아와 혼동하기 쉬운 질병이며, 보통 크루프성 체질은 알레르기 가족의 뚱뚱한 남아에게서 흔히 발생한다.

가정간호 시 영유아가 당황하지 않게 달래 주고, 습도를 높여 기도를 편안하게 해 주고, 상체를 베개로 지지하여 숨쉬기를 도와준다. 발작이 일어날 수 있으므로 가능하면 영유아와 함께 있어 준다. 유아의 피부색이 회색이나 청색증을 나타내고 호흡곤란 발작이 발견되면 즉시 의사를 찾아가야 한다. 이때 의사는 심한 발작을 완화하기 위하여 산소를 주거나 경우에 따라 입원치료를 권고할 수 있다.

⑤ 편도선염

편도선염(tonsillitis)은 연쇄상상균이나 바이러스가 편도선에 침입하여 급성 감염되는 질병이다. 편도선은 목의 양쪽 옆에 있어 기도로 들어오는 병원체를 방어하는 역할을 하는 임파 조직이다. 편도선에 염증이 진행되면 인후통, 열, 부종을 일으킨다. 1세 미만의 영아가 편도선염으로 고통을 받는 경우는 드물고, 보통 2세 이상인 유아의 발병률이 높다. 10세 이상의 아동은 감염에 대한 저항력이 증가하기 때문에 편도선염 발병률이 줄어든다.

편도선염의 증상에는 인후통, 삼킴곤란, 37.5℃ 이상의 발열, 목선의 부종이 있으며, 코의 뒷부분까지 염증이 생기면 코를 골거나 코맹맹이 소리가 나고, 호흡 시 불쾌한 냄새가 난다. 가정간호 시 체온을 재어 열을 확인하고, 목선을 만져 보아 부었는지를 확인하고, 찬 우유나 요구르트, 아이스크림 등을 주어 인후통을 완화시킨다. 유아가 음식을 삼키는 데 힘들어하면 젤리나 수프 같은 부드러운 음식을 제공해 준다.

⑥ 폐렴

폐렴(pneumonia)은 바이러스, 박테리아, 곰팡이의 감염, 이물질의 흡입 등으로 폐에 염증이 생긴 상태를 말한다. 2세 정도의 유아에게서 늦겨울이나 초봄에 가장 많이 발생하는 질병 중의 하나다. 대부분의 폐렴은 호흡곤란이 수반되며, 영유아의 경우에는 고열이 따르기도 한다. 폐렴은 심각한 질병이기 때문에 호흡곤란이 나타나면 즉시 의사의 진료를 받아야 한다.

폐렴의 증상은 호흡곤란으로 목구멍이 크르렁 소리를 내며 괴롭고, 마른기침, 38.6℃ 이상의 열, 구토와 설사, 심호흡 시 가슴 통증이 심하다. 가정간호 시 발열이 생길 때 절대안정을 취하고, 실내온도를 20℃로 유지하고 습도는 60% 정도로 조절한다. 호흡을 돕기 위해 옆으로 눕게 하고 체위를 자주 바꾸어 준다. 또한 소화가 잘 되는 영양가 높은 음식을 조금씩 여러 번으로 나누어 섭취하게 하고 충분한 수분을 공급한다.

⑦ 천식

기관지 천식(asthma)은 영유아가 숨을 쉴 때 기관지가 늘어나고 줄어드는 과정에서 호흡이 곤란하여 발작에 가까운 심한 기침을 하는 것을 말한다. 식물, 꽃가루, 곰팡이 집 먼지, 동물의 비듬 또는 호흡기 감염 등이 원인이 될 수 있다. 또한 한랭한 온도, 습도, 기압의 급격한 변화, 대기 오염물질, 육체적인 운동, 정서적인 요인 등이 천식의 원인이 되기도 한다.

증상으로는 기침이나 공기 부족으로 시작될 수 있으며, 대개 밤에 갑작스럽게 발작이 일어나며, 호흡이 곤란하고 가슴 전체에 천명음이 들린다. 불안해하고 심한 발한과 기침을 하며, 점액의 점도가 짙어지고 얼굴이 거칠고 창백하며, 복통과 구토가 수반되기도 하고, 땀을 너무 많이 흘려서 탈진에 이르기도 한다. 탈수의 경우에는 소량의 미지근한 물을 자주 공급하되, 기관지 경련을 일으킬 수 있는 냉수를 피한다. 천명음이 있을 때는 탄산음료는 피하고 정상적인 식사를 제공한다.

천식에 대한 일반요법으로는 집의 먼지를 방지하기 위하여 양탄자를 쓰지 말고, 옷은 모두 옷장에 넣어 두고, 천이나 솜으로 된 완구 등을 두지 말고, 베개, 이불, 침대는 항알레르기 덮개로 된 것을 사용하고, 커튼은 쉽게 빨 수 있는 것을 선택하고, 향수, 화장품, 꽃 등을 놓지 말고, 개나 고양이 등 집 안에서 가축을 키우지 않으며, 특정한 약에 과민반응을 보이는 경우에는 그 약을 피하고, 환자의 옆에서 담배를 피우는 것을 삼가야 한다. 그리고 심리적인 문제가 천식의 원인이 되는 경우에는 온 가족이 영유아에게 따뜻한 애정과 관심을 보여 줌으로써 안정감을 갖도록 해야 한다.

⑧ 신종 인플루엔자 A(H1N1)

신종인플루엔자 A(H1N1)는 바이러스가 변이를 일으켜 생긴 기존에 없던 새로운 바이러스로, 현재 전 세계적으로 사람에게 감염을 일으키고 있는 호흡기 질환의 원인 바이러스다. 2009년 4월에 멕시코에서 처음 발견되었으며 초기에는 '돼지인플루엔자'로 불렸으나, 현재는 세계보건기구 공식 명칭인 신종인플루엔자 A로 명칭이 통일되었다. 2009년부터 멕시코와 미국, 유럽은 물론 전 세계에 걸쳐 나타나고 있다. 이 때에 전국적으로 다중이용 시설에는 손 소독제 사용이 보편화되었으나 최근 다소 소홀해졌다. 2014년 들어서 그동안 잠잠했던 신종인플루엔자가 다시 전국적으로 확산되고 있다(질병관리본부, 2010, http://www.cdc.go.kr/kcdchome/jsp/diseased; 한국감염관리본부, 2014, http://www.kich.co.kr/).

세계보건기구(WHO)와 미국질병통제예방센터(CDC)에 따르면 신종인플루엔자 A는 사람 간 전염이 가능한 것으로 보고되고 있다. 감염된 환자의 기침이나 재채기를 통해서 감염될 수 있으며, 증상발현 후 7일까지 전염이 가능한 것으로 보고되고 있다. 아동의 경우에는 전염기가 더 길어질 수도 있다. 증상은 일반적 계절인플루엔자 증상과 크게 다르지 않으며, 발열(37.8℃), 콧물, 인후통, 기침, 몸살, 오한, 두통, 피로감 등의 증상이 발생하고 사람들에 따라서는 오심, 무력감, 식욕부진, 설사와 구토 증상이 함께 나타나기도 한다. 특히 면역성이 약한 아동, 임신부, 만성질환자, 65세 이상의 노인은 합병증에 유의해야 하며, 치명성에 대한 자료는 아직 충분치 않으나 멕시코 이외에서는 상대적으로 낮은 치명성을 보이고 있다.

미국질병통제예방센터(CDC)에 따르면 인플루엔자 치료제인 오셀타미비르(oseltamivir, 상품명 타미플루)와 자나미비르(zanamivir, 상품명 릴렌자)가 신종인플루엔자 A 치료제로 효과가 있다고 보고되었다. 이 약은 발병한 후 48시간 이내에 투약하여야 효력이 있으며, 병증을 완화시켜 주는 데 도움을 준다. 또, 우리나라 연세 세브란스 병원에서 '셀트리온'이라는 슈퍼 항체의 대량생산 성공으로 종합 독감 항체치료제(Super Flu-antibody)가 개발되어 신종인플루엔자, 조류인플루엔자(AI) 등 여러 독감 바이러스 치료제 및 예방제로 사용되고 있다(중앙일보, 2010. 3. 10).

신종인플루엔자 A를 사전에 예방하기 위해서는 재채기나 기침을 할 때 화장지로 입과 코를 가리고, 기침을 한 후에는 화장지를 휴지통에 버린 후 손을 깨끗하게 씻어야 한다. 비누와 물로 손과 발을 자주 씻고, 알코올을 함유한 소독제는 살균력이 있으므로 사용하면 좋다. 손으로 눈, 코, 입을 만지는 것을 피하고, 발열이나 호흡기 증상 등이 있는 사람과는 접촉을 삼가야 한다. 또한 충분한 숙면, 적당한 운동을 하여야 하며 스트레스를 피하고 물과 영양식을 많이 섭

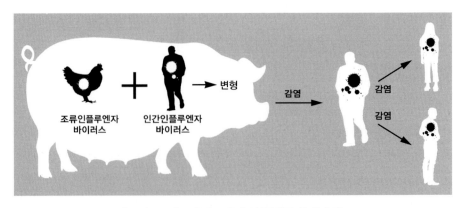

[그림 6-1] 멕시코에서 신종플루 발생과정

취하도록 하는 것이 좋다. 감염된 경우 외출하지 말고 7일간 집에서 쉬어야 하며 보건소에 알려 조치를 받도록 해야 한다. 음식물 섭취로는 신종인플루엔자 A에 감염되지 않는데, 이 바이러스는 70℃ 이상 가열하면 사멸된다.

질병관리본부는 신종인플루엔자 A 인체 감염증 예방대책으로 해외에서 유입되는 신종인플루엔자 A 환자 사례를 차단하기 위해 각 공항마다 입국자 발열 감시와 검역 질문서 등을 통해 환자 조기 발견을 위한 감시체계를 강화하고 있다. 또한 보건소 및 의료기관에 '신종인플루엔자 A 예방 및 관리지침'을 배포하고, 항바이러스제와 N95 마스크 등 환자관리에 필요한 물자를 충분히 확보하도록 조치하고 있다. 그리고 국민에게 필수 인플루엔자 예방수칙을 홍보하고, 해외 여행 중인 국민에게는 핸드폰 문자서비스 등을 통해 홍보하고 있다.

(3) 소화기 질병
① 설사

설사(diarrhea)는 대변의 횟수와 물기가 많은 대변을 말하며, 소아과 영역에서는 감기 다음으로 흔한 질환으로 아직도 개발도상국에서는 소아사망의 주요 원인이 되고 있다. 설사의 원인으로는 바이러스성와 세균성으로 구분된다. 바이러스성 설사인 경우에는 흔히 구토가 수반되고, 세균성 설사인 경우에는 38℃ 이상의 열과 복통이 수반되는 경우가 많다. 감염 이외에도 항생제의 사용, 요도의 감염, 영양불량, 우유 알레르기 등이 원인이 되어 설사가 생기는 경우도 있다. 또한 영유아의 가장 흔한 설사 중 하나는 과식, 과농도 우유, 부적절한 이유식 등의 원인을 들 수 있다.

증상으로는 경증인 경우는 1일 대변 횟수가 5회 이내이며 탈수나 산혈증세가 없다. 중간 정도인 경우는 1일 대변횟수가 5~10회 정도이고, 약간의 탈수증은 있으나 산혈증은 없으며, 체온이 상승하고 구토, 안절부절못함, 불안 등이 수반된다. 중증인 경우에는 1일 대변횟수 10회 이상의 물변을 보고 탈수증과 반혼수 상태에 빠지며 체중의 10% 이상이 감소된다. 그 밖에 고열, 식욕부진, 구토, 물변, 점액, 농 등의 증세가 나타난다. 영유아의 행동은 불안하고 초조하며, 허약, 피곤, 혼미, 경련을 일으키고, 얼굴이 창백해지고 호흡이 빨라진다.

치료나 간호를 위해서 경증인 경우에는 4시간 정도 젖이나 음식을 먹이지 말고 포도당 전해질 용액, 사과 주스, 설탕·식염 용액 등을 주는 것이 좋다. 설사가 멈추지 않더라도 4~6기간 이내에 우유를 1/4, 1/2로 희석시켜 먹이기 시작하여 전유를 먹이고, 모유의 경우에는 처음 2~3분으로 시작하여 3~4분 간격으로 수유시간을 점차 증가시켜 나간다. 설사가 심한 경우에는 병원에 입원시켜 금식시키고 정맥수액요법을 통하여 수분 및 전해질 이상 상태를 치료받는다.

② 변비

변비(constipation)는 대변 횟수가 아주 드물고 딱딱하여 대변보기가 힘든 상태를 말한다. 영유아의 변비는 신체적, 정서적 장애와 관련이 있다. 즉, 신경성 장애, 지적 발달의 지연, 갑상선 기능의 저하, 칼슘의 부족 등이 원인이 될 수 있다. 신생아는 첫 태변을 24~36시간 이내에 배출하며, 태변을 배출하지 못하는 신생아는 장폐쇄, 장협착, 선천성 거대결장, 갑상선 기능의 저하, 태변성 장폐쇄증 등의 문제가 있을 수 있다.

신생아가 변비 증세를 보인다면, 모유를 먹는 경우에는 모유량이 충분한지 조사한 다음 부족 시 우유로 보충해 주고, 우유를 먹는 경우에는 우유량을 늘리거나 수분을 증가시킨다. 영유아가 변비 증세를 보인다면 곡류, 채소, 과일 등을 공급해 준다.

유아나 학동기 아동이 변비 증세를 보인다면 수분의 섭취를 증가시키고, 과일이나 야채 등의 섬유질 음식을 많이 주며, 운동량을 충분히 늘려 주고, 매일 일정한 시간에 15분 정도씩 힘을 주어 대변보는 습관을 가르친다. 만일 대변이 너무 굵어서 누는 데 고통을 주고 항문이 찢어지는 경우에는 몹시 아프기 때문에 처음 몇 번은 관장을 해 주고 항문에 진통연고를 발라서 용변을 보기 쉽도록 해 준다.

③ 탈장

서혜부 탈장(inguinal hernia)은 복막강 속의 소장이 아랫배의 양측과 허벅다리 사이인 서혜부 옆 고환이 들어 있는 음낭으로 탈출되어 내려오는 것을 말한다. 이와 같이 소장이 탈장하여 음낭으로 들어간 경우에는 식욕부진, 불안, 초조, 배변곤란, 동통, 국소 압통, 장 파열, 구토가 나며 복부의 팽만현상이 일어나 장의 운동이 정지될 수 있다. 탈장이 발견되면 빠른 시일 내에 수술을 해야 한다. 수술은 생후 3주 이후가 안전하며 늦어도 아기가 걷기 시작할 때에는 해야 한다.

배꼽탈장(umbilical hernia)은 배꼽이 불완전하게 폐쇄되어 있거나 연약할 때 나타나며 흑인, 미숙아, 갑상선 기능이 약한 영아에게서 많이 발견된다. 때로는 영유아가 울거나 힘을 주었을 때 배꼽탈장이 나타나기도 한다. 배꼽탈장은 주로 6개월 이전에 나타났다가 자연적으로 생후 1년에는 치유되기 때문에 외과적인 교정은 필요 없다. 보통 배꼽탈장 부위를 테이프나 단추, 동전 등으로 막고 테이프로 붙이는 경우도 있지만 오히려 접촉성 피부염을 유발할 수 있기 때문에 그대로 두는 것이 좋다. 그러나 탈장이 1~2년간 계속되거나 점점 더 커지게 되면 수술하여 교정한다.

(4) 피부접촉을 통해 확산되는 질병

농가진, 백선, 옴, 이 기생충에 의한 질병은 박테리아나 바이러스에 의한 피부감염 혹은 기생충의 침입에 의해 발병한다. 흔한 병이지만 심각하지는 않으며, 감염된 분비물이나 피부 또는 물품과의 직접 접촉에 의해 전파된다. 아동은 끊임없이 주위 환경과 주변 사람과 접촉을 하기 때문에 아동이나 교직원을 통해 쉽게 퍼진다.

- 한 아동의 팔에 난 상처에서 분비물이 흘러나오고 다른 아동의 상처 부분이 흘러나온 분비물 부분에 접촉되면 상처 속으로 균이 전염될 수 있다.
- 머리 이가 있는 아동의 모자를 다른 아동이 쓰면 기생충이 옮는다.
- 눈물을 흘린 아동이 손으로 눈물을 닦고 그 손으로 장난감을 만지면 균이 묻게 되는데, 그 손으로 눈을 다시 비비면 자연스럽게 눈에 균이 감염된다.

표피감염을 막는 방법은 다음과 같다.

- 손 씻기와 청결지침을 철저히 따른다.
- 아동이 자신의 침구를 바꾸어 사용하는 일이 없도록 하고, 시트나 매트는 청결하게 유지하고 잠자는 표면이 서로 접촉되지 않도록 보관해야 한다.

• 다른 아동과 빗, 칫솔, 담요, 베개, 모자, 옷과 같은 개인 물품을 공유하지
  않도록 한다.
• 더러워진 옷은 비닐봉지에 분리해서 보관한 다음 세탁을 위해 집으로 보
  낸다.
• 상처가 난 곳은 즉시 씻은 다음 덮어 주고 눈물은 깨끗이 닦아 준다.
• 발진, 통증, 심한 가려움증 등이 있는 아동은 의사의 진찰을 받을 수 있도
  록 부모에게 알린다.

① 농가진

농가진(impetigo)은 연쇄구균이나 포도상구균에 의해 발생하는 아주 흔한 피
부감염이다. 이 감염은 상처가 난 피부에서 진물이 흘러나오는 것으로 시작하
여 쉽게 전염된다. 아동의 경우 얼굴에 생기는 경우도 많다. 발진 부위는 빨간
원형이며 진물이 흘러나오는데, 때로는 꿀 색깔의 납작한 딱지가 있거나 가려
움증을 동반하기도 한다. 심하면 생살이 드러나기도 하며 여름에 가장 흔히 발
생한다.

보통의 경우에 피부는 박테리아로부터 신체를 보호한다. 그 피부에 상처가
나게 되면 박테리아가 피하로 침입하여 증식하게 되고 감염을 일으킨다. 아동
은 종종 피부에 상처를 많이 입어서 성인보다 농가진에 감염되기 쉽다. 대부분
의 아동은 성인으로 성장할 때까지 보통 여러 번의 농가진에 걸린다. 농가진 박
테리아는 감염된 피부나 딱지, 진물 등 모든 곳에서 발견된다.

농가진은 외관상 보이는 것에 의해 진단된다. 박테리아 배양은 보통 필요하
지 않으며 연쇄구균이나 포도상구균 농가진의 증상은 비슷하지만 연쇄상구균
의 경우 자주 수포를 일으킨다. 농가진의 치료는 보통 특수 비누, 항박테리아
연고, 경구용 항박테리아제 등이 복합적으로 사용된다. 농가진 발진으로 의심
되는 경우더라도 일과 중에 집으로 돌려보낼 필요는 없다. 아동의 발진 부위를
비누로 씻은 다음 덮어 준 뒤에 자신의 손과 아동의 손을 반드시 씻어야 한다.
부모가 아동을 데리러 올 때 부모에게 알려 주고 의사에게 보이도록 권고한다.
아동과 직원은 약을 사용한 후 24시간 후에 복귀한다. 상처 부위는 마를 때까
지 가볍게 덮은 채로 유지한다. 농가진을 발견하면 부모와 교직원에게 알린다.

3. 영유아기에 걸리기 쉬운 질병

농가진 확산 방지 방법

- 아이가 다쳐서 피부에 상처가 났을 때 비누와 물로 상처 부위를 철저히 씻은 다음 주의해서 말려 준다.
- 만약 아이가 농가진이라고 생각되면 비누와 물로 발진 부위를 세척한 후 붕대나 거즈로 그 부위를 느슨하게 덮어 준다. 그리고 반드시 발진 부위를 만진 사람은 손을 씻도록 한다. 사용된 붕대는 처분하고 더러워진 옷은 비닐봉지에 분리 보관하고 부모에게는 의사한테 보이도록 권고한다.

② 백선(버짐)

백선(ringworm, tinea)은 몇 개의 다른 균류에 의해 손톱이나 피부에 발생하는 감염병이다. 백선감염은 심각하지 않아 쉽게 치료된다. 피부에 납작한 반지 모양의 발진이 보이는 것이 특징이다. 가장자리는 보통 붉은색이며 때로는 부풀어 오르고 비늘이 생기며 가렵기도 하다. 백선균의 어떤 종류는 몸통이나 얼굴에 납작한 조각형태로 밝은 색의 피부를 만들기도 한다. 또한 머리표피에서는 조그만 융기로 시작되어 바깥쪽으로 퍼져 나가며 일시적으로 머리털이 빠지는 비늘 있는 부위를 만들어 내기도 하며, 발가락 사이의 피부에 비늘이나 수포를 만들어 내기도 한다. 그리고 손톱의 만성적인 감염은 손톱을 두껍게 하거나 탈색 또는 부서지기 쉽게 만들기도 한다.

백선은 감염된 피부가 정상 피부에 접촉하거나 또는 감염되어 부서진 손톱이나 피부가 마룻바닥에 떨어져 옷 등에 묻게 되어 퍼져 나가고 개나 고양이도 백선의 전파역할을 한다. 백선은 전형적인 외형으로 진단한다. 가끔 의심 부위를 긁어 현미경으로 검사하거나 배양을 해서 백선균이 존재하는지를 밝히기도 한다. 백선의 치료는 보통 항백선 연고를 몇 주간 감염 부위에 바른다. 진단결과 손톱이나 머리표피 백선으로 밝혀지면 항균 약물을 복용하기도 한다.

백선에 대한 치료가 시작되면 백선을 가진 직원이나 아동을 격리할 필요는 없다. 감염자로 의심되는 사람은 의사에게 보이도록 권고하고 치료가 시작되면 곧바로 복귀하도록 한다. 프로그램에 참여하고 있는 사람 중 한 사람 이상이 백선을 가지고 있는 경우라면 부모와 직원에게 보고한다. 백선의 확산 방지를 위해서는 백선균은 축축하고 따뜻한 표면에서 쉽게 성장하므로 환경을 청결하고 건조하게 하며 선선하게 유지한다.

③ 옴

옴(scabies)은 사람만 전염시키는 진드기라 불리는 극미한 기생충에 의해 발생하는 흔한 피부병이다. 옴 진드기는 피부 밑에 고랑을 파고 알을 낳아 부화시켜 가며 침입 주기를 되풀이한다. 감염된 사람은 보통 10~12마리의 진드기만을 가지고 있다. 옴의 증상은 최초 노출 후 2~6주가 지난 후에야 나타난다. 증상은 극심한 가려움을 유발하는 발진이 나타나고 피부에는 짧고 굽이치는 식의 지저분해 보이는 줄이 생기기도 한다.

감염된 사람이 긁은 자국은 옴 발진을 덮어 은폐해 주는 역할을 하기도 한다. 발진은 보통 손가락 측면이나 손목, 팔꿈치, 겨드랑, 허리 부분에 나타나며 유아의 경우에는 머리, 목, 손바닥, 발바닥, 엉덩이 쪽에 나타날 수도 있다. 직접 피부와 접촉하거나 의복이나 침구와 접촉할 때 진드기와 접촉한 사람은 옴에 걸린다. 진드기는 인간 신체를 벗어나면 3일 정도만 생존이 가능하며 뛰거나 날아다니진 못한다.

옴은 전형적인 발진이 수반되는 증상 혹은 진드기나 그 알을 보기 위해 피부의 조각을 현미경으로 검사하는 것에 의해 진단된다. 옴은 진드기를 죽이는 크

옴의 확산 방지 방법

- 치료에 우선하여 72시간 동안 아이의 피부에 접촉했을 가능성이 있는 세척이 가능한 모든 것을 씻고 열 난방기구로 말린다. 20분 동안은 드라이어를 사용한다.
- 세척하기 어려운 것은 완전히 밀폐되는 비닐봉지에 넣어 보관한 후 4일 후에 사용한다.
- 모든 카펫과 덮개가 있는 가구를 철저히 진공청소기로 청소한다.
- 집단 내의 모든 사람이 치료를 받아야 할 상황이 생길 수도 있기 때문에 본인이 옴 문제를 가지고 있다고 생각되면 의사에게 얘기한다.
- 살충제는 주변 사람이나 동물에게 해가 될 수 있기 때문에 사용해서는 안 된다.

림이나 로션 처방으로 치료되며 이 크림이나 로션은 피부에 바른 후 일정 시간이 지나면 씻어 낸다. 종종 가려움증을 완화시키기 위해 약물치료가 필요하지만 치료가 끝난 후에도 4주 동안 가려움증이 지속될 수 있다. 어떤 의사는 가족 모두 증상이 없는 경우에도 전염 가능성이 있기 때문에 치료대상으로 삼기도 하지만 옴인 것으로 의심되는 발진이 보인다 할지라도 아동이나 직원을 일과 중 집으로 돌려보낼 필요는 없다. 부모에게 아동을 의사에게 보이도록 권고하고 감염자는 치료가 시작된 후 복귀할 수 있으며 이 사실을 부모와 교직원에게 알려야 한다.

④ 이 기생충, 머릿니

머릿니(head lice)는 오직 인간의 머리 표피와 머리카락 속에서만 사는 조그만 기생충이다. 그들은 머리 표피에 가까운 머리카락에 단단히 부착되어 쉽게 떨어지지 않은 유충(nit)이라 불리는 조그마한 알에서 부화한다. 유충은 주로 머리 표피 중에서 뒷부분이나 귀 뒤쪽 정수리 부분에 위치하고 있다. 유충은 약 10일 정도 지나면 부화되며 애벌레는 약 2주 정도 지나면 성충이 된다. 암컷은 대략 참깨 정도의 크기이며 20~30일 정도 생존하고 하루에 6개 정도의 알을 낳을 수 있다.

머릿니는 인간의 머리 표피를 물어 피를 빨아먹는 방식으로 살아가며 한 번의 식사 후 8시간 정도 살아갈 수 있으며 인간의 신체를 벗어나서도 그 정도 살 수 있다. 머릿니의 감염증상은 이가 무는 것에 의해 생기는 가려움증이다. 머리나 목 뒤를 계속해서 긁으면 감염을 의심해 볼 수 있다. 빨간 물린 자국이나 긁힌 자국이 머리 표피와 목에서 발견될 수도 있으며 진물이 흘러나오거나 딱지를 생기게 하여 2차적인 박테리아 감염이 발생하기도 한다. 목 분비선이 부어 오를 수도 있다.

머릿니는 위생 상태 불결의 신호는 아니다. 이는 어느 연령에서나 발생할 수 있고 남녀 모두에게 고통을 준다. 이에 감염된 사람과의 가까운 접촉이나 개인 물품의 공유에 의해 감염될 수 있으며 이는 빗, 모자, 옷, 침구 등과 같은 개인 물품을 공유하는 경우 직접 접촉에 의해 기어서 퍼져 나간다. 진단은 석해라 부르는 유충의 발견으로 진단된다. 목 뒤쪽 머리나 정수리 또는 귀 뒷부분에 붙어 있는 이를 찾을 때 확대경이나 자연광을 이용한다. 감염된 사람에게서 이를 제거하고 개인 물품과 주위 환경에서 이를 제거하는 두 가지 방법이 치료의 핵심이다. 가족 구성원과 가깝게 접촉한 모든 사람이 이 검사를 받아야 하며 감염되었다면 치료를 받아야 한다. 일부 의사는 가족구성원 전부를 동시에 치료하기도 한다.

머리에 이가 발견된 아동은 다른 아동에게서 격리되어야 하고 부모에게 아동을 치료한 후에 보내도록 알린다. 가깝게 접촉한 사람을 중심으로 환자가 있는지 점검해야 한다. 기관에서 머릿니의 문제로 어려움을 겪고 있다면 아동이 서로 섞이기 전에 아침에 머리 점검을 시도해야 한다. 아동을 복귀시키기 전에 치료 후 완전한 유충 제거를 요구할 것인지에 대해서는 이견이 있다. 유충의 제거는 어려운 일이며 따라서 유충의 대부분이 제거된 후에도 몇 개의 유충이 살아

머릿니 예방 및 관리 방법

- 머리를 자주 감고 잘 말리는 것이 최선의 예방이다.
- 머릿니가 있다면 병원 처방 후 약국에서 머릿니 약(샴푸, 훈증 타입)을 사서 사용한다(머리를 감을 때 눈을 비롯하여 신체의 다른 부위에 머릿니 치료약이 닿지 않도록 주의).
- 머릿니 약으로 알(서캐)은 잘 죽지 않으니 알은 손이나 참빗으로 제거한다(완전 치료법은 서캐를 모두 제거하는 것).
- 최근 입은 옷은 끓은 물에 넣어 빨고, 베개와 이불은 일광소독을 한다.
- 머릿니가 있다면 긴 머리를 짧게 자르도록 한다.
- 형제자매 중 한 사람이라도 있다면 가족도 감염되었을 가능성이 많으므로 가족도 머릿니 여부를 확인하고 치료한다.
- 머리를 감은 후에나 비를 맞고 난 후에는 반드시 드라이기로 머리를 말린다.
- 정기적인 보건교육을 실시한다.
- 교육 및 홍보를 통한 환경 및 개인위생을 고취한다.
- 관찰을 통해 서캐를 확인하고 참빗을 이용해 감염 여부를 확인한다.
- 감염된 유아를 확인했을 때는 함께 활동하는 같은 반 아이들을 전수 조사하여 일시적 방제를 실시한다.

남아 부화하여 다시 창궐하게 될 가능성도 있다. 유충이 제거되지 않는다면 재창궐이 일어날지 아니면 유충 상태로 머물러 있게 될지 분별할 수 없을 것이다. 성공적인 치료를 위해서는 치료 후에 10~14일 동안 유충 점검을 받아야 한다.

⑤ 발진

피부발진(skin rash, skin exanthems)은 수두, 풍진, 홍역 등의 전염병을 앓는 영유아에게 나타나는 주요 증상이다. 또한 피부나 신체의 다른 곳에 감염되었을 때 나타나는 하나의 증상일 수도 있고, 알레르기 반응, 물리적인 손상, 화학물질의 자극으로 발진이 일어나기도 한다. 보통 피부발진 자체가 심각한 것은 아니지만 원인에 따라서는 잠재적인 질병을 나타내므로 심각할 수 있다. 특히 자반증으로 인한 발진은 백혈병, 간염, 뇌막염과 같은 심각한 질병의 증상일 수도 있다. 발진에 대한 가정간호를 위해서는 열을 확인하고, 가려움증이 있는지 살펴보고 만일 가려워하면 카라드라민 로션을 발라 준다. 또한 항상 손을 깨끗이 유지하며, 손톱으로 긁어서 피부를 손상시키는 것을 방지하기 위하여 손톱을 짧게 깎아 준다.

⑥ 아토피성 피부염 또는 영아습진

아토피성 피부염(atopic dermatitis) 또는 영아습진(intfantile eczema)은 영아에게 가장 흔한 알레르기성 증세이며 아토피성 피부는 얼굴에 붉은 점이 생기고, 피부가 건조하며, 가려움증이 따르는 일종의 피부염증이다. 영유아에게 가장 흔한 습진은 아토피성 습진으로 생후 2~5개월에 잘 발생한다. 또한 습진은 달걀, 우유, 밀가루 등 음식물이나 애완동물의 털이나 모직에 의한 피부자극 물질, 스트레스나 정서적 불안감으로 나타날 수 있다.

증상으로는 피부가 건조해지고 붉은 형태의 좁쌀 같은 것이 생기며, 매우 가렵고, 발진 부분은 피부 바로 아래 작은 진주 모양으로 물집을 형성하며, 가려움증이 심할 경우에는 불면증이 생기기도 한다. 영아습진이 가장 잘 나타나는 부위는 얼굴의 뺨, 앞이마, 두피, 귀 뒤, 목, 팔다리의 굴절 부분, 복부 등이며, 홍반성, 구진성, 수포성으로 분비물과 딱지가 생긴다. 영아습진이 생긴 피부는 건조하며, 가려움증이 있고 긁을 경우에는 피부가 벗겨진다. 심한 가려움증은 불안, 불면, 신경과민을 유발하고, 심하게 긁으면 염증, 찰과상, 출혈, 2차 감염이 일어날 수 있다.

일반적인 가정간호는 가려움증을 경감시키기 위해 피부자극이나 과도한 열을 피하고, 피부를 진정시키고 자극을 감소시키기 위해 카라드라민 로션이나 스테로이드 연고를 가볍게 발라 주며, 손톱을 깎아 주고 옷소매를 길게 하여 손이 나오지 못하게 한다. 옷이나 이불을 조절하여 땀이 나지 않도록 하고, 필요하면 에어컨을 사용하도록 한다. 영유아의 내의는 순면 종류로 입히고, 이유식을 시작한 영아의 경우에는 의사의 지시가 있을 때까지 다시 모유를 주며, 목욕 시에는 자극이 강한 알칼리성 비누는 사용하지 않도록 한다. 그리고 수용성 전분과 중조를 물에 타서 목욕시키며, 목욕물의 온도는 35℃로 유지하고 15~20분 동안 목욕 후 피부가 수분을 유지할 수 있도록 오일을 발라 준다.

(5) 안과적 질병
① 사시

영유아기에 안과적으로 쉽게 발견할 수 있는 것은 사시(cross eye strabismus, squint)다. 사시는 전 인구의 2~4%에서 나타나며 대부분 소아기에 발생한다. 신생아나 생후 8~10주경에 사시 증상이 나타나는 것은 정상이지만, 생후 3개월 이후까지 한쪽 혹은 양쪽 눈이 각자 움직이는 사시 현상이 계속적으로 지속된다면 전문의와 상의하여 치료를 해야 한다. 사시의 원인은 안구근육의 불균형으로 발생하며, 근시나 원시 같은 시력장애를 초래하기도 한다.

사시의 증상은 두 눈이 서로 다른 방향으로 보는 것처럼 눈동자가 안쪽으로 모이거나 바깥쪽으로 치우치는 현상으로 흔히 사팔뜨기로 불려 왔다. 사시에 대한 가정간호는 손가락이나 색깔이 있는 물체를 영유아의 눈앞에서 움직여 눈이 따라 움직이는지를 살펴보아 사시가 발견된다면 안과 전문의에게 상담한다. 사시에 대한 치료는 보통 건강한 눈을 안대로 가려 사시의 눈 근육에 힘을 길러 주는 방법을 사용하며, 보통 교정치료에 4~5개월이 걸린다. 안경착용으로 교정이 안 될 경우에는 수술을 해야 하며, 사시 수술은 2세가 넘어야 시행할 수 있다.

② 결막염

결막염(conjunctivits, pinkeye)은 바이러스나 박테리아에 의해서 자주 생기는 눈병이다. 감염되면 눈의 흰 부분은 핑크색이 되고 눈물과 분비물을 다량 만들어 낸다. 분비물은 맑거나 때로는 노란색 혹은 연두색의 고름이 발생하는 경우가 있는데, 이때는 박테리아에 의한 것일 가능성이 높다. 아침에 분비물로 인해 눈꺼풀이 함께 붙어 버리는 경우도 있다. 결막염은 심각한 질병은 아니기 때문에 크게 걱정은 하지 않아도 되며, 바이러스성 결막염의 경우는 1~3주가 지나면 저절로 치유되기도 한다.

아동은 결막염에 자주 걸리며 자기를 돌보는 주변 사람에게 종종 전염시키기도 한다. 자신의 눈에 있는 결막염 고름이 다른 사람의 눈에 들어가면 전염되는데, 아동은 종종 손으로 눈을 비벼 분비물을 묻힌 채로 타인이나 주변 사물을 만져서 결막염을 전염시킨다. 또한 직원이 결막염이 있는 아동의 얼굴을 닦은 수건으로 다른 아동에게 사용하거나, 결막염이 있는 아동의 눈을 닦아 줄 때 교직원 자신의 손에 분비물이 묻어서 그것을 통해 전염될 수도 있다.

결막염의 증상은 명백하지만 그 원인이 바이러스인지 박테리아인지 분별하는 것은 어렵다. 의사는 가끔 눈 분비물을 현미경으로 검사하거나 배양하기도 한다. 종종 항박테리아성 안약이 처방되기도 하는데, 그 이유는 이 약이 박테리아성 결막염의 증상이 나타나는 기간을 줄여 감염을 억제하기 때문이다. 결막염이 있는 아동은 전염을 막기 위해 항박테리아 안약을 이용해서 눈을 헹구어 내는 치료를 받도록 권장되기도 한다.

결막염에 걸린 아동을 일과 중에 집으로 돌려보낼 필요는 없으나 부모에게 증상이 나타났다는 사실은 알려 준다. 맑거나 혹은 노란색 눈 분비물이 있는 결막염에 걸린 아동의 경우에는 24시간 동안 항박테리아 치료를 받게 한 후 복귀시킨다. 의사가 약을 처방하지 않기로 결정한다면 그 사실을 주변에 알려야 한다. 열이나 통증을 수반하지 않고 때론 눈꺼풀이 붉은색을 띠기도 하며 맑은 눈 분비물을 흘리는 아동의 경우에는 일반적으로 격리하지 않는다.

결막염 확산 방지 방법

- 결막염에 걸린 아동의 눈에 분비물이 없도록 닦아 준 후 반드시 손을 씻는다.
- 아동에게 눈을 닦은 후 손을 씻도록 지도한다.
- 아동의 눈에 닿았을 가능성이 있는 물품, 즉 분광기, 장난감 원망원경 또는 장난감 카메라를 비누와 물로 최소 하루에 한 번은 반드시 씻는다.

(6) 이비인후과 질병

① 외이도염

외이도염(外耳道炎, external otitis)은 귀 입구에서부터 고막까지의 통로에 염증이 생긴 것으로, 귀 안에 이물질이 들어갔거나 종기가 생겼을 때 지나칠 정도로 깨끗하게 귀를 후비거나 긁는 경우에 피부손상을 입어 염증이 생기는 것이다. 외이도염은 수영을 하는 영유아에게 발병률이 높으며, 외이도의 감염은 두개골이나 뇌로 퍼질 수 있으므로 간호를 주의해서 해야 한다.

가정간호에서 외이도염이 발생하였을 때는 면봉이나 귀이개로 귀 안을 자극해서는 안 되며, 입을 가능한 한 크고 넓게 벌리게 하여 귀의 통증을 확인해야 한다. 귀의 통증을 완화시키기 위해서는 유아용 진통제를 주고, 염증이 치료될 때까지는 목욕 시에 귀 안에 물이 들어가지 않도록 하며, 면봉으로 분비물을 흡수하도록 조심스럽게 다루어야 한다. 병원진료에서는 귀를 검사한 후에 소식자로 귀를 깨끗하게 소독하고 감염이 있으면 항생제 귀점적약을 처방할 것이다.

② 중이염

중이염(中耳炎, otitis media)은 귀의 중간 부분에 분비물이 고이고 귀의 통증이 있으며 가끔씩 난청을 유발하기도 하는 질환이다. 영유아의 귀에서 목으로 연결되는 관은 성인에 비해 곧고 짧기 때문에 중이염에 잘 걸린다. 또한 영유아는 많은 시간을 누워서 보내기 때문에 코나 목구멍을 통해 박테리아나 바이러스가 중이에 쉽게 침입하여 염증을 일으킬 수 있다. 중이염은 몹시 아프고 심각한 질병이기 때문에 적절하게 치료하지 않으면 영구적인 난청이 될 수 있으므로 특별한 관심을 가져야 한다.

중이염의 증상은 심한 귀앓이로 고통스럽고, 체온이 상승하고 부분적인 난청 현상을 보이며, 귀에서 농성 분비물이 흐른다. 가정간호로는 열이 있는지 알아보기 위해 체온을 재고, 몸의 자세를 편안하고 시원하게 해 주며, 귀에 통증이 심하면 귀에 따뜻한 찜질을 해 주어 통증을 경감시켜 주어야 한다. 그리고 심한 경우에는 소아용 진통제를 줄 수 있다.

③ 알레르기성 비염

알레르기성 비염(allergic rhinitis)은 들이마신 알레르기성 물질이 코의 점막에 접촉되어 일어나는 질환으로, 반복성이 있고 계절에 따라 코가 막히고 가려우며 콧물이 나오는 경우를 말한다. 생후 1년 동안은 우유 등의 음식이 가장 흔한 원인이 되며, 유아기 이후에는 꽃가루, 나무, 풀, 잡초 등에 의한 계절에 따라 생기는 비염이 많다. 그 밖에 담배연기, 페인트 냄새 등의 알레르기 유발 물질의 접촉으로 알레르기성 비염이 생긴다.

증상은 격렬한 발작성 재채기를 하고, 묽은 자극성 분비물이 나오고, 눈이 붉고 화끈거리며 눈물이 나고, 흔히 기침을 한다. 해마다 재발하는 시기별로 살펴보면 4~6월에는 나무, 5~7월에는 풀, 8월에서 첫서리가 내릴 때까지는 잡초가 원인이 되기도 한다. 계절 구분 없이 1년 내내 감기 같은 증세를 자주 앓는 경우에는 연중 알레르기 비염이라 하며, 집 먼지, 동물의 비듬이나 털이 원인이 된다. 따라서 알레르기 비염을 방지하기 위해서는 집의 먼지가 발생할 수 있는 조건을 개선하고, 개나 고양이 등의 애완동물을 키우지 않으며, 환자의 옆에서 담배를 피우는 것을 삼가야 한다.

4. 영유아기의 치아건강

타고난 유전, 일상적인 음식, 위생, 치과치료 등은 생애 전반에 걸쳐 치아건강을 결정할 것이다. 치아건강 프로그램은 균형 잡힌 영양식을 제공하고 설탕을 첨가한 달콤한 음식을 제한함으로써 치과질환을 예방하도록 도울 수 있다. 그리고 지역 상수도에 적적량의 불소가 첨가되지 않았다면, 부모의 허가를 받아 불하물 정제나 점적약을 제공하여 아동과 교직원에게 치아를 닦게 함으로써 건강한 치아관리 습관을 가르치고 치과 문제를 조사함으로써 치과건강을 증진시킬 수 있다.

1) 이 나는 시기의 지침

이가 나는 시기에는 불안정하고 침을 흘리고, 입을 문지르고, 귀를 잡아당기고, 약간 묽은 변이 나올 수 있다. 그러나 이가 나는 것이 아동에게 열이 나게 하는 원인은 아니다. 만약 이가 나는 동안 아동에게 고열이 있다면 그것은 또 다른 질환의 증상일 수 있으며 의학적인 문제를 고려해 보아야 한다. 아동을 편안하게 해 주기 위하여 다음 단계를 따르도록 한다.

- 입에 물기 위한 딱딱하고 차가운 것(매우 차갑고 큰 당근, 딱딱한 빵, 이 나는 시기의 비스킷 또는 안전한 원형 장난감)을 주도록 한다.
- 아동의 잇몸을 깨끗한 손가락이나 얼음 조각으로 문지른다(이것을 하기 전후에 손을 씻는다).

2) 치아에 건강한 식품

설탕 함량이 높은 식품은 치아 부식과 관련이 높다. 단 음료, 사탕, 젤리, 잼, 케이크, 쿠키, 설탕이 많이 든 젤라틴, 감미료를 치거나 캔에 든 과일 등은 피하거나 제한한다. 설탕 함량이 낮은 음식이나 신선한 과일과 야채 등이 좋은 스낵이나 디저트 대안이 될 수 있다.

설탕과 치아에 관해 알아야 할 몇 가지 중요한 사실은 다음과 같다.

- 천연 설탕이나 단풍 시럽과 꿀 등은 정제 설탕만큼 치아에 해롭다.
- 끈적거리는 캔디와 캐러멜 등의 단 음식은 오랫동안 치아에 남아 있기 때문에 특히 해롭다.
- 한 번에 단것을 많이 먹는 것이 오랫동안 혹은 자주 단것을 먹는 것보다 더

낫다.

- 건포도나 대추야자와 같은 달고 끈적거리는 과일은 식사와 함께 섭취해야 한다.
- 잦은 새참은 식품이 입에 들어갈 때마다 치아가 부식과정의 공격을 받기 때문에 좋지 않다.
- 잠자리에 들기 전 아동에게 우유병, 유아용 유동식, 과일주스 등을 먹이지 않는다. 이러한 음료에 든 설탕은 오랫동안 치아에 남아 충치를 생기게 한다.
- 사탕이나 단 음식을 주며 착한 행동을 칭찬하지 않도록 한다.

3) 불화물

공공 상수도의 불소 첨가는 충치 예방을 위한 가장 효과적인 방법이다. 아동이 식수에 있는 불화물이나 태어나면서부터 불화물(fluoride) 첨가제를 섭취한다면 치아부식은 약 50% 정도 감소될 수 있다. 자신이 살고 있는 지역사회가 식수에 불소를 첨가하는지 알아보고, 사용하지 않는다면 불화물이나 정제 사용을 고려한다. 그렇게 하면 2년 후 아동 충치의 25~35%는 줄일 수 있다. 불소치약 역시 아동이 그것을 삼키지만 않는다면 도움이 된다. 불소치약을 삼키는 것은 반점이 있는 치아를 형성할 수 있기 때문에 불소치약의 사용은 3세 정도까지는 사용하지 않도록 한다.

4) 칫솔질

어린 유아는 칫솔질을 제대로 시작해야 성인기까지 지속되는 좋은 습관을 배울 수 있다. 점심 식사 후나 새참 후의 칫솔질은 이도 닦고 좋은 습관을 가르치는 복합적인 효과가 있는데, 이러한 습관은 아주 짧은 시간만 투자하면 되므로 꼭 지키도록 한다.

(1) 칫솔질에서의 주의사항

어릴 때부터 가정이나 영유아 교육기관에서 부모나 교사가 영유아의 올바른 칫솔질을 지도하기 위해서는 다음 사항을 고려해야 한다.

- 모든 아동은 각자의 이름을 붙인 자신의 칫솔을 가지고 있어야 하며 절대 함께 사용해서는 안 된다.
- 칫솔은 깨끗하게 보관되어야 한다. 칫솔모가 어떤 표면과 접촉해 있어서는 안 된다. 한 가지 방법은 스티로폼 계란 판지를 사용하는 것이다. 알코올로 판지를 닦고 윗면을 아래로 가게 돌린 다음 각 계란 구획의 바닥에 구멍을 뚫는다. 칫솔모가 위로 향하게 하여 서로 닿지 않도록 보관한다.
- 대부분의 치과의사와 위생사는 부드럽고 둥근 나일론 칫솔모에 손잡이가 완만한 브러싱 표면이며, 모든 치아에 닿을 만큼 충분히 작은 헤드가 있는 작은 칫솔을 권한다. 칫솔모가 구부러지면 칫솔질 효과가 떨어지므로 교체해야 한다. 보통 칫솔은 3개월마다 교체하는 것이 좋다.
- 자신의 이를 잘 닦을 수 있는 3세 이상의 유아는 불소가 든 소량의 치약을 사용하여 이를 닦은 후 내뱉을 수 있도록 한다. 치약을 삼키지 않는 유아의 경우에만 불소치약을 사용해야 하는데 그 이유는 삼킨 치약은 불소의 불규칙적인 복용과 치아의 얼룩을 초래할 수 있기 때문이다. 따라서 아동이 치약을 먹지 않도록 하기 위해 향이 좋은 치약을 사용해서는 안 된다.
- 성인이 칫솔질을 감독하게 한다.
- 아동에게 적절한 솔질(brushing) 기술을 가르쳐야 하는데, 보통 쉽고 효과적인 원형 동작을 사용한다.

(2) 올바른 칫솔질을 위한 지침

이를 닦을 때는 칫솔을 잇몸과 이 사이를 45° 각도로 세우고 잇몸 쪽에 칫솔 끝을 살짝 댄 후 이빨 쪽으로 동그라미를 그리면서 가볍게 마사지하면서 닦도록 한다. 칫솔을 이와 잇몸 사이를 마구 문지르면 잇몸이 상할 수 있고, 이 사이의 음식물 찌꺼기가 잘 제거되지 않아 이를 자주 닦았음에도 충치가 발생하기 쉽다.

- 아랫니 바깥은 위로 돌려 닦는다.
- 윗니 바깥은 아래로 돌려 닦는다.
- 아래 어금니는 수평으로 닦는다.
- 위 어금니는 수평으로 닦는다.
- 아래 앞니 안쪽은 당겨 닦는다.
- 위 앞니 안쪽은 당겨 닦는다.
- 혀를 닦는다.

5) 치아건강 교육

아동과 부모는 치과건강의 중요성을 이해해야 한다. 아동은 그들의 규칙적인 활동을 통해 치아교육 활동을 통합해야 효과적으로 교육을 받을 수 있다. 학부모 교육은 소식지, 인쇄물, 포스터나 영화를 통해 할 수 있으며, 특별한 문제나 조건 혹은 자료에 대해 설명한 안내 책자는 지역 보건소에서 이용할 수 있다. 또한 몇몇 치과의사나 치과위생사가 방문교육을 하기도 한다. 또 아동과 함께 활동하기를 좋아하는 치과의사를 방문하는 것도 규칙적인 치아관리의 효과적인 방법이 될 수 있다.

(1) 치과 치료

부모가 건강한 치아관리의 일과에 따르고, 규칙적으로 아동의 치아관리를 하게 한다. 기관은 아동의 치과의사나 자녀와 정기적으로 찾는 가족 치과의사에 대한 정보를 가지고 있어야 한다. 어떤 지역 자료는 치과 병원, 치과대학 클리닉, 지역 헬스센터, 병원 응급실 등을 포함할 수 있다.

아동의 최초 치과 방문은 3세경 혹은 20개의 유치가 모두 나타날 때 이루어지는 것이 좋다. 아동은 보통 이 단계에서는 거의 치료가 필요하지 않기 때문에 치과의사는 아동과 우호적이고 편안한 관계를 형성할 수 있다. 이렇게 첫 치과 방문을 중요한 경험으로 만들어 주어야 하는데, 특히 치과는 두려운 곳이 아니라 자신의 치아와 구강을 건강하게 지켜 주는 우호적인 곳이라는 것을 아동이 알게 한다. 무엇보다 아동의 두려움을 없애는 것이 중요하므로 그러한 방문이

불쾌할 수도 있다는 교사의 선입견은 말하지 않아야 한다.

3세 이하의 아동이 치과를 방문하는 것은 대부분 교육적인 경험이다. 그러나 치과의사와의 상담이 권장되는 경우도 있다. 다음에 열거된 내용은 아동에게서 관찰해야 할 사항이다. 만일 질문 중 어떤 것에 대하여 '아니요'라고 답한다면 아동의 부모가 치과의사와 상담할 것을 권한다.

1 혀, 입술, 뺨, 잇몸 상태
- 아동이 입에서 혀끝을 완전히 내밀 수 있는가?
- 아동이 치아를 이용하여 삼킬 수 있는가?
- 상하 입술이 같은 크기인가?
- 입술과 얼굴 피부 사이에 분명한 구별이 있는가?
- 뺨 내부의 색이 전체적으로 고른가?
- 모든 잇몸 조직이 같은 색깔인가?
- 잇몸에 구진과 부어오름은 없는가?

2 치아상태
① 치아 수
- 아동이 1세까지 최소 1~2개의 치아를 가지고 있는가?
- 2세까지 최소 12개의 치아를 가지고 있는가?
- 턱의 중앙 양쪽에 동일한 개수의 치아가 있는가?
- 어느 한쪽의 치아가 동일한 형태인가?

② 물기
- 아동이 입을 다물 때 맨 위의 치아가 아래 치아 위에서 물 수 있는가?
- 뒤 치아가 서로 만나는가?
- 모든 치아가 턱을 다물 때 접촉하는가?
- 치아가 일정한 간격을 가지고 있는가?

③ 색깔

• 치아가 우윳빛 백색인가?

• 모두 고른 색을 가지고 있는가?

• 칫솔을 이용하면 어떤 착색된 부분의 색이 사라지는가?

④ 구강 위생

• 치아가 깨끗한가?

• 구강이 깨끗하고 좋은 향을 가지고 있는가?

③ 치과치료를 받아야 하는 사항

• 잇몸의 부어오름 혹은 출혈

• 얼굴의 부어오름

• 매우 어둡거나 치아가 탈색되거나 구멍이 났을 때

• 딱딱하거나 뜨겁고 차거나 또는 단 음식을 먹기 어려워할 때

• 치아가 부러졌을 때

• 유치가 빠져 치아에 공간이 생겼을 때

• 호흡에 어려움이 있을 때

(2) 특수 치과 문제

① 부러진 치아

부모와 접촉하여 아동을 즉시 치과의사에게 데려가도록 한다. 부러진 치아를 제때 치료하지 않으면 그 치아를 잃을 수도 있다.

② 탈락된 치아

이때는 즉시 부모와 치과의사에게 연락해 치아를 살릴 수 있도록 한다. 때로 그것은 턱에 이식될 수도 있다. 치아를 흐르는 물에 씻지 않도록 주의하고 젖은 헝겊이나 물이나 우유를 담은 컵이나 통에 넣어 서둘러 아동을 치과의사에게 데려간다. 아동이 치과치료를 빨리 받을수록 치아를 살릴 가능성은 높아진다.

③ 치통

부모에게 즉시 아동을 치과에 데려가도록 요청한다. 치과의사는 치통의 원인을 발견하여 신속하게 통증을 완화시켜 줄 것이다. 아동이 극도의 통증을 겪을 경우에만 일시적인 응급조치를 한다. 만일 치아에서 구멍이 보이면 따뜻한 물로 음식물 찌꺼기를 씻어 낸다. 일시적인 진통을 위해 아세트아미노펜을 소량 복용시킬 수 있다. 하지만 아세트아미노펜을 치아에 직접 넣어서는 안 된다.

④ 엄지손가락 빠는 버릇

처음 몇 년 동안 엄지손가락을 빠는 버릇은 문제를 일으키지 않는다. 이것은 아동에게 만족감과 안정감을 준다. 그러나 만일 아동이 5세가 지나도 계속 엄지손가락을 빤다면 그것은 나오는 영구치의 위치와 턱의 형태에 영향을 미칠 수 있다. 엄지손가락 빨기의 압력은 치아를 돌출시키고 치아의 위치를 좁게 함으로써 결국 정형외과 치료가 필요하게 될 수도 있다. 부모와 교사는 건강 관리자와 협력하여 아동이 이러한 습관을 없애는 방법을 발견하도록 한다.

⑤ 우유병 치아 부식

우유병으로 인한 치아 부식은 치아를 파괴할 수도 있다. 가장 손상되기 쉬운 치아는 위 앞니지만, 다른 치아 역시 영향을 받을 수 있다. 아기를 달래는 도구로 우유병을 자주 사용하는 것은 좋지 않으며, 오랫동안 액체가 치아에 고여 있기 때문에 아동이 낮잠 시간이나 밤에 우유병을 물고 잠들게 하는 것은 아동의 치아에 심각한 해를 줄 수 있다. 만일 아동이 우유병을 물고 있다가 잠이 들었다면, 물수건이나 젖은 타월 혹은 냅킨으로 치아 표면에 남은 액체를 닦아 내도록 한다.

⑥ 치아 주변의 출혈

치아 주변에 출혈이 있을 경우에는 가능한 한 빨리 그 부위에 얼음을 사용하여 지혈을 하고 오랜 치아 출혈로 인한 탈색을 최소화하도록 한다.

6) 충치

(1) 충치의 발생

음식물을 먹으면 그 음식물 속에 들어 있는 당분이 치아 표면인 사기질에 달라붙게 된다. 입속에 있던 세균이 이에 붙어 있는 당분을 부패시켜 그 당분을 산으로 변화시킨다. 이렇게 해서 만들어진 산이 치아의 맨 바깥쪽에 있는 법랑질을 부식시켜 생기는 병을 충치(dental caries)라 한다. 이러한 충치를 곧 치료하지 않으면 법랑질의 안쪽에 있는 상아질이 침해되며, 진행이 계속되면 이의 맨 안쪽인 치수까지 침해되어 결국은 입속에 솟아 나와 있는 치아의 부위가 전부 부스러져 뿌리만 남게 된다. 충치가 이 정도로 진행된 채 치료하지 않고 계속 방치하면 치수염, 치조골염, 치주조직염, 치간유두염 같은 합병증을 일으킬 수도 있다.

충치의 증상으로 충치가 경미한 경우에는 치아의 법랑질이 조금 손상된 것 이외에는 아무런 증상이 없다. 그러나 충치가 계속되면 이에 구멍이 뚫릴 수 있고, 점점 더 계속되는 경우에는 치아 전체가 파괴될 수 있다. 충치가 생긴 치아의 구멍 속에 음식물의 찌꺼기가 들어가면 이가 아플 수 있고, 차갑거나 뜨거운 음식물을 먹을 때에는 이가 아프거나 감각이 예민하게 된다.

법랑질과 상아질이 다 파괴되어 없어진 충치가 균의 침입을 받으면 치수염이 생기고 이에 따른 심한 통증이 따른다. 심한 충치를 곧 치료하지 않은 채 그대로 놓아두면 앞으로 날 영구 치아에도 나쁜 영향을 주게 된다. 여러 개의 심한 충치를 가진 아동은 합병증이 생겨 고생을 하게 되고, 언어장애나 소화 장애까지 생길 수 있다. 또한 이가 고르게 나지 않아 치열이 서로 맞지 않게 되어 미관상으로도 좋지 않은 결과가 초래될 수 있다.

(2) 충치의 예방

보통 치아를 튼튼하게 하려면 칼슘을 많이 섭취하기만 하면 된다고 생각하기 쉬우나 건강한 몸과 마찬가지로 튼튼한 치아도 모든 영양소가 골고루 섭취되어야 가능하기 때문에 균형 잡힌 식사를 하는 것이 가장 중요하다. 따라서 영유아기에 충치를 예방하고 건강한 치아를 유지하기 위해서는 음식을 골고루 잘 먹고, 양치질을 제대로 하는 것이 중요하다. 영유아기에 충치를 예방하고 건강한 치아를 유지하기 위해서는 다음과 같은 노력을 기울여야 한다.

- 불소를 첨가하여 치아 자체의 저항력을 기른다.
- 바른 칫솔질을 통하여 프라그를 제거한다.
- 탄소화물의 섭취를 줄이고, 특히 사탕, 과자류 등의 감미식품의 섭취를 엄격히 제한한다.
- 단백질 식품, 우유, 신선한 과일, 야채의 섭취를 권장하여 식품에 의해 이에 남아 있는 음식물이 씻겨 내려가도록 하고 타액의 유출을 자극하도록 한다.
- 정규 식사 이외 새참의 횟수를 줄이고 새참의 선택에 유의하도록 한다.

7) 유치의 관리

유치(젖니, milk teeth)는 음식물을 씹는 역할을 할 뿐만 아니라 영구치 (permanent teeth)가 날 자리를 확보하고 보존해 주는 역할을 한다. 유치는 어차피 영구치로 대치될 것이라는 생각으로 소홀하게 다루나 충치나 사고를 당하여 너무 일찍 손실되었을 경우에는 영구치가 나올 자리를 잡지 못하여 덧니가 되거나 치아낭종, 치근흡수 등의 합병증을 일으킬 수 있다. 이로 인한 불규칙한 치아나 비정상적인 치아구조는 영유아가 입술을 씹는 버릇, 이를 가는 버릇, 손가락을 빠는 버릇 등 나쁜 습관 형성의 원인이 되기도 한다.

(1) 유치의 중요성

부모가 아기의 잇몸과 유치를 거즈나 헝겊으로 식사 후에 음식 찌꺼기나 치태가 생기지 않도록 깨끗이 닦아 준다면 3세 이전의 아기는 치과에 갈 필요가 거의 없다. 유치는 20개로 구성되며 어린 시절 동안 다음과 같은 중요한 임무를 갖게 된다.

- 유치는 영구치가 제자리에 잘 나도록 간격을 유지시켜 준다.

- 유치는 얼굴과 턱뼈의 발육을 도와 얼굴 부분의 성장, 크기, 형태에 영향을 주어 얼굴 생김새를 형성하는 데 도움을 준다.
- 유치는 음식을 소화시키는 첫 단계에 도움을 준다. 그래서 아기의 음식을 처음에는 씹기 쉽도록 하기 위하여 갈아 주거나 부드러운 것을 먹이다가 차츰 씹을 수 있는 딱딱한 고체음식으로 바꾸어 주어야 한다.
- 건강하고 충치가 없는 유치는 영구치가 날 때 깨끗하고 튼튼한 치아가 자랄 수 있는 환경을 형성해 준다.

(2) 치아의 배열에 영향을 주는 요인

어릴 때 나쁜 구강습관은 치아 배열에 영향을 끼친다. 따라서 아기가 나쁜 구강습관을 버리도록 도와야 한다. 이를 위해서는 아기가 인식할 수 있도록 논리적으로 설명해 주어야 하며, 처음 몇 주 동안에는 아기에게 항상 '애, 너 지금 뭐 하고 있니?'라는 반복적인 말을 해 주어야 한다. 습관이란 무의식적으로 일어나는 반복적인 근육활동이다. 따라서 습관을 없애는 데에도 똑같은 반복이 필요하다. 영유아기에 흔히 나타나는 나쁜 구강습관으로는 혀 내밀기, 입술 깨물기, 손톱 깨물기, 뺨 깨물기, 이갈이, 입안에 물건 넣기 등을 들 수 있다.

8) 구강 청결

영유아는 단 음식을 좋아하기 때문에 지나치게 단것을 먹지 못하게 하면 정신적으로 많은 스트레스를 받는다. 영유아에게 단 음식을 줄 때는 조금씩 자주 주는 것보다 한꺼번에 많은 양을 주고 그 대신 횟수를 줄이는 것이 낫다. 단것을 먹고 난 후에는 이를 닦거나 입안을 헹궈 내도록 지도하고 바나나와 홍시와 같이 치아 사이에 잘 들어붙는 과일을 제외한 사과나 배 등을 주어 단 물질이 입안에서 빨리 제거되도록 한다. 특히 음식을 먹고 이를 닦을 수 없는 상황에서는 달고 찐득찐득한 과자류나 과일류를 새참으로 주지 않도록 한다. 규칙적인 구강 청결은 유치 때부터 시작되어야 하므로 부모는 깨끗한 거즈를 손가락에 감아 치아를 청결하게 닦아 주고, 2세부터는 부모의 도움을 받으면서 유아가 직접 이를 닦는 습관을 갖도록 해야 한다.

제 **7** 장
스트레스와 건강

아동건강교육

1. 스트레스의 개념

　19세기와 20세기 초반에 스트레스가 건강상태를 나쁘게 하거나 정신질환을 일으키는 것으로 생각한 소수의 연구자가 있었으나 스트레스에 대한 과학적인 접근은 이루어지지 못하였다. 그러나 1910년에 영국 의학자 오슬러(W. Osler)가 논문에서 협심증은 격심한 업무와 항상 걱정 속에서 살아가는 유대인에게서 많이 나타난다는 것을 밝히면서부터, 일에 지나치게 몰두해 살아가는 것을 스트레스를 받기 쉬운 요인으로 보기 시작하였다(강문희, 장연집, 정정옥, 1999).

　스트레스(stress)란 말은 1930년 후반과 1940년 전반에 캐나다의 병리·생리학자인 한스 셀리에(Hans Selye)가 동물실험을 통하여 의학 분야에 스트레스 개념을 도입하면서부터 보편적인 용어로 불리기 시작하였다. 스트레스란 질병, 추위, 열, 외상, 흥분 등 몸에 해롭거나 놀라는 자극이 주어질 때 정신적인 긴장으로 인하여 체내에서 일어나는 생리적인 특유 반응이다. 그는 스트레스를 환경과 개인 간의 생물학적인 상호작용에서 균형이 깨진 상태로 보았으며, 이러한 불균형 상태에서 특별한 신체 반응이 일어난다고 보았다. 또한 심리적인 사건도 물리적인 스트레스 요인과 마찬가지로 스트레스를 일으킬 수 있으며 스트레스의 강도가 높거나 너무 오랫동안 지속되는 경우에는 질병의 원인이 될 수 있다고 보았다.

　이에 따라 스트레스의 요인을 심리적 스트레스 요인(psychological stressor)과 생리적 스트레스 요인(physical stressor)으로 구분하게 되었으며, 의학과 생리학 영역에서 과학적인 용어로 스트레스 개념을 제시할 수 있게 되었다(강문희 외, 1999; 김영숙, 이경화, 1998; 신기철, 신용철, 1987; 양병환, 1991; 임승권, 1991).

　이와 같이 초창기에는 신체적인 측면의 스트레스를 강조하였으나, 최근 들어서는 심리적인 측면에 대한 관심이 증대되고 있는데, 욕구좌절이나 갈등 혹은 정신적인 압박감 등으로 인한 스트레스가 더욱 증가함으로써 일반적으로 스트레스란 신체적인 면보다는 심리적인 것으로 이해되고 있다. 현실적으로 스트레스라는 것은 삶 자체에서 비롯되는 것이기 때문에 스트레스에서 도피하거나 감당하지 않으려는 것은 삶을 포기하는 것과 같다. 따라서 스트레스를 감당하느냐 못하느냐의 문제가 아니라 스트레스를 어떻게 대처해 나가느냐가 중요하다(임승권, 1991).

모든 스트레스가 인간에게 나쁜 영향을 미치는 것만은 아니다. 이에 대하여 버나드(W. Bernard)는 스트레스를 역기능적 스트레스(distress)와 순기능적 스트레스로(eustress) 구분하였다. 역기능적 스트레스란 해로운 효과를 유발하는 것으로 가령 불쾌감이나 수치심과 같은 부정적인 스트레스를 주는 것이고, 순기능적 스트레스란 삶에 활력을 주고 개인을 고무시키며 성장을 촉진시키는 긍정적 효과를 가져 오는 스트레스를 말한다(강문희 외, 1999; 임승권, 1991).

최근에 사용되고 있는 스트레스의 개념은 크게 세 가지 측면으로 구분해 볼 수 있다. 즉, 반응으로서의 스트레스, 자극으로서의 스트레스, 상호작용으로서의 스트레스다(강문희 외, 1999; 김영숙, 이경화, 1998; 조은숙, 1994).

1) 반응으로서의 스트레스

반응으로서의 스트레스(stress as a response)는 셀리에(Selye, 1956)의 고전적인 스트레스 개념으로 적응을 요구하는 모든 것에 대한 반응으로 보는 것이다. 반응을 보이는 적응과정은 경계반응기, 저항기, 소진기의 3단계로 구분하였다.

첫째, 경계반응기에서는 인체가 일으키는 원인에 반응하여 혈액 속에서 코르티솔(cortisol)이라는 호르몬을 생성시켜 심장박동수가 증가하고, 호흡이 가빠지고, 소화 작용이 중지되고, 혈압이 극적으로 상승하여 청각과 시각이 예민해지고 신체의 저항력이 떨어진다. 이때 신체가 스트레스원을 이겨 내지 못하면 저항기로 들어가게 된다.

둘째, 저항기에서는 에너지 소비가 급격히 증가하여 과식을 하거나 피로, 불안, 긴장 등의 증세를 나타내게 된다. 신체 적응력은 스트레스의 배후에 숨어 있다가 정면대결을 하거나 혹은 회피하는 것으로 나타나게 된다. 이때 지속적인 스트레스가 없으면 신체는 곧 회복되지만, 스트레스가 계속 지속되면 적응을 위하여 소진기에 접어들게 된다.

셋째, 소진기에서는 아직까지 해소되지 못한 스트레스가 신체의 능력을 최악의 상태로 떨어뜨리게 된다. 이 단계에서는 이미 비축하고 있던 에너지가 모두 고갈되어 질병에 대한 저항력이 약해지고 불만이 높아지며 비관적이 되어 정신적으로 고통을 느끼게 된다. 더 나아가 신체적으로도 해를 입을 수 있으며, 위궤양이나 고혈압 같은 심각한 질병으로 발전할 수 있다. 이런 현상을 보통 정신적 외상(trauma)이라고 한다.

2) 자극으로서의 스트레스

자극으로서의 스트레스(stress as a stimulus)는 가장 보편적인 개념으로 환경적 자극을 스트레스로 보는 관점이다. 스트레스를 환경적 자극으로 보는 접근법에서는 생활사건(life event)을 중심으로 연구해 왔다. 홈스와 라헤(Holmes & Rahe, 1967)는 개인이 일상생활에 적응하는 과정에서 변화를 요구하는 43개의 생활사건을 모아 스트레스의 수준을 측정하였다. 표에 제시된 다양한 생활사건은 각기 다른 스트레스의 수준을 나타내고 있다. 개개인의 스트레스 점수는 한 가지 생활사건 혹은 그 이상의 생활사건을 합하여 생활변화점수를 산출한다.

그는 생활변화점수(life change unit)가 스트레스 정도를 가늠할 수 있는 수치가 된다고 보았다. 따라서 생활변화점수의 총점이 높을수록 심각하게 자주 아프거나 또는 만성 질병에 시달리게 된다고 보았다. 2년 내에 병에 걸릴 확률은 점수가 145점 이하이면 37%, 150~299점 사이면 51%가 되며, 300점 이상이면 80%로 높아진다고 보았다. 홈스와 라헤가 개발한 스트레스 생활변화점수 척도는 〈표 7-1〉과 같다.

표 7-1 아동·청소년용 스트레스 생활변화 점수척도 (단위: 점)			
하위내용	유아	초등	중·고
유아원·초·중·고등학교 입학	42	46	45
전학	33	46	52
형제나 자매의 출생 또는 입양	50	50	50
형제나 자매의 집 떠남	39	36	33
형제나 자매의 입원	37	41	44
형제나 자매의 죽음	59	68	71
잦은 직업이동으로 아버지가 집을 떠나 있어야 될 때	36	45	42
부모로 인하여 즐거움이 상실될 때	23	38	48
부모의 별거	74	78	77
부모의 이혼	78	84	84
부모의 입원(중병으로)	51	55	54
부모의 재혼	62	65	63
부모의 30일 정도의 구류	34	41	34
부모의 1년 또는 그 이상의 투옥	67	67	76
가족 이외의 식구 추가(예; 조부모)	39	41	34
부모의 경제적 변화	21	25	29
어머니의 취업시작	47	44	36
부모끼리의 논쟁 빈도 감소	21	25	29
부모끼리의 논쟁 빈도 증가	44	51	48
부모와의 논쟁 빈도 감소	22	17	29
부모와의 논쟁 빈도 증가	39	47	46
입양이라는 것을 알게 되는 것	33	52	70
불구가 되는 것	52	69	83
선천적 불구	39	60	70
아동 자신의 입원	59	62	59
친구들로부터의 따돌림	38	51	68
친한 친구의 죽음	38	53	65
학교에서의 실패	–	57	52
학교로부터의 정학	–	46	54
10대 소녀의 원하지 않는 임신	–	36	60
알코올이나 마약 관련	–	61	70
종교집단의 주요 회원이 되는 것	–	25	28
서클활동 중단	–	–	49
남자 친구나 여자 친구와 절교	–	–	47
데이트 시작	–	–	55
원하지 않았던 임신으로 부모가 되는 것	–	–	76
원하지 않았던 임신	–	–	95

출처: 강영자, 박성옥, 양명숙 편역(1997), pp. 47-48.

3) 상호작용으로서의 스트레스

상호작용으로서의 스트레스(transactional model of stress)는 사회과학에 기초를 둔 모형으로 개인과 주변 생활환경의 특성을 고려하여 스트레스 개념을 정의하는 접근법이다. 즉, 이 모형에서는 환경 내의 자극 특성과 이에 대해 반응하는 개인의 심리적 특성을 강조하며, 개인의 심리적 특성은 환경의 자극 요소가 될 수 있고 스트레스에 대한 개인의 대처능력 역시 환경의 주요 부분인 동시에 환경에 영향을 줄 수 있다는 견해다. 스트레스 상황에서 개인의 역할이 강조되는 입장이다.

2. 영유아의 건강과 스트레스

영유아는 세상에 태어나서 자신의 삶의 기초단위인 미시체계, 가정을 벗어나 확장되어 가는 삶의 외곽구조인 중간체계, 그 밖에 사회 전체를 포함하는 거시체계에서 살아가게 되고 그 속에서 다양한 스트레스를 접하게 된다.

미시체계(microsystem)의 스트레스는 유아가 자신의 부모, 동생, 형, 누나 등 가족과 함께 상호작용을 해 나가면서 신체적, 지적, 정서적으로 성숙하는 과정에서 겪게 되는 스트레스를 말한다. 예를 들어, 새로운 동생이 태어나거나 조부모를 모시게 되어 가족이 늘어나거나 여러 사정으로 가족이 헤어지게 될 때, 또 점점 더 다양해지는 자신의 욕구에 적응하려 노력할 때 스트레스가 발생한다.

중간체계(mesosystem)의 스트레스는 이웃, 유아교육 기관, 놀이터, 지역사회 등에서 접하게 되는 친구, 친척, 이웃 사람, 교사 등 주변 사람과의 관계나 변화에서 겪게 되는 스트레스다. 예를 들어, 새로운 곳으로 이사를 가게 되어 친구와 헤어지는 것, 친척의 죽음, 부모의 사회적 지위의 변화 등으로 유아는 많은 스트레스를 겪게 된다.

거시체계(macrosystem)의 스트레스는 자신이 속한 사회의 법과 제도, 가치관, 관습 등으로 인하여 발생하며, 유아가 속해 있는 미시체계인 가정에서 일어나는 일이나, 중간체계에서 일어나는 친구관계 등에서 사회 · 문화적인 규범에서 벗어날 때 발생하는 스트레스다. 예를 들어, 가정에서의 신체적인 학대나 방임으로 인한 법적인 절차의 과정, 친구 사이에서 발생하는 집단 따돌림, 폭력 문제 등 사회·문화적인 가치관이나 관습의 차이에서 스트레스를 겪게 된다.

1) 영유아의 스트레스 원인

영유아기의 스트레스의 원인은 신체적 질병, 열중, 무리한 노력 소모, 지나치게 엄격한 부모, 부모의 높은 기대에 대한 부담감, 시험의 긴장감, 병원 가기 전의 두려움, 방과 후 부모가 없는 상황, 용모에 대한 놀림, 천식, 모욕감, 창피함, 버림받을지도 모른다는 두려움, 사랑을 받지 못한다는 느낌, 위험한 이웃 환경, 폭력적인 텔레비전 프로그램, 신체적인 학대 등을 들 수 있다.

오브라이언(O'Brien, 1988)은 최근 영유아가 과거보다 더 많은 스트레스를 경험하게 되는 이유를 다음과 같이 지적하였다(김영숙, 이경화, 1998에서 재인용).

- 현대사회의 급속한 변화로 인하여 부모 자신들이 스트레스를 많이 받고 있기 때문에 영유아도 연쇄적으로 스트레스를 받는다.
- 부모가 영유아에게 바라는 성취에 대한 압력이 가중되고 있다.
- 교육기관이나 외부 활동 등에서 이루어지고 있는 과도한 경쟁 분위기가 영유아에게도 요구되고 있기 때문에 스트레스를 받는다.
- 영유아도 자신의 삶에 대한 불확실성과 두려움을 갖고 있다. 특히 성공을 강조하는 사회일수록 스트레스는 일찍 시작되며, 스트레스로 인한 해로운 영향도 영유아기 초기부터 나타날 수 있다.

2) 스트레스로 인한 영유아의 반응

스트레스로 인한 영유아의 반응은 개인의 기질적 특성이나 처해 있는 환경에 따라 각기 다르게 반응하지만, 대체적으로 신체적, 정서적, 행동적 특징으로 구분하여 설명할 수 있다. 브레너(Brenner, 1984)는 신체적으로나 정서적으로 학대받은 영유아는 스트레스의 영향을 가장 크게 받는다고 지적하면서, 그들이 받은 스트레스에 대한 행동 반응의 특징을 다음과 같이 설명하였다(김영숙, 이경화, 1988에서 재인용).

(1) 스트레스 반응에 대한 일반적 특징

신체적으로 학대받은 영유아의 행동반응은 사물에 무관심하고, 냉담하고, 눈물이 없고, 웃음이 없고, 잘 놀지 못하며, 공격적이거나 지나치게 방어적이고 언어능력이 부족하며 운동신경 및 근육발달이 지연되고 주의집중력이 짧다. 또한 또래관계에서 사교성이 부족하고, 기다릴 줄 모르고, 공격적이거나 피하는 경우가 많다. 부모관계에서도 부모의 별거나 죽음에 충격을 받지 않고 부모의 지시를 무시하며 칭찬에도 부정적이다.

정서적으로 학대받은 영유아의 행동반응은 몸을 흔들거나 손가락을 빨고, 잠을 잘 자지 못하고, 수동적이고 불평이 많으며, 공격적이고 반항적이며 좀처럼 웃지 않고 늘 의기소침해 있다. 또래관계에서 사교술이 서툴고 소외당하여 잘 어울려 놀지 못하고, 반사회적인 행위를 하거나 내향적이며 자신을 학대한다. 부모관계에서는 애정이 없고 조심성은 있으나 눈 마주치기를 피하며 나이에 걸맞지 않게 성인 같은 행위를 하는 경향이 있다.

(2) 스트레스 반응에 따른 신체적 특징

영유아가 스트레스를 받게 될 때 나타낼 수 있는 신체적 특징은 다섯 가지로 구분해 볼 수 있다(Girdano, Everly, & Dusek, 1990).

① 스트레스는 비정상적인 근육반응을 일으킨다. 스트레스로 긴장이 만성적으로 지속되면서 두통, 요통, 식도와 결장의 경련으로 인한 변비 및 설사, 천식, 눈 안질, 근육 수축, 류머티즘, 관절염 등의 신체적 질병이 나타난다.

② 스트레스는 위장병을 일으킨다. 스트레스로 불안해진 정서 상태는 위로 연결되는 식도에 경련을 일으켜 소화를 곤란하게 함으로써 식욕이 없고 속이 쓰리고 구역질이 나게 한다. 특히 스트레스가 분노나 공격성을 유발시키는 경우 위벽이 염산과 여러 효소 분비를 증가시켜 위벽이 약해지면서 위궤양으로 발전할 수 있다.

제7장 스트레스와 건강

③ 스트레스는 대뇌를 자극시킨다. 만성적인 스트레스는 대뇌의 활동을 증가시켜 지배적이고 조용한 안정적인 기본 리듬상태(alpha)를 빠른 리듬상태(beta)로 바꿈으로써 대뇌를 흥분시켜 공포감을 갖게 하거나 정서적으로 예민해져서 자아 상태를 위협하는 등의 감정 반응을 유발시킬 수 있다.

④ 스트레스는 심장근육을 수축시킨다. 스트레스 자극은 심장의 수축 속도와 강도를 증가시켜서 심장근육을 수축하는 호르몬을 분비시키고 심할 경우에는 고혈압이나 동맥 경화증을 유발할 수 있다.

⑤ 스트레스는 피부반응을 일으킨다. 인간의 피부는 미세한 전기적 성질을 띠는 화학물질을 갖고 있으며, 피부 밑에는 정서에 반응하는 미세한 혈관이 있다. 따라서 스트레스를 받게 되면 피부운동이 변하고 미세한 혈관이 닫히게 되어 피부가 창백해지고, 피하 지방 문제로 인해 두드러기, 마른버짐, 여드름 등이 생길 수 있다.

(3) 스트레스 반응행동의 단계

지건스(Zegans, 1982)은 영유아의 스트레스 반응 행동에 대한 단계를 놀람 단계, 승인 단계, 대처전략 모색단계, 대처방안 수행단계의 4단계로 구분하였다.

- 1단계-놀람 단계: 이 단계에서는 생리적 변화가 일어나며 이러한 변화는 신체 질병에 대한 저항력을 낮추기 때문에 스트레스를 받는 영유아가 병에 더 잘 걸린다.
- 2단계-승인 단계: 이 단계에서는 스트레스 그 자체를 인지적으로 승인하는 단계다. 이러한 인지적인 승인의 차이는 자극에 대한 영유아의 반응의 차이를 가져오게 한다.
- 3단계-대처전략 모색단계: 이 단계에서는 영유아의 울음, 울화, 사교기술, 또래와 몰두하는 능력 등의 대처자원을 이용하여 즐거운 상황을 모색하고 문제해결 방안을 찾으며 만족할 수 있는 방안을 모색한다. 이때 양육자의 부적절하고 비효과적인 대처전략은 영유아에게 부정적인 모델을 제공할 수 있다.
- 4단계-대처방안 수행단계: 이 단계에서는 왜곡이나 거부, 내적인 통제, 외

적인 통제의 반응을 나타낸다. 내적인 통제는 잘못한 행동을 운명이나 자신의 책임으로 돌려 뉘우치는 것이고, 외적인 통제는 잘못한 행동을 운명이나 타인에게 돌리는 것이다.

3. 영유아의 스트레스 대처방법

지금까지 우리는 영유아가 경험하는 스트레스가 무엇이고, 어떠한 것이 스트레스를 일으키는지, 또 영유아는 스트레스에 어떻게 반응하는지를 살펴보았다. 그렇다면 영유아는 어떤 방식으로 스트레스에서 벗어나려 노력하고 있는지를 살펴봐야 할 것이다.

영유아도 성인과 마찬가지로 스트레스로 인한 갈등 상태에 처하게 되면 자신의 발달 수준에서 직접적인 혹은 방어적인 대처방법을 사용하여 어려움에서 벗어나려고 노력한다. 직접적인 대처방법은 자신이 처해 있는 스트레스 상황을 벗어나기 위하여 다른 사람에게 도움을 요청하는 전략을 사용하는 것이다. 방어적인 대처방법은 자신이 스트레스를 받는 위협적인 상황임에도 자신은 그렇지 않다고 생각한다거나 혹은 자신이 원하는 물건을 갖고 싶어 스트레스를 받는 경우 자신은 그 물건을 정말로 원한 것이 아니었다고 자기 스스로에게 믿도록 하는 것으로 일종의 내적 갈등을 표출하는 방어기제에 해당한다.

이와 같이 영유아는 성장·발달해 나감에 따라 겪게 되는 스트레스에 직접적인 대처방법이나 혹은 방어적인 대처방법을 사용하게 된다. 영유아기에 흔히 나타나는 스트레스 대처 행동 중 직접적인 대처방법으로는 공격적 행동, 철회, 난리법석 행동, 공상, 백일몽 등을 들 수 있고, 방어적인 대처방법으로는 방어기제의 다양한 형태를 들 수 있다(강문희 외, 1999; 김영숙, 이경화, 1998; 임승권, 1991; Crain, 1981).

1) 직접적 대처방법

(1) 공격적 행동

인간은 어떤 두려움에 처하게 될 때 자신을 방어하기 위한 수단으로 언어적, 신체적인 공격적 행동(attack behavior)을 나타낸다. 따라서 영유아가 스트레스를 받게 될 때 나타내는 공격적인 행동은 어떤 측면에서 보면 자신의 감정을 직접적으로 솔직하게 표현하는 것이다. 그러나 문제는 그런 공격적인 행동이 사회적으로 쉽게 용인될 수 없다는 것이다. 따라서 영유아가 사회적으로 용인될 수 있는 표현방식을 모색하도록 도와야 한다.

영유아 때부터 자신의 감정을 솔직하게 표현하는 습관은 스트레스 해소에 상당한 도움이 될 수 있다. 많은 경우 자신의 부정적인 감정을 숨기려 할 때 스트레스는 더욱 증가된다. 따라서 스트레스를 솔직하게 표현함으로써 자신을 객관화할 수 있고, 자기표현에 대한 다른 사람의 반응을 통하여 문제해결의 단서를 찾을 수도 있다.

(2) 철회

철회(withdrawal)란 영유아가 어떤 불안이나 욕구좌절 상황에 처했을 때 스트레스 상황에서 물리적으로 도피하는 것을 말한다. 따라서 영유아가 스트레스를 받을 때 나타내는 철회는 신체적, 심리적인 안정에 필수적인 것이며 스트레스 해소에 크게 기여할 수 있다.

웨이스(J. S. Weiss)의 연구에서는 동물이 전기쇼크에서 피할 수 있는 상황에서는 그렇지 못한 상황에 비하여 위궤양과 같은 스트레스의 증후가 훨씬 적었다고 보고하고 있다(임승권, 1991). 따라서 영유아가 스트레스 상황에서 벗어나기 위하여 철회 방법을 사용하는 것만으로도 스트레스는 감소될 수 있다.

(3) 분노발작

영유아가 스트레스를 받게 될 때 보이는 분노발작(temper and tantrum)은 소리 지르기, 손으로 두드리기, 발로 차기 또는 숨을 멈추는 것에 이르기까지 다양하다. 이러한 분노발작은 영유아가 자기감정 표현에 대한 언어 기술이 부족하거나 한계를 느끼게 될 때 그 상황을 이겨 내고 통제하기 위한 수단으로 주로 사용한다. 그러나 분노발작을 어린 영아가 보일 경우에는 어느 정도 효과적인 방법으로 작용하겠지만, 큰 아동이 자신이 겪는 스트레스를 이런 방식으로 해결하려 한다면 문제행동으로 규정될 수 있다.

(4) 공상

영유아는 공상(fantasy)을 통하여 만족을 얻거나 좌절을 극복하기도 한다. 2세 정도가 되면 실제 사건과 공상 속의 사건을 구별해 낼 수 있기 때문에 공상할 수 있는 능력이 생긴다. 따라서 영유아는 자신의 스트레스를 해소하기 위한 수단으로 공상을 하며 이를 통하여 실제에 대한 통찰을 발전시켜 나간다. 영유아는 공상을 통하여 새로운 역할을 경험하고, 문제해결을 하고, 독립심을 갖게 되고, 불쾌한 상황이나 환경에서 벗어날 수 있다.

영유아는 공상을 통하여 성인의 행동이나 말을 흉내 내며, 상상했던 다양한 역할을 시도해 나간다. 그들은 엄마나 아빠 역할을 해 보기도 하고 동화 속의 왕자와 공주가 되어 사랑에 빠져 보기도 한다. 이런 과정을 통하여 스트레스를 해소하고 발달과업을 이루며 미래에 대한 삶을 준비해 나가게 된다.

(5) 백일몽

백일몽(daydreaming)은 공상의 한 형태이며 영유아기부터 나타나는 스트레스 해소방법의 하나다. 영유아의 백일몽은 정상적인 발달과정에서 나타나는 한 부분으로 흔히 자신이 아주 중요한 사람이 되거나 전지전능한 사람이 되어 자기 마음대로 행하는 공상으로 나타난다. 보통 백일몽은 내면에 있더라도 밖으로는 잘 드러내지 않는데, 보통 혼자 있거나 어떤 놀이를 할 때에 표현된다. 그러나 백일몽이 지나치면 학업 문제나 정서적인 어려움을 겪을 수 있다.

2) 방어적 대처방법

인간은 감당하기 힘든 일이나 욕구좌절 등으로 스트레스를 겪게 될 때 현실적으로 혹은 합리적으로 당면 문제를 해결하려 들지만, 그러한 노력이 순조롭지 못할 때에는 불안이 야기되어 자아가 위협받게 된다. 이런 상황에서는 누구나 그 불안이나 위협에서 자신을 보호하려고 무의식적으로 노력하게 되는데, 이러한 심리적인 과정을 방어기제(defense mechanism)라고 부른다. 방어기제의 종류는 다양하지만 대체로 그 유형을 기만형 방어기제, 대체형 방어기제, 도피형 방어기제로 구분하여 설명할 수 있다(임승권, 1991).

(1) 기만형 방어기제

기만형 방어기제는 영유아가 자신에게 스트레스를 주는 요인에 대한 기존의 생각이나 태도를 변화시켜 일시적인 심리적 안정을 취하려는 무의식적인 노력으로, 그 예로 합리화, 억압, 억제, 투사를 들 수 있다.

① 합리화

합리화(rationalization)란 자신이 겪는 불안이나 스트레스를 마치 합리적이고 정당한 것으로 인식함으로써 어려움을 해소하려는 무의식적인 방어기제다. 이 솝우화 이야기에서 여우가 탐스럽고 먹음직스러운 포도를 따먹고 싶어 하나 여우의 능력 부족으로 따먹지 못하여 스트레스를 받게 되자 자신의 행동을 정당화하기 위하여 그 포도는 맛이 없는 신포도라고 인식을 바꾸어 자존심을 보존하려고 노력했던 것과 같다. 또한 학생이 공부를 못하는 책임을 교사의 지도방법이나 학교제도에 돌림으로써 자신이 겪는 불안이나 스트레스를 해소하려는 현상을 예로 들 수 있다.

② 억압

억압(repression)이란 겪고 있는 불안이나 스트레스를 자신도 모르는 사이에 무의식적인 수준으로 밀어내는 방어기제다. 예를 들어, 과거에 수치스럽거나 창피했던 일 혹은 죄의식을 느끼게 하는 불쾌한 기억 등을 의식수준 이하로 묻어 버리려 노력한다. 그러나 그것은 의식 속에는 없지만 무의식 속에는 여전히 남아 있어 때로는 정서적으로 표출되기도 한다.

③ 억제

억제(suppression)는 의식적인 노력을 통하여 자신이 겪고 있는 불안이나 스트레스를 해소하려는 것으로서 억압과 동일한 기제를 갖고 있지만 의식적인 노력이 수반되는 점이 다르다. 과거의 불쾌했던 경험이나 고통 혹은 스트레스 상황에서 벗어나기 위하여 머리를 흔들거나 다른 생각을 의도적으로 끌어들여 무의식의 세계로 밀어내려고 노력하는 현상을 예로 들 수 있다.

④ 투사

투사(projection)란 어떤 잘못된 행동이나 책임을 자기 이외의 다른 대상에게 전가시키거나 귀속시키려는 기제를 말한다. 예를 들어, "종로에서 매 맞고 한강에서 화풀이한다."라는 우리 속담이나, 세계적인 테니스 선수가 시합에서 진 책임을 라켓 탓으로 돌려 자기의 라켓을 집어던짐으로써 자기의 책임이나 죄의식 혹은 스트레스에서 해방되려는 현상을 말한다.

(2) 대체형 방어기제

자신이 계획한 목표를 달성하는 데 어려움이 있어 스트레스를 겪게 되는 경우 성취 가능한 새로운 다른 목표를 설정하여 달성함으로써 스트레스를 해소시켜 자신의 자존심 실추를 방어해 나가려는 심리적인 기제로 보상, 치환, 반동형성, 승화, 주지화를 들 수 있다.

① 보상

보상(compensation)이란 한 영역에서의 실패나 좌절로 야기된 불안이나 스트레스를 다른 영역에서 충족시킴으로써 실추된 자존심을 극복하거나 고양시키려는 기제다. 예를 들어, 학업성적이 열등한 경우 운동이나 다른 활동으로 자존심을 지켜 나가거나 스트레스를 해소시키려는 현상, 부모가 자신의 배움 부족을 자녀교육으로 대신하려는 행위 등은 보상 행위로 볼 수 있다. 그러나 이러한 보상행위가 지나치거나 너무 잦으면 자신은 물론 다른 사람에게 문제를 일으킬 수 있기 때문에 적당한 수준에서의 조절과 합리적인 사용이 필요하다.

② 치환

치환(substitution)이란 원래 바라던 목표에서 다른 목표로 에너지를 전환시킴으로써 스트레스를 해소하려는 기제다. "꿩 대신에 닭"이라는 우리의 속담이나 혹은 자전거를 갖고 싶어 하던 아동의 욕구가 좌절되었을 때 장난감 자전거라도 소유함으로써 자신의 만족을 구하려는 현상을 예로 들 수 있다.

③ 반동 형성

반동 형성(reaction formation)이란 자신에게 불안이나 스트레스를 주는 상황을 벗어나기 위하여 오히려 반대되는 태도나 행동을 취함으로써 어려움을 극복하려는 기제다. 자신의 성적인 충동을 자연스럽게 표현할 수 없을 때 오히려 성에 대한 극단적인 혐오감을 나타내거나, 갈등을 겪던 미혼모가 아기를 낳은 후에는 오히려 다른 사람보다 더 극진하게 아동에 대한 애정을 표출하는 것 등을 예를 들 수 있다.

④ 승화

승화(sublimation)란 자신이 바라는 욕구나 에너지를 발산하기 어려운 데서 오는 불안이나 스트레스를 사회적으로 용인될 수 있는 행동으로 에너지를 표출하려는 기제다. 그림이나 조각 등의 예술작품의 이면에는 예술가의 성적인 욕구 표출의 동기가 내재되어 있다는 주장이나 또는 성적인 욕구를 억제하고 살아가는 성직자가 헌신적인 사회봉사를 통하여 자신의 에너지를 발산하는 것 등을 예로 들 수 있다.

⑤ 주지화

주지화(intellectualization)란 인지적인 과정을 통하여 자신의 불안과 스트레스를 해소시키려는 기제다. 예를 들면, 지능이나 교육수준이 높은 사람은 궤변이나 분석적 사고를 통하여 불안이나 스트레스를 해소하려는 경우가 있다.

(3) 도피형 방어기제

도피형 방어기제는 현실에서 탈출하여 비현실적 세계로 도피함으로써 만족을 추구하거나 스트레스를 해소하려는 기제다. 예를 들면, 퇴행, 동일시, 부정, 히스테리 등이 있다.

① 퇴행

퇴행(regression)이란 어떤 위협 상황에 대처하기 위하여 무의식적으로 초기 발달단계에 만족감을 주었던 행동으로 돌아가려는 현상이다. 동생이 태어나자 불안해진 유아가 심리적인 스트레스에 대처하기 위하여 엄지손가락을 빨거나 오줌을 싸는 행동, 중년기에 있는 중후한 사람들이 친구들과 어울려 초등학생처럼 떠드는 행동 등은 퇴행의 예가 될 수 있다. 이와 같이 퇴행행동의 저변에는 스트레스가 적었던 시절로 돌아가려는 무의식적인 의도가 숨겨져 있다.

② 동일시

동일시(identification)란 자신보다 훨씬 훌륭하다고 생각되는 어떤 사람이나 대상과 강한 연대감을 형성함으로써 만족을 추구하거나 스트레스를 해소하려는 심리적 기제다. 예를 들어, 자기가 좋아하거나 존경하는 사람의 옷차림, 머리 모양 혹은 여러 가지 행동양식을 모방함으로써 대리 만족을 구하거나, 자신의 가치를 확대시킴으로써 약점이나 결함 혹은 스트레스를 완화시키려는 현상이다. 영유아는 엄마의 높은 구두를 신고 엄마처럼 다른 아동을 나무라기도 하며 놀고, 어떤 아동은 아빠처럼 면도하고 넥타이도 매면서 논다. 좀 더 성장한 아동은 가수, 탤런트, 운동선수 등의 옷차림, 머리 모양, 말, 행동을 모방하고 책상 앞에 자신이 좋아하는 대상의 사진을 붙여 놓고 대리 만족을 느끼려 한다.

③ 부정

부정(denial)은 불쾌하고 위협적인 현실이나 스트레스에 대한 지각을 거부함으로써 자아를 지키려는 심리적인 기제로서 두 가지 유형이 있다. 하나는 유입되는 정보에 대하여 의도적으로 '그렇지 않다'고 거부하는 것이고, 다른 하나는 그 정보를 받아들이되 '그것은 잘못된 것이다'고 타당하지 않은 정보로 의식화시켜 처리해 버리는 것이다.

④ 히스테리

히스테리(hysteria)란 불안, 위협, 스트레스가 신체 증상으로 표출되는 심리적 기제다. 새로운 전학으로 인한 불안감이 소화불량이나 두통으로 표출되거나, 어떤 일에 대한 과도한 부담이나 스트레스가 여드름이나 종기로 나타나는 것 등은 스트레스의 예로 들 수 있다.

4. 스트레스 대처행동에 영향을 미치는 요인

영유아에게 스트레스를 주는 요인을 개인적 요인, 유전적 요인, 환경적 요인, 스트레스 사건에 대한 인지 평가로 구분하여 살펴보면 다음과 같다(강문희 외, 1999).

1) 개인적 요인

영유아의 연령, 기질, 성별, 지능 등의 개인적 요인은 스트레스의 대처행동에 중요한 영향을 미친다. 영유아는 연령에 따라 동일한 사건에 대해 스트레스를 받는 정도가 다르다. 특히 생후 6개월에서 4세 사이에 있는 영유아는 격리불안을 가장 많이 느끼는 시기이기 때문에 병원에 입원하는 사건에 특히 민감하고 또한 동생이 태어나는 경우에도 나이 든 아동에 비하여 나이 어린 아동이 훨씬 더 많은 스트레스를 받는다.

기질은 특별한 행동 유형을 갖고 태어난 일종의 성격으로 영유아기에는 기질에 광범위한 개인차가 나타난다. 환경적 반응에 민감하고 더 까다로운 기질을 갖고 태어난 영유아는 그렇지 않은 영유아에 비하여 동일한 사건에 대해서도 더 많은 스트레스를 받는다. 그러나 기질적 특성은 나이가 들면서 완전히 변화되지는 않더라도 점점 둔화되어 가는 경향이 있다.

적어도 사춘기 이전까지는 동일한 스트레스를 받더라도 여아보다 남아가 더 민감하게 영향을 받는 경향이 있다. 대체로 입원이나 동생 출생의 경우에도 남아가 스트레스에 따른 위축행동을 더 많이 보이고, 부모이혼이나 가정불화가 있는 경우에도 남아가 스트레스에 따른 장애행동을 더 심각하고 공격적으로 보인다는 연구결과가 있다.

지능에 따라 스트레스의 반응도 다르다. 평균 이상의 지능을 가진 영유아는 정신장애 비율이 낮으며, 심리적인 어려움에 직면했을 때에도 더 빨리 원기를 회복한다는 연구결과가 있다. 그러나 신체적, 지적으로 평균 이상인 유아도 자신의 학습속도에 따라 스트레스를 받는 정도가 다르다. 단지 학습속도가 느리다는 이유만으로 학습능력이 떨어지는 것으로 취급된다면 그 유아는 스트레스를 받게 될 것이다. 따라서 유아의 능력에 대한 개인차를 정확하게 판단하여 지도해야 한다.

2) 유전적 요인

유전적 요인은 개인적인 발달과 개인차를 결정하는 데 중요한 역할을 한다. 예를 들어, 범죄와 관련된 유전 요인은 적어도 부분적으로는 범죄 행동에 영향을 미칠 수 있다. 따라서 범죄를 저지를 수 있는 유전 요인을 갖고 태어난 영유아는 나쁜 환경에 처하게 될 때 더욱 취약해질 수 있고, 더 많은 스트레스를 받게 된다.

3) 환경적 요인

영유아의 스트레스에 영향을 미치는 환경적 요인은 만성적인 환경요인, 갑작스러운 환경요인으로 구분하여 설명할 수 있다.

많은 스트레스 사건의 근원은 만성적인 사회 심리적 배경에서 기인되는 경우가 많다. 예를 들어, 영유아가 겪는 스트레스의 배경에는 흔히 부모의 갈등, 경제적인 곤란, 친구와의 갈등, 부적절한 주거환경 등과 같이 오랫동안 지속되어 온 환경적 요인이 자리 잡고 있다.

갑작스러운 환경변화 요인으로는 이사, 전학, 입학, 동생의 출생, 부모의 이혼, 부모나 가까운 사람의 죽음 등이 있다. 이와 같이 갑작스러운 환경 변화는 영유아가 아무런 준비 없이 접하게 되는 경우가 많기 때문에 매우 큰 스트레스와 충격을 주게 된다.

4) 스트레스 사건에 대한 인지적 평가

어떤 사건에 대한 개인의 평가는 그 사람의 스트레스 반응에 강한 영향을 줄 수 있다. 사람에 따라 혹은 상황에 따라 동일한 사건에 대해서도 긍정적으로 수용될 수 있고 또는 위협적이고 부정적인 것으로 지각될 수도 있다. 예를 들어, 어떤 사람은 좁고 열악한 주거환경에서 넓고 쾌적한 곳으로 이사를 가는 사건에 대해 즐거운 흥분과 기대감을 가지거나 전학과 이사가 평소 자신이 원하던 기회를 얻은 것이라고 지각할 수 있다. 이와는 반대로 어떤 사람은 이사나 전학으로 인한 새로운 환경의 적응에 대해 심리적 불안과 두려움을 가질 수 있고, 때로는 신체 증상으로 그것이 나타날 수도 있다. 즉, 어떤 사건을 스트레스 요인으로 보느냐 그렇지 않느냐는 일차적으로 개인의 인지평가에 달려 있다고 볼 수 있다.

5. 효과적인 스트레스 대처방법

사회가 복잡해지고 다원화되면서 인간과 인간, 인간과 사물 간의 원활한 상호작용은 더욱 어려워지고 있다. 이러한 불균형 속에서 스트레스는 끊임없이 생겨나고 있으며, 이 속에서 함께 살아가고 있는 영유아가 스트레스를 받게 될 일도 점점 더 늘어나고 있다.

따라서 우리는 영유아의 스트레스에 더 많은 관심을 가져야 하며, 또한 영유아가 스트레스를 지혜롭게 대처해 나갈 수 있도록 도울 수 있는 다양한 방법을 모색해야 할 것이다. 여기에서는 먼저 스트레스 대처를 위한 기본 자세를 알아보고, 영유아가 효과적으로 스트레스를 대처해 나가기 위한 대안적인 방법으로 점진적 이완, 창조적 이완, 명상, 자기주장 훈련, 운동과 놀이, 전래놀이 노래 프로그램, 휴식과 수면 등에 대하여 살펴보고자 한다(강문희 외, 1999; Humphrey, 1986).

1) 스트레스 대처를 위한 기본자세

부모나 교사가 영유아가 일상적인 스트레스를 효과적으로 대처해 나가도록 도울 수 있는 기본자세는 다음과 같다.

- 자신의 건강을 제대로 돌보고 있는지 신중히 관찰한다.
- 자신의 행동을 스스로 평가할 수 있는 습관을 갖도록 돕는다.
- 자신이 이룩한 성취를 인식하도록 한다.
- 한 번에 한 가지 과제를 철저히 해내도록 한다.
- 늘 즐거운 마음으로 일하도록 한다.
- 다른 사람을 돕는 일은 곧 자신의 일임을 알게 한다.
- 다른 사람과 함께 의논하는 것은 서로에게 도움이 된다는 것을 알게 한다.
- 스트레스를 받는 것은 자연스러운 현상임을 알게 한다.

2) 점진적 이완

제이컵슨(Jacobson, 1938)에 의해 개발된 점진적 이완기법은 긴장과 이완 사이를 반복하는 방법으로 유기체가 이완의 감정을 갖기 위해서는 긴장감을 느껴야 한다는 것이다. 보통 성인에게 많이 사용되는 방법이지만 유아에게도 성공적으로 적용할 수 있다. 점진적 이완기법의 기본 원리는 5초 동안 힘을 주어 근육을 긴장시키고, 10초 동안 힘을 빼어 근육을 이완시키는 것이다.

점진적 이완기법은 모두 12단계로 실시되며 긴장시킬 때는 코로 천천히 숨을 들이 마시고 긴장을 풀 때에는 입으로 숨을 내쉰다. 동작은 자연스럽고 리듬감 있게 진행하며 숨을 내쉴 때는 유연하고 편안하게 이완시킨다. 방 안의 온도는 적당하게 유지하고, 옷을 느슨하게 하며, 조명은 너무 밝지 않아야 하고, 부드러운 매트가 필요하다. 점진적 이완기법의 구체적인 단계는 다음과 같다.

- 1단계: 눈을 꼭 감으세요(5초간 긴장시킨다). 눈을 뜨세요(10초간 이완시킨다).
- 2단계: 입술을 힘껏 앞으로 내미세요(5초간 긴장시킨다). 푸세요(10초간 이완

시킨다).
- 3단계: 혀로 입천장을 미세요(5초간 긴장시킨다). 푸세요(10초간 이완시킨다).
- 4단계: 어깨를 귀까지 으쓱 올리세요(5초간 긴장시킨다). 어깨를 내리세요
(10초간 이완시키면서 긴장이 풀어진 것을 느낀다).
- 5단계: 양손에 힘을 주어 주먹을 힘껏 꽉 쥐세요(5초간 긴장된 것을 느낀다).
주먹을 펴세요(10초간 긴장이 풀어진 것을 느낀다).
- 6단계: 오른손 주먹을 꽉 쥐세요(5초간 긴장된 손과 이완된 손의 차이를 느낀
다). 오른손을 펴세요(10초간 이완시킨다).
- 7단계: 왼손 주먹을 꽉 쥐세요(5초간 긴장된 손과 이완된 손의 차이를 느낀다).
왼손 주먹을 펴세요(10초간 이완시킨다).
- 8단계: 배를 등 쪽으로 끌어당겨 보세요(5초간 긴장시킨다). 푸세요(10초간
이완시켜 긴장이 풀어진 것을 느낀다).
- 9단계: 양 무릎을 힘껏 서로 미세요(5초간 긴장시킨다). 푸세요(10초간 이완
시킨다).
- 10단계: 발가락을 무릎 쪽으로 힘껏 끌어당겨 보세요(5초간 긴장시킨다). 푸
세요(10초간 이완시켜 다리에 긴장이 풀어지는 것을 느낀다).
- 11단계: 발가락에 힘을 주세요(5초간 긴장시킨다). 푸세요(10초간 이완시킨다).
- 12단계: 이제 몸의 모든 부분에 힘을 주세요(5초간 긴장시킨다). 힘을 빼세
요(10초간 몸 전체를 이완시켜 유연해진 몸을 느낀다).

3) 창조적 이완

많은 연구에서는 긴장을 이완시키기 위해 심상을 사용하는 것은 매우 효과
적인 스트레스 대처방법으로 보고하고 있다. 캔퍼와 골드스타인(Kanfer &
Goldstein, 1991)은 과잉행동과 충동적인 행동을 보이는 아동에게 자기교수 훈련
을 시키는 데 심상을 사용하였으며, 슈나이더와 로빈(Schneider & Robin, 1974)
은 자기통제 프로그램에서 심상을 사용하여 긍정적인 효과를 보았다고 하였다
(강문희 외, 1999에서 재인용).

창조적 이완 기법은 심상의 형태와 긴장과 이완을 통합한 기법이다. 성인의

안내를 받는 아동은 자신의 근육이나 몸 전체를 긴장시키고 이완시키기 위해 움직임을 창조적으로 만들어 나간다. 예를 들어, 팔의 근육에 대한 긴장과 이완을 위해서 성인은 다음과 같은 질문을 던진다. "야구방망이와 줄넘기 줄의 차이는 무엇이라고 생각합니까?" 이런 질문에 대해 유아가 야구방망이는 딱딱하고 줄넘기 줄은 부드럽고 흐느적거린다고 답변한다면 교사는 "우리의 한쪽 팔을 야구방망이라고 생각해 보자(야구방망이가 된 것처럼 팔을 긴장시킨다)." 4~6초가 지난 후에 "자, 이제는 너의 팔을 줄넘기 줄처럼 만들어 보자(긴장을 풀게 한다)."라고 말할 수 있다.

창조적 이완에 대한 경험은 다음과 같은 질문을 통하여 평가해 볼 수 있다. "팔을 야구방망이처럼 만들었을 때 어떤 느낌이 들었니? 줄넘기 줄처럼 만들었을 때 어떤 느낌이 들었니?"라고 질문을 하고 토론을 함으로써 자연스럽게 유아의 스트레스를 감소시킬 수 있다.

4) 명상

명상이란 고요히 눈을 감고 생각하는 것, 마음을 닦는 것, 참된 자기를 찾는 것, 참된 삶의 길을 찾는 것 등으로 다양하게 설명되고 있다. 명상은 우리의 몸과 마음, 주위에 어떤 일이 일어나는가를 깨닫는 것이다. 우리 마음속의 경외감과 놀라운 호기심, 자연의 리듬, 내면의 능력을 각성시키고 유지하도록 도와 상실되어 가는 감수성을 다시 일깨우고자 하는 것이다(Hanh, 2002). 즉, 명상은 거칠고 부정적이며 억압되어 있는 정서에서 벗어나 있는 그대로의 자기를 느껴 보고 잃어버린 감각을 되살려 예민하게 만드는 것이다. 또한 타인을 수용하며 평상시 느껴 보지 못했던 소중한 관계에 대한 고마움을 느껴 보고 마음의 안정을 갖는 것이라 할 수 있다.

명상은 다양한 의사결정 과정과 역할수행에서 생길 수 있는 스트레스와 긴장을 해소하며 심리적 안정감을 갖게 하여 질병을 예방하고 치유할 수 있게 해 준다. 특히 명상은 약물치료에 비하여 부작용이 없고 효과도 지속적인 치유방법으로 인식되고 있다. 호르몬 분비, 뇌파, 산소 소모량, 심장박동수, 혈압 등에 영향을 주어 마음의 고뇌에서 오는 소화기 장애, 순환기 장애, 편두통의 문제를 해결하는 데 긍정적인 효과가 있으며, 나아가 생명 연장, 노화방지에도 영향을 미치고 있다(김용철, 1987; 이영희, 1993; 장현갑, 1990).

명상을 실천하는 동안 일어나는 변화에 대한 과학적인 관심은 1950년대 말부터 시작되어 현재까지 활발히 계속되고 있으며 초기에는 뇌파 연구가 주류를 이루었으나 최근에는 혈압이나 호흡률, 전기피부반사와 같은 생리학적 반응에서부터 생화학적인 변화에 미치는 영향에까지 연구 영역이 확대되고 있다. 한 연구(Stoyva & Budzynski, 1974)에서는 명상에 의해 야기되는 생리반응 상태는 스트레스에 의해 야기되는 생리반응과는 정반대의 반응 상태로서 이런 반응을 수련에 의한 낮은 각성 상태라고 하였다(김경희, 1995에서 재인용).

1970년대 초반 하버드 의과대학의 벤슨(H. Benson) 박사는 초월명상을 수련하고 있는 사람을 대상으로 연구한 결과 명상을 하는 동안 혈압이 낮아지고, 산소섭취량이 줄어들고, 전반적으로 흥분이 감소되는 등의 반응을 보이는데, 이것을 이완반응이라고 하였다. 이와 같은 이완반응을 일으키도록 하는 이완기법에는 명상, 자율훈련, 근육이완, 바이오피드백 등이 있으며, 이러한 기법은 스트레스에 의해 일어나는 반응과 반대되는 방향으로 생리적 변화를 일으킴으로써 스트레스 반응을 감소시킬 수 있다(이정화, 2004; 장현갑, 김교헌, 2005; 정환구, 2003).

명상(mediation)은 짧은 시간 동안 일상생활의 의식을 억제하고 인간에게 잠재되어 있는 새로운 양상의 의식을 개발하는 것이다. 펠레티어(Pelletier)는 명상을 신념체계나 인지적 과정이 아니라 개인의 주의집중에 몰입하는 경험적인 연습 과정이라고 하였고, 또한 테디(Tethi)는 명상은 개인의 의식을 스스로 깨닫게 해 주는 과정이라고 하였다. 여기에서는 벤슨의 명상적 이완기법의 기본조건과 시행절차를 소개하고자 한다(강문희 외, 1999; 조은숙, 1994; Benson, 1975; Humphrey, 1986).

(1) 명상을 위한 기본조건
바람직한 명상을 위해서는 다음과 같은 기본조건을 고려해야 한다.

- 주위가 산만해지는 것을 막기 위해 조용한 환경을 선택한다.
- 주의집중을 위해 고정된 단어나 음절을 반복하여 말하거나, 어떤 대상을

계속 응시한다. 대상을 응시하지 않을 경우에는 눈을 감는다.

- 다른 자극에 대해서는 수동적 태도를 취하고, 혼란스러운 생각이 머릿속에 떠오를 때마다 무시한다.
- 근육의 긴장을 최소화하기 위해 편안한 자세를 취한다. 눕는 자세는 잠에 빠지게 할 수 있기 때문에 요가나 선에서는 책상다리 자세를 취함으로써 잠에 빠지는 것을 막을 수 있다.

(2) 명상의 절차

명상을 효과적으로 하기 위해서는 다음과 같은 명상의 절차를 고려해야 한다.

- 조용한 환경에서 편안한 자세로 눈을 감는다.
- 모든 근육을 깊게 이완시킨다.
- 코를 통해서만 호흡하고 자신의 호흡에만 주의를 집중시킨다.
- 숨을 내쉬면서 자기 자신에게 하나의 단어를 조용히 말하고 숨을 들이쉬면서 이를 계속 반복한다.
- 다른 생각이 떠오를 때마다 무시한다. '성공할 수 있을까' 하는 걱정을 하지 않는다. 다른 생각이 떠오르면 앞에서 숨을 내쉴 때마다 사용하던 단어를 다시 반복하여 사용한다.
- 이 절차는 약 10~15분 정도 계속한다. 가끔 눈을 떠서 시간을 확인해도 좋으나 자명종 시계를 사용해서는 안 된다.
- 이 절차가 끝나면 몇 분 동안은 조용히 그대로 앉아 있어야 한다. 서 있으면 안 된다.
- 하루에 한두 번씩 이 기법을 실시하는 것이 좋다. 그러나 식사 후 2시간 이내에는 실시하지 않는 것이 좋다.

(3) 영유아를 위한 명상활동 프로그램

다음에 제시된 영유아를 위한 명상활동 프로그램의 내용은 권은주, 강성희(2003)의 『생명존중 유아교육 프로그램 I ~ II권』, 임갑빈(1993)의 『유아 스트레스 해소 방법에 관한 기초 연구』, 임재택 외(2003)의 『선생님! 우리도 명상할 수 있어요』, 보광유치원(2001)의 『명상활동 프로그램 적용을 통한 자기조절력 신장』, 최혜순, 유향숙(2004)의 『명상·생태·심상활동 중심 운영유아프로그램』, 임갑빈, 김순녀, 박영란, 이진수(2002)의 『자연친화 생태유아교육 프로그램 I, II』에 기초하여 네 가지 명상의 범주(호흡하기, 자기인식하기, 다른 사람 인식하기, 자연과 교감하기)에 따라 교육활동 프로그램을 구성하였다(정진순, 2004, 2007; 최민수, 정진순, 2005).

　　명상활동을 적용하기 위해서는 준비단계, 전개단계, 정리단계를 고려해야 한다.

- 준비단계: 주위환경은 지나치게 밝은 것을 피하고 안정된 분위기에서 유아를 의자 혹은 교실바닥이나 카펫 위에 편안한 자세로 눕거나 앉힌다. 몸을 조이거나 무겁게 느끼게 하는 것은 최대한 멀리한다. 몸이 편안해졌을 때 눈을 감게 한다. 최대한 주위 환경을 조용하고 고요하게 하며 유아가 움직여야 편하다면 조금씩 움직여도 됨을 미리 알려 준다. 가장 편한 자세를 취할 수 있도록 한다.
- 전개단계: 유아에게 그들이 할 것에 대한 일반적 방향을 알려 준다. 교사의 언어는 부드럽고 물 흐르듯 느릿느릿하게 편안한 말투로 진행되어야 한다. 교사는 자신의 목소리 톤, 속도, 크기를 조정하는 데 노력해야 하며 유아에게 실시하기 전에 녹음하여 혼자 들어 보는 것이 좋다. 명상 중에는 항상 순수하고 섬세하게 주위를 관찰하며 지도해야 한다. 또한 유아가 집중할 수 있는 시간을 고려하고 식사 후에 실시하는 것은 피하는 것이 좋다.
- 정리단계: 명상의 종류에 따라 유의사항을 참고한다. 지금까지 해 온 명상을 통해 마음과 몸이 편안한 상태로 그대로 쉬게 한다. 활동 후 서로의 느낌을 나누며 정리할 수 있도록 한다.

　　명상활동을 호흡하기, 자기인식하기, 다른 사람 인식하기, 자연과 교감하기 범주로 구분하여 활동을 전개할 수 있다.

1 호흡하기(해소하기)

해소하기는 부정적인 경험으로 인한 좋지 않은 기억이나 감정을 해소하여 긴장을 푸는 것이다. 호흡은 마음의 상태와 관련이 있다. 마음이 동요되면 호흡이 흐트러지고 호흡이 흐트러지면 마음도 흔들린다. 이것은 호흡을 다스리는 자율신경과 관계가 있다. 호흡은 산소를 흡수하여 혈액을 정화하고 내장의 운동을 원활히 한다. 호흡을 의식적으로 조절하여 자율신경을 조정하고 자율신경을 조절하면 감정의 움직임을 조절할 수 있게 되어 심신의 건강을 유지할 수 있다. 호흡하기 범주의 명상활동에는 편안한 숨쉬기, 정신이 맑아지는 숨쉬기, 단전호흡(아랫배로 숨쉬기)하기 등이 있다.

- 자, 우리 의자(바닥)에 편하게 앉아 보자.
- 이제부터 선생님이 하는 대로 따라 숨을 쉬어 보자.
- 편안히 눈을 감아 보자.
- 먼저 입으로 숨을 내쉬고 코로 들이마셔 보자.
- 다섯 세는 동안 코로 숨을 천천히 들이마시고, 다섯 세는 동안 멈추고, 다섯 세는 동안 입으로 숨을 천천히 내뱉어 보자.
- 오직 숨을 쉬는 데만 생각을 모아 보자.

2 자기 인식하기

자기 인식하기는 자신이 가진 독특한 감정과 습관적인 행동을 관찰하여 알아차리는 것이다. 자기 인식하기 범주의 명상활동에는 온몸 깨우기, 자기 몸 인식하기, 마음 집중하기, 나는 소중한 사람, 찰흙놀이, 걷기 명상, 콩 주머니 이고 걷기 등이 있다. 온 몸 깨우기 예를 살펴보자.

■ 활동 목표
- 각 부분의 근육을 이완시키고 긴장감을 해소한다.
- 자신의 신체 및 기분을 조절한다.

■ 활동 방법
- 편안한 숨쉬기를 한다.

- 모든 유아가 둥글게 원을 만들어 선다.
- 교사는 유아가 신체 각 부분을 인식하도록 신체 각 부분의 이름을 불러 주며 시선을 집중하도록 한다.
  - 선생님이 '머리'라고 하면 손을 머리에 놓아 보자.
  - 가슴에 손을 놓아 보자.
  - 배에 손을 놓아 보자.
  - 허벅지에 손을 놓아 보자.
  - 손을 놓으면서 눈으로 함께 봐 주자.
  - 지금부터 선생님이 '머리' 하면 '머리! 머리!'라고 말하며 함께 손으로 두드려 보자.
  - 이렇게 이름을 부르며 두드려 주면 머리가 너희가 부르는 소리를 들을 거야.
  - 그냥 두드리는 것이 아니라 무엇을 생각하면 좋을까?
  - 항상 재미있게 지내도록 도와줘서 고마워라고 하며 시원하게 두드려 주자.
- 머리를 두드리면서 모든 생각을 머리에만 집중하도록 격려한다.
- 어깨에 의식을 집중시키며 두드린다.
- '어깨' 부르며 두드린다.
- 팔에 의식을 집중시키며 위에서 아래로 아래에서 위로 두드린다.
- '팔' 부르며 두드린다.
- 배에 의식을 집중시키며 두드린다.
- '배' 부르며 두드린다.
- 무릎에 의식을 집중시키며 두드린다.
- '무릎' 부르며 두드린다.
- 몸의 윗부분에서 아랫부분에 의식을 집중시키며 두드린다.
- 각 부분의 명칭을 부르며 두드린다.
- '○○야, 건강해져라'고 하며 마음을 전한다.

③ 다른 사람 인식하기

다른 사람 인식하기는 다른 사람이 가진 독특한 감정과 습관적인 행동을 민감하게 인식하고 조화를 이루는 것이다. 다른 사람 인식하기 범주의 명상활동에는 친구와 신체 접촉하기, 공 주고받기, 발맞추기, 친구 발에 로션 바르기 등이 있다. 친구와 신체 접촉하기 활동 예는 다음과 같다.

■ 활동 목표
- 신체 접촉을 통해 친구를 새롭게 느껴 본다.
- 친구 몸속의 생명력을 느껴 본다.

■ 활동 방법
- 친구와 가깝게 마주 보며 앉는다.
  - 친구를 조용히 바라봐 주세요.
  - 친구의 눈을 바라보세요. 한번 웃어 주세요.
  - 친구의 어깨, 팔, 다리를… 조용히 바라보세요.
  - 친구 얼굴을 만져 보면 어떤 느낌일까 한번 만져 보자.
  - 눈, 코, 입… 천천히 만져 보자.
- 자신의 얼굴도 만져 보도록 한다.
- 서로 탐색해 보는 시간을 가진 후 눈을 살며시 감고 친구의 몸 느끼기를 준비한다.
- 손에 의식을 집중하도록 격려한다.
  - 이젠 친구의 손을 느껴 보는 거야. 내 손을 펴서 천천히 친구의 손바닥으로 가져가자.
- 손의 느낌을 느껴 보도록 격려한다.
  - 손에 마음을 모으고 친구 손을 천천히 느끼자. 내 손처럼 친구 손 안에도 콩닥콩닥 뛰는 것이 있단다. 손에 마음을 집중시키고 찾아보자.
  - 이번에는 팔을 마주 대 보자. 내 팔과 친구의 팔이 맞닿는 것을 느껴 보자.
  - 돌아앉아 등도 대 보자. 친구와 최대한 맞닿게 해 보자.
- 친구의 다른 부분도 느껴 보도록 시간을 갖는다(가슴으로 안아 보기, 심장소리 들어 보기 등).

• 활동 후 친구들과 둥글게 모여 앉아 서로의 느낌을 이야기하며 듣는다.

■ 짝을 바꾸어 가며 활동하게 하여 많은 친구와 교감하도록 한다.

④ 자연과 교감하기

자연과 교감하기는 자연과의 접촉을 통해 감각적으로 지각할 수 없는 모든 존재의 생명력을 느끼고 경이로움을 체험하는 것이다. 자연과 교감하기 범주의 명상활동에는 산책하기, 자연환경 상상하기 등이 있다. 차 마시기의 활동 예는 다음과 같다.

■ 활동 목표

• 마음을 편안히 쉬면서 마음의 여유로움과 평화로움을 가진다.

• 다도의 참뜻을 알고 직접 행해 본다.

■ 활동 방법

• 친구의 얼굴이 잘 보일 수 있도록 둥글게 둘러앉는다.

• 준비된 것들을 보여 주며 이런 것을 본 적이 있는지 이야기한다.

• 선생님과 따뜻한 차를 마실 거야. 무엇이 준비되었는지 볼까?

• 다기를 하나하나 아동에게 보여 주면서 이름을 같이 따라 해 보도록 한다.

• 순서에 따라 차를 끓이는 모습을 보여 준다.

• 찻물을 부으면서 어떤 소리가 나는지 잠시 귀를 기울여 본다.

■ 차를 마시는 활동은 특별한 형식을 갖추거나 완벽하게 해내야 한다는 느낌보다 유아와 함께 편안하게 이야기한다는 느낌을 갖는 것이 중요하다. 차를 마시면서 주말 동안에 있었던 이야기를 나누거나 서로의 이야기를 하면서 함께 즐기는 것이 중요하다. 어떤 종류의 차든 괜찮으며, 여러 종류의 차를 마시면서 그 맛에 대해 이야기하는 것도 좋다.

5) 자기주장 훈련

자기주장 훈련은 자신의 느낌과 생각을 있는 그대로 상대방에게 정확히 전달하도록 하는 것이다. 자기주장이란 자신의 감정과 자신이 원하는 것을 정확하게 파악하여, 다른 사람에게 반박할 기회를 충분히 부여하면서 솔직하게 그리고 직접적으로 자기표현을 하는 것이다.

자기주장 기법은 대인관계를 향상시킬 뿐만 아니라 스트레스를 감소시키는 기법이기도 하다. 유아도 자신이 상대방에게 전달하고 싶은 것을 정확하게 주장하며 전달할 수 있는 방법을 배워야 한다. 영유아는 보통 소리를 지르거나 입을 삐죽거리거나 빈정거리거나 위협함으로써 상대편에게 자신의 의도를 이해시키려 한다. 또는 반대로 상대방이 원하는 것을 무엇이든지 들어주는 마음씨 좋은 사람이 되어 무조건 헌신하려는 경향도 있다. 이와 같은 공격적인 행동이나 소극적인 행동은 모두 바람직하지 못하다.

영유아기부터 신념으로 행동하고 자신감 있게 말하면서 자신과 다른 사람을 존중하는 자세로 상대방을 설득할 수 있는 훈련이 필요하다. 자기주장 훈련을 위한 한 가지 방법은 평범한 화제에 대해 이야기하고, 그것에 대한 피드백을 받아 보는 것이다. 이러한 훈련의 첫째 목적은 친숙한 내용을 가지고 불안감 없이 자기주장을 해 보는 연습을 하는 것이고, 둘째 목적은 효과적으로 짧게 말할 수 있게 자신감을 키우는 것이다. 어떤 주제에 대해 논의할 것이 있을 때 또는 낯선 사람을 만나 이야기를 나눌 때, 먼저 자신감을 가지고 난 후에 대화를 나누는 것이 바람직하다.

6) 운동과 놀이

인간의 삶에서 움직임은 대단히 중요한 요소다. 기회가 주어진다면 모든 유아는 신체활동에 참여할 것이다. 기기, 걷기, 서기, 뛰기, 점프하기, 기어오르기, 게임 등의 운동은 영유아가 스트레스를 극복하는 데 도움을 주며, 이러한 운동을 통하여 자신의 신체에 대한 통제감뿐만 아니라 성취감을 심어 줄 수 있다. 운동에 대한 한 연구에서의 흥미로운 설명은 정열적인 운동을 하면 뇌에서 고통을 줄여 주는 화학물질인 엔도르핀이 분비되어 사람들이 행복감이나 도취감에 빠질 수 있도록 이끌어 준다는 것이다. 즉, 영유아의 운동은 스트레스를 자연스럽게 대처할 수 있도록 도움을 줄 수 있다는 것이다.

최민수, 송성숙, 정영희(2002)의 연구결과에서는 유아교육기관에 다니는 유아가 신체활동과 함께 이루어지는 전래놀이노래를 많이 경험했을 때 평소에 유아가 겪는 일상적인 스트레스를 해소시키는 데 도움이 된다고 하였다. 또한 그들은 연구결과를 바탕으로 최근 유아에게 가르치는 노래가 주로 서양음악에 편중되어 있다는 점을 깊이 생각해 보고, 향후 유아에게 우리의 전래놀이노래를 더 많이 경험하도록 하여 신체적, 정신적 스트레스를 해소할 수 있는 기회를 제공할 필요가 있다는 점을 제언하였다.

유아가 자연스러운 상황에서 즐길 수 있는 전래놀이는 문화적 가치뿐만 아니라 정신문화의 소중한 유산이며, 유아의 성장발달에 조화롭고 원만한 인격을 형성하는 데 중요한 역할을 한다. 또한 유아는 다른 친구들과 어울려 즐겁게 놀이하는 동안 사회성이 발달할 수 있고, 이러한 사회성 발달을 도와주는 전래놀이를 통하여 밝고 명랑한 성격을 형성할 수 있기 때문에 스트레스를 해소하는 데 도움이 될 수 있다. 유아가 몸을 움직이며 놀이하고 노래하는 전래놀이노래가 유아에게 기쁨과 즐거움을 주어 자신의 마음속에 억눌린 부정적 감정을 해소시켜 줄 수 있다는 증거와 교육적 가치는 다음에서 찾아볼 수 있다(최민수, 송성숙, 정영희, 2002).

- 전래놀이는 유아에게 즐거움을 준다. 유아는 모든 놀이에서와 같이 전통적인 놀이에서 목적물을 맞추고, 뛰고, 달리고, 쫓고, 숨고, 뒹굴고, 밀고, 당기고, 알아맞히고, 여럿이 함께 움직이면서 마음속에 있는 여러 가지 정서를 표출하게 된다.
- 유아는 전래놀이를 통해 건강하게 자란다. 유아는 연날리기, 굴렁쇠 굴리기 등을 통해 뛰고 달리며, 제기차기를 위해 다리를 움직이고 비석치기를 위해 줄을 따라 걷고 신체 각 부위를 조절하는 등 여러 가지 놀이를 위해 잡고, 굴리고, 밀고, 당기고, 온몸을 움직여 놀면서 신체적으로 성장해 간다.
- 전래놀이는 유아에게 공동체 의식을 길러 준다. 유아는 또래와 어울리면서 자신의 생각과 행동을 조절하고 상호 의존성과 존중의 가치를 깨달으며, 현대 사회에서 야기되고 있는 이기심을 지양하고 사회성을 기르기 위해 여럿이 협력하여 놀이를 즐길 수 있는 기회를 제공해 준다.
- 전래놀이는 유아의 언어발달을 촉진한다. 전래놀이 문화는 언어에 의해 한

국인의 정서를 심어 주는 가장 기초적인 문화 행동이 되며, 우리말을 쓰는 언어 환경을 제공한다는 것은 문화정체감 형성에 큰 역할을 한다.

- 전래놀이는 유아의 사고 발달을 촉진하여 인지적인 자율성을 기른다. 놀이를 통해 유아는 더 많은 정보에 접하게 되고, 물리적·논리 수학적 지식을 터득하게 된다. 자기의 생각과 행동의 조절을 요하는 전통 놀이를 즐기는 과정에서 유아의 자율성은 저절로 신장될 것이다.
- 전래놀이는 유아의 상상력을 길러 준다. 유아는 놀이를 통해 현실 세계에서는 실현할 수 없는 비현실적인 요구를 극화함으로써 긴장을 해소할 뿐만 아니라 나름대로 상상의 세계를 펼칠 수 있다. 즉, 풀각시 놀이를 통해 시집, 장가가기 역할놀이를 유도할 수가 있다.
- 전래놀이는 유아의 창의적인 표현 능력을 길러 준다. 전통놀이는 주어진 자극을 창의적으로 해석하고 다양한 형태로 표현할 수 있는 기회를 준다. 즉, 유아는 놀잇감 제작을 위해 재료를 찾고 만들어서 스스로 의미를 부여하게 하는 경험을 즐긴다.
- 전래놀이를 통해 유아는 사회적 규칙을 몸소 터득한다. 유아는 전통놀이를 통해 역할이행, 양보, 경쟁, 공정성 등 사회적 기능과 태도를 자연스럽게 경험하며, 규칙을 어기면 놀이를 지속할 수 없다는 것을 놀이 속에서 체험하게 된다.
- 전래놀이를 통해 유아는 우리의 전통 노랫가락을 익힌다. 전래동요 대부분은 놀이 노래며, 유아는 전통 노랫가락이 들어 있는 동요를 부르면서 놀이를 즐길 수 있으며, 이는 한겨레 고유의 민족 정서를 손쉽게 공유할 수 있게 한다.

7) 전래놀이노래 프로그램

프로그램 적용과정에서 사용한 용어인 악고법, 교대창, 내청, 신체기호에 대한 구체적인 설명은 다음과 같다. 악고법이란 엄지손가락을 구부린 후 나머지 4개의 손가락으로 감싸 안는 방법을 말한다. 교대창이란 2소절씩 1절은 느리게, 2절은 빠르게 부르기를 한 것이다. 내청이란 교사의 지휘 아래 묶음으로 노래하다가 지시음은 정확한 음을 소리 내어 보게 한 것이다. 신체기호란 음높이에 따라 신체 부위를 두드리며 도는 머리 위, 라는 머리, 솔은 어깨, 미는 허리, 레는 무릎, 도는 발을 짚도록 한 것이다.

전래놀이노래 프로그램은 김숙경(1997)과 김정화(1997)가 제시한 전래놀이 중에서 발췌하여 구성하였다. 만 5세에 적용 가능한 여덟 가지를 선정하여 재구성한 전래놀이의 프로그램 구성 목차와 구체적인 전래놀이에 대한 악보 및 활동내용은 다음과 같다(송성숙, 2001; 최민수, 송성숙, 정영희, 2002).

① 전래놀이노래 프로그램 구성

활동	제목	활동내용	신체발달
1	방아야	노래, 동작, 악기, 악고	미골마찰
2	맴돌기	악보, 노래, 동작	몸의 중심잡기
3	어깨동무	제창, 교대창	신체, 리듬감각
4	기러가	교대창, 노랫말 창작	관절운동, 웃음보 자극
5	고무줄놀이	노래, 동작	전신운동
6	황새다리	교대창, 노래, 손뼉리듬	전신운동, 민첩성
7	대문놀이	노래, 내청	전신운동
8	보리밥 쌀밥	노래, 리듬 이중주	민첩성(발운동)

② 전래놀이노래 활동 예

① 활동 1. 방아야

■ 놀이목적: 하복부 순환을 돕고, 신장과 방광을 튼튼하게 한다.

■ 노래악보

*노랫말을 즉흥적으로 하는데, 아기네집의 성씨를 넣어 노래를 불러 준다.

■ 놀이방법

단계	단계별 놀이방법
1	• 주먹-야!(주먹을 쥘 때 엄지손가락을 먼저 굽히고 나머지 네 손가락을 덮어 꼭 쥐면서 큰 소리로 외친다). • 무릎치기 • 발바닥 치기 • 발뒤꿈치 치기
2	• 바닥에 엎드린다. • 노래와 함께 오른손과 왼손을 번갈아 가며 바닥을 친다.
3	• 모두 둥글게 선다. • 소고를 하나 ♩, 둘(손을 밖으로 뻗는다) 하며 원으로 돌게 한다. • 앞 동작을 잘 하게 되면 노래를 부르면서 박자에 맞추어 소고를 치게 한다. • 야!(노래가 끝나면) 하면서 소고를 계속 두드리며 가운데로 온다. • 야! 가 끝나면 다 같이 소고의 윗부분을 치고 끝낸다.

② 활동 2. 기럭아

■ 놀이목적: 어휘력, 음률감각, 정서발달, 관절운동 발달 능력을 돕는다.

■ 놀이악보

기럭아 — 기럭아   구 워 먹 고 딸 낳 고   볶 아 먹 고 딸 낳 고
어 — 디 — 가 — 니
한 — 강 — 간 — 다
뭣 — 하 러 가 — 니
새 끼 치 러 간 — 다

■ 놀이방법

단계	단계별 놀이방법
1	• 날아가는 기러기를 검지손가락으로 가리키며 손목을 까딱거린다. • 두 손을 쭉 뻗고 노래 부르며 손목을 돌린다. • 두 팔을 옆구리에 붙이고 팔목을 돌리며 노래한다. • 두 팔을 펴고 앞으로, 뒤로 원을 그리며 힘차게 돌리면서 노래하며 원을 돈다. • 모두 앉아서 앞사람의 머리를 돌리면서 노래한다. • 위의 동작을 취할 때마다 노래가 끝나는 부분(지저 먹고 볶아 먹고)에서는 상대방의 겨드랑을 간질인다.
2	• 모두 둥글게 서서 양 옆 사람의 손을 잡는다. • 오른쪽 발을 들어 발목을 돌리며 노래한다. • 오른쪽 무릎을 돌리며 노래한다. • 앞의 동작을 왼쪽으로 교대한다.
3	• 아빠다리(양반다리)를 하게 한다. • 놀이 협조자는 두 손가락을 좍 벌려, 넷째 손가락을 앉은 아이의 관자놀이에 대고 나머지 손가락은 머리를 가볍게 감싼다. • 노래를 부르며 빙빙 돌린다.

8) 휴식과 수면

　모든 인간의 활동에는 피로감이 따르기 마련이고 이러한 피로를 회복하기 위해서는 반드시 휴식과 수면이 필요하다. 인간이 느끼는 피로는 근육운동으로 인하여 체내에 있는 산소가 소모되어 신체가 무능해지고, 근육의 움직임으로 인하여 혈액 속에 축적물이 생겨남으로써 나타나는 현상이다. 영유아가 많은 활동으로 인해 피로를 쉽게 회복하지 못하고 누적되면 스트레스를 받기 때문에 충분한 휴식과 수면이 이루어질 수 있도록 도와야 한다.

9) 요가활동

(1) 요가활동의 교육적 의의

　요가(yoga)란 인간의 본질과 목적을 다루는 철학이다. 요가는 산스크리트(梵

語, Sanskrit)의 유즈(YUJ)에서 나온 말로 '엮다' '결합, 조합, 통일, 균형'이라는 뜻을 가지고 있다. 신체 훈련과 호흡법, 그리고 명상이라는 체계적이며 과학적인 방법의 훈련을 통해 우주와 나, 나의 몸과 마음을 하나로 통일시켜 마음을 다스리는 것이 요가의 목적이다(민제호, 2007).

　요가의 동작은 신체의 모든 내장의 구조를 활발하게 움직이게 하고, 신경계, 순환계, 골격계, 근육계, 내분비선 계통과 두뇌까지 섬세하게 작용시켜서 몸의 전체적인 시스템을 변화시켜 준다. 아동의 활발한 신체 활동은 건강한 신체 발달을 위해 필수불가결한 것이다. 그러나 오늘날에는 체격 조건은 좋아졌지만 체력은 오히려 떨어져 있는 아동을 흔히 볼 수가 있다. 운동 부족으로 인한 비만과 바르지 못한 자세에서 오는 여러 가지 질환은 신체뿐 아니라 정서적인 부분에도 다양한 문제를 발생시킨다.

　요가는 신체적 힘과 유연성을 길러 주고 긴장을 해소하는 방법을 가르쳐 주어 아동 스스로가 자신의 몸을 조율할 수 있는 능력을 키워 준다. 어린이 요가의 동작과 자세는 아동에게 즐거움과 동시에 만족감을 줄 수 있는 비경쟁적인 놀이다. 또한 요가를 통해 규칙적인 생활습관과 올바른 호흡법을 익히고 신체에 적당한 자극을 준다면 성장기 아동에게 소아 비만 방지는 물론 키가 크는 데에도 많은 도움을 줄 수 있을 것이다. 신체가 아직 완전히 발달하지 않은 아동에게는 전신 운동으로 지나치게 열량을 소모하기보다는, 요가를 통해 모든 근육을 적절하게 사용하게 하는 것이 좋다.

(2) 요가활동의 효과

　일반적으로 요가는 다른 운동과 달리 온몸을 골고루 움직이게 하는 특성이 있으며, 합리적이고 과학적인 신체운동으로 아동에게 다음과 같은 효과를 줄 것으로 기대할 수 있다(민제호, 2007).

　① 신체적 측면
- 성장판을 자극해 주고 주위의 관절이나 근육을 풀어 주어 뼈의 활발한 성장을 도와준다.
- 근육과 관절을 충분히 움직여서 유연성을 길러 주고 관절의 가동 범위를

넓혀 준다.
- 반복하는 과정에서 근육의 탄력성을 길러 준다.
- 바른 자세로 움직이기 때문에 신체의 교정력이 길러진다.
- 온몸의 혈액 순환을 돕고 휴식으로 인해 긴장을 풀어 주며 신진대사를 촉진시켜 피로감을 없애 준다.
- 내장기관을 튼튼히 해 준다.
- 신체의 균형을 유지해 주고 발달을 촉진시킨다.

② 심리적 측면
- 여러 가지 신체의 모양으로 상상력을 기를 수 있다.
- 이완을 통해 몸과 마음의 조화를 가져다준다.
- 자신의 감각과 존재감을 인식하게 된다.
- 스트레스를 긍정적으로 해소할 수 있다.
- 즐거움을 준다.

(3) 요가활동을 할 때 준비사항
- 바닥에 너무 딱딱하거나 미끄럽지 않은 매트를 깐다.
- 본 동작에 앞서 심장에서 먼 곳부터 준비운동인 몸 풀기 과정을 거쳐야 한다.
- 식사 전이나 식후 1시간 이후에 하는 것이 적당하다.
- 호흡이나 혈액 순환을 방해하지 않도록 여유 있는 옷을 입는다.
- 집중할 수 있도록 TV나 비디오를 끄고 한다.
- 아동의 집중력을 높이기 위해 재미있고 다양한 동물과 사물의 동작으로 꾸민다.

(4) 요가활동의 예
배정희(2000), 신혜숙, 홍은경(2003), 오순환(2005), 원정혜(2005), 민제호(2007) 등의 요가 관련 자료에 기초해 요가활동 프로그램을 구성하여 유아를 대상으로 하는 요가활동 프로그램의 효과를 검증한 양희연(2007)의 연구에서는 요가활동 프로그램을 유아에게 적용했을 때 유아의 일상적인 스트레스가 감소되고 자아개념이 향상된 것으로 나타났다. 연구에서 사용되었던 요가활동 프로그램에서 발췌하여 재구성한 요가활동의 예는 다음과 같다.

유아를 위한 요가 활동의 적용은 이완법, 요가 자세, 휴식, 호흡, 명상, 정리의 절차로 진행될 수 있다. 이완법은 요가를 위한 준비활동으로 15분 정도에 걸쳐서 편한 자세, 목운동, 어깨운동, 눈운동, 손목운동과 손가락운동으로 진행된다. 요가활동자세는 자세에 따라 1~12분에 걸쳐 표현될 수 있다. 유아가 쉽게할 수 있는 자세로는 자성예언, 한 다리 감아올리기, 복근운동 자세, 양다리 올리기, 물고기 자세, 나비자세, 고양이자세, 코브라자세, 활 자세, 악어자세, 산처럼 서기, 나무자세, 비행기처럼 날기, 발끝치기 팔다리 털기, 별 만들기 자세, 꽈배기 자세, 쟁기자세, 건강한 얼굴 만들기 등이 있다. 휴식은 수면자세로1~5분 정도 취하고, 호흡은 책상다리 자세로 1~3분 정도를 유지하며, 명상은연꽃자세로 1~3분 정도를 유지하고, 1~2분 정도 동안 자리를 정리한다.

1 **활동 1: 자성예언**

■ **활동 목표**: 자기 자신을 긍정적인 자아개념을 형성할 수 있도록 한다.

■ **활동형태**: 개인 활동, 자유대형, 대상연령: 3세 이상.

■ **준비자세**: 편안한 자세, 목 운동, 어깨 운동, 눈 운동, 손목 운동과 손가락운동

■ **활동 방법**: 매일 10분 정도 자유롭고 편안한 자세로 자기가 되고자 하는 다음과 같은 자성예언 항목을 선택하여 큰 소리로 발표해 본다.

- 나는 멋있고 좋은 사람이다.
- 나는 어디서나 꼭 필요한 사람이다.
- 나는 잘할 수 있는 자신감 있다.
- 나는 나 자신을 다스릴 수 있다.
- 나는 나를 사랑하며 내 인생의 주인공이다.
- 나는 건강하고 예의 바르고 단

정하다.

- 나는 정직하고 약속을 잘 지킨다.
- 나는 참을 수 있으며 할 일을 찾아서 한다.
- 나는 무엇이든 끝까지 최선을 다한다.
- 나는 항상 앞서 준비하며 스스로를 큰 사람이라고 생각한다.

■ 정리활동: 휴식, 호흡, 명상, 자리정리

■ 기대효과: 건전한 자아개념을 형성하고, 또래와 상호 작용 형성의 기초가 될 수 있다.

② 활동 2: 나무 자세

■ 활동 목표: 집중력과 지구력을 키워 주는 자세다.

■ 활동형태: 개인 활동. 자유대형. 대상연령: 3세 이상. 소요시간: 12분 정도

■ 준비자세: 편안한 자세, 목운동, 어깨운동, 눈운동, 손목운동과 손가락운동

■ 활동 방법

- 두 발을 가지런히 모으고 똑바로 선다.
- 숨을 내쉬었다 천천히 마시면서 오른쪽 발을 왼쪽 허벅지 깊이 대고 왼 발로 서서 숨을 내쉬면서 가슴 앞에 두 손을 모은다.
- 나무처럼 오래 서서 복식 호흡을 하나부터 열까지 한다.
- 양팔을 쭉 뻗어서 두 손을 함께 모아 하늘로 향한다.
- 내 다리가 나무 기둥처럼 두 팔은 나뭇가지처럼 하늘로 올라 갔다. 내 몸이 나무가 되었다. 오른쪽, 왼쪽을 서로 바꾸어 하고 잘 안 되는 쪽은 1~2회 더 해 본다.

■ 정리활동: 휴식, 호흡, 명상, 자리정리

■ 기대효과: 균형 감각을 향상 시키고 집중력과 지구력을 갖게 하므로 산만한 아동에게 효과적이다.

제 **8** 장
아동학대와 건강

아동건강교육

아동은 장차 미래의 주역이고 그들의 미래와 우리 세계의 미래가 하나라는 것을 인식할 때 영유아 학대와 방임은 큰 사회 문제가 아닐 수 없다. 아동의 권리를 인정하고 옹호하기 위해 앞으로 많은 연구와 법적인 정책이 마련되어야 할 것이다.

1. 아동학대의 개념

학대나 방임을 당한 아동은 학습 능력에서 자신의 최대한의 잠재력을 발휘할 수 없을 것이다. 이러한 아동은 인생에서 정서적인 상처를 지닌 채 평생을 살아갈 수도 있다. 학대와 방임의 종류 및 심각성 정도에 따라 장기간의 신체적 문제, 움직이는 능력의 장애, 듣고 보는 능력의 상실, 학습에서의 문제, 정서적인 문제가 있을 수 있다. 따라서 교직원은 아동과 부모에게 필요한 치료를 받도록 도와줌으로써 학대와 방임에 대한 적절한 조치를 취해야 한다. 다음에서는 영유아에 대한 학대를 신체적 학대, 정서적 학대, 성적 학대, 방임으로 구분하여 살펴본다.

1) 신체적 학대

신체적으로 학대받는 아동이란 손들기, 치기, 타격을 가하기, 화상 또는 비슷한 행동으로 상처를 입은 아동을 말한다. 이러한 상황이 발생하면 신체적 학대라고 의심해 봐야 한다. 반복되거나 특별한 이유가 없는 상처, 아동이 놀다가 넘어져서 생긴 일반 타박상이 아닌 의심스러운 상처 등이 이에 해당된다. 다음의 사항은 종종 학대와 방치의 경우에 볼 수 있다. 교직원이 영유아의 신체적인 학대를 파악하기 위해서는 다음과 같은 단서를 민감하게 살펴보아야 할 것이다.

• 빈번한 고통을 호소하는 것
• 상처를 숨기기 위해서 긴 옷을 입거나 계절에 어울리지 않는 옷을 입는 것
• 가혹한 취급이나 대우에 대한 보고
• 빈번한 결석이나 지각, 하교 후에 부모가 급하게 오가는 것
• 성인, 특히 부모를 지나치게 두려워하는 것
• 영양이 부족해 보이거나 활력이 없어 보이는 모습을 보이는 것
• 상처에 대해 설명하기 꺼리는 것
• 위축되고 불안해 보이고 말을 하지 않으려는 것
• 애정을 주고받는 행동이 부족한 것
• 아동이 부적절한 음식이나 음료수 혹은 약을 먹는 것

2) 정서적 학대

정서적으로나 정신적으로 학대받는 유아란 부모에게서 말로 학대를 받는 아동이나 감정적, 사회적 혹은 정신적 능력에 관하여 과도하거나 부적당하게 요구를 받는 아동을 말한다. 어떤 부모는 아동을 거절하거나 무시하거나 위협하거나 혼자 놔두거나 타락시킴으로써 정서적으로 학대할 수 있다. 다음과 같은 요소가 보이면 정서적 학대로 의심해 봐야 한다.

• 일반적으로 행복해 보이지 않으며 거의 웃지 않는 것
• 행동이 과격하고 분열적이거나 비정상적으로 수줍어하고 위축되어 보이는 것
• 불유쾌한 말이나 행동에 대해 감정 없이 반응하는 것
• 비정상적으로 성인 혹은 너무 어린아이 같은 행동을 보이는 것
• 발육이 더디거나 혹은 정서적 · 지적 발달이 더딘 것
• 자존감이 낮은 것
• 부모에게서 과소평가를 받는 것
• 성인을 두려워하는 것

3) 성적 학대

성적으로 학대받는 아동이란 폭행이나 근친상간, 외음부의 집착, 노출, 관음증 같은 성적 만족을 위해 부당하게 이용되어 온 아동을 말한다. 다음과 같은 요소가 아동에게서 나타날 때 성적 학대가 아닌지 의심해 봐야 한다. 성적 학대는 신체적인 요소와 행동적인 요소로 나타난다.

- 앉거나 걷기 어려워하는 것
- 속옷이 찢겼거나 얼룩이 있거나 피가 묻어 있는 것
- 고통과 가려움의 호소 혹은 외음부가 부어올라 있는 것
- 오줌을 눌 때 고통을 호소하는 것
- 바깥쪽의 외음부나 질, 항문, 입 또는 목에 타박상이 있거나 피가 나는 것
- 질에서 분비물이 나오는 것
- 성병이나 질에 관련된 전염병 증세가 있는 것
- 옷을 갈아입을 때나 화장실에서 도움을 받으려 하지 않는 것
- 젖어 있지 않더라도 옷을 바꿔 입으려 하고 혼자 하려고 하는 것
- 신체적인 활동에 참여하기를 꺼리는 것
- 식욕상실 같은 행동상의 급격한 변화를 보이는 것
- 위축되거나 유치한 행동, 갓난아이 같은 행동을 하려 하는 것
- 극도로 과격하거나 정신 분열적, 파괴적인 행동을 보이는 것
- 성적인 것에 비정상적으로 관심을 보이거나 알려고 하는 것
- 또래 아동과의 관계가 좋지 못한 것
- 사람을 두려워하거나 어딘가에 누군가와 함께 남겨져 있는 것을 극도로 싫어하는 것
- 아동이 성적 학대를 보고하는 것

4) 신체적 · 정서적 방임

신체적 · 정서적으로 방임된 유아란 충분한 신체적, 정신적, 지적 보살핌을

부모에게서 받지 못하는 아동을 말한다. 방임의 정도는 약한 초기 상태에서부터 극심한 상황에 이르기까지 다양하게 발생한다. 다음과 같은 요소를 보이면 방임으로 의심해 봐야 한다.

- 적절한 보살핌이 부족한 것
- 계절과 위생 상태가 나쁜 옷을 입히는 것
- 아주 어린 유아를 방치하거나 내버려 두는 것
- 그들을 보호하기에는 너무 어린 아동에게 보살피는 책임을 맡기는 것
- 오랫동안 혹은 위험한 활동을 할 때 아동을 부적절하게 보살피는 것
- 위생 상태가 좋지 못한 결과로 인하여 지속적으로 피부에 문제가 생기는 것
- 계속하여 더럽고 목욕을 하지 않는 것
- 내과 치료나 치과 치료 혹은 건강상의 치료가 필요한 아동을 적절하게 치료하지 않는 것
- 계속 결석하는 유아로 적절한 교육을 시키지 않는 것
- 충분한 양이나 양질의 음식을 섭취하지 못하는 것
- 심각한 발달지체를 겪는 것
- 구조적으로 안전하지 않은 집이나 철사나 전선이 노출되어 있는 곳에서 사는 것
- 난방을 제대로 하지 않아 추위에 떠는 것
- 위생적이지 않은 집의 조건을 포함한 적당한 쉼터가 부족한 것

5) 발육부진

발육부진(failure to thrive)은 어린 영유아에게서 보이는 특별한 방임의 형태다. 발육부진 상태에 있는 유아는 잘 자라지 못하고 멍하게 행동하며 허약해 보인다. 발육이 늦어질 만한 특별한 질병을 가지고 있지 않더라도 또래 아동보다 발육이 늦은 아동의 1/3 이상이 건전한 정신과 감정표현을 발달시키는 데 실패하고 있다.

발육부진은 부모의 영양공급 결핍보다는 정서적인 애정 결핍의 결과인 경우

가 많으며, 특히 모성애의 부족은 아동의 정서적 욕구를 충족시켜 주지 못한 엄마의 무능과 출생 후 엄마와 아기 사이의 유대상실 등의 이유로 나타난다. 이러한 아동은 그들의 부모에게서 떨어져 있을 때, 혹은 위탁부모 밑에서 자랄 때 더 빠른 성장을 보인다.

영유아의 성장에 대한 한 연구(위치 표출 부분 방사선 촬영법; position Eoission Tomography, PET)(Newsweek, 1997a)에서는 생후 초기에 아기를 충분히 다독거려 주지 않을 때 장기적으로 성장에 큰 장애가 생긴다는 사실을 증명하였다. 예를 들어, 돌봐 주는 사람이 없는 고아원에서 자란 아동의 경우 두뇌의 중요한 부분이 발달하지 않는 끔찍한 결과를 맞이하게 된다는 것이다. [그림 8-1]에서는 정상적으로 건강하게 자란 아동의 두뇌가 골고루 발달된 것을 보여 주고 있고, [그림 8-2]에서는 방임 및 학대를 받으며 자란 아동의 두뇌가 제대로 발달하지 못한 것을 보여 주고 있다(임길진, 1997).

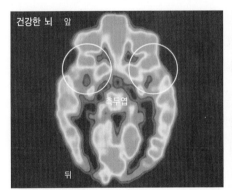

[그림 8-1] 정상적인 유아의 두뇌

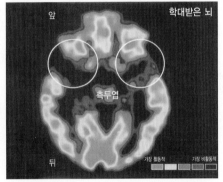

[그림 8-2] 학대받은 유아의 두뇌

(1) 건강한 두뇌

[그림 8-1]의 정상적인 유아의 두뇌를 위에서 아래로 찍은 PET 사진을 보면 활동적인 밝은 부분과 비활동적인 어두운 부분으로 대비된다. 출생 시에는 동그라미 부분(뇌간)처럼 가장 기본적인 부분만 제 기능을 충분히 발휘한다. 그리고 뇌의 꼭대기 부분(측두엽)은 유아의 출생 초기 경험에 따라 신경회로가 형성되어 나간다.

(2) 학대 및 방임 당한 두뇌

[그림 8-2]의 출생 직후 고아원에 보내진 루마니아 아기의 두뇌 PET 사진은 유아 시절에 받은 방임 및 학대의 영향을 선명하게 보여 준다. 감각기관으로부터의 자극을 수용하고, 감정조절 기능을 수행하는 측두엽(꼭대기)이 거의 활동하지 않는다. 이런 아동은 정서 및 인식 발달에 문제가 발생한다.

2. 성폭력

1) 성폭력의 정의

성폭력이란 강간뿐만 아니라 몸을 만지는 행위인 추행, 성적 희롱, 성기노출 등 다른 사람에게 가해지는 모든 신체적, 정신적, 언어적 폭력을 말한다. 따라서 성폭력에 대한 막연한 불안감이나 공포감, 그로 인하여 행동이 자유스럽지 못한 것도 간접적인 성폭력이라 할 수 있다. 성폭력은 상대방을 때리거나 위협을 가하는 등의 강제적인 방법을 사용하는 것, 특별히 잘 봐주겠다는 등의 속임수를 사용하는 것, 평소에 친한 사이로 인한 믿음이나 존경 등으로 거절하기 힘든 점을 이용하여 상대방의 뜻과는 상관없이 이루어지는 것을 모두 포함한다.

또한 또래 성폭력이란 아이들이 흔히 장난이라고 생각하는 바지 벗기기, 브래지어 끈 잡아당기기, 친구의 몸 만지기, 신체에 대해 놀리기, 음란메일 보내기, 동의 없이 친구의 신체사진을 찍거나 유포하는 것 등을 말한다. 또래끼리의 장난이라도 상대방의 동의 없는 무분별한 행동은 누군가에게 상처를 주는 성폭력이 될 수 있다(교육희망, 2009. 11. 16.).

2) 성폭력의 발생과정

성폭력은 음란한 이야기, 욕설, 지나치게 노골적인 성에 관련된 표현 등 성에 관련된 말만으로도 일어날 수 있고, 음란한 몸짓이나 눈짓으로도 일어날 수 있다. 그리고 성기나 성 관련 신체 부위를 노출하는 행위 등으로 직접적인 신체 접촉이 없이도 일어날 수 있다. 또한 성폭력은 음란물의 영상매체나 전파매체 등을 만들어 파는 일, 청소년을 유흥업소에서 일하게 하는 일 등과 같이 상행위 중에서도 일어날 수 있다.

본인이 거절했는데도 강제적으로 일어나는 성적 행위는 모두 성폭력이라 할 수 있다. 옷을 입은 위로 신체를 접촉하는 것, 옷을 벗기거나 벗도록 요구하는 것, 성적인 의도로 성기나 다른 신체 부위를 만지거나 만지게 하는 것, 성기나 항문에 도구나 이물질을 삽입하는 것, 성기를 입에 접촉시키거나 삽입하는 것, 청소년과 성교하는 것 등은 모두 성폭력의 범위에 포함된다.

3) 성폭력에 대한 잘못된 선입견

대부분의 사람은 성폭력에 대한 잘못된 고정관념과 선입견을 갖고 있다. 따라서 다음과 같은 잘못된 선입견에 대해 바른 인식을 가짐으로써 문제해결에 도움을 얻을 수 있을 것이다.

- '성폭력은 주로 낯선 사람에 의해 이루어진다'는 생각은 잘못된 것이다. 많은 사례에 따르면 성폭력은 평소에 믿으며 친하게 지내 오던 사람에게서 당하는 경우가 훨씬 더 많다.
- '성폭력의 가해자는 겉보기에 비정상적인 사람일 것이다'는 생각은 잘못된 것이다. 성폭력의 가해자는 아주 평범하고 남다르지 않으며 심지어는 사회적으로 존경받거나 높은 지위에 있는 사람도 있다.
- '성폭력을 가하는 사람은 주로 젊은 사람이다'는 생각은 잘못된 것이다. 성폭력을 가하는 사람이나 피해를 입은 사람은 어떤 연령의 사람이라도 될 수 있다. 10대에서부터 70대 노인에 이르기까지 다양하다.
- '성폭력은 언제나 위협, 폭행으로 시작한다'는 생각은 잘못된 것이다. 평소에 잘 아는 사이거나 믿고 따르던 사람인 경우 폭력을 사용하지 않고 은근히 협박하거나 좋아하는 것을 제공하거나, 애원하여 요구에 응할 수밖에 없게 만들기도 한다.
- '남아는 성폭력의 피해 대상이 될 수 없다'는 생각은 잘못된 것이다. 남아

역시 피해 대상이 되고 있다. 경우에 따라서는 여아보다 피해가 훨씬 더 심 각하고 복잡하여 피해자에게 미치는 정서적 혼란이나 정신적 고통 등이 매 우 극심한 경우도 있다.

- '성폭력의 피해는 문제 가정이나 문제 청소년에게서 일어난다'는 생각은 잘못된 것이다. 지극히 정상적이고 모범적인 가정에서도 일어나고 있으 며, 품행이 단정하고 모범적인 아동이 성폭력의 피해를 입을 수도 있다.
- '어릴 때 당한 성폭력은 세월이 지나면 저절로 치유가 된다'는 생각은 잘 못된 것이다. 성폭력을 당한 경우에는 반드시 적절한 조치를 취해야 한다. 그렇지 않으면 피해의 상처는 속으로 점점 깊어져 정신적, 육체적인 문제 는 물론 모든 생활에 지속적인 피해를 입힐 수도 있다.

4) 성폭력의 위기를 벗어나는 방법

성폭력을 당할 위기에 접했을 때 다음과 같은 방법을 사용하면 도움이 될 수 있다.

- 성폭력의 위기에 처했을 때는 급소를 발로 차거나 호루라기나 스프레이 등의 호신용 도구를 사용하고 빨리 도망치면서 주위 사람에게 도움을 요 청한다.
- 깨물거나 손톱으로 할퀴고, 손가락으로 눈을 공격한다.
- 겁먹지 말고 눈을 똑바로 쳐다보면서 "안 돼요." 라고 큰 소리로 단호하게 외친다.
- 간질 발작이나 경련이 일어나는 것 같은 이상한 행동으로 가해자를 놀라게 한다.
- 임질, 매독, 에이즈 등의 감염환자인 것처럼 위장한다.
- 대소변 등의 급한 용무를 호소한다.

5) 성폭력의 피해와 조치

성폭력으로 인하여 발생되는 피해의 결과는 생각보다 심각하다. 따라서 다음과 같은 조치를 취함으로써 피해를 줄일 수 있다.

- 임신이 우려되므로 재빨리 산부인과 상담을 받아 대처해야 한다.
- 성병에 감염될 경우 나중에 불임이나 다른 병으로 커질 수 있으므로 병의 감염 여부를 확인한다.
- 상해를 입는 경우가 많으므로 즉시 검사하여 치료해야 한다.
- 불안, 공포에 의하여 정상적인 대인 관계를 지속하기가 힘들고 대인 공포증, 정서불안, 남성기피증 등이 나타날 수 있으므로 정신과 상담을 받는다.
- 우울, 순결 상실감에 빠질 수 있다. 극도의 우울 증세로 자살에 대한 충동에 빠지기 쉬우므로 우울 상담을 받게 하는 등 세심한 배려를 해야 한다.
- 후유증으로 인하여 집중력이 감퇴되어 학업성적 부진으로 나타날 수 있으니 아동을 배려하여 성적 하락을 무조건 탓하지 않도록 한다.
- 자포자기 상태에서 자신을 학대하는 형태로 발전하여 가출이나 불량 서클에 가입하는 경우가 있으니 관심과 애정을 가지고 스스로가 소중한 존재임을 일깨워 주어야 한다.

6) 성폭력(특히 강간)을 당했을 때

성폭력을 당했을 때는 피해를 은폐하거나 그대로 방치해서는 안 된다. 다음과 같은 조치를 취하여 적극적으로 대처해야 한다.

- 증거를 보존한다. 입은 옷 그대로 병원이나 경찰서로 가며, 장소는 있던 그대로 보존한다. 그리고 피해를 준 사람의 얼굴 특징, 체격, 말투, 특징, 소지품, 옷의 상표, 차량번호 등을 정확히 기억해 둔다.
- 주위의 도움을 청한다. 성폭행 직후 목격자를 확보하여 법정에서 증인으로 세우고, 성폭력 상담소나 보호시설을 찾아 도움을 요청한다.

- 병원으로 즉시 달려간다. 의료상 보호를 받을 수 있으며 임신, 성병, 신체 이상 등을 검사받을 수 있다. 피나 정액은 24시간까지 남아 있기 때문에 범인의 식별이나 유죄의 증거가 될 수 있다.
- 신고는 빠를수록 좋으며, 진술 시에는 자세한 기록을 남겨야 한다.

7) 성폭력에 대한 영유아 교육 및 대처방법

영유아에게도 성폭력에 대처할 수 있는 방법을 가르쳐야 한다. 다음의 내용은 영유아 성폭력 교육에서 고려해야 할 사항이다.

- 나의 몸은 소중해서 함부로 보여 주거나 만지게 해서는 안 된다.
- 어떠한 상황이 위험한지 알아야 한다.
- 낯선 장소에서 혼자 있거나 밤늦게 돌아다니지 않고, 낯선 곳에서 화장실에 혼자 가지 않는다.
- 모르는 사람이면 어른이 계실 때 다시 오라고 말하고 절대 문을 열어 주지 않는다.
- 성폭력 위기 시 '싫어요, 안 돼요, 나의 몸은 소중한 몸이에요.' 하고 완강히 말한 후 도망간다.
- 성폭력 피해 시 증거물을 확보한다.
- 심리적 상처 예방을 위해 심리 치료를 받는다.
- 본인 잘못이 아님을 인식시킨다.
- 교사나 부모에게 숨김없이 말하도록 지도한다.
- 성폭력을 당한 피해는 모든 책임이 폭력을 가한 사람에게 있기 때문에 피해를 당한 사람은 죄의식 또는 수치심이나 자책감을 가질 필요가 없음을 알게 한다.

피해 아동은 피해를 준 사람에게 증오심, 배반감, 혐오감, 복수심, 공포감 등을 지니게 되고 자신이나 남을 해칠 정도의 정신적 혼란에 빠질 수 있다. 따라서 안정을 찾을 때까지 친구나 교사의 도움과 보호가 필요하다. 그리고 피해 아동은 고립되고 소외되기 쉬우므로 인내심을 갖고 함께 고통을 나누어서 회복을 도와야 한다.

영유아를 위한 성폭력 예방을 위하여 가정의 부모나 유아교육 기관의 교사가 지도할 수 있는 교육 내용의 예는 다음과 같다(교육희망, 2009. 11. 16; 참교육, 2007. 4. 4.).

- 1단계: 아이의 소중한 몸에 대해서 설명해 주세요.

   우리 아이들에게 자신의 몸이 얼마나 소중한지 가르쳐 주세요. 특히 속옷을 입는 부위는 더욱 소중하기 때문에 옷을 한 번 더 입는 곳이라고 설명해 주세요. 그리고 몸의 주인은 아이 자신이기 때문에 어느 누구도 함부로 아이 몸의 소중한 부분을 만질 수 없다는 것을 말해 주세요.

- 2단계: '좋은 느낌'과 '싫은 느낌'의 차이를 알려 주세요.

   '좋은 느낌'이란 아이를 사랑하는 부모, 가족 등이 안아 주거나 쓰다듬어 줄 때 느끼는 편안하고 안락한 행복감이고, '싫은 느낌'이란 자신의 몸을 기분 나쁘게 접촉해 올 때 느끼는 불편함이나 두려운 느낌이라는 것을 알려 주세요. 좋은 느낌과 싫은 느낌에 해당하는 다양한 상황을 지속적으로 들려주고, 아이들이 좋은 느낌과 싫은 느낌을 잘 구분할 수 있도록 함께 연습하세요.

- 3단계: 아이도 어른에게 '안 돼요'라고 말할 권리가 있다는 것을 가르쳐 주세요.

   '싫은 느낌'이 생겼을 때, '안 돼요!'라고 말하도록 가르쳐 주세요. 다음의 몇 가지 위협적인 상황을 읽어 주고 선생님의 설명이 마치면, 큰 소리로 '안 돼요!' 싫어요! 하지 마세요!'를 외치도록 연습을 시키세요.

   −어떤 사람이 치마를 들쳐요.

   −어떤 사람이 성기를 보여 주거나 만지라고 해요.

   −모르는 사람이 아이스크림을 사 준다고 가자고 해요.

   −모르는 사람이 문을 열어 달라고 해요.

- 4단계: 위협적인 상황에 대처하는 적극적인 방법을 알려 주세요.

'안 돼요!'를 외친 다음에 그 자리에서 사람이 많은 곳으로 빨리 도망가고, 믿을 만한 어른에게 생긴 일을 말하도록 가르치세요. 도움을 청할 수 있는 '안전한 어른'이 누구일지 물어보세요. (답은 부모님, 가족, 선생님, 상담기관 등입니다.)

이렇게 성과 성폭력에 대한 정확한 지식을 제대로 배우고 대처방법을 제대로 익혀 두어야 발생될 수 있는 더 큰 문제를 막을 수 있다.

사이버 성폭력 도우미 사이트

- 사이버인권침해방지지원센터(www.cyberhumanrights.or.kr)
- 한국성폭력상담소(www.sisters.or.gr)
- 성희롱예방캠페인(www.stopsh.pe.kr)
- 성희록폭력추방 네트워크(www.womanplaza.or.kr)
- 한국여성민우회 사이버성폭력 온라인상담실(www.peace.womenlink.or.kr)
- 한국여성단체협의회 사이버성폭력 상담센터(www.user.cholljan.net/~kncwcyber)
- 굿네이버스 아동권리교육 CES(www.f5.or.kr)

---

3. 아동학대의 치료와 예방

1) 학대하는 부모

(1) 학대하는 부모의 특징

아동을 학대하는 부모는 성장과정에서 자연스럽게 학대를 체험했거나 모방했기 때문에 또다시 학대를 하게 된다. 따라서 학대하는 부모의 특징을 찾아내어 세습되는 고리를 단절시키는 노력을 해야 한다.

• 어릴 때 억압과 학대를 받으면서 자란 부모가 학대한다. 이러한 부모는 자

신이 경험한 똑같은 양육 방식으로 자녀를 양육하게 될 가능성이 높다. 연구 결과에 따르면 어릴 때 학대받았던 사람들은 보통 사람에 비하여 아동학대를 하는 경우가 4배에 달한다.

- 방임적인 부모의 양육방법으로 자랐거나 영유아기 때 공격성을 관찰하면서 자라난 경우 반사회적 행동을 자연스럽게 모방하게 된다. 즉, 어린 시절에 노출되거나 경험한 폭력이 성인이 되어 부모와 자식 간 갈등을 다루는 데 공격적인 전략을 취하는 결과를 가져온다.

- 자녀의 성장 발달 단계에 대한 지식이 없는 부모는 영유아에게 비현실적인 성숙한 성인의 행동을 기대한다. 이러한 부모는 보통 타인과의 관계가 원만하지 못한 성격적 결함을 가진 부모로서 자녀가 부모를 존경하고 사랑해 주기만을 기대한다.

- 영유아를 돌본 경험이 없어 자녀의 행동을 수용할 능력이 부족한 어린 부모는 보통 안정감이 부족하여 영유아를 잘못 다루기 때문에 학대를 하는 경향이 있다.

- 편부 또는 편모, 의부 또는 계모 등의 결손가정 부모가 학대할 수 있다. 이러한 경우 역할 전환을 수반하는 상황이 따르게 되고, 편부모는 자녀에게 무엇을 기대해야 할지 잘 몰라 어머니의 기대에 부응하는 어떤 반응을 요구하게 된다. 그러나 아동이 원하는 대로 반응하지 않으면 어머니는 심한 좌절감을 느끼게 되어 그러한 죄의식을 아동에게 돌려 화풀이하게 된다.

- 실업이나 불완전한 고용상태에 있는 불안정한 아버지가 있는 가족의 경우에는 흔히 어머니가 가족을 부양하기 위해 일하게 되어 남자로서의 자존심이 상하게 한다. 아버지의 체면 상실은 더 악화되고 나이가 든 자녀에게 아버지는 신체적 완력으로 자존심을 세우려 한다.

- 부모나 친지 등의 자녀 양육에 도움이 될 만한 사람들의 왕래가 없이 지역적으로 고립된 가정의 부모가 학대하게 된다.

- 경제적, 법률적 또는 부모 상호 간의 문제나 질병 등 심각한 문제를 가진 위기에 처한 가정에서 학대하게 된다.

- 알코올 및 약물 중독 또는 습관적인 음주 문제를 가진 부모가 영유아를 학대한다.

(2) 학대하는 부모의 치료법

학대하는 부모의 특징을 알고 다양한 방법을 사용하여 치료해야 부모의 학대를 방지할 수 있다. 학대하는 부모의 치료를 위해서는 개입과 치료, 부모교육을 통하여 문제를 해결해 나갈 수 있다.

① 개입과 치료

영유아 학대의 증거를 발견하면 그 가정의 위기로 보고 위기 개입방법을 사용해야 한다. 영유아는 우선 치료를 받게 하고 필요하다면 부모에게서 일시적으로 격리하거나 위탁 가정에 수용시킨다. 부모가 자신의 정서 상태를 안정시킬 수 있도록 여러 문제를 상담하거나 여러 가지 방법을 통해 풀어 나가도록 도움을 주어야 한다.

- 과거에는 학대당한 영유아를 즉시 부모에게서 격리시켜 안전한 시설에 보호하는 방향으로 치료 개입이 이루어졌으나, 최근에는 가능하면 아동의 집에 머물면서 부모를 도와주는 방향으로 바뀌고 있다.
- 부모 집단치료에서는 집단치료를 통하여 똑같은 처지에 있는 다른 가해 부모와 함께 정보를 공유하고 사회적으로 고립되어 있는 이들이 서로 의미 있는 관계가 되도록 도와준다. 이 집단들은 원칙적으로 교육집단이므로 아동 발달을 이해하고 아동을 양육하는 데 필요한 정보와 아동의 양육에서 부딪히게 되는 불가피한 난관에 대처하는 방법을 가르치고 토의한다.
- 부모지지 프로그램은 가정을 직접 방문하고 부모양육과 훈육방법을 도와주고 가르쳐 줄 수 있는 부모보조원 제도나 사회봉사 가정부, 보조치료사를 활용한다.
- 응급전화는 24시간 동안 가동시켜 아동학대가 일어나기 전에 방지할 수 있도록 한다.
- 위기 유아원과 일시 위탁소는 큰 위기가 닥쳤을 때 부모로 하여금 견딜 수 없는 스트레스와 문제에서 벗어나 쉴 수 있는 여유를 만들어 주고, 부모 자신이나 아동이 함께 주간 보호 센터나 유아원에 와서 도움을 받을 수 있게 하며, 부모에게 아동을 다루는 적절한 방법 등을 알려 준다.

- 시설 입주 치료는 입주센터에 있는 동안 부모가 전문직원의 보육을 받는 자녀를 관찰하고 아무런 억압 없이 비공식 교육과 공식 교육을 받으며 그들 스스로가 더 좋은 방법을 선택하고 영유아와 함께하는 시간을 갖게 된다.
- 가족요법은 가족 전체를 치료하는 방법으로 근친 성관계의 경우 매우 유용한 치료방법이다.
- 정신요법에서 목표설정을 하는 것은 치료 효과를 더욱 표면적이고 직접적으로 나타나게 하기 위한 것이다. 구체적인 목표를 세우고 치료에 오랜 시간을 들이지 않으면 오랫동안 깊이 뿌리박혀 있던 문제점을 벗겨 낼 수 없고 극히 제한적인 목표만을 이룰 수 있을 것이다.

② 부모교육

부모를 교육하는 데 있어서 가장 중요한 것 중에 하나는 영유아 학대가 일어난 모든 상황에서 그 원인을 구타가 아닌 효과적인 방법을 사용하여 어떻게 관리 또는 제거할 수 있는가다.

- 부모역할 교육은 영유아에 대한 잘못된 이해를 바로잡고 아동발달에 대한 교육 등을 행하는 것이다. 특히 대소변 가리기와 훈육, 체벌 등에 관한 것을 교육한다.
- 영유아의 행동을 관리하는 가장 흔한 방법은 체벌이다. 체벌을 아주 조심스럽게 사용하면 아동의 행동을 조절하는 데 매우 효과적일 수 있는데 그 시기, 강도, 일관성 등을 유지하기가 매우 어려워 부작용이 일어나기 쉽다. 체벌 이외에 소거, 반응 강화, 타임아웃, 대화 등이 있다.
- 부모 재교육 프로그램을 통하여 영유아를 다루는 새로운 방법을 가르쳐 주거나, 부모의 분노를 자아내는 영유아의 행동을 줄이는 방법을 가르쳐 준다. 보통 강화, 타임아웃, 집단훈련 등을 기법을 사용하고, 일부 부모는 모델링과 역할극을 통해 행동관리기법을 배운다.
- 부모의 분노를 조절하는 방법을 가르쳐 준다. 부모 자신이 화가 나거나 적개심이 일어날 때 어떻게 그 분노를 억제하고 통제할 수 있는지를 알려 주는 것도 중요한 부분이다.

- 사회 접촉을 증가시키는 방법을 알게 한다. 영유아 학대 부모의 특징 중 하나는 그들이 지역사회에서 매우 고립되어 있다는 것인데, 이러한 고립을 줄이고 사회 접촉을 할 수 있도록 도와주어야 한다. 모델링과 역할극을 통하여 이들이 부끄럽거나 자신이 없어 하지 못했던 행동을 할 수 있게 도울 수 있다.
- 학대의 결과로 생기는 큰 상처에 대해 알게 한다. 비디오필름을 통하여 학대받고 두들겨 맞아 상처를 입은 영유아를 보여 주고 학대 부모로 하여금 그들의 행동이 어떠한 결과를 불러오는지를 알게 한 후 이에 대해 토론함으로써 자신이 부모로서 행사한 직접적인 체벌이 부당하다는 것을 느끼도록 한다.

2) 학대받는 아동

(1) 학대를 유발하는 영유아의 특징

학대 잠재성을 가진 부모는 흔히 불행했던 아동기의 경험을 가지고 있으며, 때로는 그들 자신이 학대의 희생자로서 고립된 채 살아간다. 이들은 다른 사람을 잘 믿지 않으며, 아동에게 비현실적 기대를 가지는 경우가 많다.

신체적 처벌이 허용되고 부추겨지는 문화에서 영유아의 그칠 새 없는 울음, 점점 커지고 길어지는 울음소리 등은 학대를 재촉하는 요인이 될 수 있다. 영유아가 매우 평온하고 젖도 잘 빨며 젖 먹는 시간 외에 대부분의 시간을 잔다면 거의 모든 부모가 좋아할 것이다. 그러나 긴장하고 짜증 내고, 도저히 달랠 수 없는 영유아는 학대를 유발할 수 있다.

울음은 영유아가 자기가 원하는 것에 주의를 기울여 달라는 표시이지만 이는 부모로 하여금 이성을 잃게 만드는 행동이 될 수 있다. 많은 학대 부모는 울음이 견딜 수 없는 불안을 자아내고 꼭 멈추게 해야 하는 것이라고 생각하며 영유아를 세게 흔들게 되는데, 이때 흔들린 아기 증후군(shaken baby syndrom)이 생길 수 있다. 또한 영유아를 빠르게 계속 흔들면 뇌출혈, 정신지체, 영구적인 뇌손상이나 혹은 실명을 일으킬 수도 있다.

아주 어린 영아는 학대를 받아도 그것을 보육으로 받아들이고 심리 이상이나 발달 이상을 보이지 않는 경우도 있다. 학대와 다음 학대 사이에 과잉행동을 하는 유아는 부모에게 많은 자극과 긍정적 보살핌을 받는다. 유아는 자기에게 어떤 행동을 반복시키는 부모에게 긍정적으로 행동하게 되고 모든 희망을 잃지 않는 한 학대받는 유아는 부모에게서 사랑을 기대한다.

주의력결핍 과잉행동장애(ADHD) 아동의 가장 큰 특징은 관리가 매우 힘들다는 것이다. 이들은 쉴 새 없이 움직이고, 조용히 앉아 있지 못하며, 무엇이든 오랫동안 집중하거나 다른 아동과 조용히 놀이를 하는 것이 거의 불가능하다. 비난에도 둔감하며, 다른 유아를 계속 짓궂게 때려야 직성이 풀린다. 부정적인 행동을 열심히 하고 말투와 행동이 공격적이다. 종종 통제하기 힘든 불안감에 시달리며 매우 조용하고 조직적인 환경에 민감하다. 이런 ADHD 증상은 부모의 부정적 행동에 대한 방어기제이거나 모델링일 수도 있다.

(2) 영유아 학대의 결과
① 자아기능 손실

가장 흔한 증상으로 전반적 자아기능의 손실을 보인다. 발달 지연과 중추신경계 장애, 정신지체 등을 보이며 과잉행동, 충동성 및 언어발달 장애를 보인다. 자신의 감정 특히 좋아하는 것, 외로움, 불안감, 그리고 즐거움을 인식하는데, 말로 표현하는 것을 매우 힘들어한다. 어떤 일에는 순응하고 수용하고, 수동적인 태도를 보이며 복종을 잘 하고, 어떤 일에는 적극적 참여를 하지 못하고 확신이 없다. 이는 자신이 잘못할까 봐 매우 두려워하기 때문인데, 한 연구결과에서는 아동학대와 자아개념의 관계를 다음과 같이 밝히고 있다(최민수, 석현숙, 정영희, 2002).

- 일상생활에서 유아가 학대를 적게 경험할수록 유아는 더 높은 자아존중감을 지니게 된다. 따라서 유아교육기관에서는 더욱 적극적으로 유아가 자신에 대한 긍정적인 자아 형성을 하도록 돕고 유아학대를 예방하기 위한 부모교육을 해야 한다. 부모교육은 유아성장 발달에 대한 지식이 부족하고 적절한 부모모델을 학습하지 못한 부모에게 부모역할 훈련의 필요성을 갖게 해 주며, 부모로 하여금 긍정적인 양육방법을 알게 하고 유아의 신체적,

정서적 발달과 정서적 욕구에 대해 가르쳐 준다. 이는 유아에 대한 과잉 기대와 잘못된 생각 대신 유아를 사랑하고 만족감을 얻도록 하는 데 도움을 준다. 가장 중요한 것은 긍정적인 양육태도가 유아의 자아존중감을 높여 준다는 것이다.

• 부모의 생활이 어려울수록, 부모의 교육 정도가 낮을수록 유아학대가 많은 것으로 나타났다. 따라서 유아학대 예방을 위해서는 저소득 계층과 교육수준이 낮은 계층에 대한 배려와 지원을 해야 한다.

• 보육원에 수용되어 있는 유아가 일반 가정의 유아보다 학대를 더 많이 받고 있는 것으로 나타났으며, 이들의 자아존중감이 상대적으로 더 낮게 나타났다. 따라서 시설에 수용되어 있는 고아와 정상 가정의 주말가정 결연 맺기 등의 사회복지 지원 프로그램을 활성화시켜 시설에 있는 유아가 정상 가정을 경험할 수 있도록 배려해야 한다.

② 급성불안 반응

아동은 신체적, 심리적 충격으로 인해 자신이 소멸 또는 유기 당할 위협을 느낀다. 심한 공황 상태에 빠지며 충격 상황을 예기하는 것만으로도 불안 상태를 겪는다. 한편 계속적으로 충격을 받은 상태를 재현하려는 경향을 갖는다. 이는 행동과 공상, 놀이 등에서 상징적으로 나타난다. 이런 충격에 대한 고착은 일종의 방어로서 능동적으로 고통스러운 감정과 불안을 재현하며 지배하려는 노력으로 볼 수 있다. 정서적으로는 극심한 놀람과 공포, 연속적인 울음, 극도의 정서불안, 대인관계에서의 수치심을 나타내기도 한다.

③ 병적 대인관계

근본적인 신뢰관계를 이루지 못한다. 어렸을 때의 경험 때문에 영속적인 대상을 얻지 못하고 누구에게나 얕은 관계를 맺고 쉽게 등을 돌린다. 평생 남을 사랑하지 못하거나 이웃과 더불어 살아가지 못하는 자아를 형성하게 된다. 지역사회의 각종 활동에 전혀 참여하지 않고 외부와 극도로 단절하려 하며 타인과의 접촉을 기피하거나 혐오하며, 타인을 신뢰하지 않아 도움을 받는 것조차도 꺼린다.

④ 원시적 방어기제

부정, 투사 등을 과도하게 사용하여 위협적인 내적, 외적 부모상을 다루므로 사랑하는 면, 적개심을 느끼는 면을 하나로 통합하지 못한다. 다른 벌을 더 받을까 봐 두려워 부모의 잘못을 인정치 못하고 스스로를 억압한다. 내재화된 파괴적 부모상을 인식하지 않기 위해, 그리고 자신의 살인적 분노로부터 부모를 보호하기 위해 나쁜 부모상은 부정되어 다른 사람에게 투사되고 아동은 좋은 부모를 가졌다는 공상을 유지하게 된다.

⑤ 충동조절의 손상

집이나 학교에서 공격적이고 파괴적 행동을 보인다. 어린 아동은 불안정한 행동 및 과잉행동을 보이나 나이 든 아동과 청소년은 반사회적 행동 및 비행을 보인다. 또한 폭력부모와 동일시하여 과도한 공격적 성향을 보이기도 한다.

⑥ 자아개념의 손상

슬프고 낙담하여 모욕을 느낀다. 부모가 자신을 보듯이 스스로를 싫어하고 경멸하며, 실제로는 잘못한 것이 없는데도 모든 것이 자신의 잘못이라고 생각한다. 때때로 과대망상이나 전지전능의 공상으로 위장하기도 한다. 실제로 신종교의 교주나 테러분자 중에는 부모로부터 극도의 경멸이나 심한 자아개념의 손상을 받은 경험이 있어 이를 만회하기 위해 엉뚱한 짓을 저지르는 경우가 많다.

⑦ 자학적 · 파괴적 행동

자살기도나 자살미수와 가출, 여러 형태의 자학행위를 일으킨다. 학대받은 후 부모에게서 떨어지게 되거나 그런 위협을 받은 후에 아동 스스로가 자신이 파괴되거나 사라지기를 바라는 부모의 소원에 순응하는 행동을 보이는 것이다.

⑧ 학교 적응의 어려움

집중력 장애, 과잉행동, 인지 손상 등이 있어 학업성취가 어렵다. 공격성 행동 문제와 학습부진으로 심화되고 이로 인해 또다시 학대를 받게 된다. 부모에 대한 분노가 교사에게 전이되어 수업 중의 방해 행동으로 나타난다.

⑨ 중추신경계 장애

신체적 손상보다는 잘못된 신체적, 심리적 환경이 이상을 초래한다. 아동의 신경학적 문제는 잘못된 양육, 영양 부족, 부적절한 의료적 처치, 비정상적인 자극 때문에 나타난다. 흔들린 아기증후군이 이런 장애에 속한다.

(3) 학대받는 아동의 치료법

학대받는 아동은 학대 경험에 대해 부정적인 개념과 상처, 부모에 대한 적대심을 계속적으로 갖게 되고 또한 그들과 동일시함으로써 나중에 그들이 커서도 학대하는 부모로 변할 가능성이 많으므로 학대피해 아동은 반드시 도와주어야 한다.

자존감을 증진시키고 특히 자기 자신을 학대의 원인으로 여기지 않고 부모 문제의 일부 때문에 생긴 것이라는 것을 확인시켜 주어야 하는데, 이를 위해 그들로 하여금 학교성적을 증진시킬 수 있도록 특별 지도를 해 주어야 한다. 특히 영유아와 학령기 아동에게는 그들이 흔히 가질 수 있는 문제와 결손을 보상해 주는 작업을 해 주어야 한다.

- 적합한 운동 및 감각 자극을 해 줌으로써 환경적 실조를 보상해 준다.
- 적절한 장난감 등을 제공함으로써 아동의 놀이 능력을 길러 준다.
- 특정 직원이나 치료진과의 일대일 접촉은 가능하면 피하게 하여 아동의 성인에 대한 공포와 불신감을 변화시킨다.
- 구조화된 놀이를 통하여 신체적, 감각적 기술의 발달을 도와준다.
- 집단 속에서 놀이 경험을 함으로써 또래와의 관계를 형성하고 협동적 놀이를 할 수 있게 도와준다.

학대받는 영유아에게는 놀이치료, 집단치료, 교육 개입 등이 필요하다. 가족 인형이나 손인형 놀이 또는 그림 그리기 등을 반복함으로써 자기가 경험한 상처를 정리하도록 도울 수 있다. 대표적으로 『딥스』, 『한 아이』 등의 책 속 주인공을 예로 들 수 있다.

자아기능을 강화시키기 위하여 그들의 방어기제와 충동 조절기능을 강화시키고 특히 공격성을 조절할 수 있는 방법을 가르친다. 보통 치료과정은 다음 3단계를 포함한다.

- 1단계: 5세가 된 유아는 아기의 우유병을 빨거나 눈에 보이는 것이라면 모든 것을 갖고 싶어 하는 욕구충족에 열중한다.
- 2단계: 억압된 감정을 표출할 수 있는 유용한 중간 매개체는 물놀이다. 세탁은 표면상 매우 깨끗한 활동이지만 많은 지저분한 물건들과 관련이 있다.
- 3단계: 세탁이 완전하다는 것을 알게 되면, 유아는 다른 지저분한 놀이로 옮겨 가서 청결, 단정, 그리고 아주 어릴 때부터 요구되었던 배변훈련에 관하여 해결되지 않은 갈등을 마음껏 표출시킨다.

3) 아동학대의 예방

아동학대를 사전에 예방하기 위해서는 학대가 일어날 위험이 높은 집단을 색출하여 집중적인 예방책을 실시하는 한편 일반 부모교육을 실시하고 학대를 일으키는 원인을 제거해야 한다.

아동학대 위험이 높은 집단의 교육 시 가장 중요한 것은 가정 내의 경제적인 여건을 증진시키고 가족 내의 스트레스가 될 만한 요인을 최소한으로 줄이는 것이다. 또한 이들에게 아동양육, 훈육방법, 아동심리 등을 중점적으로 가르치고 사회접촉을 어떻게 증진시키는가를 교육한다.

젊은 부모와 예비 부부에게 예비부모 교육을 실시해야 한다. 청소년이나 곧 결혼하여 어머니가 될 여성에게 임신, 분만, 아동발달, 부모역할, 부모 양육기술, 특히 결혼관, 부모의 책임 등에 관한 교육을 실시함으로써 잘못된 부모역할의 문제로 생기는 아동학대 문제를 예방할 수 있다.

(1) 위기에 대한 치료

아동을 최대한 안정시키고 현재의 상황을 설명해 준다. 그리고 아동으로 하여금 말이나 놀이로써 자기의 느낌을 표현할 기회를 주고 또한 질문할 기회를 줌으로써 긴장감을 완화시켜 준다.

(2) 개인적 놀이기법

학대받는 아동을 위한 모든 형태의 기법에서처럼 개인적 놀이기법에서 가장 중요한 목표는 신임을 세우는 것이다. 신임을 세우는 데는 일반적으로 오랜 시간이 소요되며, 학대받는 아동은 자신이 느끼는 슬픔, 배반, 노여움을 표현하는 데 더 많은 도움이 필요하다. 이 놀이기법에서 가장 중요한 건전하고 믿을 수 있고 이해할 수 있는 관계를 맺는 데는 언어가 아닌 아동의 행동에 대해 일관된 반응을 얼마나 보여 줄 수 있는가가 성공 여부를 결정짓는다.

서로 간에 믿음이 생기면 치료자가 아동에게 어떤 말을 한 다음 아동이 그 말을 확인하는지 부인하는지를 들어 보아야 하는데 학대피해 아동의 대부분이 언어에서 어려움을 보이기 때문에 인형, 꼭두각시, 장난감 동물을 가지고 노는 연극 놀이에서 자신의 의사를 많이 표현한다. 아동이 인형을 통해 나타내는 감정을 치료자는 수용하고 그것에 대해 공감해 줌으로써 아동에게 자기 감정도 다른 사람이 받아들인다는 자신감을 갖게 해 주어야 한다.

(3) 놀이치료 기관

놀이치료 기관은 휴식처를 제공하며 휴식처에서 매주 일정한 시간에 학대받은 영유아가 안전하게 자신이 수용되는 것을 경험하면서 자신감을 발전시킬 수 있다. 영유아가 놀이치료 기관을 신임하도록 하기 위해서는 여러 가지 방법이 필요하다. 이러한 믿음은 다음에 일어날 일을 아동이 예측할 수 있게 하여 아동을 긴장감에서 벗어나게 함으로써 형성할 수 있다. 이를 위해 직원의 행동도 미리 예측되어야 하며, 직원은 개개의 아동에게 무엇을 기대하는지 분명히 말해 주고, 왜 그러한 기대를 하는지에 대한 이유도 분명히 말해 주어야 한다.

아동의 단순한 활동과 어울려 하는 활동에 대해 말로 설명해 주어 이해시키고 그러한 경험을 발전시키도록 도와줌으로써 아동이 자기의 행동을 스스로 이해하고, 자기의 일은 스스로가 통제할 수 있다는 것을 알게 한다. 아동은 이 단계를 거쳐 자기의 생각을 소중히 여기고 결정을 할 때 신중을 기하게 된다. 처음에는 넘어져도 신체의 통증조차 표현하지 못하던 아동이 자기의 의견을 표현하고 자기 죄책감에서 벗어나 자아를 찾는다.

(4) 위탁양육과 그 대안

아동의 입장에서 보면 위탁양육이란 가족과 이별하는 것을 의미하며, 그렇게 되면 폭력의 공포는 줄어들지만 자기가 알고 있던 유일한 사람과 공간을 갑자기 잃게 됨으로써 상실감을 느낄 수 있다. 위탁보육의 어려움 중의 하나는 부모가 아동을 정기적으로 만나기 힘들다는 것이다. 양부모는 아동을 보호해야 할 책임이 있는데 친부모가 자주 방문하면 아동과 양부모와의 관계가 무너질 가능성도 있기 때문이다.

친부모 입장에서는 위탁보육을 받는 자녀가 의사표현이 활발해지고 발달에서도 분명한 향상을 나타내는 것을 보고 긍정적인 반응을 보일 수 있겠지만, 자녀와 거리감이 생기고 자신의 자녀가 아닌 다른 아이처럼 여겨져 상실감을 느낄 수도 있다. 이에 부모와 자녀 관계가 멀어지는 것을 막기 위해 위탁양육이 아닌 입주치료나 보육치료를 하는 경우도 있다.

(5) 집단치료

부모 집단치료와 유사하다. 예를 들어, 사춘기 전과 사춘기를 맞은 아동 8명을 한 집단으로 하여 집단치료를 하면서, 다양한 문제를 매우 효과적으로 치료할 수 있다.

4. 아동학대에 대한 우리의 현실

우리나라에는 아동학대에 대한 통계자료가 부족하고, 그 문제의 심각성도 잘 알려 있지 않다. 또한 아동학대에 관한 연구, 사회적 관심도, 법적 위치 등도 모두 빈약한 실정이다. 최근 우리나라에서 일어나고 있는 산업화, 핵가족화, 개인주의, 남녀평등사상 등의 서구화와 이에 따른 사회 구조 변화, 부부 관계 변화, 이혼율 증가, 아동관과 가치관의 변화를 볼 때 서구사회의 전철을 밟아 가고 있는 경향이 있다. 따라서 아동학대와 방임, 성장 부진, 성적 학대 등의 문제가 점차 의학적, 사회적 문제로 등장할 것으로 예상되기 때문에 그러한 문제가 더 광범위해지고 심각해지기 전에 예방책을 논의해야 할 것이다.

우리나라 아동학대에 대한 급선무는 우선 아동학대 사례 발굴과 자료 수집을 하는 것이다. 아동학대 사례 발굴이나 대중교육이 부진한 것은 아동학대 건수가 많지 않아서가 아니라 우리 사회의 인식 문제와 함께 아동학대를 받은 아동이 병원으로 우선적으로 갈 수 있는 아동학대 취급센터가 그동안 없었다는 데 있다.

(1) 지역사회에서의 각종 서비스

영유아 학대가 발견되었을 때 병원에서뿐 아니라 학대 가정이 속한 지역사회 내에서 이를 위한 각종 서비스를 제공할 수 있어야 한다. 특히 가정방문 서비스, 부모의 문제와 가정의 문제를 해결해 줄 수 있는 부모 보조원 등이 필요하다.

(2) 유아보육 · 교육 시설의 이용

우리나라에서 조기교육을 담당하고 있는 어린이집, 유치원 교사에게 아동학대에 관한 지식을 교육시킴으로써 증거 사례를 신속히 발견하게 할 수 있다. 또한 영유아 부모에 대한 사전교육을 통하여 아동학대 발생을 예방하는 역할을 할 수 있다. 실제적인 아동 훈육방법, 아동 행동관리법, 아동발달에 대한 지식 등을 부모교실을 통하여 교육함으로써 아동학대를 예방할 수 있다.

(3) 부모 문제 및 가정폭력의 치료

가정에서 부부간 문제가 심각하거나 구타행위가 일어나는 경우 아동학대 또한 일어날 가능성이 높으므로 부부와 가정 문제를 우선 해결해 주는 것이 아동학대를 막는 방법이 될 수 있다. 그동안 사적 문제로 간주하던 가족 내 문제를 이제는 사회 문제로 인식하여 다루어야 한다.

(4) 학대 위험성이 높은 가정의 색출

학대 가능성이 높은 가정을 조기에 색출하여 미리 치료함으로써 이런 부모가 아동을 다룰 때 겪는 스트레스와 좌절, 그리고 각종 문제를 실제로 다룰 수 있는 효과적인 양육방법 및 훈육방법을 습득하도록 교육시킨다.

학대 가능성이 높은 가정으로는 자녀가 저체중아, 미숙아, 기형아인 경우와 부모 자신이 학대를 받았거나 성격장애가 있거나 폭력이나 알코올 중독 증세를 가진 경우를 들 수 있다.

(5) 사회 대중 교육

좀 더 일차원적 예방법으로는 부모교육을 이미 부모가 된 부모나 학대 가능성이 높은 부모 외에도 미혼 남녀, 출산 전의 부모에게 시행하는 것이 필요하다. 이는 단순히 아동학대뿐만 아니라 잘못된 아동양육에 의해 생길 수 있는 다양한 문제를 예방하는 효과적인 방법이 될 수 있다.

(6) 학대신고 및 보호체제

우리나라도 학대받는 영유아를 발견할 경우 쉽게 보고할 수 있는 통로를 마련하고 법에 의하여 의무적으로 보고하도록 한다면 사례 발견에 큰 도움이 될 것이다. 일반적으로 학대받는 아동은 제일 먼저 병원을 찾게 되므로 의사의 신고정신이 중요하다. 최근 개정된 아동복지법은 아동을 구타하거나 신체에 손상을 주는 행위, 아동에게 성적 수치심을 주는 성희롱·성폭행, 아동의 정신건강 및 발달에 해를 끼치는 정서적 학대, 아동의 의식주를 포함한 기본적 보호양육 및 치료를 소홀히 하는 행위, 아동에게 구걸을 시키거나 아동을 이용하여 구걸하는 행위 등을 아동학대로 규정하고 있다.

전국 시·도에 설치되는 아동학대 전문기관에서는 전문상담요원을 배치하고 전국 어디에서나 국번 없이 통화가 가능한 긴급전화인 1577-1391 혹은 보건복지부 콜센터 129번이 개설되어 아동학대 신고접수를 받게 되었다. 전문상담요원이나 경찰은 신고를 받는 즉시 현장에 출동하여 현장조사서를 작성하고 격리 및 치료 등이 필요한 경우에는 인근 보호시설이나 병원에 응급조치를 의뢰할 수 있다. 2014년 1월 신고의무자인 부산의 한 어린이집 교사에게 아동학대 신고의무 불이행으로 인한 처벌이 이루어지기 시작하였다. 아동학대 신고양식은 〈표 8-1〉과 같다. 다음의 양식은 전화 및 이메일 또는 우편 신고 시에 사용할 수 있다.

표 8-1 아동학대 신고 양식

신고자 이름	전화번호		관계
아동 이름	성별 남( ) 여( )		나이
주소		전화번호	
학대행위자	성별 남( ) 여( )	나이	관계
주소		전화번호	
또 다른 증인 이름	전화번호		
학대 상황			
학대받고 있다고 믿는 이유			
학대자가 급박한 상황인지에 대한 신고자의 의견			

제 **9** 장

영유아 안전교육과
응급처치

아 동 건 강 교 육

1. 영유아 안전교육의 중요성

안전교육이란 사고를 줄일 수 있도록 위험한 상황에서의 대처 능력과 기술을 기르는 것이며, 안전은 이를 실천함으로써 이루어질 수 있다. 지금까지 유치원과 가정에서는 크고 작은 각종 안전사고에 어려움을 겪어 왔다. 경험이 많은 교사와 부모는 그런 사고를 오랜 시간 경험을 통하여 대처할 수 있지만 경험이 적은 교사와 부모는 경미한 사고에도 당황하는 경우가 많으며, 큰 사고를 당할 때에는 아무런 조치를 취하지 못한다.

최근 유아교육 기관에는 종일제반의 도입으로 인하여 유아가 유치원, 보육시설 등 아동교육 및 보호시설에 머무는 시간이 점차 늘어나고 있으며, 그에 따라 건강과 안전 문제 역시 더 큰 문제로 대두되고 있다. 따라서 영유아를 지도하는 교사는 영유아의 건강과 안전에 대하여 더 많은 관심을 기울여야 한다. 즉, 아무리 좋은 교육을 하여도 단 한 번의 실수로 발생된 안전사고는 모든 교육활동을 수포로 돌아갈 수 있음을 한시도 잊지 않아야 한다. 우리는 평소에 건강과 안전이 얼마나 중요한지에 대하여 마음속으로만 생각하고 철저한 대비를 하지 못하고 있다가 막상 생활 속에서 크고 작은 사고를 당하여 많은 어려움을 겪고 나면 그때서야 평소의 안전교육이 얼마나 중요한지를 절실하게 깨닫게 된다.

현대 문명의 급속한 변화와 발달로 인하여 생활의 풍요로움과 윤택함이 증가된 만큼 그 속에 잠재된 사고의 가능성은 더욱 높아졌다. 특히 영유아 시기에는 주변 사물이나 환경에 대한 호기심과 탐구 욕구가 강한 반면, 신체 능력이나 운동 기능이 미숙하여 주변 위험에 대한 지식이나 결과 예측 능력이 부족하므로 많은 위험에 노출될 수밖에 없다.

따라서 가정과 유아교육 기관에서 안전교육을 통해 아동 스스로가 자신을 보호할 수 있도록 안전에 대한 지식이나 기능, 태도 및 습관을 형성해 나가야 함은 물론 아동과 관련된 각종 시설, 설비 및 교구 · 교재는 재해를 미연에 방지할 수 있는 안전한 환경으로 구성되어야 한다. 영유아 시기의 안전사고는 가정,

교육기관, 생활 주변의 환경 어느 곳도 완전히 안심할 수 없으며, 성인이 관리를 소홀히 한다면 더욱 그러하다. 따라서 사고는 어느 정도 예측 가능한 범위 내에서 발생한다는 점을 감안할 때 철저한 안전 관리와 지도의 중요성이 강조된다.

영유아 시기의 안전을 위해서 첫째, 안전한 실내 · 외 환경을 제공해야 한다. 둘째, 부모와 교사의 주의 깊은 관찰과 일관성 있는 지도를 통해 아동 스스로 안전을 지킬 수 있는 능력을 길러 주어야 한다. 셋째, 발생 가능한 불의의 사고에 대비하여 사고 발생 시 처리 절차나 대비책을 마련하여 신속 · 정확히 처리한다. 넷째, 발생한 사고와 유사한 사고가 발생하지 않도록 주의를 기울여 관리해야 한다.

2. 영유아를 위한 응급처치법

1) 응급처치를 위해 준비해야 할 사항

(1) 응급처치의 기본 개념 이해

구급처치란 일반적으로 의사가 아닌 부모, 형제를 비롯한 위급한 상태에 있는 사람에 대해 어떤 처치를 하는 것을 말한다. 엄밀하게 말하면 의사가 하는 응급상태에 대한 의료행위를 응급처치(emergency medical care)라 할 수 있다. 구급처치는 어디까지나 전문적 치료를 받을 때까지의 응급 상황에서의 처치다. 이렇게 구분해야 하는 이유는 비전문가인 일반인이 의료행위(진단과 치료)를 하는 것은 법으로 금지하고 있기 때문이다.

비전문가인 일반인이 위급 상황에서 처치해야 할 범위는 의사의 전문적인 응급처치를 받기 전까지로 한정하되 의사가 실시하게 될 치료에 도움이 되는 것이어야 한다. 종종 잘못된 구급처치를 하여 문제를 악화시킬 수 있으므로 구급처치에 대한 올바른 지식을 숙지해 두어야 한다.

유치원과 가정에서의 구급처치도 같은 맥락에서 보아야 한다. 유치원이나 가정에서 안전사고가 발생한 경우 병원에 가기 전까지 혹은 119 구급차가 오기 전까지 위급 상태에 있는 유아를 그냥 방치해서는 안 된다. 다양한 사례에 따른 기본적인 안전지식을 알고 그에 근거하여 안전사고의 상태를 잘 관찰하여 응급처치를 하는 경우 많은 도움이 된다. 그러나 어떤 경우에는 있는 그대로 보호해야 하는 때도 있다. 특히 골절상인 경우에는 부러진 날카로운 뼈가 신경을 절단시킬 수 있으므로 주의해야 한다.

유치원 교사나 부모가 어떤 도움을 줄 수 있는지에 대한 상황을 파악하기 위해서는 유아가 겪을 수 있는 다양한 사고에 대한 기본 이해가 있어야 할 것이다. 유아 사고에 대한 이해의 가장 큰 의의는 그것이 바로 예방으로 연결될 수 있다는 데에 있다.

(2) 응급처치 시 유의 사항

우선 당황하지 않아야 한다. 부상과 질병의 정도를 냉정하게 판단하고 아무 치료방법이나 사용하지 않는다. 안정을 취하도록 하고 서둘러야 할 처치부터 응급처치를 시작한다. 기도를 확보하고 가급적 음료는 주지 않는다. 특히 의식이 없을 때에는 음료를 주어서는 안 된다. 보온에 주의하고 환자를 격려하며 올바른 방법으로 이동한다.

(3) 구급상자와 약품의 사전 준비

우선 구급상자를 준비하고 관리한다. 일정한 장소에 두고 사용한 후에는 반드시 원래 있던 곳에 돌려 둔다. 직사광선이 닿지 않는 곳, 습기가 없는 곳, 신선한 곳, 어린아이의 손이 닿지 않는 곳에 보관한다. 매년 한 번씩 내용물을 점검하여 새것으로 보충하고 날짜를 기록한다. 해열제(좌약)와 얼음주머니 등은 냉장고에 보관한다.

그리고 구급상자에 준비해 두어야 할 기본 재료 및 약품을 점검한다. 구급상자에는 가위, 칼, 핀 세트, 족집게, 손전등, 얼음주머니, 체온계, 혈압계, 지혈대, 의료용 고무장갑 등의 기재를 준비해 둔다. 의료용 재료로는 신축붕대, 탄성붕대, 삼각건, 가제, 면봉, 커트밴드, 반창고, 탄성 반창고, 인스턴트 얼음, 스프레이 붕대, 부목 등이다. 외용약으로는 소독용 알코올 솜, 옥시풀, 크레졸 비눗물, 항생물질 연고, 테라마이신 안연고, 스테로이드 연고, 암모니아수, 소다,

습포약, 안약, 무화과 관장약 등이다. 내복약으로는 해열제, 종합 감기약, 진통제, 위장약, 차멀미 방지약, 항히스타민제 등을 준비하고 항생물질은 유효기간에 주의하고 낡았으면 교환한다. 내복약을 보관할 때는 복용량을 적은 설명서를 함께 보관하도록 한다.

(4) 긴급 연락 카드 작성

유치원에는 유아마다 긴급 연락 카드를 작성해 둔다. 긴급연락 카드에는 혈액형, 알레르기 체질, 치료받고 있는 병, 집이 비었을 때 연락할 친척, 친구, 가까운 사람의 집 등을 기입한다. 긴급연락처란에는 가족의 연락처와 평소에 이용하는 응급병원 연락처를 적도록 한다. 카드 작성은 학부모가 직접 쓰도록 한다.

(5) 구급차를 부를 때 유의 사항

국번 없이 119로 전화를 건다. 연결이 되면 "구급입니다!"라고 말하고 구급차가 가야 할 장소와 그 목표물(몇 동, 몇 층, 몇 호실, 지하철역이 있는 경우 역 이름, 주위의 특별한 건물 등), 전화를 건 사람의 성명, 사고의 내용(언제, 어디서, 어떻게, 어떤 상태인가), 환자의 수, 성별, 용태 등을 밝혀야 한다. 구급차가 도착할 때까지의 준비 사항으로는 필요한 응급조치를 실시하고, 단골 병원의 주치의에게 연락하고, 가족에게 연락을 취한 후 전화로 연락한 목표물까지 구급차를 마중 나간다. 구급차가 도착하면 구급차가 도착하기까지의 유아의 용태와 그간의 처치 내용을 말하고, 유아의 지병이나 평소 다니던 병원과 주치의의 이름을 말한다.

2) 영유아를 위한 심폐소생법(CPR)

(1) 예방을 위한 초기 관찰

대부분의 경우 영유아의 심장 이상은 사전에 예방할 수 있으며, 예방책은 심장 이상이 종종 호흡 이상에서 오기 때문에 호흡 이상의 초기 증상을 인지하는 것이다. 호흡 이상의 초기 증상은 다음과 같다.

- 흥분, 격앙
- 졸음, 나른함
- 피부색 변화(창백해지거나, 회백색 또는 푸른색으로 변함)
- 호흡곤란의 증가
- 호흡과 맥박의 빨라짐

　맥박이 없으면 심폐소생법을 시작한다. 심폐소생법을 시작하기 전에 5~10초간 경동맥을 확인하는 것이 중요하다. 왜냐하면 심장이 뛰고 있을 때 흉부압박을 하면 매우 위험하기 때문이다.

(2) 심폐소생법의 실시
　심폐소생법(CPR)을 실시해야 할지 알아보기 위하여 기도, 호흡, 순환(ABC: Airway, Breathing, Circulation)을 확인하는 1차 조사를 시작한다.

① 의식 유무를 확인한다.
② 도움을 요청한다.
③ 아동의 자세를 교정한다.
④ 기도를 개방한다.
⑤ 호흡하는지 보고 듣고 느낀다.
⑥ 호흡이 없으면 두 번 천천히 불어넣는다.
⑦ 경동맥을 확인한다.
⑧ 응급 의료서비스 기관에 전화연락을 부탁한다.
⑨ 심폐소생법을 실시한다.

① 압박위치 찾기
① 영유아를 딱딱하고 편편한 바닥에 가슴과 머리가 수평이 되도록 하여 바로 눕힌다.
② 한 손은 영유아의 이마 위에 얹어 머리

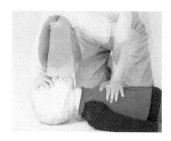

를 뒤로 젖혀 기도를 확보한다.

③ 다른 손은 영유아의 흉곽 아래 끝 부분
에 대고 가슴 아래 부분 중앙에서 늑골
과 흉골이 만나는 위치, 즉 명치 부위까
지 중지로 더듬어 올라간다.

④ 중지를 이 위치에 놓고 검지를 중지와
함께 흉골 아래 끝 부분에 놓이도록 중
지 옆에 놓는다.

⑤ 검지의 위치를 주의 깊게 보아 둔다. 흉
골에서 손가락을 떼고 그 손의 손 꿈치
를 검지가 놓였던 곳 바로 위에 올려놓
는다. 가슴에 손가락이 닿지 않게 손 꿈
치만 흉골 위에 올려놓는다. 영아인 경
우에는 갈비뼈가 손상될 수 있으므로 엄
지와 검지 두 손가락을 사용해야 한다.

② 흉부압박 요령

① 압박할 때는 영유아의 흉골 위에 얹은
손만을 사용한다. 팔이 수직이 되게 하
여 밑으로 누른다.

② 압박할 때마다 흉골을 2.5~3.8cm 정도
로 누르고 부드럽게 규칙적으로 쉬지 않
고 한다. 영아인 경우에는 엄지와 검지
두 개로 1.5~2.8cm로 누른다.

③ 분당 80~100회의 압박을 한다.

③ 흉부압박 하여 불어넣기

① 흉부압박 5회와 불어넣기 1회를 1주기로 동시에 실시한다. 영아인 경우에
는 호흡과 맥박이 빠르기 때문에 3~4회와 1회 주기를 유지한다.

② 매 주기마다 한 손으로 5회의 흉부압박을 하고, 다른 손은 유아의 이마에 얹은 후 압박하던 손을 떼어 턱을 끌어올려 1회 불어넣기를 한다. 불어넣기를 하고 나면 다시 손을 가슴의 정확한 위치에 놓고 흉부를 압박한다.

3. 교통안전 및 화재안전 지도

1) 영유아 교통안전 지도

(1) 교통안전 지도의 필요성 및 방향

유아의 전인적 발달은 건강과 안전이 보장될 때 비로소 가능하다. 유아기에 안전사고로 인하여 목숨을 잃거나 평생을 불구로 살아가는 경우도 있다. 유아기의 여러 안전사고 중 가장 큰 비중을 차지하는 것은 교통사고이며, 어릴 때부터 올바른 교통안전에 대한 행동을 습관화시키는 것은 자신의 생명을 유지하는 데 필수적이다. 이는 장차 교통질서를 준수하는 바람직한 문화인을 육성하는 것과도 직결되므로 유아기에 가정과 기관에서 반드시 체계적인 교육을 시켜야 한다. 유아기의 효율적인 교통안전 교육의 기본적인 방향은 다음과 같다.

- 유아기 교통안전 교육은 부모에 대한 교육과 병행되어야 한다.
- 유아기 교통안전 교육은 체계적이고 지속적으로 이루어져야 한다.
- 유아기 교통안전 교육은 구체적, 실제적인 목표와 행동훈련으로 이루어져야 한다.

(2) 영유아의 특성

영유아는 시야가 좁고 속도와 거리의 감각이 부정확하다. 유아는 추상적인 말만으로는 이해하지 못하므로 자세하고 구체적으로 설명해 주어야 한다. 특히 영유아의 기분이 흥분될 때 사고위험이 높으므로 주의한다. 유아는 종종 길에서 위험한 놀이를 한다. 도로교통법 제11조에서는 "교통이 빈번한 도로에서 13세 미만의 어린이 보호자는 그 어린이를 도로에서 놀게 하거나, 6세 미만의 유아만을 혼자 보행하게 하여서는 아니 된다."라고 규정하고 있으므로 길이나 도로에서 유아가 놀지 않도록 각별히 주의를 기울여야 한다.

(3) 영유아 교통사고 예방대책

버스를 이용할 때에는 보도에 서서 차례로 줄을 서서 기다리고 다가오는 버스를 향해 뛰지 않는다. 완전히 멈춘 뒤 차례차례 버스에 오른다. 신발을 신은 채 의자에 올라가지 않도록 하며 의자 등받이에 등을 바짝 대고 바르게 앉는다. 차가 출발한 후 버스 안에서 왔다 갔다 하지 않는다. 버스가 완전히 정차한 후에 앞에서부터 차례대로 내리며, 버스 계단을 한 칸씩 내려오고 뒤에서 밀지 않는다. 버스에서 내려 길을 건너가야 하는 경우에는 자기가 탔던 버스가 완전히 지나간 후에 좌우를 잘 확인하면서 안전하게 길을 건넌다. 고속버스를 이용하는 경우에는 반드시 안전벨트를 맨다.

승용차를 이용할 때에는 의자에 등을 바짝 대고 바르게 앉은 후에 반드시 안전벨트를 맨다. 영유아는 운전자 옆 좌석에 앉지 않고 반드시 뒷좌석에 앉는다. 승용차 안에는 장난치지 않고, 얼굴이나 팔을 밖으로 내밀지 않는다. 내릴 때에는 오토바이나 자전거 옆으로 지나갈 수 있기 때문에 뒤쪽을 확인한 후에 문을 열고 반드시 오른쪽으로 내린다.

부모가 지켜야 할 승용차 안전 수칙

- 유아용 안전의자를 반드시 장착한다.
- 유아를 먼저 태우고 나중에 내리게 한다.
- 성인이 아기를 안고 운전자 옆 좌석에 앉는 것은 굉장히 위험하다.
- 차에서 내릴 때에는 뒤에서 오는 오토바이, 자전거 등이 없는지 확인한다.
- 절대로 아기를 밀폐된 승용차 안에 혼자 두지 않는다.
- 주행 중에 유아가 창문을 조작하지 못하도록 '어린이 잠금장치'를 사용한다.

(4) 교통사고를 당했을 때 대처방법

부상자를 옮길 때는 가능한 한 움직이지 않도록 하고 구급차는 119를 통하여 부른다.

사고를 당한 유아를 안전하게 유지시켜야 하며 가벼운 부상리라도 반드시 의사의 진단을 받아야 한다. 사고를 일으킨 운전자의 주소나 성명을 확인하고 교통사고는 반드시 경찰(112)에 신고해야 한다.

2) 영유아 화재안전 지도

(1) 화재가 났을 때의 대처방법

화재가 발생했을 때 가장 먼저 할 일은 안전하게 밖으로 나오는 일이다. 화재 시에는 침대 밑 등에 숨어서 피할 수 있는 것이 아니며, '불이야!' 하고 큰 소리로 외치면서 불길이 없는 가장 빠른 경로를 통하여 바깥으로 나와야 한다. 1층 이상의 건물인 경우에는 계단을 이용하여 대피한다. 엘리베이터는 불이 나는 순간 작동이 되지 않으며 유독가스로 가득 차는 경우가 많으므로 이용하지 않는다. 유아교육 기관에서는 유아나 교사가 쉽게 볼 수 있는 곳에 화재 발생 시에 대피할 수 있는 경로를 붙여 두어야 한다. 또한 비상구 표시등은 항상 정상적으로 작동하도록 관리해야 한다.

화재 발생 시에 교사는 혹시 책상 아래나 구석에 숨어 있는 유아가 있는지, 또 남아 있는 유아가 있는지 잘 살펴서 대피시켜야 한다. 옷에 불이 붙었을 때는 절대로 뛰지 말고 눈과 입을 손으로 가리고 바닥에 뒹굴어 불을 끈다. 옆 사람은 옷에 불이 붙은 사람을 바닥에 눕히고 물을 붓거나 두꺼운 담요 등을 덮어서 끈다.

연기가 꽉 찬 곳에서는 팔과 무릎으로 엉금엉금 기어 나간다. 보통 맑은 공기는 바닥에서 30~60cm 사이에 떠 있으므로 배를 깔고 기어서는 안 된다. 연기 등으로 어두워서 출입문을 찾을 수 없을 때는 손으로 벽을 더듬으면서 이동한다. 수건이나 옷을 물에 적셔 코에 대고 숨을 쉬면 유독가스에 의한 기도의 손상을 어느 정도 감소시킬 수 있다.

방 밖에서 불이 난 경우 방문을 열기 전에 문의 손잡이를 만져 보고 뜨겁지 않으면 천천히 문을 열고 나간다. 그러나 손잡이가 뜨거우면 다른 문이나 창문을 통하여 대피한다.

(2) 소화기 사용방법
① 소화기의 비치

소화기는 항상 잘 보이는 곳, 잘 꺼낼 수 있는 곳, 그늘진 곳, 습기가 적은 곳에 보관해야 하며, 늘 같은 장소에 있어야 한다. 유아가 소화기를 사용하거나 장난치게 해서는 안 된다. 가스레인지, 석유난로 등과 같은 기름에 의해 불이 났을 때, 혹은 전기에 의해 불이 나서 빠른 속도로 불이 번져 나가는 경우 소화기를 사용하여 불을 꺼야 하는 상황을 이해한다. 소화기는 여러 개를 한꺼번에 묶어 두지 않아야 하며, 사용 후에는 반드시 재충전하여 적어도 한 달에 한 번 이상은 아래위로 뒤집어 흔들어 주고 분말약제가 굳었는지, 가스충전 게이지가 녹색 부분에 있는지를 확인한다. 소화기는 대피 통로를 확보해 둔 상태에 불길에서 2~3m 정도 떨어진 거리에서 바람을 등지고 사용해야 한다. 소화기는 적어도 가정의 경우 부엌과 각 층에 하나씩 비치하고, 유아교육 기관의 경우에는 주방과 각 교실에 하나씩 비치해야 한다.

② 소화기 사용방법

소화기의 안전핀을 뽑는다. 바람을 등지고 불 쪽으로 호스를 겨냥한다. 손잡이를 꽉 쥐고 뿌린다. 호스를 조심스럽게 비로 쓸 듯이 움직이면서 불을 끈다.

(3) 화재 대피 훈련 시 유의사항

화재경비의 소리를 식별하도록 한다. 화재 경보가 울리면 놀던 것을 멈추거나 화장실에서 나와 교사에게로 간다. 건물 밖에 있었을 때는 그대로 바깥에 있으면서 평소에 모이기로 약속해 둔 장소로 간다. 화재경보가 울리면 교사의 지시대로 신속하게 움직인다. 자기의 소지품이나 옷 등을 챙기려 하지 않는다. 대피훈련을 할 때는 가까운 친구와 함께 훈련에 참가하는지를 확인한다. 소규모 자위소방대 편성표를 만들어 화재가 났을 때 교사의 역할을 분담해 둔다. 여러 가지의 가능한 대피 경로를 평소에 준비하고 각 경로에 대한 대피훈련을 정기적으로 반복하여 실시한다. 대피경로나 비상구의 주위는 항상 원활한 통행이 가능하도록 깨끗하게 치워 둔다. 어두운 계단을 통해 대피해야 하는 경우에 대비하여 교사는 손전등을 손쉽게 들고 나올 수 있도록 준비해 두어야 한다. 화재 발생 시에는 화재가 발생한 층의 아래층은 건물 바깥으로, 위층은 옥상으로 대피한다.

(4) 화재 발생 시 신고요령

주소와 전화번호를 말하고 주변의 큰 건물 등 목표물을 말한다. 어디에서 어떻게 화재가 났는지를 알고 있는 대로 말하고 상황도 설명한다. 예를 들어, 주방에서 불이 났다, 불꽃이 창밖으로 나왔다, 연기가 나오고 있다 등 구체적으로 말한다. 유아의 대피상황을 설명한다. 고립된 유아가 있는 지와 건물의 층수를 이야기하면 구조 활동에 도움을 줄 수 있다. 다른 위험한 요소는 없는지 주변 상황을 최대한 침착하게 설명한다. 전화로 신고를 한 후에는 밖으로 나가서 소방차를 유도한다. 유아나 다른 구경꾼이 소방차 주변으로 몰려들지 않도록 주의하고 대피하지 못한 유아가 없는지 인원점검을 한다.

4. 안전사고 사례별 응급처치 내용 및 방법

1) 상처가 났을 때

(1) 긁힌 상처(찰과상)

놀이터에서 넘어지거나 길을 가다 벽에 닿아서 피부나 점막이 마찰되거나 긁혀서 생긴 상처로 출혈은 적으나 병균 등에 감염될 우려가 있다. 응급처치 방법은 다음과 같다.

① 손이나 더러운 헝겊으로 함부로 상처를 건드리지 말고 엉키거나 뭉친 핏덩어리를 다치게 하지 않는다.
② 흙이나 더러운 것이 묻었을 때는 깨끗한 물로 상처를 씻어 준다.

③ 상처를 소독하고 가제를 댄 후 반창고로 고정시킨 후 의사에게 간다.

(2) 찔린 상처(자창)

아동의 주변에는 깨진 병, 유리 조각, 장미덩굴 가시, 나무 가시 등이 아동의 발바닥에 박히는 경우가 있다. 또한 활동실의 마룻바닥의 날카로운 나무 부스러기가 손과 발에 찔리는 경우도 있다. 또한 길이가 긴 조각이 박혔을 때는 주위의 피부까지 손상시키거나 파상풍을 일으킬 수 있기 때문에 병원으로 데려가 치료를 받는 것이 좋다. 응급처치 방법은 다음과 같다.

① 가볍게 찔렸을 경우에는 소독한 핀셋이나 족집게로 간단하게 제거한 후 소독약으로 소독과 얼음찜질을 하고 1회용 반창고를 붙여 두면 2~3일 후에는 낫는다.
② 박힌 조각의 끝이 남아 있는 경우에는 바늘 끝으로 피부를 파헤쳐서 한쪽 끝을 나오게 하여 핀셋으로 박힌 조각을 빼낸다. 이때 얼음 조각을 조금 얹어 두었다가 바늘로 헤치면 통증을 조금 덜어 줄 수 있다.
③ 박힌 조각을 빼낸 다음에는 비누와 깨끗한 물로 닦아 내고 항생제를 바른 후 일회용 반창고를 붙여 준다.
④ 찔린 유리나 가시가 비교적 깊게 박혀 상처 부위가 심하게 부어오르는 경우에는 얼음찜질로 부기를 내린 다음 유리나 가시를 무리하게 제거하려 하지 말고 반창고를 붙이거나 소독된 가제를 대고 의사에게 데려가 진찰을 받는다.

(3) 멍이 든 상처(타박상)

멍이 든 상처(타박상)는 유아교육 기관에서 가장 흔하게 발생한다. 멍이 든다는 것은 가까운 곳의 실핏줄이 손상된 것을 의미하는데 부딪치거나 넘어졌을 때 근육이 과다하게 긴장을 했을 때 발생한다. 응급처치 방법은 다음과 같다.

① 팔다리의 가벼운 타박으로 피부에 상처가 없을 때는 곧 환부를 찬 물수건으로 습포하면 통증이 경감된다.

② 피부에 상처가 있을 때는 상처 부위의 소독이 우선이다. 상처 부위를 흐르는 물로 잘 씻고 나서 소독하고, 항생물질 연고, 가제 등으로 처치한 후에 습포약 등을 그 위에 붙이고 붕대로 감는다.

③ 환부를 움직이면 내출혈도 많아지고 통증도 더해지므로 안정을 취한다.

④ 부기가 빠지고 통증이 가시거든 더운 물수건으로 습포한다. 상처가 있거나 부기가 심해지는 경우는 빨리 정형외과로 가도록 한다.

(4) 베인 상처(절창)

날카로운 칼이나 풀잎 등으로 베인 상처는 먼저 지혈시킨 후 상처를 소독한다. 그러나 깊은 상처인 경우에는 지혈시킨 다음 병원으로 가는 것이 바람직하다. 베였을 때의 응급처치 방법은 다음과 같다.

① 얕은 상처의 응급처치

① 가제를 대고 가볍게 2~3분 정도 압박하여 지혈한다.

② 소독약으로 소독하고 가제를 댄 후 반창고를 붙이거나 붕대를 감는다.

② 깊은 상처의 응급처치

① 가제나 깨끗한 천 등을 대고 상처 부위를 세게 압박하여 지혈한다.

② 상처를 압박한 채 환부를 심장보다 더 높게 한다.

③ 출혈이 심한 경우에는 지압점을 찾아 압박한다.

④ 가제 위를 붕대나 삼각건 중으로 고정시킨 후 곧바로 병원으로 간다.

⑤ 상처가 개방되어 있는 경우 꿰매야 한다. 이때는 벌어진 상처 속까지 연고를 바르면 꿰매도 잘 붙지 않으므로 주의해야 한다.

2) 중독이 되었을 때

(1) 독물·약물을 마셨을 때

오음과 오식은 거의 모두가 젖먹이 어린이의 사고다. 증상은 복통, 구토, 경련, 의식 장애 등 다양하다. 응급처치 방법은 다음과 같다.

① 무엇을 먹었는가를 보고하고 토한 것을 의사에게 보인다.
② 무엇을 먹었는지 모를 경우에는 담요 등에 감싸고 내과나 외과에 가서 토하게 한다. 하지만 상황에 따라서는 토하게 하지 않는 편이 좋은 경우도 있다.

(2) 식중독을 일으켰을 때

식중독의 증상으로는 구역질, 구토, 복통, 설사가 식중독의 주된 증상이지만 함께 같은 음식물을 먹은 사람에게서 계속 나타나므로 다른 위장병과 구분이 된다. 세균으로 식중독에 감염되는 경우와 독소 함유 때문에 발생하는 경우가 많다. 응급처치 방법은 다음과 같다.

① 원인이 된 음식물을 먹고 나서 3~4시간 만에 증상이 나타났을 경우는 미지근한 물이나 묽은 식염수 등이 많이 마시게 하고 목구멍으로 손가락으로 자극해서 토하게 한다.
② 요 위에 눕혀 안정을 취하게 하고 식욕이 있으면 죽 같은 소화가 잘 되는 것부터 서서히 주기 시작한다. 전혀 증상이 나아지지 않을 경우 서둘러 병원으로 간다.
③ 원인 식품을 먹고 나서 10시간 이상 경과해서 증상이 나타난 경우는 소화와 흡수가 진행되어 있으므로 토하게 해도 소용없다. 이때는 빨리 의사의 치료를 받도록 한다.
④ 의사의 진찰을 받을 때는 토한 것의 성질과 상태를 의사에게 자세하게 이야기한다. 또한 먹다 남은 것이 있으면 보이도록 한다.
⑤ 식중독을 일으켰을 경우 화장지는 10매 가량 겹쳐서 사용한다. 화장지가 너무 얇으면 세균이 손에 묻어 다른 사람을 감염시킬 염려가 있다.

(3) 유독가스를 마셨을 때

가정이나 유아교육 기관에서의 가스중독은 난로의 불완전 연소와 가스가 새는 곳에서 일어난다. 자각 증상은 두통, 현기증, 토기에서 시작하여 호흡이 급해지고 움직일 수 없게 되고 심하면 의식장애나 경련을 일으키며 호흡도 멎게 된다. 또한 가스가 가득 찬 방 안에서는 창문을 열어 신선한 공기로 환기시켜야 하고 가스의 근원이 되는 스위치를 막고 전원을 끊어야 한다. 응급처치 방법은 다음과 같다.

① 환자를 통풍이 좋은 장소로 옮기고, 반듯이 눕혀 옷을 느슨하게 해 준다.
② 기도를 확보한 다음 호흡의 유무를 관찰한다.
③ 호흡이 있을 때는 보온하여 안정을 취하게 한 후 병원으로 간다.
④ 호흡이 없는 경우에는 구급차를 부르고 구조 호흡을 실시한다.

(4) 풀독이 올랐을 때

야외 학습으로 산과 들판을 간 경우 소독되지 않은 수풀을 지나면서 부드러운 살결에 풀잎이 닿았을 때 피부에 알레르기가 있는 경우 풀독이 오른다. 처음에는 가려운 듯한 느낌으로 시작해서 점차 모기에 물린 것처럼 부풀어 오르고 가려운 증세가 조금씩 심해지다가 손과 발 다리에 발진이 일고 가려움증이 생긴다. 유아교육 기관에서는 산책이나 캠프, 야외학습을 갈 때 아동에게 긴팔 상의와 긴 바지를 입혀 피부가 풀잎에 닿지 않도록 한다. 응급처치 방법은 다음과 같다.

① 맨 처음 가려운 증세가 나타나면 비누와 깨끗한 물로 씻고 알코올이나 식염수로 소독한다.
② 가려운 부분을 가능하면 긁지 못하게 하고 빨리 피부과 전문의에게 진료를 받도록 한다.

3) 골절이 되었을 때

(1) 골절

골절이란 뼈가 부러졌거나 금이 간 상태를 말하며, 원인은 교통사고나 추락사고, 운동으로 인한 부상, 비틀림 등에 의해 생긴다. 증상으로는 심한 통증이 있고, 붓고 멍이 들며 형태가 변한다. 골절된 곳의 밑 부분을 움직일

수 없으며 출혈이 있고 뼈가 튀어나오기도 한다. 응급처치 방법은 다음과 같다.

① 상박 부분(상완골)의 골절은 어깨에서 팔꿈치까지 부목을 댄다.
② 전박 부분(요골, 척골)의 골절은 팔꿈치에서 손가락 끝까지에 걸쳐서 부목을 댄다.
③ 대퇴 부분(대퇴골)은 겨드랑 밑에서 발끝까지 부목을 대며, 몸과 부목의 틈은 의복이나 담요 등으로 채운다.
④ 하퇴 부분(경골, 비골)은 모포, 의복 등을 접어서 넓적다리의 중간에서 발끝까지 싼다. 부목이 있으면 허리에서 발끝까지를 삼각천 등으로 고정시킨다.
⑤ 손가락은 손가락 골절이나 삐었을 때 먼지나 흙은 흐르는 물로 씻고 아이스크림 스틱 등으로 부목을 대거나 또는 부러지지 않은 이웃 손가락과 함께 붕대로 묶어서 병원으로 간다.

(2) 삐었을 때(염좌)

생리적으로 관절이 움직이는 범위 이상의 운동을 무리하게 하기 때문에 관절의 구성 성분의 위치관계는 정상이더라도 관절 부위의 조직이 단렬(斷裂)하거나 늘어나는 것이다. 응급처치 방법은 다음과 같다.

① 부상자를 눕히고 삔 부분을 높여 준다.
② 부상자를 안정시킨다.
③ 의사가 올 때까지 냉수찜질을 하고 움직이지 않게 한다.
④ 딱딱한 바닥에 무릎을 꿇고 발등을 바닥에 대고 뒤꿈치를 모은 후 엉덩이로 누른 채 5분 정도 앉아 있는다.

(3) 쥐가 났을 때(근육강직)

갑자기 근육이 경련을 일으킨 상태가 되고 장단지가 단단하게 당기는 증상이 나타난다. 응급처치 방법은 다음과 같다.

① 몸의 힘을 빼고 발바닥 오목 부분을 가볍게 누르면서 주무른다.
② 무릎을 누르고 다리를 쭉 뻗은 후 발뒤꿈치 아킬레스건 부분을 잡고 당기
  면서 엄지발가락 부분을 몸 앞쪽으로 민다.
③ 더운물 마시지도 효과가 있다.

4) 화상을 입었을 때

(1) 화상

화상의 정도는 깊이와 너비로 판단한다. 특히 너비가 문제인데 성인인 경우
에는 전신의 20%, 영유아인 경우에는 10% 이상일 때 생명이 위험하기 때문에
구급차를 불러야 한다. 자신의 손바닥 크기를 1%로 간주하고 너비를 계산한다.
화상의 깊이에 의한 증상은 1도 정도의 화상은 피부가 발개지고, 2도 정도의 화
상은 물집이 생기고 통증이 있고, 3도 정도의 화상은 하얗게 보이거나 검게 탄
경우이므로 피부이식 등의 치료가 필요하며, 생명이 위험할 수 있다. 응급처치
방법은 다음과 같다.

① 가벼운 화상일 경우 바로 깨끗한 찬물에 화상 부위를 담가 식힌다.
② 2도 화상 정도인 물집은 터뜨리지 않도록 한다. 터트리면 감염되기 쉽고
  치유가 지연되기 때문이다.
③ 냉각시킨 후에는 청결한 가제와 천으로 가볍게 덮고 병원에 간다. 이때 붕
  대 등을 세게 감아서는 안 된다.
④ 기름, 된장, 알로에를 바르는 등 민간치료는 감염 우려가 있으므로 절대
  금한다.
⑤ 3도 이상인 경우에는 환자가 물을 찾더라도 절대 주어서는 안 된다.

(2) 일사병 · 열사병

일사병은 더운 곳에서 직사광선을 장시간 쬐면서 돌아다녔을 때 일어난다.
뇌의 체온을 조절하는 중추가 잘 활동하지 못하여 발한(發汗)과 여러 장기로 가
는 혈류가 증가하는 까닭에 심장의 혈액 송출이 따라가지 못하게 된 상태다. 몸

이 나른하고 두통과 구토증, 현기증, 저혈압, 맥박이 빨라짐 등이 생기고 심할 때는 실신한다. 일사병의 응급처치 방법은 다음과 같다.

① 재빨리 시원한 곳으로 옮겨 눕힌다.
② 의복을 헐렁하게 늦춰 준다.
③ 물이나 식염수를 마시게 한다.
④ 환자가 적당하다고 느끼는 시원한 온도에서 쉬게 하면 대개는 한참 있으면 회복한다.
⑤ 시원한 물수건으로 몸을 씻어 주어 열을 식힌다.

열사병은 땡볕 아래가 아니더라도 몹시 더운 곳에서 일을 하거나 운동을 할 때 일어난다. 불충분한 방한(發汗), 열의 축적, 산소결핍 등으로 40도 이상의 체온 상승, 동공의 확대, 의식 상태의 악화, 전신경련 등의 증상이 나타난다. 일사병 발생의 응급처치 방법은 다음과 같다.

① 즉시 구급차를 부른다. 구명을 위해서는 고도의 의료치료가 필요하므로 될 수 있는 대로 응급시설이 있는 큰 병원으로 옮기도록 한다.
② 구급차가 오기까지 30도 정도의 미지근한 물을 끼얹으면서 선풍기로 식힌다. 체온은 가끔씩 체크해서 너무 식히지 않도록 주의해야 한다.

5) 이물질이 들어갔을 때

(1) 눈에 이물질이 들어갔을 때

유아교육 기관에서 유아가 모래놀이를 하다가 눈에 모래나 흙이 들어가는 경우가 종종 있다. 또 향수, 헤어스프레이, 다른 이물질이 눈에 들어가게 되면 유아는 아주 아파하게 된다. 그리고 잘못하면 시력을 잃을 수도 있으므로 적절한 응급처치를 하면서 병원으로 데리고 가야 한다. 응급처치 방법은 다음과 같다.

① 눈을 깜박이든가, 눈을 감든가 또는 깨끗한 손으로 위로 눈꺼풀을 쥐고 아래 눈꺼풀에 겹쳐 두면 눈물과 함께 밖으로 흘러나온다.

② 이 방법으로 제거되지 않는 경우에는 깨끗한 세숫대야에 물을 담고 얼굴을 담그고 눈을 깜박인다. 주전자의 물, 수돗물, 샤워 등으로 씻어 내는 것도 좋다.

③ 눈꺼풀 속에 붙은 먼지는 눈꺼풀을 뒤집고 씻어 내든가 면봉이나 가제 끝을 물에 적셔 살짝 제거한다.

④ 눈에 이물질을 들어갔을 때는 눈 안쪽에서 눈꼬리 쪽으로 센 입 바람으로 불어 내거나 눈꺼풀은 뒤집은 후 혀로 이물질을 닦아 낼 수도 있다.

⑤ 제거되지 않았거나 또는 눈이 까슬까슬하고 아픈 경우에는 각막을 손상할 우려가 있기 때문에 안과 치료를 받는다.

⑥ 눈에 약품과 세제가 들어간 경우에는 즉시 깨끗한 물로 씻어 낸다. 한쪽 눈에만 들어간 경우에는 씻어 낸 약품이 다른 쪽 눈으로 흘러들어 가지 않도록 약품이 들어간 눈을 아래쪽으로 하고 적어도 5분 동안 계속해서 씻어 낸 후 안과의사의 진찰을 받는다.

(2) 귀에 이물질이 들어갔을 때

귀에 들어간 이물질이 동물성인 경우 동물의 움직임에 의한 심한 잡음과 그에 따른 통증이 있으며, 비동물성 이물질인 경우에는 외이도(外耳道)에 통증과 불쾌감이 따른다. 귓속에 이물질이 들어간 상태를 방치해 두면 외이염이나 중이염의 원인이 되고, 고막이 찢어지거나 중이강(中耳腔)을 상하게 하며 현기증을 일으킬 수도 있다. 응급처치 방법은 다음과 같다.

① 외이도 입구에 빛을 비춰서 밖으로 유인해 낸다.

② 스포이트로 올리브유 등 무자극성 기름을 넣어 벌레를 죽여 핀셋으로 끄집어낸다.

③ 담배연기를 불어넣으면 연기에 취하여 나온다.

④ 비동물성 이물질인 경우 외이도 입구에 있는 것은 핀셋으로 제거해도 되지만 자칫 외이도 안쪽으로 이물질을 밀어 넣지 않도록 주의해야 한다. 안

쪽은 통증이 심하고 고막 등을 손상할 위험이 있으므로 간단히 꺼내지 못할 것 같으면 이비인후과에 가서 치료를 받는다.

(3) 코에 이물질이 막혔을 때

코에 이물질이 들어간 것은 어린아이가 콧구멍으로 이물질을 밀어 넣은 경우가 대부분이며 땅콩, 유리, 구슬, 단추, 솜뭉치, 식물의 꽃망울, 장난감 등이 원인이 된다. 비통(鼻痛), 비출혈 등의 증상이 있고, 그 후에는 악취 나는 농성(膿性) 콧물이 나온다. 응급처치 방법은 다음과 같다.

① 코를 푸는 방법으로는 이물질이 들어가 있지 않은 콧구멍을 손으로 누르고 코를 푸는 동작을 함으로써 이물질을 불어 낸다. 너무 세게 하면 고막이 찢어지는 일이 있으므로 주의해야 한다.
② 스포이트 등으로 이물질을 흡입시켜 꺼낸다.
③ 핀셋을 사용하는 방법은 어느 경우든지 조작에 의해 이물질을 도리어 안쪽으로 밀어 넣지 않도록 주의해야 한다. 쉽게 꺼내지 못하는 것은 이비인후과에 가서 치료를 받는다.

(4) 목에 이물질이 들어갔을 때

목 안에 이물이 가득 차 있는 사고는 젖먹이 아이와 노인에게서 많이 일어난다. 노인은 식사 중의 사고, 젖먹이 아이는 주변에 있는 작은 물건을 입에 넣어서 일어나는 사고가 많다. 목 안에 이물질이 걸렸을 때의 증상은 아이의 경우에는 계속 기침을 하고 고통스러운 소리를 내며, 눈을 크게 뜨고, 입술이 창백해지는 등 호흡이 곤란하여 질식하는 경우가 있다. 응급처치 방법은 다음과 같다.

① 기도가 폐쇄되었을 때의 응급처치 방법으로 이물질을 제거한다.
② 이상의 방법으로 제거되지 않을 경우에는 이비인후과와 외과로 데려간다.
③ 콩이나 장난감 등이 기도를 통하여 기관과 폐까지 흡입했을 경우에는 심한 기침을 한 후 색색 소리가 나기 때문에 곧 병원으로 가야 한다.

④ 식도를 통과한 단추나 동전 같은 이물질은 대변과 함께 배출되지만 그래
　도 의사의 진찰을 받는 것이 안전하다.

6) 곤충, 뱀, 짐승에게 물렸을 때

(1) 벌에 쏘였을 때

아동은 소풍이나 야외 견학 시에 캔 종류나 단 음식을 가지고 있는 경우에 벌
의 표적이 될 수 있다. 응급처치 방법은 다음과 같다.

① 벌이 날아오면 캔을 그 자리에 놓고 자리를 피하게 한다.
② 벌에 쏘인 경우에는 벌침을 빼고 암모니아수로 소독한 후 연고를 바른다.
③ 벌에 쏘인 경우 벌침을 빼고 소다를 문질러 준다.
④ 응급처치가 끝나면 병원으로 데려간다.
⑤ 보통 1~2주면 낫는다.

(2) 뱀에 물렸을 때

최근 가정이나 유아교육 기관에서는 자연관찰이나 등산 등 야외활동이 증대
되고 있다. 뱀에 물린 경우 뱀이 가지고 있는 독성이 병원균 등에 감염되는 경
우 심각한 문제를 초래한다. 응급처치 방법은 다음과 같다.

① 독사에 물린 경우에는 우선 안정되게 눕힌다. 움직이면 혈액순환이 좋아
　져서 독소가 빨리 퍼지기 때문이다.
② 독의 확산을 방지하기 위해 상처 위를 묶는다.
③ 상처 부위를 혈관 방향으로 1cm 정도 1자형으로 상처를 낸 후 입으로 독
　을 빨아낸다.
④ 의식이 있는 경우 음료수를 많이 준다.
⑤ 신속하게 의사의 진찰을 받고 항독 처치를 받아야 한다.

(3) 모기나 벌레에 물렸을 때

모기나 벌레에 물렸을 때 생긴 피부염은 흔히 심한 가려움 증세를 동반한다. 이와 같은 피부염의 치료에는 카라드라민 로션이나 스테로이드 연고가 효과적이다. 이를 바르면 염증이 빠른 시간 내에 억제될 뿐만 아니라 가려움도 곧 멈추게 된다. 응급처치 방법은 다음과 같다.

① 모기나 벌레에 물려 가려울 때는 긁지 말고 스테로이드 연고를 바른다.
② 물린 곳에 소다를 문질러 준다.
③ 여러 군데 물려 심하게 붓고 가려울 때는 의사의 진찰을 받도록 한다.

7) 머리를 다쳤을 때

아기는 걸음마 단계에서 자주 엎어지고 넘어지지만 큰 상처를 입지 않는다. 머리를 다쳤을지라도 부어오르는 정도일 뿐이므로 얼음찜질을 해 주면 된다. 그러나 계단 아래로 굴러떨어졌거나 높은 나무에 떨어졌거나 야구를 하다가 방망이에 맞아 심하게 다쳤을 때에는 잘 관찰하여 증상이 심하면 병원에 데려가야 한다. 응급처치 방법은 다음과 같다.

① 머리를 다쳤을 때 제일 먼저 해야 할 응급대책은 기도의 확보다. 머리 외상으로 인한 사망의 원인은 대뇌의 무산소증이다.
② 호흡이 얕고 느리면 과호흡 상태를 유발시키기 위해 인공호흡을 시킨다. 손상된 뇌에 가장 필요한 것은 산소 공급임을 알아야 한다.
③ 아동의 두부 출혈은 쇼크를 초래하기 쉽다. 먼저 두개골 골절을 확인하기 위해 상처 부위를 만져 보아 두개골의 골절이 없다면 상처 주위를 손가락으로 눌러 지혈한다.
④ 두개골 골절이 의심되면 직접적인 상처 부위가 아닌 근접 부위에 압박을 가하고 골절 부위는 압박해서는 안 된다.
⑤ 외부 온도가 섭씨 21도 이상이면 환자의 몸을 담요를 덮지 말아야 한다.
⑥ 상처는 덮어 준다. 뇌 조직이 노출되는 두개골 골절인 경우 소독된 가제

를 적셔 가볍게 덮어 주며 코나 귀에서 출혈이나 뇌척수 액은 가제로 닦
아 낸다.

⑦ 두개골에 이물질이 박혀 있으면 제자리에서 움직이지 않도록 고정시킨다.

⑧ 환자는 앉은 자세로 이송한다. 그러나 환자가 의식이 없다면 구급차로 이
송 도중 반쯤 엎드린 체위가 바림직하다.

8) 코피가 날 때

콧구멍 안에는 혈관의 분포가 풍부하기 때문에 출혈의
빈도가 높아서 앞부분에서 출혈과 뒷부분에서의 출혈
이 있다. 앞부분의 출혈은 압박만으로도 비교적 빨리
멎지만 뒷부분의 출혈은 지혈이 어려워 좀처럼 그치지
않는다. 멎지 않을 경우 빨리 이비인후과 의사의 진찰을
받아야 한다. 코피가 날 때의 응급처치 방법은 다음과 같다.

① 코피가 나면 앞으로 몸을 굽히듯이 앉혀서, 목구멍으로 피가 넘어가지 않
도록 하여 호흡에 지장이 없도록 하며 피는 삼키지 말고 뱉어 내도록 한다.

② 코끝을 엄지와 검지로 꼭 쥐어 지혈을 하고, 코끝 부분과 이마 부분을 찬
물수건으로 습포해서 지혈을 촉진시킨다. 목덜미를 두드리는 방법은 좋지
않으므로 지혈하기 어려운 경우나 피가 목구멍으로 넘어가는 경우는 곧
이비인후과에 가서 치료를 받아야 한다.

③ 쉽게 그치는 코피도 자주 일어나는 경우에는 비강종양(鼻腔腫瘍) 등의 비
강 질환이나 고혈압, 신장, 혈액, 간장 질환 등이 전신질환에 의한 경우로
의심될 수 있으므로 이비인후과 의사의 진찰을 받도록 한다.

9) 갑자기 열이 날 때

고열이 나면 원칙적으로 의사의 지시를 받는다. 당황하지 말고 다른 증세를
관찰한다. 열의 형태에 따라서 무슨 병인지 판단할 수 있으므로 해열제는 의사

의 지시가 있을 때까지 기다린다. 열이 날 때 응급처치 방법은 다음과 같다.

① 오한과 떨림이 시작하면 담요 등으로 전신을 보호하고 따끈한 음료를 준다.
② 발열하면 안정을 취하게 한다. 물베개로 머리를 식히면 기분이 좋다.
③ 온몸에 갑자기 열이 오를 경우 이마에 얼음주머니나 찬물수건을 얹고 미지근한 물에 적신 수건으로 겨드랑이나 등을 마시지하며 식혀 주고 의복은 얇게 입힌다.
④ 손발이 차면서 머리와 가슴 부분만 열이 나는 경우에는 해열제를 먹이고 모포를 덮어서 땀이 나도록 하면서 재운다.

10) 경련을 일으켰을 때

젖먹이 어린이는 경련을 일으키기 쉬운데 대부분은 열성경련으로 2~3분이면 멎는다. 처음으로 경련을 일으켰을 때는 당황하지만 멎은 후 곧 진찰을 받으면 된다. 몸을 흔들거나, 큰 소리로 이름을 부르거나, 품에 안고 병원으로 뛰어가는 등의 방법은 도리어 역효과가 난다. 안정을 취하게 하면서 상태를 관찰하면 경련을 멈추고 잠을 자는 경우가 많다. 그런 다음 의식이 분명하면 당황하여 진찰을 받을 필요는 없다. 응급처치 방법은 다음과 같다.

① 눕히고 옷을 느슨하게 하여 호흡을 편히 할 수 있게 한다.
② 위험한 것이 있는가, 입속에 사탕 등이 들어 있지 않은지 등을 관찰한다.
③ 담요 등으로 보온한다.
④ 심한 경련 시에는 혀를 깨물지 않도록 손수건을 접어 치아 사이에 물린다.
⑤ 열로 인한 경련인 경우에는 얼음주머니로 머리, 목, 겨드랑을 식힌다.
⑥ 토할 수 있기 때문에 머리를 눕혀야 한다.

11) 호흡곤란과 기침이 심할 때

호흡곤란의 원인은 폐와 기관지 계통, 심장질환의 경우가 많다. 최근에는 스트레스와 고민의 누적으로 나타나는 심인성인 경우에는 환자를 안정시키고, 숨을 멎게 한 다음, 천천히 호흡하도록 하고 안심시키면 회복된다. 기침의 원인은 기도에 염증을 일으키는 감기 등의 질병에 걸린 것 외에도 먼지와 점액 등이 기관의 출구에 고였을 때, 차가운 공기와 자극성인 가스를 흡입했을 때 등 일시적인 경우도 있다. 특히 아동이 갑자기 심하게 기침하는 경우에는 이물질 기관에 차 있을 가능성이 있으므로 서둘러서 진찰을 받거나, 환경을 바꾸는 등의 치료가 필요하다.

1 호흡이 곤란할 때 응급처치 방법

① 의복을 느슨하게 하고 편한 자세를 취하게 한다. 눕게 하는 것보다는 앉은 채 뒤에 기대게 하거나 책상에 엎드리게 하는 것이 편하다.
② 몸을 앞으로 밀듯 등을 문댄다. 그 리듬에 맞춰 호흡을 하면 편해진다.
③ 호흡이 편해지더라도 병원에 가서 원인을 확인한다.
④ 격심한 호흡곤란으로 호흡과 의식상태가 나빠진 경우에는 기도를 확보한다.
⑤ 또한 호흡이 멈추었을 때에는 구조 호흡을 실시하는 한편 구급차를 부른다.

2 기침이 심할 때 응급처치 방법

① 침구 등에 상체를 기대게 한다.
② 등을 가볍게 문댄다.
③ 담요 등으로 충분히 보온한다.
④ 가습기를 사용하여 목이 건조하지 않도록 한다.
⑤ 기침이 계속되어 안색이 나빠지고 호흡이 거칠고 열이 나며, 호흡이 곤란하고 식은땀이 나는 등의 증상이 나타난 경우에는 산소흡입이 필요하므로 곧 구급차를 부른다.

12) 구토 · 복통 · 설사가 일어날 때

과식, 감기, 멀미 등과 같은 원인이 분명하고, 토할 때까지는 고통스럽지만

토한 후에는 개운한 경우라면 걱정할 것이 없다. 그러나 토한 후에도 축 처져 있는 경우, 발열, 설사, 복통을 수반하는 경우에는 의사의 진찰이 필요하다. 특히 머리와 배를 강하게 맞은 후 토하는 경우는 뇌 내출혈과 복강내출혈이 의심되기 때문에 종합병원에 가서 진찰을 받도록 한다.

1 구토할 때 응급처치 방법
① 넥타이나 벨트 등 옷을 느슨하게 한다.
② 토한 것이 기도에 들어가지 않도록 옆으로 눕히고 세숫대야 등을 준비한다.
③ 토물 냄새는 다시 토기를 유발하므로 신속히 처리하고 입을 깨끗이 헹군다.
④ 숙취 등 이유가 확실한 구토 이외의 구토물은 보관했다가 의사에게 보인다.

복통은 의식이 몽롱하고, 창백하여, 식은땀을 흘리고 몸이 차가워진다. 또한 복부가 팽만해져서 구토물에서 변 냄새가 나며 구토를 반복하고 변이 나오지 않는 증상이 나타난다.

2 복통이 날 때 응급처치 방법
① 뒹굴거나 배를 움켜쥐고 쭈그리고 앉으며 새우처럼 젖히고 아파하는 증상은 격통이라 할 수 있다. 격통이 계속되거나 일단 통증이 멎었다가 곧 반복해서 아픈 경우에는 주저하지 말고 구급차를 부른다. 이와 같은 경우 수술해야 할 수도 있으므로 물과 음식을 주지 않도록 한다.
② 보통의 복통인 경우에는 의복을 느슨하게 해서 눕히고 무릎을 세우면 복부의 긴장이 느슨해져서 통증이 완화된다. 그런 다음 상태를 살펴 조사하고 의사에게 보고한 후 판단을 기다린다.
③ 복통 이외의 증상은 없으며 배변 후 복통이 없어지고 건강해진 경우에는 걱정할 필요가 없다.
④ 복통이 계속되고 있을 때는 의사의 지시가 없는 한 식사를 주어서는 안 된다.

질병에 의한 설사와 식중독에 의한 설사는 주의가 필요하다. 발열, 구토, 복통 등을 수반하는 설사와 변이 혈변, 점액변, 농이 섞인 경우에는 위험신호이므로 곧 진찰을 받아야 한다.

③ 설사가 날 때 응급처치 방법

① 옆으로 조용히 눕힌다.

② 체온 정도로 끓여서 식히니 물과 엽차 등을 주어 수분을 공급한다.

③ 설사가 심한 경우에는 우선 식사를 주지 않지만, 기운이 있거나 식욕이 있는 경우에는 소화가 잘 되는 식사를 준다.

④ 젖먹이 유아로서 며칠씩이나 설사가 계속 된다든가 체중이 감속되는 등의 증상이 있는 경우에는 소아과 진찰을 받아야 한다.

⑤ 설사나 일종의 장내의 독물에 대한 배설 작용이므로, 신경성에 의한 만성 설사를 제외하고 지사제는 가능한 한 쓰지 않도록 한다.

13) 차멀미를 할 때

차멀미를 일으키는 근본 원인은 잘 알려져 있지 않으나 일반적으로 차의 움직임으로 귀 안쪽에 있는 중이의 균형이 깨져서 일어난다. 아동은 멀미 중에서 차멀미를 일으키기 쉽고, 어른은 배 멀미(seasick)나 비행기 멀미(airsick)에 약하다. 담배 연기, 환기 불량, 불안 또는 책을 읽거나 휴식 없이 장거리 여행을 할 때, 차의 흔들림 등이 원인이 되며, 차의 흔들림에 대한 느낌은 시선을 창밖으로 두고 경관이 스쳐 지나가는 것을 바라보고 있을 때 심해진다. 차멀미를 할 때 응급처치 방법은 다음과 같다.

① 과거에 아동이 차멀미한 적이 있고, 장거리 여행을 한다면 항상 이에 대비해야 한다.

② 담배 연기는 멀미의 요인이기 때문에 승차자의 흡연이 없도록 한다.

③ 차창을 열어 놓아 환기가 잘 되는지 점검해야 한다.

④ 장거리 여행의 경우 2시간마다 쉬어 가는 것이 좋다.

⑤ 차 안에 책을 읽지 않도록 해야 한다. 작은 글씨를 보다 보면 어지럼증과
   눈의 피로를 가져와 멀미를 일으키거나 악화시킬 수 있다.
⑥ 되도록 창밖을 내다보지 말도록 하고 앞만 보며 여행하도록 한다.
⑦ 토할 때를 대비해서 플라스틱 통이나 커다란 수건을 미리 준비해 두면 차
   멀미 예방에 도움이 된다.

14) 딸꾹질이 날 때

딸꾹질의 원인은 먹은 음식, 신경성, 술등에 의하여 일어나는 경우가 많다.
응급처치 방법은 다음과 같다.

① 호흡을 한동안 참는다.
② 냉수를 조금씩 나누어 천천히 마시게 한다.
③ 혀를 1, 2분 동안 자신의 손으로 잡고 앞으로 뺀다.

15) 물놀이할 때

물놀이는 영유아가 가장 좋아하는 놀이 중 하나다.
물을 만지는 동안 직접 느낄 수 있고, 자신의 행위에
대한 반응이 바로 오기 때문이다. 하지만 부주의하
면 큰 위험이 따르기 때문에 다음 사항을 잘 준수해
야 한다.

① 물놀이할 때 친구에게 물을 뿌리지 않는다.
② 더러운 물이나 비눗물을 입에 넣지 않는다.
③ 물놀이는 반드시 보호자의 관찰하에 하여야 한다.
④ 물놀이를 하기 전에는 반드시 준비운동을 한다.
⑤ 물에 처음 들어가기 전에는 손과 발부터 물을 적신 후에 들어간다.
⑥ 껌을 씹거나 음식을 먹으면서 수영을 하면 질식 위험이 있으므로 주의한다.

⑦ 잘 모르는 곳에서 물놀이를 할 때는 사전에 그곳을 잘 조사해 보아야 한다. 장소에 따른 위험 가능성이 존재하기 때문이다. 물의 깊이, 바닥의 상태, 물의 온도, 물결의 위험, 위험한 물체나 생물은 없는지 등을 조사한 후 물에 들어간다.

⑧ 머리가 긴 경우에는 머리를 뒤로 묶거나 수영모를 써야 한다. 물속에서 걸릴 수가 있기 때문이다.

⑨ 튜브를 이용하는 경우 수영하기 전에 튜브의 바람이 꽉 찼는지 바람이 새지 않는지 확인하고, 물속에서 튜브의 바람이 빠졌을 경우에는 소리 쳐서 보호자에게 알린다.

⑩ 물에 빠진 사람을 발견하면 즉시 어른에게 알리고 절대로 구하려고 물속으로 뛰어들지 않는다.

⑪ 야외에서 수영을 할 경우에는 가능한 한 오전 10~12시, 오후 3~5시 정도에 수영을 하여 강한 태양광선을 피하도록 한다.

16) 지진이 발생할 때

그동안 우리나라는 지진의 안전지대로 인식되어 왔으나 최근에는 위험수준의 지진이 일어나는 경우가 종종 발생하고 있다. 따라서 어렸을 때부터 다음과 같은 대피방법을 가르쳐야 한다.

① 지진이 발생할 때에는 천장이나 위에서 물체가 떨어지기 때문에 탁자 밑으로 들어가거나 문지방 사이에 양쪽 팔을 대고 서 있는 자세를 취한다.

② 지진이 발생할 때는 화재발생이 뒤따르기 때문에 가스밸브나 가전제품의 플러그를 뺀다.

③ 출구나 대피소를 살펴 두고 지진으로 문이 뒤틀려 열리지 않을 수 있으므로 현관문을 열어 놓는다.

④ 건물을 빠져 나올 때는 안전사고에 유의하여 엘리베이터는 사용하지 않고 층계를 이용한다.

⑤ 무거운 물건, 깨질 위험이 있는 물건 등은 바닥에 내려놓는다.

⑥ 지진 시에는 특히 머리를 보호해야 하기 때문에 쭈그리고 앉아 무릎 사이
에 머리를 묻고, 양손과 팔로 감싸는 자세를 유지한다.

⑦ 1차 흔들림 후에는 반드시 여진이 일어나므로 이에 대비해야 한다. 여진이
진행되는 동안에는 안전한 곳으로 대피해야 하며 여전히 조심해야 한다.

17) 안전사고 일지

사고가 발생했을 때에는 응급처치를 실시하고 안전사고 일지를 작성하여 보
관한다. 필요시에 가정이나 병원 등에 사고발생 응급처치에 대한 자료를 보낼
때는 복사본을 보내고 원본은 보관해야 한다. 다음에 제시된 안전사고일지는
현장에서 그대로 사용하거나 기관의 목적에 맞게 재구성하여 활용할 수 있다.

안전사고 일지

원 아 명			성별	남 · 여	연령	세
담임교사		(인)	반명		날짜	200 년 월 일 요일
당일활동 행 사 명						

1. 사고가 일어난 장소	① 실외 놀이터 ② 놀이실 ③ 화장실 ④ 복도 ⑤ 식당 ⑥ 강당 ⑦ 교사실 ⑧ 계단 ⑨ 기타 ( )
2. 사고가 난 기구 및 도구	① 오르기 기구 ② 미끄럼틀 ③ 그네 ④ 운동장 표면 ⑤ 교구장 ⑥ 교구 ⑦ 기타 ( )
3. 사고 원인	① 바닥으로 떨어짐 ⑦ 탈것을 움직이다가 다침 ② 뛰다가 넘어짐 ⑧ 사물에 의해 다침 ③ 다른 유아에게 물리거나 긁힘 ⑨ 곤충에게 물리거나 쏘임 ④ 다른 유아가 밀거나 발로 참 ⑩ 급 · 간식, 정수기 물에 데임 ⑤ 먹거나 질식 ⑪ 기타 ( ) ⑥ 동물에게 물림
4. 다친 부위	① 눈 ② 귀 ③ 코 ④ 입 ⑤ 이 ⑥ 몸통 ⑦ 머리 ⑧ 목 ⑨ 팔, 손목, 손 ⑩ 다리, 발목, 발 ⑪ 다른 얼굴 부위(뺨, 이마, 턱) ⑫ 기타 ( )
5. 다친 상태	① 베인 상처 ② 타박상, 부풀어 오름 ③ 자상(찔린 상처) ④ 벗겨진 상처 ⑤ 골절 및 탈구 ⑥ 뼘 ⑦ 압박, 눌린 상해 ⑧ 화상 ⑨ 의식불명 ⑩ 긁힌 상처 ⑪ 기타 ( )
6. 다친 정도	① 상 ② 중 ③ 하 ④ 기타 ( )
안전사고 내 용	
병원치료 처치사항	
보호자 보고 처리사항	
안전사고예방 · 대책 방안	

● 참고문헌 ●

가톨릭의과대학 가정의학과(1993). 건강가족. 건강수칙 제1권. 서울: 도서출판 오픈아트.

강문희, 장연집, 정정옥(1999). 아동정신건강. 서울: 정민사.

강영자, 박성옥, 양명숙(1977). 아동의 스트레스. 서울: 양서원.

강정원(2002). 치료놀이를 통한 부적응 행동 유아의 사회적 관계 증진. 중앙대학교 대학
   원 박사학위논문.

강희숙(1994). 어린이 우발사고 요인 및 행위 관한 연구. 서울대학교 대학원 박사학위논문.

고승덕, 김은주(1999). 유아보건관리학. 서울: 학문사.

곽노의, 곽덕영(1984). 취학전 아동건강. 서울: 백록출판사.

곽노의, 곽덕영(1995). 영아발달. 서울: 양서원.

곽노의, 김길영, 김상우, 김창규, 민웅기, 차광열(1999). 첫아기, 안심하세요. 서울: 여성자신.

곽노의, 이병래, 김진호, 유구종(1999). 생후 1년간의 유아발달과 육아 · 교육. 서울: 양서원.

곽동경, 이혜상, 문혜경, 조유선, 박신정(1995). 유아를 위한 영양과 식단. 서울: 양서원.

교육과학기술부 · 보건복지부(2012). 5세 누리과정 교사용 지침서.

교육과학기술부 · 보건복지부(2012). 5세 누리과정 해설서.

교육과학기술부 · 보건복지부(2013). 3~5세 연령별 누리과정 운영을 위한 교사연수 자료집.

교육인적자원부(2006). 유치원 시설안전관리 매뉴얼.

교육인적자원부(2007). 유치원 교육과정. 교육인적자원부 고시 제2007-153호.

교육인적자원부, 한국교육개발원(2008). 교육통계연보.

구성애(1998). 구성애의 성교육. 서울: 도서출판 석탑.

국회인권포럼 한국아동학대예방협회(1999). 아동학대와 사회안전망 구축.

김경희, 정미숙, 박성미, 박혜숙(1997). 영유아 영양관리 및 식생활 지도. 서울: 양서원.

김계숙(1984). 아동 성장·발달과 건강지도. 서울: 신광출판사.

김계숙, 김희숙(1994). 아동간호학. 서울: 신광출판사.

김광웅, 방은령(1993). 아동발달. 서울: 형설출판사.

김성일 외 10인(1998). 학생과 교사가 함께 보는 청소년 교통안전. 서울: 도로교통안전협회.

김수정(2001). 치료놀이의 이론과 실제. 제1차 초급 TP 워크숍 자료집. 서울: 한국아동 치료놀
    이교육센터.

김수정(2002). 집단 치료놀이를 통한 사회성 증진 보육 프로그램의 효과. 숙명여자대학
    교 대학원 박사학위논문.

김숙희, 유춘경, 강명희, 김선희, 김경자, 이종미, 이현옥(1995). 영양학. 서울: 이화여자대
    학교 출판부.

김승옥(2008). 유아의 인터넷 안전의식 측정도구 개발. 덕성여자대학교 대학원 박사학위
    논문.

김영숙, 이경화(1998). 유아·아동을 위한 정신건강. 서울: 교육과학사.

김용철 역, 피터 러셀 저(1987). 초월명상TM입문. 서울: 정신세계사.

김이주(1977). 어린이의 건강관리(상/하). 서울: 연세대학교출판부.

김재은(1998). 어린이의 발달과 스트레스. 삼성복지재단 주최 제6회 학술대회 논문집.

김정규(1987). 발달심리연구. 서울: 동문사.

김정혜, 엄태식, 이수경, 이영근(1993). 유아건강교육. 서울: 청구문화사.

김정희, 김현주, 정인숙(1997). 아동발달심리. 서울: 동문사.

김종배, 최유진, 박대일, 신승철, 김동기(1991). 임상예방치학. 서울: 이우문화사.

김주성(1998). 아동의 건강과 영양. 서울: 학문사.

김창국, 김수근, 오재근(1997). 최신 체육 인체해부학. 서울: 도서출판 대경.

김현지, 오연주(1997). 유아를 위한 체육활동 이론과 실제. 서울: 양서원.

김혜리 외 11인(1993). 아동의 심리. 서울: 중앙적성출판사.

김화중(1992). 학교보건과 간호. 서울: 수문사.

대한소아과학회(1997). http//ksbaby.doctor.co.kr/; http//my.dreamwiz.com/

대한소아치과학회(1990). 소아치과학. 서울: 이화출판사.

대한영양사회(1992). 가족건강을 위한 바른 식사.

대한적십자사(1995). 공동 심폐소생법.

덕성여자대학교 부속유치원(1998). 유아 영양과 요리활동. 서울: 창지사.

민제호(2007). 아동의 스트레스 해소를 위한 요가 동작. 유아기 스트레스 해소를 위한 교육 활동. 열린유아교육연구소 2007년도 교사연수 자료집.

박경란(2003). 치료놀이 활동이 유아의 스트레스에 미치는 영향. 광주대학교 산업대학원 석사학위논문.

박길준, 박태섭, 박형섭(1996). 성장 단계별 신체의 발육발달론. 서울: 상조사.

박남도(1995). 유아 교육안전 교육 실태조사 및 개선 방안에 관한 연구. 전남대학교 교육대학원 석사학위논문.

박성순, 김창국(1997). 맨손체조의 원리와 구성. 서울: 도서출판 대경.

박은영(1998). 저소득층 가정의 유아안전사고 실태 조사 연구. 숙명여자대학교 교육대학원 석사학위논문.

배정희(2000). 어린이와 함께하는 요가. 서울: 도서출판 개마서원.

보건복지부(1996a). 보육시설 급식프로그램 2. 식단 및 요리집. 서울: 문영사.

보건복지부(1996b). 보육시설 급식프로그램 3. 식생활지도. 서울: 문영사.

보건복지부(1996c). 영아보육 프로그램 7. 영양식품 및 안전관리. 서울: 문영사.

보건복지부(2013). 영유아보육법령집.

북구YWCA여성인력개발센터(2007). '펀요가 & 국술' 방과 후 특기적성 교사양성 교재.

사단법인 한국안전생활교육회(2013). 안전과 건강.

삼성복지재단(1992). 보육시설의 식단(4~6세).

삼성복지재단(1999). 올바른 보육은 요람에서부터–제7회 학술대회 자료집.

서봉연, 이순형(1983). 발달심리학. 서울: 중앙적성출판사.

서울대학교 생활과학대학 식생활정보실(2000). http://living.snu.ac.kr

석현숙(2001). 아동학대와 자아존중감과의 관계. 광주대학교 산업대학원 석사학위논문.

성영혜(2000). 아동치료의 새로운 접근 치료놀이(I). 서울: 형설출판사.

성영혜, 유한규, 이상희, 김수정(2002). 집단 치료놀이 활동집. 서울: 형설출판사.

송성숙(2001). 전래놀이 프로그램이 유아의 스트레스 감소에 미치는 영향. 광주대학교 산업대학원 석사학위논문.

송윤규 역, 존 볼비 저(1998). 유아와 애정의 성장. 한국복지재단.

식품위생법(1999). 법률 제5982호(일부개정 1999. 5. 24.).

신기철, 신용철(1987). 새 우리말 큰사전. 서울: 삼성출판사.

신재용, 송효정(1996). 한방 민간요법 동의보감. 서울: 국일미디어.

신혜숙, 홍은경(2003). 베이비요가. 서울: 우석출판사.

안전문화추진위원회(1998). 안전문화지도자연수. 서울: 한국산업안전공단.

양병환(1991). 스트레스의 개념. 정신건강연구, 10, 1-8.

양일선, 김온기(1997). 유아를 위한 영양교육. 서울: 다음세대.

양희연(2007). 요가활동 프로그램이 유아의 스트레스 및 자아개념에 미치는 영향. 광주
    대학교 산업대학원 석사학위논문.

영유아보육법 시행규칙(2008). 보건복지가족부령 제1호.

영유아보육법 시행령(2008). 대통령령 제20679호(일부개정 2008. 3. 3.).

영유아보육법(2008). 법률 제8852호(일부개정 2008. 2. 29.).

오순환(2005). 강원도유아교육협회 장학자료-요가를 위한 요가활동 자료.

원정혜(2005). 원정혜의 어린이요가. 서울: 랜덤하우스 중앙.

유아교육법 시행령(2008). 대통령령 제20740호(일부개정 2008. 2. 29).

유아교육법(2008). 법률 제8852호(일부개정 2008. 2. 28).

유아동산(1991a). 원생활 119. 응급처치요령.

이계욱 역, 그레테 파거쉬트림 저(1999). 엄마가 아기를 가졌어요. 서울: 현민시스템.

이기숙(2013). 유아교육과정. 서울: 교문사.

이기숙, 장영희, 정미라, 배소연, 박희숙(2013). 영유아를 위한 안전교육. 서울: 양서원.

이미라, 최미혜, 고영인, 최진원(1997). 영유아 안전관리 및 응급처치. 서울: 양서원.

이상원(1988). 소아 가정의학 백과. 서울: 서문당.

이선경 편저(1993). 최신 병리학개론. 서울: 청구문화사.

이선자, 정문희, 이명숙(1994). 지역사회 보건 간호학. 서울: 신광문화사.

이영, 이미희(1993). 2세아를 위한 놀이 및 활동. 서울: 학지사.

이영, 조연순(1997). 아동의 세계: 태내기에서 청년기 발달까지. 서울: 양서원.

이영근, 김정혜, 이수경(1993). 공중보건학. 서울: 청구문화사.

이영희(1993). 한국노인의 건강생활 양식. 이화여자대학교 대학원 박사학위논문.

이용교 역, Willian A. Check 저(1995). 아동학대연구: 학대받는 아동을 어떻게 도울 것인가?
    고양: 다울.

이원영(1998). 영유아기의 경험과 뇌발달. 광주대학교 학술세미나 자료집.

이은화, 이경우, 문미옥, 유희정(2000). 유아를 위한 복지의 이론과 실제. 서울: 창지사.

이일남 역, 헤플리치 저(1992). 누구나 할 수 있는 응급처치. 서울: 태웅출판사.

이정화 (2004). 명상이 중학생의 스트레스에 미치는 영향. 대전대학교 보건스포츠대학원
　　　석사학위논문.

이항재, 최민수(2004). 아동발달. 서울: 교육과학사.

이현숙, 조경자(1998). 유아건강교육. 서울: 학지사.

이현순, 심성경, 원영미(1988). 스트레스 받는 우리 아이들. 서울: 창지사.

이희익(1994). 벽암록. 서울: 도서출판 상아.

임길진(1997). 미래를 위한 인간적 계획론. 서울: 나남출판사.

임승권(1991). 정신위생. 서울: 양서원.

장영일(1993). 어린이 치아관리. 서울: 주식회사 어문각.

장영희, 정미라, 배소연(1997). 유아교육기관의 안전교육 실태. 유아교육연구, 17(1), 23-44.

장현갑(1990). 명상과 행동의학: 스트레스 대처를 위한 자기조절 기법으로서의 명상. 학
　　　생연구, 21(1), 1-26. 경산: 영남대학교 학생생활연구소.

장현갑, 김교헌 역, Jon Kabat-Zinn 저(1998). 명상과 자기치유. 서울: 학지사.

장현갑, 김교헌, 장주영 역, Jon Kabat-Zinn 저(2005). 마음챙김 명상과 자기치유(상/하). 서
　　　울: 학지사.

전국대학보건관리학교육협의회(1995). 보건학원론. 서울: 계축문화사.

전시자, 김강미자, 박정숙, 이미화, 조경순(2000). 성인간호학. 서울: 현문사.

전염병예방법시행령(1997). 대통령령 제15598호(일부개정 12. 31).

정경자(1984). 유치원 교사들의 보건지식 및 유치원의 보건교육 · 안전교육 실태에 관한
　　　조사연구. 중앙대학교 교육대학원 석사학위논문.

정미라, 배소연, 이영미(2004). 유아건강교육. 서울: 양서원.

정아란(2007). 유아의 컴퓨터게임 과몰입 예방교육프로그램 개발 및 적용 연구. 공주대
　　　학교 대학원 박사학위논문.

정연강, 조정순(1995). 유아영양과 건강. 서울: 양서원.

정영진(1996). 자녀발달의 결정적 시기. 서울: 학지사.

정진순(2004). 명상활동이 유아의 스트레스 감소에 미치는 영향. 광주대학교 산업대학원
　　　석사학위논문.

정진순(2007). 유아교육기관에서 활용할 수 있는 명상활동. 유아기 스트레스 해소를 위
　　　한 교육 활동. 열린유아교육연구소 2007년도 교사연수 자료집.

정해원(1998). 아동학대상담 사업연구. 서울: 한국이웃사랑회.

정환구(2003). 명상을 활용한 자아존중감 증진 집단상담 프로그램의 개발과 효과검증.

홍익대학교 대학원 박사학위논문.

조복희(1996). 유아발달. 서울: 교육과학사.

조성자(1994). 유아기를 위한 성교육. 서울: 창지사.

조희숙 외 9인(1994). 아동발달심리. 서울: 학지사.

주부생활 편(1984). 임신 · 출산 아기의 첫 365일. 서울: 학원사.

질병관리본부(2008). 2008년도 머릿니 감염 실태조사.

질병관리본부(2010). http://www.cdc.go.kr

최민수(2001). 부모와 교사를 위한 영유아 건강과 안전. 서울: 학지사.

최민수(2002). DAP 유아교육의 실제 I: 발달에 적합한 유아 건강교육. DAP 유아교육 방향과 실제. 미래유아교육학회. 2002년도 춘계학술대회 논문집, 113-194.

최민수(2006). 특별기획 다큐멘터리 '마음' 6부작 중 5부작 스트레스 관련 연구 방송 인터뷰 자료. KBS 1 방송국 2006년 2월 12일 방영자료.

최민수(2008). 재난(재해)에 대한 이해와 재난대비. 재난 방지와 대비를 위한 계획과 운영. 열린유아교육연구소 2008년 춘계학술세미나 자료집, 29-54.

최민수(2009). 유치원 평가 및 건강 · 안전 영역평가 대책과 방안, 성공적인 유치원 평가 시스템 정착을 위한 대책과 방안. 2009년도 미래유아교육학회 춘계학술대회 논문집, 3-60.

최민수, 석현숙, 정영희(2002). 유아학대 경험과 자아존중감 간의 관계. 열린유아교육연구, 7(3), 131-153.

최민수, 송성숙, 정영희(2002). 유아교육기관에서의 전래놀이노래 활동 적용이 유아의 스트레스 감소에 미치는 영향. 미래유아교육학회지, 9(2), 137-158.

최민수, 이영석, 이항재, 김숙자(1999). 현대부모교육론. 서울: 형설출판사.

최민수, 이인실, 한국선(2006). 아동안전관리. 서울: 형설출판사.

최민수, 정진순(2005). 유아교육기관에서의 명상활동이 유아의 스트레스 감소에 미치는 영향. 미래유아교육학회지, 12(1), 313-337.

최영일(1998). 초등학교 안전교육에 관한 연구. 한국교원대학교 대학원 석사학위논문.

최지영(2008). 아동건강교육. 서울: 동문사.

하재정, 류태형, 김병지, 노영복, 이경희(1997). 성의 과학. 서울: 도서출판 아카데미서적.

하정훈소아과 홈페이지. http://www.babydoctor.co.kr

한국감염관리본부(2014). http://www.kich.co.kr

한국복지재단 나주종합사회복지관(1995). 한국아동학대의 현황과 과제.

한국산업안전관리공단(1996). 유아교사용 안전교육 지침서.

한국아동학대예방협회(1989). 아동학대 한국의 현황과 치료 · 개입.

한국아동학대예방협회(1990). 아동의 성폭행 실태와 과제.

한국아동학대예방협회(1999). 아동학대 바로 알기.

한국유아교육학회(1999). 유아교육연구, 19(1).

한국인간발달학회(1995). 유아의 심리. 서울: 중앙적성출판사.

한국프뢰벨주식회사(1998). 어린이 건강과 식사(3~5세).

한순옥(1992). 아동의 성장 · 발달과 교육. 서울: 양서원.

홍강의(1989). 아동학대. 서울: 한국아동학대예방협회.

홍창의(1994). 소아과 진료. 서울: 도서출판 고려의학.

효성육아시리즈(1995). 아기의 병 아기의 건강. 서울: 효성출판사.

교육희망(2009. 11. 16.). 성폭력 관련 기획 특집 기사. 559호.

동아일보(2009. 9. 28.)

중앙일보(1997. 4. 16, 1997. 8. 2, 1998. 10. 15, 2002. 5. 9.)

참교육(2007. 4. 4.)

Abby, S. K., Roxane, K., & Katherine, P. M. (1995). *Healthy young children: A manual for programs.* Washington, DC: NAEYC.

Aronson, S. S., Sokal-Gutierrez, K., Kendrick, A. S., Kaufmann, R., & Messenger, K. P. (2002). *Healthy young children: A manual for programs.* Washington, DC: NAEYC.

Baum, J. (1971). Nutritional value of human milk. *Obstetrics and Gynecology, 37,* 126-136.

Belmont, L., & Marolla, A. F. (1973). Birth order, family size, and intelligence. *Science, 182,* 1096-1101.

Benson, H. (1975). *Relaxation response.* New York: Harper Torch.

Brody, E. B., & Brody, N. (1976). *Intelligence.* New York: Academic.

Clarke-Stewart, A. (1977). *Child care in family: A review of research and some prepositions for policy.* New York: Academic.

Crain, W. C. (1980). *The theories of development: Concepts and applications.* Englewood Cliffs, NJ: Prentice Hall, Inc.

Cunningham, A. (1977). Morbidity in breast-fed and artificially fed infants. *Journal of Pediatrics, 90* (59), 1411-1413.

DeVries, R., & Kohlberg L. (1987). *Programs early education: The constructivist view.* New York & London: Longman.

Fantz, R. L. (1965). Visual perception from birth as shown by pattern selectivity. In H. E. Whipple (Ed.), *New issues in infant development. Annals of the New York Academy of Science, 118,* 793-814

Girdano, D. A., Everly, G. S., & Dusek, D. E. (1990). *Controlling stress and tension: A holistic approach.* Englewood Cliffs, NJ: Prentice-Hall.

Glass, D., Neulingrt, J., & Birm, O. (1974). Birth order, verbal intelligence, and educational aspirations. *Child Development, 45*(3), 807-811.

Goleman, D. (1995). *Emotional Intelligence: Why it can matter more than I. Q.* New York: Bantam Books.

Hanh, T. N. (2002). *No Death, No Fear.* New York: Penguin Putnam, Inc.

Holmes, T. H., & Rahe, R. H. (1967). The social readjustment rating scale. *Journal of Psychosomatic Research, 11,* 213-218.

Humphrey, I. I. (1986). Function of the nervous system during prenatal life. In U. Stave (Ed.), *Perinatal Physiology* (pp. 651-683). New York: Plenum.

Jacobson, E. (1938). *Progressive relaxation.* Chicago: University of Chicago Press.

Jelliffe, D., & Jelliffe, E. (1977). 'Breast is best' : Modern meanings. New England *journal of Medicine, 297*(17), 912-915.

Kagan, J. (1971). *Personality development.* New York: Harcourt Brace Jovanovich.

Kanfer, F. H., & Goldstein, A. P. (Eds.). (1991). *Helping People Change* (4th ed.). New York: Pergamon.

Kendrick, A. S., Kaufmann, R., & Messenger, K. P. (1995). *Healthy young children: A manual for programs.* Washington, DC: NAEYC.

Kohn, M., & Rosman, B. L. (1973). Relationship of preschool social-emotional functioning th later intellectual achievement. *Developmental Psychology, 6*(3), 445-452.

Lee, R. V. (1973). What about the right to say 'No' ? *The New York Times Magazine.* September, 16.

Lipsitt, I. P., Engen, T., & Kaye, H. (1963). Development changes in the olfactory threshold of the neonate. *Child Development, 34,* 371-376

Lipton, E. I., Steinschneider, A., & Richmond, J. B. (1963). Auditory discrimination in the newborn infant. *Psychosomatic Medicine, 25,* 490.

Maccoby, E. (1980). *Social development: Psychological growth and the parent-child relationship.* New York: Harcourt Brace Jovanovich.

Mestyan, G., & Varga, F. (1960). Chemical thermoregulation of full-term and premature newborn infants. *Journal of Pediatrics, 56,* 623-629.

Mills, M., & Melhuish, E. (1974). recognition of mother's voice in early infancy. *Nature, 252,* 123-124.

Myers, N., & Perlmutter, M. (1978). Memory in the years from 2 to 5. In P. Ornstein (Ed.), *Memory development in children.* Hillsdale, NJ: Erlbaum.

Nagy, M. (1948). The child's theories concerning death. *Journal of Genetic Psychology, 73,* 3-27.

Newsweek. (1997a). Newsweek Special Edition, Spring/Summer.

Newsweek. (1997b). Shaped by Life in the Womb, September 27.

OECD. (2006). *Starting strong II: Early childhood education and care.* Paris: OECD.

Oppel, W. C., Harper, P. A., & Rider, R. V. (1968). The age of attaining bladder control. *Pediatrics, 42*(4), 614-626.

Pavlov, I. P. (1927). *Conditioned reflexes* (G. V. Anrep, Trans.). London: Oxford University Press.

Pratt, K. C., Nelson, A., & Sun, K. H. (1930). *The behavior of newborn infant.* Columbus, Ohio: Ohio State University Press.

Robert, J., & Sutton-Smith, B. (1962). Child training and game involvement. *Ethology, 1,* 166-185.

Schneider, M., & Robin, A. (1974). *Turtle manual.* Stony Brook, NY: State University of New York.

Sears, R. R., & Maccoby, E. E., & Levin, H. (1957). *Patterns of child rearing.* New York: Harper & Row.

Selye. H. (1956). *The stress of life.* New York: McGraw Hill.

Smilansky, S. (1968). *The effects of sociodramatic play on disadvantaged preschool children.* New York: John Wiley.

Staub, B. (1973). The effect of three types of relationships on young children's memory for pictorial stimulus pairs. Unpublished doctoral dissertation, Graduate School of Education, Harvard University.

Stein, Z., & Susser, M. (1976). Prenatal nutrition and mental competence. In J. Lloyd-Still (Ed.), *Malnutrition and intellectual development.* Lancaster, England: M. T. P. Press.

Stoyva, J. M., & Budzynski, T. H. (1974). Cultivated low arousalL An anti-stress response? In L. V. DiCara (Ed.), *Recent advances in limbic and autonomic nervous systems research* (pp. 369-394). New York: Plenum.

Tank, G. (1965). Relation of diet to variation of dental caries. *Journal of the American Dental Association, 70,* 394-403.

Thomas, A., & Chess, S. (1977). *Temperament and development.* New York: Brenner/ Mazel.

Time. (1997. 2. 24.). A healthy brain and the brain have been abused.

Vandell, D. L., & Wolfe, B. (2000). Child care quality: Does it matter and does it need to be improved? (Full Report). Office of the Assistants Secretary for Planning and Evaluation U.S. Department of Health and Human Services. Washington, DC, May, 2000.

Vandell, D., Wilson, K., & Buchanan, N. (1980). Peer interaction in the first year of life: An examination of its structure, content, sensitivity to toys. *Child Development, 51,* 481-488.

Walk, P. D., & Gibson, E. J. (1961). A comparative and analytical study of visual depth preception. *Psychology Monographs, 75*(15), 170.

Watson, J. B., & Rayner, R. (1920). Conditioned emotional reactions. *Journal of experimental psychology, 3,* 1-14.

Weiffinbach, J., & Thach, B. (1975). Taste receptors in the tongue of the newborn human: Behavioral evidence. Paper presented at the biennial meeting of the Society for Research in Child Development, Denver.

Wendy, B., Raymond, B., Robin, F., Donna, M. K., & Judy B. (1999). *A child interviewer's guidebook. Interpersonal violence: The practice series (IVPS).* Thousand Oaks, CA: Sage Publications.

West, B. B., Wood, L. V., Harger, F., & Shugart, G. S. (1977). *Food Service in Institutions* (5th ed.). New York: John Wiley.

Zegans, L. (1982). Stress and the development of somatic disorders. In L. Goldberger & S. Breznitz (Eds.), *Handbook of stress: Theoretical and clinical aspects* (pp. 134-152). New York: The Free Press.

Zelazo, P., & Keatsley, R. (1980). The emergence of functional play in infants: Evidence for a major cognitive transition. *Journal of Applied Developmental Psychology, 2*, 95-117.

399

● 찾아보기 ●

인명

내용

저자 소개

✿ 최민수

중앙대학교 대학원 유아교육학과(문학박사)

성균관대학교 대학원, 숙명여자대학교 대학원, 전남대학교 대학원 강사 역임

현재 광주대학교 유아교육학과 교수, 미래유아교육학회 회장, 한국통일교육학회
　　회장, 열린유아교육연구소 소장, 광주광역시교육청 유치원평가 단장, 광주광
　　역시교육청 교육발전 자문위원, 광주광역시교육청 장학위원, 교육과학기술부
　　유치원교육과정 개정 심의위원, 교육과정기술부 유치원평가척도 개정 심의위
　　원, 육아정책연구소 운영위원

[저　서] 부모교육론(형설출판사), 북한유아교육론(문음사), 비교유아교육론(양서
　　원), 아동건강교육(학지사), 아동발달(교육과학사), 아동안전관리(형설출
　　판사), 영유아 건강과 안전(학지사), 유아교육과정(문음사), 유아교육학개
　　론(학지사) 외 논문 다수

[이메일] 3147531@hanmail.net

✿ 정영희

숙명여자대학교 대학원 아동복지학과(문학박사)

숙명여자대학교, 중앙대학교 대학원, 강남대학교, 대진대학교, 경원전문대학, 삼육
　　대학교, 한국외국어대학교 대학원, 고려대학교 대학원, 한양여자대학 강사 역임

현재 수원여자대학교 유아교육과 조교수

[저　서] 아동건강교육(학지사), 보육과정(공동체) 외 논문 다수

[이메일] jyh561@hanmail.net

3판
아동건강교육

2006년 8월 30일 1판 1쇄 발행
2009년 9월 30일 1판 7쇄 발행
2010년 3월 10일 2판 1쇄 발행
2013년 3월 15일 2판 5쇄 발행
2014년 3월 10일 3판 1쇄 발행
2016년 9월 20일 3판 2쇄 발행

지은이 • 최민수 · 정영희
펴낸이 • 김 진 환
펴낸곳 • (주)**학지사**
　　　　04031 서울특별시 마포구 양화로 15길 20 마인드월드빌딩 5층
대표전화 • 02) 330-5114　　　팩스 • 02) 324-2345
등록번호 • 제313-2006-000265호
홈페이지 • http://www.hakjisa.co.kr
페이스북 • https://www.facebook.com/hakjisabook

ISBN 978-89-997-0328-7 93370

정가 **19,000원**

저자와의 협약으로 인지는 생략합니다.
파본은 구입처에서 교환하여 드립니다.

이 책을 무단으로 전재하거나 복제할 경우 저작권법에 따라 처벌을 받게 됩니다.

이 도서의 국립중앙도서관 출판시도서목록(CIP)은 서지정보유통지원시스템 홈페
이지 (http://seoji.nl.go.kr)와 국가자료공동목록시스템(http://www.nl.kr/kolisnet)에서
이용하실 수 있습니다.
(CIP제어번호: CIP2014005203)

교육문화출판미디어그룹 **학지사**
　학술논문서비스 **뉴논문** www.newnonmun.com
　심리검사연구소 **인싸이트** www.inpsyt.co.kr
　원격교육연수원 **카운피아** www.counpia.com